Le Petit Bonheur
Transhumances Psychiques

Editeurs

Giuliana Galli Carminati, Maud Struchen,
Viviane Subirade Jacopit et
Federico Carminati

Préface de Georges Abraham

Image de couverture : Lucienne Quellet, Les Pivoines, acrylique sur toile, 1999
ISBN-13 : 978-1508795063
ISBN-10 : 1508795061

Dédicace

Les larmes des jeunes filles
sont comme le vent dans la pluie,
la pluie sur les feuilles des arbres,
les arbres qui dorment dans la brume.
Mes larmes à moi nourrissent le fleuve
poissonneux et fertile
qui éteint la soif des champs
et réjouit le cœur des paysans.
Tes larmes à toi
sont une rivière sombre
qui rafraîchit le pèlerin
dans son errance
suivant ses pas de pierre et sable
et qui chante la douceur du voyage,
du calme des glaciers
jusqu'aux reflets nocturnes de la lune.

Genève, 17 mars 2017

Table des matières

Remerciements

Nous remercions les patients qui ont été nos véritables professeurs dans la technique thérapeutique, la compréhension clinique et dans la vie. Ils nous ont accompagnés, même contre leur gré, mais en tout cas avec leur humanité, dans nos transhumances psychiques.
Ils sont les vrais créateurs de notre savoir.

Préface
Georges Abraham

Les transhumances psychiques des thérapeutes et des soignés se côtoient et se tissent réciproquement dans des chemins tantôt croisés, tantôt parallèles selon les vagues de la vie, des uns, des autres.

Serait-ce finalement le malade qui soignerait le thérapeute ? D'un point de vue habituel, il existe, qu'on le veuille ou non, une barrière entre tout thérapeute et son malade. Barrière pas si bien cachée, ou totalement invisible à première vue. Le thérapeute, en effet, est censé être bien portant et ne peut que souhaiter aider quelqu'un qui est souffrant à se défaire ou à réduire le plus possible cette souffrance. Et par là récupérer ce qu'on désigne, si l'on veut, par le terme de santé, mais qui en pratique équivaut à cette notion ambiguë et changeante selon les différentes ambiances culturelles, la normalité.

Que l'on veuille donc tant bien que mal superposer cette notion de norme à celle de qualité de vie, cela ne change pas le fond de la question. En d'autres termes, cela revient à un critère prétendu objectif, et par là vérifiable. Ou alors à un critère subjectif, et ainsi non vérifiable.

Il se peut que tout thérapeute finisse par se dire que ce qui serait vraiment opportun pour le malade qu'il traite, ce serait de devenir comme il est, lui, le thérapeute. En tout cas, il voudrait ainsi soumettre son patient à une sorte de contagion positive, apte à quelque chose de plus que d'envisager de se débarrasser de symptômes.

Toujours est-il que le thérapeute peut essayer de creuser cette barrière qui se dresse entre lui et son patient. Il va chercher à s'identifier le plus possible à ce qu'il pense que son patient éprouve. Ce qu'il éprouve surtout comme désagrément et souffrance. Présumant que dans l'essentiel, le patient en question voudrait devenir comme il pense que son thérapeute vit et raisonne.

Ce possible changement visant, de la part surtout du thérapeute, à ébranler la barrière culturelle les séparant lui et son patient, par principe, risque cependant de ne se borner qu'à une bonne intention, à quelque chose, en définitive, de plus charitable qu'authentiquement thérapeutique.

C'est à ce moment-là qu'on peut « mettre le feu aux poudres » et se demander si justement le thérapeute ne serait pas affecté d'une prise de position tout à fait inadéquate, qui l'empêche de se rendre compte, par exemple, de certains aspects expérientiels positifs qui, au fond, sont implicites dans toute maladie, qu'elle soit d'ordre physique ou mental, peu importe. En arrivant même à se poser une question incroyable, mais pas du tout absurde : que serait-elle devenue, au juste, cette personne qu'on soigne, sans l'expérience de son vécu pathologique ? En clair, si le patient arrivait, d'une façon ou d'une autre, à faire participer son thérapeute à sa propre expérience pathologique, le thérapeute en cause pourrait, lui aussi, bénéficier d'une expérience de vie, si indirecte soit-elle, apte peut-être à le changer en profondeur.

Dans ce sens, tout malade n'est plus alors réductible à un amas de symptômes, mais se personnalise à l'extrême, ce qui donc pourrait pousser de nouveau le thérapeute à entamer un dialogue existentiel entre deux personnes et les amener en premier lieu à bien vivre ensemble dans une époque donnée plutôt que dans une autre.

…Et partager, peut-être, un petit bonheur ?

Introduction
Giuliana Galli Carminati

Après avoir recueilli les chapitres des auteurs, les avoir relus et corrigés, surtout Maud qui est une correctrice hors pair, les éditeurs ont eu la brillante idée de demander aux auteurs une brève note biographique, voire bibliographique le cas échéant, pour agrémenter l'ouvrage et apaiser les éventuelles curiosités des lecteurs.

L'un des auteurs, dont vous verrez le nom – car quand on aime on ne se cache pas – nous avait envoyé une perle de bio-biographie que j'avais prise pour une plaisanterie et archivée en demandant un texte un tantinet plus sérieux (que le lecteur va certainement aller chercher tout au fond du livre).

Pendant une navigation estivale entre deux ouragans qui nous ont heureusement épargnés, j'ai relu à nouveau les chapitres et je me suis mise à réfléchir sur une introduction.

Dans cet ouvrage, il y a des récits très personnels où le professionnel accompagne et croise la vie quotidienne, humaine, familiale. Il y a des écrits plus orientés sur l'activité de thérapeute. Certains auteurs ont privilégié un regard scientifique, d'autres la clinique.

On trouve dans cet ouvrage, aussi, un clin d'œil à la pratique de la zoothérapie où l'animal nous accompagne et opère le lien entre le thérapeute et le patient, mais aussi entre le thérapeute et soi-même dans le chemin de la maturation humaine.

Quelques jeunes auteurs nous font partager les émois de l'entrée dans le bain des premières expériences de soignant, quand on voit encore le superviseur comme un prolongement rassurant des figures parentales.

Des auteurs de mon âge nous racontent comment le choix s'est opéré d'entrer non seulement dans le bain, mais dans le *mare magnun* des péripéties thérapeutiques… et institutionnelles.

Les auteurs à cheval entre plusieurs disciplines nous racontent les passages tortueux entre théorie et pratique : pratique scientifique, mais aussi thérapeutique. Les chemins ne sont pas toujours faciles, car il y a des raccourcis où l'on se perd, des grands boulevards trop trafiqués et des ruelles sans issue : de quoi avoir besoin d'un passe-muraille magique qui nous aide à retrouver la lumière et à sortir de l'impasse.

On y trouve des références au mobbing…, au lien parfois sournois, parfois exaltant, mais malheureusement aussi potentiellement néfaste entre l'individu travailleur et « la Boîte », refuge, prison, tombeau de l'entreprise…

Pour ma part, je me suis laissée aller à écrire sur les nostalgies de ces même institutions, prolongement là aussi des imagos parentales et, avec mes yeux d'aujourd'hui, mensongères, en connaissance ou méconnaissance de cause… un peu comme les Rois Mages qui, pleins de bonnes intentions pour honorer le Messie, avaient déclenché le massacre des innocents…

Bref… je préparais dans ma tête, entre mes deux oreilles, haut lieu des rêves, cette introduction.

Alors j'ai repensé à la bio-biographie de l'autrice, un résumé de vie qui me ramenait à ma vie universitaire fortement goliardique et absolument pas sérieuse, qui avait été le berceau de ma vocation de psychiatre… la voilà.

Violaine Knecht, Homo Sapiens femelle, entrée à 40 ans dans le 21ème siècle. Bonne ossature, cœur assez solide, ligaments fragiles, sang mélangé, rage de vivre, un enfant et soif d'apprendre, artiste dans l'âme, naïve et idéaliste, travailleuse obsessionnelle, activité dense et intérêts multiples. Aujourd'hui, peintre, scénographe et art-thérapeute indépendante (diplôme fédéral et études postgrade, thérapeute didactique et superviseur OdA ARTECURA), sa lente évolution continue dans son atelier « Chocolat bleu » à Chavannes-près-Renens…

Et là une page de pub : (www.anciennechocolaterie.ch). Comme je le disais plus haut, quand on aime on ne se cache pas.

Oui, me suis-je dit, les transhumances psychiques sont bien narrées dans ce résumé qu'on écrit avec une tasse de café ou de tisane, en prenant le temps de sourire de nous-même et à la vie. Nous n'avons plus le temps de perdre notre temps, ni d'en prendre pour ne rien faire d'utile. Mais vivre, n'est-ce pas accepter d'être, enfin, inutile ?

Bises, nos chers lecteurs et tous nos souhaits de trouver du bonheur, grand ou petit, une occasion de réflexion et du calme dans la lecture de notre livre !

À côté de la plaque
Rachel Lehotkay

Aujourd'hui je vois la vie comme un jeu, un jeu où on ne gagne rien mais auquel il est plus important de simplement participer, tout comme les jeux olympiques, et auquel je participe désormais pleinement et avec joie ! Cela n'a pourtant pas toujours été le cas... Loin de moi l'idée de faire ici ma psychanalyse, quelqu'un s'en occupe déjà... mais l'histoire commence dans un lointain passé. Ainsi, depuis ma plus tendre enfance, aussi loin que je me souvienne, je me suis toujours sentie « à côté de la plaque ». Différente, pas comme les autres, originale, pas conventionnelle, me dit-on. Souvent c'était voulu, parfois j'étais perdue. Aujourd'hui donc, alors que je découvre à quel point tout s'emboîte dans ma vie de manière incroyablement inespérée, il m'a semblé important de transmettre mon expérience quant à cet état de fait afin d'aider les personnes qui comme moi se sentent « à côté de la plaque » et en souffrent, car je vous rassure, avec un peu de chance, beaucoup d'introspection et une bonne psychanalyse... je rigole ! on trouve sa place, ou plutôt on peut créer son monde – sa propre plaque – pour être heureux !

Mais pourquoi donc ?

Nous sommes mardi et il neige... et bien que nous soyons en mars, ce n'est pas juste une giboulée, c'est une vraie tempête, une de celles qui vous bloquent là et qui vous empêchent de rentrer chez vous, dans votre ville de la plaine. C'est que là je suis en montagne, évidemment, la montagne dont je découvre les joies, comme la beauté des sapins enneigés, le soleil qui fait briller la neige (quand il se pointe) et le silence. Bloquée ici, je ne peux donc que profiter de ce magnifique silence pour me mettre au travail... C'est que prendre le temps d'observer, d'analyser, de tenter de comprendre et se réjouir d'une étincelle de vérité sur soi-même est un vrai travail, une tâche difficile et parfois même impossible. Quand on a décidé de s'intéresser à l'âme humaine (quel grand mot !), en étudiant par exemple la psychologie, je pense qu'on a toutefois un tour d'avance, construit et formaté, c'est sûr, mais qui peut nous faciliter la tâche...

Dans la vie, on sait faire ou pas. Parfois on imagine qu'on sait et on ne sait pas, et parfois on ne sait pas ou on a oublié qu'on sait faire. Dans mon cas, j'ai toujours pensé que je ne savais pas et c'est ce qui se passe depuis quelques années qui me prouve le contraire. Je ne veux pas dire ici que je suis sûre de « savoir », mais simplement que je me rends compte que finalement je ne suis pas aussi incompétente et maladroite que je le croyais en matière de relations humaines.

Comme je l'ai dit dans un précédent ouvrage, je n'ai jamais voulu devenir psychothérapeute (Lehotkay, 2012a). Je ne me destinais pas à ce métier tout simplement parce que j'étais persuadée de n'avoir aucune qualité y menant, et évidemment surtout parce que j'avais d'autres motivations. En effet, un de mes intérêts restreints... était l'analyse du comportement animal. Très jeune j'ai su que je voulais étudier l'éthologie animale, et rien d'autre ! Ainsi, bien que je me sois très vite destinée à des études en psychologie, je n'ai jamais voulu « faire de la psychologie humaine ». Seul l'animal m'intéressait ! Mais alors, comment en suis-je arrivée là ? De chercheuse en éthologie à psychothérapeute, on peut en effet se demander quel est le lien ? N'est-ce pas simplement un changement de carrière radical ? Ou bien y a-t-il une continuité dans ces deux parcours, qui semblent si différents ?

M'étant déjà étalée sur le parcours académique et professionnel qui m'a menée jusque-là (*ibid.*), je ne le referai pas ici. Par contre, je pense que l'on peut dire que la continuité réside dans l'analyse. L'analyse du comportement animal ou celle de l'âme humaine ne sont en effet pas si différentes... On observe ou on écoute, on interprète, on comprend, on aide parfois... c'est finalement la même chose, non ? D'ailleurs, le hasard veut – ou est-ce une synchronicité évidente ? – que, parallèlement à l'écriture de ce chapitre, je lise en ce moment précis la partie d'un ouvrage qui met justement en rapport l'éthologie et la psychanalyse, en parlant de plusieurs psychanalystes – tels que Freud, Jung ou Ferenczi – qui se sont d'abord intéressés au comportement animal avant de passer à l'humain, ou vice-versa, c'est-à-dire qu'en voulant comprendre l'esprit humain, ils se sont alors intéressés à l'animal (Willems, 2011).

J'avais 12 ans quand j'ai décidé que je voulais étudier le comportement animal, et une qualité que je croyais avoir alors était justement la capacité d'observer. Être là, en silence, regarder l'animal vivre devant nous, et puis essayer de comprendre ce que signifie ce que nous voyons. En fait, le psychothérapeute fait la même chose, il « observe » avec ses oreilles et « comprend » avec son regard, et tente ensuite d'interpréter ce qu'il voit et entend. La différence est l'objet observé, humain ou animal. Mais c'est là que je me pose la question de comment, alors que seul l'animal m'intéressait, je me suis mise à explorer l'humain, à vouloir le comprendre davantage, et même l'aider ? Je n'ai en effet jamais été attirée par mes congénères, c'est un comble pour un « psy »...

C'est étrange comme on part dans la vie avec des *a priori* et de grandes théories dont on se rend compte plus tard, parfois, à quel point ils sont faux ! Je pensais vouloir vivre et travailler loin de l'humanité, et me voilà en plein dedans, comblée par mon métier. J'ai aussi toujours pensé que j'étais bien trop « compliquée » pour savoir « lâcher prise », et je me rends compte maintenant à quel point j'ai pu me laisser faire par la vie, j'ai accepté ce qui venait sans trop me poser de questions. Et c'est finalement aujourd'hui que je me demande : « Mais que s'est-il passé depuis trente ans ? »

Mon Dieu, cela fait déjà trente ans que j'ai eu vingt ans, âge auquel j'ai débuté ma vie d'adulte. Je sais bien que nous passons tous par là, sans exception (!...), mais c'est quand même dingue ! Et tout ce que nous avons fait, toutes les aventures vécues dans d'autres pays, toutes ces personnes rencontrées et perdues de vue, c'est déjà parti, loin comme une flamme d'allumette. Mais ce n'est pas fini, heureusement !!! Il y a deux ans, quelque chose est arrivé qui me prédestinait à six mois de vie et plus rien après. Je me préparais donc à ce néant quand, « oh surprise ! », ce n'était rien, justement... rien qui tue en tout cas ! C'est merveilleux, la vie, quand on fait mine de vous l'enlever et que finalement elle reste là! En fait, c'est plutôt une vie qui part et une autre qui naît. J'ai en effet le sentiment de vivre une autre existence, différente de la première, où j'ai décidé – évidemment – de la vivre à pleines dents ! Faire ce que je ne faisais pas, être qui je n'étais pas, même si je ne suis finalement pas si différente d'avant... évidemment. Mais les petits bonheurs de la vie, je les cherche maintenant assidûment, et les trouve !

Je suis aussi à l'affût de mes victoires, personnelles et professionnelles... Et c'est dans ce dernier contexte que mon « à côté de la plaque » semble m'être le plus bénéfique ! Je ne sais pas si ressembler à nos patients nous aide à les comprendre, mais j'aime le croire... Est-ce parce que cela excuserait notre folie intérieure, que nous avons tous mais que certains refusent de voir, réussissent à cacher (plus ou moins bien), ou acceptent avec honnêteté, et dans ce dernier cas est-ce un atout, un talent caché qui nous permet de nous rapprocher assez pour mieux comprendre l'autre ? Ou bien est-ce justement en acceptant sa propre folie que l'on peut réellement aider le patient ? Une des choses que l'on apprend en tant que psychothérapeute, c'est comment utiliser le matériel que le patient nous apporte et qui fait écho en nous. Ma question est donc la suivante : est-ce que ce n'est pas justement quand il y a écho que nous pouvons réellement aider ?

Arrivée à un moment de ma vie où mon but n'est plus de trouver les réponses, mais simplement de me poser les (bonnes ?) questions et prendre le temps d'en discuter, je ne tiens pas à répondre à cette dernière question, mais j'ai le sentiment que la présentation de quelques cas cliniques que j'ai brièvement suivis à Montréal et à Genève apportera un élément de réponse. Ces cas m'ont en effet interpellée et amenée à découvrir des choses en moi que je ne soupçonnais pas et m'ont alors conduite tout droit à me demander si se sentir « à côté de la plaque » n'est pas finalement une manière comme une autre d'exister ?

J'ai découvert la zoothérapie quelques mois après avoir terminé mon doctorat, je cherchais alors désespérément une suite à ma vie et c'est ma passion pour les dauphins qui m'a menée à faire une formation dans ce domaine. Dans le cadre de cette formation, il était en effet proposé de faire ensuite un stage d'un mois en Floride en thérapie assistée par le dauphin, sauvage et en liberté ! Evidemment, j'ai découvert cela avec la larme à l'œil (véridique !), me disant que j'avais désormais trouvé ma voie, mais c'est surtout sur place que je m'en suis vraiment rendu compte ! J'avais un contact très facile avec les enfants dont je m'occupais, n'ayant pas beaucoup grandi moi-même… et je ressentais beaucoup d'empathie pour ces parents pour lesquels le handicap de leur enfant était parfois si difficile à accepter et à vivre. J'avais une telle envie de les aider et de les soutenir dans leur tâche, même si ce n'était que pour quelques jours où ils étaient avec nous. Je commençais à découvrir de nouveaux horizons professionnels et, de retour à Montréal, alors que je débutais dans ma carrière de zoothérapeute dans un centre psychiatrique où j'ai pu suivre des patients avec diverses problématiques, je me suis rendu compte que je devais être sur la bonne voie.

Bien que ma formation en zoothérapie m'ait permis de comprendre mon rôle dans la relation thérapeutique, j'étais évidemment débutante et ne connaissais pas encore les outils de l'approche psychanalytique. Pour être franche, je n'avais à l'époque même pas encore réfléchi à quelle approche je voulais développer, ni même si j'allais m'engager dans l'apprentissage d'une méthode en psychothérapie puisque la zoothérapie me semblait déjà assez bonne comme ça, mais j'étais déjà consciente que la présence de l'animal réveillait quelque chose dans notre inconscient. Toutefois, lorsque j'ai dû choisir une approche dans le cadre de ma formation en psychothérapie, j'ai d'abord pensé à la systémique, concevant l'animal comme faisant partie du système, du groupe, autrement dit du cadre thérapeutique. Quelques séminaires en systémique plus tard, et alors que s'offrait à moi une occasion que je ne pouvais refuser, je choisis l'approche psychanalytique. Je n'étais alors pas consciente que cette nécessité de faire cette formation faisait visiblement partie du plan… Pour moi, je devais m'astreindre aux nouvelles exigences et j'avançais donc tête baissée dans cette nouvelle voie. C'est seulement pendant la deuxième année de formation que je me suis alors rendu compte à quel point tout devenait logique. Maintenant que j'y pense, c'est fou, c'est exactement à cette même époque que je débutais ma psychanalyse. Evidemment, vous aurez compris que je ne considère cela absolument pas comme un hasard… mais bien comme une synchronicité manifeste. C'est donc à ce moment que j'ai commencé à percevoir que je n'étais finalement pas autant à côté de la plaque que cela, et j'étais encore loin du compte…

Après un doctorat en éthologie animale, un certificat en zoothérapie et un diplôme en psychothérapie psychanalytique (et un intérêt grandissant pour la physique quantique…), je poursuis mon apprentissage comme roulant sur une autoroute de la connaissance que je dois développer, et c'est un sentiment très agréable que de rouler devant soi, sur une belle route large et droite, libre et sans destination déterminée à l'avance, juste avec le but de voir du pays… et parfois faire un petit crochet pour survoler une région inconnue. Tout est tellement évident, et tout est tellement étonnant ! C'est drôle, c'est une belle métaphore, mais je fais cela aussi dans la réalité de ma voiture… Il faut croire que mon esprit avait besoin de voyager…

Le voyage de ma vie m'a donc conduite à me réjouir de développer mes compétences professionnelles ! Plus j'apprends et mieux je me sens, et cette connaissance m'est également salutaire au niveau personnel. J'avoue qu'à ce stade, je me demande souvent pourquoi tout le monde ne fait pas sa/de la psychanalyse, c'est tellement enrichissant ! Mais je pense aussi que beaucoup craignent de mieux se connaître, justement… ou alors ils n'ont pas de problème… comme si cela était possible ! Enfin bref, revenons à nos moutons. Mes connaissances d'aujourd'hui me permettent ainsi de mieux comprendre comment mon atterrissage ici n'est que le résultat d'une suite logique, et je vous propose d'en faire la démonstration en vous présentant ces patients qui représentent chacun une étape de mon développement professionnel (et personnel). En fait, mon objectif de départ était ici de parler des adaptations que j'ai dû faire dans ma vie personnelle pour être moins « à l'est », mais ayant eu la chance d'avoir une grande capacité d'adaptation, je fais partie de ces cas cachés…, mal évalués, mal compris, pas vu pas pris! Je surnage donc… et puis j'ai préféré ne pas m'étaler sur ma vie privée. De toute façon, cela fait des années que j'essaie d'expliquer « le problème », mais tout le monde semble en savoir plus que moi là-dessus et me répète qu'il n'y a aucun problème… Quand je pense que je suis devenue spécialiste dans ce domaine et que ces personnes ne sont même pas psychologues… c'est comme si moi je me mettais à critiquer Picasso et ses couleurs… alors que je ne suis pas critique d'art. Évidemment, on peut toujours donner son avis, mais quand on parle de psychiatrie, peut-être est-ce plus judicieux de ne s'exprimer que si l'on sait de quoi on parle. Pour ma part, je suis spécialisée en relation homme-animal, en zoothérapie, en psychothérapie psychanalytique, et je connais désormais bien la déficience intellectuelle et les troubles du spectre de l'autisme tel le trouble Asperger.

Pour être clair, à part un quotient intellectuel qui peut *éventuellement* se situer au-dessus de la moyenne (ce n'est qu'un petit pourcentage), la personne qui présente un trouble du spectre autistique peut avoir des phases de dépression et de phases d'hypomanie (elle n'a pas forcément un diagnostic de bipolarité, mais la difficulté de s'adapter au monde qui l'entoure peut être parfois pesante sur le moral), de l'hyperactivité et des troubles obsessionnels compulsifs. Avec une personnalité un peu rigide, il est parfois – souvent peut-être… –

difficile d'accepter le changement ou simplement le point de vue de l'autre... Il faut dire que la personne avec un syndrome d'Asperger, par exemple, a le sentiment de beaucoup mieux savoir que les autres... « Les autres sont bêtes et ignorants »... C'est donc d'autant plus difficile de s'adapter si les autres savent que vous pensez comme ça... alors on ne dit rien, et on tait cette pensée en demeurant « bavard ».

Ainsi, je connais mes difficultés et ne recherche aucunement l'avis des « ignorants ». Je garde donc le noyau (de ma vie personnelle) pour moi et vous donne la cerise professionnelle... c'est déjà pas mal, non ?

Reste que mon objectif pour le présent ouvrage est de démontrer que malgré mes difficultés, ou peut-être grâce à elles, il est possible de développer des compétences inattendues. Il faut dire qu'il y a tellement d'exemples où les aspects personnels et professionnels de mon esprit se rejoignent, que de parler de l'un renvoie un peu à l'autre. Comment être mère, ou substitut maternel ? Comment aider une personne à l'opposé de moi quant à l'intégration de la réalité qui nous entoure ? Comment l'animal peut-il nous aider, moi et mon patient ? Comment vivre la mort, supporter le deuil sans mourir ?... Avant de faire ce métier je ne savais pas si j'étais capable, et à mes débuts je ne connaissais pas non plus tous les rouages de la technique psychanalytique, mais je me suis lancée et, reprenant aujourd'hui mes notes et mes souvenirs de l'époque, je peux analyser ce qui s'est passé et je remarque que, bien que j'aie abordé ces patients de manière complètement intuitive, je n'étais pas totalement à côté de la plaque...

Je crois que c'est mon intuition qui m'a le plus étonnée. Je pensais en être dénuée – imaginez, comprendre l'autre et ses sentiments... – et puis finalement mon intuition était la bonne, pas toujours mais souvent. Je me souviens que cela a commencé avec mon professeur d'apnée sportive : j'avais remarqué que quelque chose clochait et j'ai alors été toute chamboulée de savoir que je ne m'étais pas trompée et que j'avais ressenti son désarroi. Il a d'ailleurs semblé content de pouvoir en parler avec moi un moment, juste avoir une oreille compréhensive. Bien sûr, il n'était pas mon patient, mais j'étais heureuse de découvrir que j'étais capable d'intuition et d'écoute de « l'autre ».

Donc, quand j'ai entrepris ma formation en zoothérapie, j'étais en pleine mutation, me rendant compte avec joie de comment je pouvais être là pour l'autre, avec l'animal entre nous, bien sûr, mais je découvrais quelque chose que je pensais absent, l'envie d'aider l'autre. Grâce à la présence de l'animal, je prenais plaisir à interagir avec le patient, l'animal était ainsi médiateur de la relation entre nous, dans les deux sens. En zoothérapie, l'animal est vu comme un médiateur de la relation thérapeutique, mais cela est surtout décrit pour le patient (Levinson, 1962). Pour ma part, dans les suivis qui me semblent plus difficiles, ou qui me touchent davantage, je constate que dans un contexte psychodynamique l'animal remplit parfois le rôle d'un « filtre », un bouclier que j'utilise comme une sorte de protection face au patient, comme si je donnais l'animal « en pâture » pour que le patient fasse son transfert sur lui et non sur moi. Parce que j'ai peur de ce transfert ! Quant au contre-transfert, bien qu'inévitable par nature, mais parce qu'il nécessite d'accepter de se laisser affecter par le patient (Rouchon, Reyre et Taïb, 2009), il m'a aussi été difficile de l'accepter pour pouvoir ensuite l'utiliser.

Le contre-transfert, la manière d'être avec un patient, ce que l'on ressent en sa présence, sont évidemment très importants et ont une influence cruciale sur la thérapie. Je n'en étais pas encore consciente à mes débuts, mais mon côté très terre-à-terre, très « cash », a été exactement ce dont mes patients schizophrènes avaient besoin.

Joséphine la démoniaque

Parce que je me débrouillais très bien avec un groupe de personnes âgées schizophrènes, où l'objectif était de les aider à s'accrocher au monde réel en les amenant dans le « ici et maintenant », on m'a demandé de suivre Florian[1], qui est schizophrène et en est à sa troisième décompensation psychotique. Il a été hospitalisé après avoir fait une tentative de suicide stoppée par la police car il voulait sauter de la tour Ville-Marie au centre ville de Montréal. Comme son hospitalisation se prolongeait, sa mère, qui était éleveuse de chiens, a demandé s'il pouvait avoir des séances en zoothérapie et c'est dans ce contexte que j'ai commencé à suivre Florian. J'étais alors débutante mais je savais qu'avec ce genre de patient, deux choses étaient importantes, c'est-à-dire premièrement l'aider à accepter la réalité qui l'entoure (sans pour autant vouloir lui

---

[1] Prénom fictif.

faire admettre que ses délires sont irréels) et deuxièmement l'amener à comprendre la nécessité de prendre son traitement. Je suis sûre aujourd'hui que ma technique n'était pas très orthodoxe (elle ne l'est toujours pas, d'ailleurs, et heureusement !), mais mon côté très terre-à-terre et naturel était un atout de taille et, considérant que nous avons atteint notre objectif, je suis sûre que c'est exactement ce qu'il fallait pour ce patient.

Beau jeune homme de 27 ans, Florian est grand et toujours très bien habillé, voire trop bien parfois. Etant donné que je ne lis jamais le dossier d'un patient avant de bien le connaître – craignant de me retrouver parasitée par des informations préliminaires ou le contre-transfert des professionnels en charge du patient – j'apprendrai plus tard que le choix de sa tenue fait partie de sa problématique, son délire l'amenant à croire qu'il est un personnage très important en politique. Il est d'ailleurs très intelligent et, si l'on fait abstraction de ses hallucinations principalement auditives et de son délire de grandiosité, c'est un jeune homme très intéressant, avec qui il est très agréable de parler. Nos séances seront d'ailleurs souvent ponctuées de grands débats en philosophie ou autour d'un sujet d'actualité. Evidemment, il me parlera aussi de son enfance et du moment où « tout a basculé », selon lui.

Lorsqu'il vient pour la première fois au centre, il est d'abord très réservé, voire timide, ne parle pas beaucoup et semble peu confortable en présence des deux chiens qu'il y avait ce jour-là, c'est-à-dire Peanut le teckel, calme et affectueux, et Joséphine la jeune fox-terrier, exubérante et heureuse de vivre... Bien qu'il semble peu intéressé par les chiens, il accepte de venir pour son suivi avec moi, disant que « c'est plus sympa ici que dans l'Unité » où il est hospitalisé et que ces rendez-vous lui donnent une occasion de sortir. Il viendra pourtant souvent accompagné par un infirmier, étant donné qu'il profitait parfois de nos rendez-vous pour fuguer.

Je n'avais alors pas le sentiment de l'aider beaucoup, il manquait ses séances et, quand il venait, il partait dans de grandes discussions, tout content d'avoir en moi une personne à l'écoute et intéressée de participer à ces débats. Evidemment, j'essayais – et réussissais de temps en temps – à le ramener « sur terre » et l'amener à admettre que son objectif était *très concrètement* de sortir de l'hôpital et de récupérer son appartement et son autonomie. J'avais également ce but en tête, même si une collègue m'avait dit qu'après trois décompensations psychotiques, Florian avait de fortes chances de ne jamais pouvoir réintégrer son appartement… Je pense que c'est ma naïveté de l'époque (que j'espère avoir gardée) qui me laissait espérer, tout en n'ayant aucune idée de comment j'allais atteindre ce but avec Florian. Et est arrivé le jour où il m'a annoncé que sa sortie était prévue pour le mois suivant. Bien que je l'avais vu évoluer et être de plus en plus collaborant et prêt à accepter sa problématique – avec tout ce que cela impliquait, comme la prise régulière de son traitement – j'avoue que j'ai été surprise. Evidement j'en étais très heureuse, mais je ne savais toujours pas ce qui s'était passé pendant ces quelques mois.

C'est alors que je discute avec son psychiatre qui me dit que, selon lui, cette zoothérapie a été très bénéfique. Surprise, je lui demande de m'en dire plus et il me raconte alors qu'en séance, le patient lui aurait parlé de son suivi en zoothérapie et aurait alors dit apprécier plus la discussion avec moi que la présence des chiens. Florian exprime même un malaise face à Joséphine, qui lui semble « stressée, ou plutôt possédée… comme démoniaque ! ». Il m'avait aussi dit qu'il la trouvait peu détendue et bizarre, mais je n'avais pas fait le lien à ce moment-là même si, quand il en parlait, il se montrait lui-même tendu, angoissé et stressé. Cela semblait alors dévoiler son état psychique lorsqu'il était confronté à l'animal. Florian dira d'ailleurs craindre de toucher la chienne, et ne répondait pas souvent – ou de manière maladroite – à ses sollicitations pour jouer. Il avait moins de peine avec Peanut, mais ne recherchait pas souvent le contact avec lui. Florian venait donc pour me voir et disait fréquemment qu'il était content de venir à ses séances. Il me remerciait aussi presque chaque fois à la fin de la séance. Pour ma part, ces rendez-vous étaient aussi agréables, mais je me demandais toujours si je faisais ce qu'il fallait.

Ces séances de zoothérapie n'en étaient donc pas vraiment… ou alors si ? Visiblement, cette psychothérapie assistée par l'animal, où l'animal semble ne pas avoir été investi, a tout de même eu son utilité, puisque la présence de l'animal – loin du patient – lui a permis de projeter sa psychose en dehors de lui-même, sur Joséphine notamment, tandis que son côté sain était reflété par la thérapeute, c'est-à-dire moi. En séance, j'essayais le plus souvent de ramener la discussion sur des sujets très concrets, restant donc toujours dans la réalité du monde qui nous entoure. Le cadre de cette zoo/thérapie (avec le « zoo » d'un côté et la thérapie de l'autre) a donc permis à

Florian de faire la distinction entre sa réalité et LA réalité, et d'accepter de laisser de côté son monde intérieur pour s'autoriser à faire partie du monde qui l'entoure. Selon moi, l'important ici pour Florian était d'accepter la présence de son monde intérieur pour mieux s'en échapper, et Joséphine avait joué son rôle à merveille, finalement !

Un chien sur le divan

Au centre de zoothérapie de l'hôpital Douglas où j'ai commencé ma pratique de zoothérapeute, nous avions plusieurs animaux, dont plusieurs chiens (pour lesquels le Centre fonctionnait comme une garderie de jour), trois chats, trois rats, trois furets, deux lapins, deux gerbilles, un cacatoès et un cochon vietnamien. Avec cela il y avait deux aquariums, l'un avec des poissons et l'autre avec des tortues aquatiques. La manière de travailler avec ces animaux était évidemment différente suivant l'espèce, l'approche thérapeutique utilisée, le patient et l'objectif, mais lorsque nous nous trouvions dans le cadre d'une psychothérapie individuelle, c'est souvent le patient qui choisissait « son » animal de prédilection. Il investissait un individu en particulier et faisait alors son transfert sur l'animal avant de le faire sur le thérapeute. Pour les non-initiés, le transfert consiste en un déplacement d'affects ou de sentiments éprouvés dans la petite enfance envers un objet infantile, le plus souvent les parents, et adressés à une autre personne. Ce transfert peut se faire dans différents contextes, mais ici, dans le cadre thérapeutique, c'est évidemment sur le thérapeute – et/ou l'animal – qu'il se fait. En psychanalyse, le psychanalyste fonctionne ainsi comme un portemanteau sur lequel le patient va accrocher toutes les défroques des différentes personnes qui ont compté dans son histoire. Il va ainsi rejouer avec son psychanalyste les relations qu'il entretenait avec ces personnes, et analyser ces relations pour les comprendre. Ce n'est pas la même chose que la projection, qui est un mécanisme de défense par lequel le sujet expulse dans le monde extérieur des pensées, affects, sentiments ou désirs qu'il méconnaît ou refuse en lui et qu'il attribue à d'autres, personnes ou choses de son environnement.

J'avais déjà vu ces concepts lorsque je travaillais à l'hôpital Douglas, mais ne les avais pas encore pratiqués. Je me suis par contre vite rendu compte que certains patients développaient un lien spécial avec un ou deux individus animaux. C'était le cas de Sarah[2], qui avait choisi Sam, un labrador jaune de 7 ans et demi (vous aurez compris qu'à mon retour en Suisse j'avais choisi de prendre un labrador jaune comme premier « assistant » thérapeutique en souvenir de Sam). Jolie jeune fille de 17 ans à peine, Sarah vit chez sa mère avec son frère de quatre ans son cadet, ses deux sœurs aînées étant déjà parties vivre leur vie dans une autre ville. Elle me dit avoir été adoptée à l'âge de 2 ans et qu'elle vient d'un orphelinat de Haïti (j'apprendrai plus tard qu'elle y était restée sans aucun soin et dans un grand état d'abandon). Lorsqu'elle a 6 ans, ses parents adoptent un petit garçon de 2 ans, également en provenance d'un orphelinat du même pays. Elle me dit alors que c'est à l'arrivée de ce frère que la relation avec sa mère se serait dégradée. Bien qu'elle évoque une relation meilleure avec son père, elle en parle peu, ses parents s'étant séparés depuis peu, et elle ne le voit que très rarement.

Dès notre première rencontre, Sarah me parle du grand sentiment de solitude qu'elle ressent depuis qu'elle est toute petite. Pour elle, seule la présence des animaux l'aide à se sentir mieux et moins seule. Ainsi, au premier rendez-vous, elle est assise par terre, les bras autour de Sam le labrador présent au centre ce jour-là, l'embrasse et lui parle gentiment, et elle me dit : « Vous comprenez, j'adore les chiens et je veux en avoir un, le même que celui-ci. Je veux avoir mon Sam à moi ! Ma mère ne veut pas que j'amène un chien à la maison, mais j'en ai trop besoin. J'aimerais que vous disiez à ma mère que j'en ai besoin, que j'ai besoin de l'amour d'un chien, sans chien je ne peux pas vivre ! » Je lui ai demandé alors si ce qu'elle aimerait, en fait, c'est que je dise à sa mère de l'aimer, elle m'a regardé avec de grands yeux et m'a répondu : « Oui, c'est ça ! »

Déjà se jouait devant moi une situation transférentielle (avec le chien ou avec moi ?), où il est évident que Sarah exprimait « ici et maintenant comme ailleurs autrefois » (Brusset, 1998) une problématique tournant autour du lien, et qu'elle me montrait à ce moment précis son besoin d'amour. En donnant ma voix à la partie projetée de Sarah, c'est-à-dire ce qu'elle aurait voulu dire à sa mère, les sentiments qu'elle ne pouvait pas se permettre de ressentir elle-même, je faisais une interprétation dans la projection (Quinodoz, 2013), mais je ne le savais pas encore.

---

[2] Prénom fictif.

Sarah semblait donc avoir investi Sam le labrador et venait à ses rendez-vous principalement « pour voir Sam », parce qu'elle considérait que « seule la présence d'animaux lui permet de se sentir assez bien pour pouvoir parler de ses difficultés actuelles ». Par la suite, la mise en place et l'évolution du cadre ont permis d'avancer dans le suivi de Sarah, mais après quelques mois elle l'a malheureusement interrompu. Il y a probablement plusieurs raisons à cela, mais je suis convaincue que l'une d'elles a été le départ de Sam à la retraite. En effet, parce qu'il était déjà âgé, il ne venait qu'une semaine sur deux, alors que le suivi de Sarah était hebdomadaire. Il y avait toutefois toujours d'autres animaux présents, mais Sarah avait surtout – en tout cas au début – investi Sam. Le fait qu'il n'était pas présent de manière régulière pendant les séances a alors évidemment entraîné une modification radicale (et répétée) du cadre, ce qui semble avoir été difficile pour Sarah. Alors que le cadre thérapeutique peut être vu comme un « non-processus » constitué par un ensemble de constantes à l'intérieur duquel le processus lui-même a lieu, le cadre de cette psychothérapie s'est développé et a évolué en fonction de l'évolution de la patiente, mais aussi en fonction du changement du milieu. Le processus dans lequel s'inscrit la définition du cadre a ainsi été un élément nécessaire pour la patiente, mais nous verrons plus loin comment la modification du cadre a aussi malheureusement amené la patiente à interrompre son suivi.

Rapidement Sarah évoque les relations très conflictuelles qu'elle a avec sa mère, qui est décrite comme froide et sans amour. La situation déjà difficile depuis l'arrivée du frère se serait alors vraiment détériorée lorsque sa mère, qui lui avait offert un cheval quand elle était plus jeune, l'aurait revendu sans son accord. Lorsque j'entends cela, je ne peux m'empêcher d'être épouvantée, de ressentir le traumatisme que la patiente a dû éprouver, et d'avoir, vis-à-vis de la mère, un sentiment d'incompréhension. Considérant que l'attachement d'une personne pour son animal de compagnie est souvent comparé à celui d'une mère pour son enfant (Lehotkay, 2012b), je ne peux m'empêcher de penser : « Sa mère a vendu son bébé ! »

Il est ainsi clair que dès le début je ressentais de l'empathie pour Sarah. Non seulement elle avait un amour inconditionnel pour les animaux, mais elle avait vécu un traumatisme que je pouvais aisément imaginer. J'étais alors « de son côté ». Sarah était heureuse de venir à ses rendez-vous, elle disait ne plus se sentir toute seule et était contente de me voir, car elle sentait que je la comprenais, que je comprenais son amour des animaux. A ce moment-là, je ne savais pas encore faire des interprétations, je lui parlais donc de ce que je ressentais face à ce qu'elle exprimait de cet amour pour les animaux. Ces interprétations centrées sur moi-même étaient probablement assez contenantes pour instaurer une relation de confiance et donnaient visiblement à Sarah le sentiment d'être comprise. Bien que ce ne fût qu'un début et que le travail d'analyse restait à faire, je pense que cette étape était indispensable. Sarah avait très vite investi Sam, mais elle devait également m'investir, moi, pour la suite du travail.

Ce n'est qu'à la troisième séance que j'apprends que Sarah est mère d'une petite fille de 8 mois, vivant à ce moment-là dans un foyer. Evidemment j'en ai été très surprise, et ce d'autant plus que c'est moi qui ai dû aborder le sujet alors que la patiente ne m'en avait jamais parlé. C'est le médecin psychiatre responsable de son suivi à l'hôpital qui m'avait appris l'existence de cet enfant après le colloque hebdomadaire, une petite fille née lorsque la patiente avait à peine 16 ans. Je lui ai donc posé la question bien que je ne me sentais pas très à l'aise de le faire. Toutefois, selon De Urtubey (1999), l'encouragement à parler, bien que sans valeur interprétative, peut être utile en début de thérapie pour faire sentir au patient que l'analyste « désire » l'analyser, ou dans des moments plus difficiles pour faire sentir au patient que l'analyste le comprend. De plus, il était évident que nous devions aborder ce sujet à un moment ou à un autre.

Pendant les séances suivantes, Sarah parle très peu de sa fille, mais exprime très souvent son désir d'avoir un chien, « un labrador comme Sam ». Elle manque alors quelques rendez-vous (le plus souvent alors que Sam est absent), et revient un mois plus tard accompagnée d'un jeune chien, un labrador noir de 3 mois, qu'elle a prénommé Sam « en l'honneur de Sam le chien de thérapie », dit-elle. Sarah me dit être très heureuse d'avoir ce chien, même si ça complique sa situation, sa mère ne la veut plus chez elle et cela va, semble-t-il, rendre plus difficile sa recherche de logement. Elle viendra encore une fois avec ce chiot, puis manquera à nouveau quelques rendez-vous. A son retour elle vient seule et semble très abattue. Dans le couloir qui nous mène à mon bureau, je lui demande : « Où est Sam ? » et Sarah me dit juste : « Je vais tout vous raconter »… Assise alors face à moi, elle me regarde bien dans les yeux et me raconte très calmement comment, lors d'un week-end à Québec, son chiot s'est fait tuer par un autre chien. Sous le choc, j'essaie de ne pas réagir et lui fait remarquer qu'elle me dit cela sans grande émotion, elle me répond alors : « J'ai assez pleuré, je veux aller de l'avant maintenant ». A ce moment-là, j'ai l'impression de vivre sa douleur à sa place, comme si c'était cela qu'elle désirait, poser ici sa douleur et repartir sans. Je suis alors un « contenant à ses contenus », mais je me dois aussi de donner « un contenu à son contenant ». Lui faisant alors tout de même part de mon émoi, je lui dis ensuite : « Peut-être que la disparition de Sam laissera de la place à votre fille ? » Elle répond : « Oui, peut-être ».

Sarah reparlera très souvent de Sam, son chiot mort. Je m'aperçois aujourd'hui qu'elle ne m'en parlait en fait que lorsque nous abordions un sujet trop personnel, pour changer de sujet, comme si elle avait peur que je découvre qui elle est et que je l'abandonne alors. Déjà à ce moment-là je me posais des questions quant à la réalité de cette histoire de chiot tué par un autre chien, et ce d'autant plus que mon collègue m'avait déjà parlé d'une histoire d'avortement inventée par la patiente. La mort de ce chiot, je pensais qu'elle l'avait inventée au lieu d'admettre qu'elle l'avait abandonné parce que c'était moins difficile et plus acceptable pour elle, et pour moi ! Selon Angelergues (2008), l'objet de la psychanalyse consiste à permettre au patient d'atteindre une « vérité narrative » personnelle, opposée à la « vérité historique » objective et scientifique. En racontant son « pseudo »-avortement, Sarah a peut-être voulu choquer le psychiatre, faisant ainsi comme si elle voulait traumatiser les soignants en « tuant les bébés », humain ou canin suivant qui elle a face à elle. Le traumatisme qu'elle a vécu est ainsi projeté dans le transfert qu'elle fait sur moi et sur le psychiatre.

Lors de la séance suivante, où Sam est présent, elle arrive souriante, disant être très heureuse de le revoir. Elle me reparle alors de sa fille et des projets de vie avec elle, mais précise que c'est très difficile pour elle de concevoir un avenir en tant que mère. Face aux difficultés évoquées, je lui demande alors si elle ne préférerait pas placer sa fille en famille d'accueil, elle me répond catégoriquement que non. Elle ne peut pas et elle ne le veut pas. Je lui fais alors remarquer que même si elle montre de la difficulté à s'investir dans cette relation mère-fille, elle est en train de tout faire pour ne pas abandonner sa fille, qu'elle fait son possible pour être la mère qui n'abandonne pas son enfant, et j'ajoute : « Peut-être que vous avez eu cette enfant pour corriger quelque chose, pour vous aider à surmonter le traumatisme de votre propre abandon ». Sarah me regarde alors et dit : « Peut-être ». Ainsi, face à Sarah, je me retrouve souvent dans la situation difficile dont Green (1990) parle quant à trouver un équilibre entre une interprétation remplissant trop précocement le vide, répétant ainsi « l'intrusion du mauvais objet », ou laisser le vide tel quel en répétant alors l'inaccessibilité du bon objet. Je me retrouve donc à dire : « Ça pourrait vouloir dire… », et Sarah de répondre : « Oui, peut-être », sans élaborer plus, parce qu'elle en est incapable ou parce qu'elle n'est pas prête.

Plus tard dans la séance, elle reparle alors du petit Sam et me dit qu'elle veut reprendre un chien. Elle sait, dit-elle, que ce n'est pas le moment, mais elle ne voit pas sa vie sans chien. Je lui fais alors remarquer que les chiens c'est comme les bébés, il faut toujours s'en occuper, on est responsable d'eux et ils ont besoin de nous pour vivre. Elle ne répond rien à cela, puis joue avec Sam et est un peu brutale avec lui, le repousse en lui disant d'une voix ferme : « Bouge-toi, niaiseux[3] ! ». Voyant son comportement avec le chien, je me sens mal et ne peux m'empêcher de crier « aïe ! » à la place de Sam, comme si c'était lui qui s'était plaint. D'abord étonnée, Sarah me dit : « Désolée si je suis un peu brute avec Sam, mais c'est parce que je l'aime ! » et elle le prend ensuite dans les bras et l'embrasse. Je lui dis alors : « Je pense que Sam préfère les bisous… comme votre fille » et j'ajoute : « Comme vous deviez aimer les bisous de votre mère ». Elle me regarde alors et dit : « Je ne me souviens pas des bisous de ma mère, mais je sais que ma fille aime mes bisous ». Tentant à nouveau de faire le lien entre son attitude d'« ici et maintenant » et son passé, j'espérais que Sarah associe et me parle de son enfance, mais elle ne le fera pas à ce moment-là. Elle relie alors plutôt les bisous qu'elle donne à Sam à ceux qu'elle donne à sa fille, ce qui ne m'a bien sûr pas étonnée.

Un jour, Sarah me dit : « Ma mère veut partir en vacances avec mon frère et ma fille, alors elle m'a demandé de signer des papiers pour qu'elle puisse l'emmener à l'étranger ». Je ne peux alors pas m'empêcher de repenser à une question posée lors d'un entretien avec le psychiatre, à savoir : « Pourquoi, ou plutôt pour qui a-t-elle eu

---

[3] Insulte québécoise.

cet enfant ? ». Et la réponse de s'imposer d'elle-même : « Pour sa mère ! ». Dans une séance précédente, évoquant l'audience à venir pour déterminer si la mère peut – à sa demande – faire office de famille d'accueil, Sarah me dira d'ailleurs : « Je me battrai pour que la garde soit donnée à ma mère ! » Toujours parlant de sa fille, elle dira un peu plus tard : « C'est une petite Sarah, elle me ressemble, elle a le même comportement que moi ». Je lui fais alors remarquer que comme elle, sa fille a aussi passé une année en foyer, dans une sorte d'orphelinat. Elle me dit alors : « Oui, mais je vais lui donner ce que moi je n'ai pas eu ». Evoquant la demande pour que sa mère soit la tutrice de sa fille, je lui dis alors : « Vous faites bien les choses, comme ça votre fille aura deux mamans au lieu d'une seule ». Elle sourit et tout en rappelant Sam près d'elle, elle se trompe et l'appelle par le prénom de sa fille. Je ne sais pas si elle s'en est rendu compte, mais je n'ai pas eu envie de le souligner et n'avais pas non plus le temps, puisque Sarah était déjà en train de chercher son téléphone pour me montrer des photos de sa fille en compagnie du père de celle-ci, avec qui elle avait récemment repris contact.

Bien que je me questionne régulièrement sur les motivations de sa mère à avoir adopté deux enfants issus d'un orphelinat, celle-ci n'est pas ma patiente et je ne suis pas certaine que de connaître ces motivations m'aurait aidée dans le suivi de Sarah. Il doit pourtant y avoir un lien, mais lequel ? C'est comme si, dans cette famille, il y avait une femme qui désire des enfants qu'elle ne peut pas avoir, et une qui a un enfant qu'elle ne désire pas. Je m'interroge encore aujourd'hui sur quelle était ma position entre ces deux femmes et m'aperçois alors à quel point le contre-transfert est effectivement un instrument, mais aussi une limite. Bien que nécessaire, il peut être dangereux et la seule façon d'échapper au dilemme est un recours technique, qui s'impose d'ailleurs comme une nécessité absolue : l'analyste doit impérativement être au clair autant que possible avec ses propres complexes et donc faire lui-même une psychanalyse, qu'il ne devra d'ailleurs jamais cesser d'approfondir. Et là je me dis que je suis en plein dedans et j'ai le sentiment que je suis encore loin du compte… Heureusement, c'est un plaisir que d'investir du temps dans la compréhension de qui on est ! Mais c'est aussi face à ses patients que l'on apprend sur soi-même. Souriante et enthousiaste, Sarah me parlera aussi de son père, avec un plaisir évident, dont elle prendra d'ailleurs conscience un peu étonnée, comme si l'absorption de sa personne au milieu de sa mère et de sa fille l'avait amenée à oublier qu'elle était aussi et encore la petite fille de son papa.

Si la patiente a réagi avec moi comme si j'étais un personnage important de son histoire, je me demande alors quel rôle je jouais ? Quel personnage étais-je censée représenter ? La mère qui ne l'abandonne pas ? Résultat de mon contre-transfert, ce besoin irrépressible que j'ai eu de ne pas vouloir lâcher prise, pour elle, semble être un élément de réponse et fait écho à ma crainte de devenir, dans le transfert de ma patiente, la mère qu'elle n'a pas eue. J'étais donc à l'écoute en comprenant que Sarah ne pouvait pas – en tous cas au début – ressentir de l'amour pour sa fille, c'était trop dur, et même pour son chiot, l'investissement affectif était trop difficile, trop risqué… Dans un processus de réparation, Sam jouait donc ce rôle d'objet transitionnel moins menaçant, qu'elle pouvait cajoler, caresser et aimer. C'est en fait d'elle qu'elle prenait soin, de l'enfant qu'elle avait été. Mon objectif consistait donc à la laisser interagir avec le chien et lui démontrer tout l'amour dont elle était capable, en restant pour ma part disponible jusqu'au jour où elle pourrait venir à ma rencontre sans crainte que je ne l'abandonne. J'étais ainsi la mère qui ne l'abandonne pas, et Sam était l'enfant qu'elle ne pouvait pas abandonner.

Malgré mon désir de ne pas lâcher prise, Sarah m'a toutefois abandonnée. C'est comme si elle reproduisait, sans pouvoir se remémorer quoi que ce soit de cette époque, l'abandon dont elle a souffert. Comme Freud (1914) le mentionne, la patiente ne se rappelle rien de ce qui est oublié et refoulé, mais elle l'agit, et ce dans le cas présent en « tuant » ou en abandonnant avant d'être elle-même abandonnée. Selon Freud (1900), « plus la résistance est grande, plus la remémoration sera largement remplacée par l'agir », il semble donc que pour Sarah le traumatisme de l'abandon ait été si important qu'elle avait même de la peine à accepter le fait d'avoir été adoptée. Elle dira un jour regretter de le savoir. Pendant le suivi, elle avait donc de la peine à être régulière et alors que Sam n'était présent qu'un lundi sur deux, elle a très vite manqué les rendez-vous lorsque Sam était justement absent. Elle se retrouvait donc très souvent « abandonnée » par Sam, ce qui a probablement été trop difficile pour elle. Ainsi, mis à part la capacité restreinte d'élaboration de Sarah, probablement due à son profil psychiatrique particulier, et ses « disparitions » répétées qui ne nous ont pas permis d'avancer aussi vite que je l'aurais voulu…, je me devais de respecter le rythme de la patiente, qui semblait démontrer beaucoup de résistances. Evidemment, je n'ai pas pu aller plus loin aussi parce que j'ai terminé mon stage à l'hôpital.

Parlant de l'implication personnelle du psychothérapeute dans le processus analytique, Press (2010) souligne que plusieurs auteurs ont vécu dans leur quotidien l'*ébranlement* (c'est moi qui le souligne) auquel nous pouvons être confrontés dans notre pratique. Ainsi, au début j'ai été touchée, puis traumatisée par l'histoire de Sarah, je me suis ensuite sentie inutile, incompétente, agacée par ses absences. Je me suis sentie « nulle ». Cependant, je découvre aujourd'hui que ce sentiment est normal et qu'il ne faut pas vouloir/devoir être le psychothérapeute parfait pour aider ses patients. En effet, selon Searles (1994), l'analyste qui s'accroche à une identité d'analyste rigide ne peut pas aider son patient de façon satisfaisante. Le thérapeute doit dépasser l'identité traditionnelle du psychanalyste formel pour pouvoir travailler efficacement avec son patient. S'il ne faut pas être le thérapeute parfait et super-bon en technique, mon approche n'était donc peut-être pas complètement « à côté de la plaque » ?

Un Max et ça repart !

En psychothérapie, plusieurs processus sont possibles, et dans le cadre thérapeutique de la zoothérapie, il y a le thérapeute mais aussi l'animal qui peut être utilisé. Ainsi, nous avons vu que dans le cas de Florian, c'est la projection de sa psychose en dehors de lui-même – sur Joséphine – qui l'a aidé. Pour Sarah, c'est le transfert sur Sam et moi qui a été bénéfique à la thérapie. Processus psychologique par lequel un sujet assimile un aspect, un attribut de l'autre et se transforme, totalement ou partiellement, sur le modèle de celui-ci, l'identification à Max a permis à Vincent, que j'ai déjà présenté en détail dans un précédent ouvrage (Lehotkay, 2015), d'avoir envie de faire une promenade, d'aller en forêt, bref, de sortir de l'hôpital. On est ici à Genève.

Jeune homme de 25 ans, Vincent présente un tableau psychiatrique très complexe, avec passages à l'acte hétéro-agressifs relativement graves. Il présente ainsi entre autres une déficience intellectuelle légère, un syndrome Gilles de la Tourette, des stéréotypies motrices et un trouble dépressif. Les troubles du comportement débutent dans l'enfance et vont nécessiter une prise en charge importante dès l'âge de 14 ans. Il sera ensuite suivi par un psychiatre avec instauration de divers traitements psychotropes, sans succès, et sera hospitalisé à plusieurs reprises dans différentes unités hospitalières, psychiatriques ou somatiques. Il ne veut pas sortir de sa chambre et est très réfractaire à tout suivi. De nombreuses pharmacothérapies ont été tentées, avec de modestes résultats. C'est dans ce contexte que l'on m'a demandé de suivre ce patient en zoothérapie, avec l'idée de l'amener, au moins, à sortir de sa chambre.

Au début, Vincent voyait Max se promener dehors avec moi, mais lui ne voulait pas sortir, il disait avoir peur. En séance, je lui racontais donc la vie de Max *à l'extérieur*, et cela lui a donné envie de faire pareil. Vincent s'était donc identifié à Max et a voulu se promener aussi en forêt, ce qui impliquait évidemment qu'il aille bien, qu'il s'habille et ait un comportement adéquat. En fait, c'est exactement ce que Levinson (1962) disait, à savoir que la solution de la névrose consiste à restaurer une connexion saine avec son moi intérieur, notre nature animale inconsciente, en rétablissant une relation positive avec des animaux réels. En d'autres termes, l'idée est d'apprivoiser ses démons en devenant copain avec les animaux qui nous entourent. J'imagine que c'est aussi ce qui se passe pour les propriétaires d'animaux de compagnie, ce n'est évidemment pas de la zoothérapie, mais cela n'empêche pas que le fait d'avoir un animal de compagnie soit effectivement bénéfique pour la santé, autant physique que psychique, de son propriétaire.

Pour Vincent, la zoothérapie a donc été très bénéfique puisqu'elle lui a permis d'accepter le changement en lui et de s'autoriser alors à se projeter dehors, et à sortir finalement de l'hôpital. Aux dernières nouvelles, il va bien et projette de reprendre bientôt un chien.

Faire son deuil

Comment faire son deuil ? Lorsqu'un animal « participe » à la thérapie, quand il fait partie intégrante du cadre thérapeutique, c'est toujours très difficile pour le patient quand l'animal est absent. Quelque chose manque et ce manque gêne. Déjà quand l'une de mes deux collaboratrices à quatre pattes actuelles, Louise ou Olive, est absente, parce que malade par exemple, cela change évidemment l'ambiance et les patients peuvent alors être embarrassés, parfois désorientés et souvent soucieux pour la santé de la bête. Ainsi, dans le cas de Sarah le départ de Sam à la préretraite a évidemment été trop difficile à supporter et c'est un peu pour cela qu'elle n'est plus revenue. Bien sûr, du côté du thérapeute il y a aussi un deuil à faire…

quand l'animal s'en va pour de bon... Pour ma part, cela s'est fait en douceur puisque Max était parti vivre sa retraite ailleurs, alors que je travaillais désormais avec Louise. Il avait choisi cet ailleurs et a donc vécu très heureux les cinq dernières années de sa vie. Je ne me suis ainsi pas retrouvée complètement seule face aux patients.

Il y a pourtant un autre deuil à faire en tant que psychothérapeute et que je ne soupçonnais pas, celui de voir son patient – soulagé – partir. Évidemment il existe un moment, quand on a bien fait son boulot, où le patient se sent mieux, est content de son évolution et aimerait partir sous d'autres horizons, faire autre chose à la place de venir chez son « psy ». On pense alors toujours qu'on peut aider davantage, mais parfois on doit laisser aller, se laisser faire et accepter que le patient s'envole de ses propres ailes... C'est facile à dire – et à écrire – mais pas facile à faire ! Il y a toujours quelque chose qui se passe à l'intérieur qui fait un peu mal... On doit dire « au revoir », ou plutôt « adieu », et vivre ce deuil dans la bonne humeur, car c'est une bonne nouvelle, évidemment ! A l'intérieur pourtant, c'est plus difficile. Moi qui ai beaucoup de peine avec la mort et le deuil, je me rends compte alors que j'ai encore pas mal de boulot sur la planche et que j'ai encore beaucoup à apprendre...

En transhumance... éléments de conclusion

De retour à la montagne, je relis ce qui précède et je me rends compte que je n'ai finalement pas beaucoup parlé de moi... Il faut croire que je suis plus loquace oralement... ou alors c'était voulu, calculé pour mettre en évidence à quel point mes choix professionnels ont suivi une voie toute tracée, un destin inconnu au départ mais qui s'est très vite avéré évident. J'ai en effet aujourd'hui vraiment le sentiment que ma vie est faite d'une suite incroyable de synchronicités, qui m'ont amenée là maintenant, et je suis reconnaissante à la vie pour ces synchronicités dont je n'ai pourtant appris l'existence il n'y a que quelques années. Je pense aussi que ces synchronicités ont un but, mais lequel... ?

Synchronicité encore ! Certains diront que ce n'est que du hasard... mais lorsque je redescends en plaine après mon discours sur « Savoir ou ne pas savoir qu'on sait ou pas », je vais à une présentation qui parle des étapes de l'apprentissage qui se distinguent selon deux dimensions ou axes principaux : conscience/inconscience et compétence/incompétence. Ainsi, l'incompétence consciente dit : « Je sais que je ne sais pas », alors que la compétence consciente dit : « Je sais que je sais ». De même, l'incompétence inconsciente réfère à « Je ne sais pas que je ne sais pas » (ou je crois savoir...), et finalement la compétence inconsciente à « Je ne sais pas/plus que je sais ». En fait, être compétent ou incompétent n'est pas si important, l'important est de le savoir, mais on ne peut pas tout savoir ni tout comprendre ! Le plus important, alors, c'est d'être capable de lâcher prise. Parfois on ne sait pas que l'on ne sait pas et c'est très bien comme ça !

Pour en revenir à mes trois patients, nous pouvons dire que la présence de l'animal dans le cadre de la psychothérapie permet donc au patient de faire son transfert, de se projeter ou de s'identifier à l'animal si c'est trop difficile de le faire avec son thérapeute. Evidemment, celui-ci est toujours là (Lehotkay, 2016) ! Je le précise car, bien qu'il y ait des éléments très clairs qui expliquent comment fonctionne la zoothérapie (Lehotkay, Orihuela-Flores, Deriaz et Galli Carminati, 2012), le rôle du zoothérapeute ou de l'intervenant en zoothérapie est encore trop souvent oublié dans l'explication des bienfaits. De plus, selon Etchegoyen (2005), dès les débuts de la psychanalyse on a considéré que son action thérapeutique était due non seulement à l'interprétation, mais aussi au lien affectif que le patient noue avec son analyste. Ainsi, nous pouvons nous demander si le patient pourrait faire un transfert non seulement sur l'animal ou sur le thérapeute seul, mais également sur la relation d'attachement présente entre ce dernier et son animal, mais cela demeure une hypothèse.

La zoothérapie m'a donc permis de faire le lien et de passer ainsi de l'étude du comportement animal à la zoothérapie, puis à la psychothérapie analytique. Le lien est d'ailleurs assez évident quand on considère l'explication analytique de l'aspect thérapeutique de la zoothérapie (Galli Carminati, Lehotkay, Martin et Carminati, 2013). On entend souvent dire que « les psys sont les plus fous »... peut-être... mais est-ce si fou de vouloir comprendre un problème dont on admet la présence, ou est-ce mieux de vouloir toujours nier et donc « cacher la merde au chat » ?... Et puis il est fort probable que la motivation derrière une carrière en zoothérapie soit justement de se soigner soi-même avec son médicament préféré, c'est-à-dire son propre animal. Qu'y a-t-il de mal à ça ? Chacun choisit sa méthode, l'important étant d'atteindre son but... Pour moi, l'intérêt pour l'intelligence animale s'est transformé en fascination pour l'esprit humain et l'envie d'aider des personnes en souffrance. Ma méthode aujourd'hui est certainement un mélange de tout ce que j'ai appris, mais j'aime laisser le patient venir à moi, dans une approche davantage psychanalytique, et regrette alors que cette approche soit si souvent « diabolisée »...

La peur de la psychanalyse, la crainte du « lâcher prise » intellectuel, l'angoisse du soi-disant « vide technique » conduisent certains à préférer une technique comportementale, cognitive ou systémique, avec un support papier-crayon et un cadre constitué de graphiques, histogrammes ou autres échelles d'évaluation utilisées pour analyser, comprendre et aider le patient. Evidemment, je ne veux pas dire ici que ces techniques ne sont pas bonnes, utiles ou bénéfiques, toute approche peut être bonne, il suffit qu'elle soit adaptée et adéquate quant au besoin du patient. En ce qui concerne ma pratique de psychothérapeute, cependant, je ne me sens confortable et possiblement compétente qu'en laissant le patient être et amener ce qu'il veut (peut) quand il le veut (peut), sans le conduire là où je veux, moi, sans m'immiscer ou lui donner un mode d'emploi de la thérapie.

A ce propos, je tenais à préciser un aspect qui me semble très important. Ainsi, en psychothérapie, il y a la théorie et la pratique. On imagine donc que le psychanalyste, par exemple, ou le psychothérapeute psychanalytique[4], pratique en suivant une ligne directrice très précise et se comporte alors avec ses patients toujours de la même manière, « comme un psychanalyste ». La situation est cependant beaucoup plus complexe que cela ! Premièrement, la théorie compte un très grand nombre d'approches différentes, et même dans une approche en particulier il y a divers courants qui impliquent parfois une manière de pratiquer complètement différente. Ainsi, en psychanalyse, il y a Freud, bien sûr, mais il y a aussi tous les autres qui ont fait évoluer la pratique jusqu'à ce que cela ne ressemble plus du tout au « divan avec le psychanalyste derrière qui ne dit mot et qu'on voit (ou

---

[4] Certains praticiens d'obédience freudienne font la différence entre la psychanalyse et la psychothérapie analytique.

qu'on ne voit justement pas) quatre fois par semaine »... Le psychothérapeute qui a choisi une approche et un courant en particulier peut alors aussi s'être formé dans une, voire plusieurs autres approches, et c'est sans compter toute la théorie rapidement aperçue mais enregistrée dans sa mémoire pendant ses études et après..., et dont il n'est même pas conscient. Le contexte théorique sur lequel il se base sera par conséquent très varié, ce qui va évidemment influencer sa manière de pratiquer. Il ne faut aussi pas oublier que chaque thérapeute va comprendre, interpréter et mettre en pratique ce qu'il a appris de manière personnelle, le « psy » est un humain, ne l'oublions pas ! Ainsi, seul dans son cabinet, le psychanalyste ne fera peut-être pas de la psychanalyse pure et dure... Aujourd'hui, chacun fait sa soupe !

Quant à la pratique, c'est-à-dire la manière d'être avec le patient, la manière de l'écouter et de l'aider, elle est aussi – évidemment – différente selon le patient ! La personne qui est en face de nous va bien sûr influencer la relation thérapeutique et le contre-transfert... etc. Ainsi dans ma pratique personnelle, où je me base sur plusieurs approches, j'essaie de proposer à chacun de mes patients une aide individualisée et personnelle. La seule constante est que je travaille en présence de mes deux chiennes, mais pas forcément *avec* elles (j'ai des suivis en psychothérapie qui ne sont pas de la zoothérapie).

Je n'ai pas encore le sentiment de tout comprendre, ni d'avoir développé tout le savoir-faire nécessaire, mais je pense qu'il est aussi important de laisser à un moment donné la connaissance des théories pour simplement « être là », à l'écoute de mon patient. Tout comme Jung (1962), je pense que les théories doivent être apprises pour être oubliées, surtout avant de voir le patient. Ainsi, j'aime aider mes patients et je suis heureuse aujourd'hui, comblée par mon métier. Je veux aider et il semble que je le puisse, et que je sois même assez douée, et plus j'apprends, plus je comprends ! Je comprends aussi pourquoi, pour mes patients qui viennent chercher une confirmation de leur trouble du spectre autistique, la reconnaissance de leurs difficultés est si importante pour eux pour pouvoir continuer à vivre. Comprendre pourquoi on est comme on est, comprendre ce qui explique nos travers de comportement, avoir un trouble reconnu qui nous justifie, cela fait du bien, on se sent moins coupable...

C'est important de se connaître soi-même assez pour pouvoir se pardonner, se pardonner de ne pas être celui ou celle que nous aurions rêvé d'être ! C'est encore plus jouissif que de découvrir que l'on n'est pas comme on aurait voulu et que c'est finalement très bien comme ça ! Quand on découvre que tout cela a un but et que nos travers sont là pour une bonne raison, cela fait tellement du bien qu'on veut en apprendre plus, d'où le passage à la psychologie d'abord, et à la psychanalyse ensuite… Comme je l'ai dit plus haut, j'aime croire que ressembler à nos patients nous aide à les comprendre. Evidemment, on peut alors se demander si comprendre nos patients parce qu'on vit la même chose nous permet de les aider, je pense que oui. Je pense aussi que le cadre thérapeutique est là pour nous aider à développer une compréhension du patient même si on ne se ressemble pas, mais ça va plus vite quand on comprend dès le début…

Longtemps je me suis sentie « à côté de la plaque » et j'en souffrais, mais je m'y suis faite. Avec les années, j'ai appris à utiliser cette manière de voir le monde pour accomplir des choses non conventionnelles, à développer des projets que personne n'avait fait avant, à construire ma propre plaque, donc ! Aujourd'hui j'apprécie ce sentiment, car pour moi c'est MA manière de vivre. Alors que parfois on grandit en pensant que l'on doit le faire selon une ligne directrice, on s'aperçoit qu'il n'y a aucune ligne ou que c'est parfois celle des autres que l'on vous force à suivre. Suivant qui sont ces « autres », on se sent alors coupable de ne pas les suivre sur leur voie, et cela demande beaucoup d'énergie que de se décrocher… Quand on y arrive, par contre, quand enfin on se permet de ne vivre que pour soi-même, quand on est libre, c'est le bonheur !

Je me suis longtemps demandé quel était le but de la vie, eh bien c'est de la vivre ! J'ai été très heureuse de le découvrir, surtout que je pouvais la vivre, justement, et cela m'a profondément apaisée, je me sens alors enfin moins anxieuse par rapport à tout ce qui peut arriver dans une vie… Je me sens plus sereine face à l'avenir aussi et pour moi-même… En fait, je pense que j'ai enfin réussi à me pardonner…

Ma zoothérapie aujourd'hui, avec Louise et Olive

Bibliographie

Angelergues J. (2008) : Quelques réflexions d'un psychanalyste à propos du « narratif », *in :* B. Golse et S. Missonnier (Eds.) : *Récit, attachement et psychanalyse* (pp. 135-141). Paris, Erès.

Brusset B. (1998) : Relation de compréhension psychologique et écoute métapsychologique, *in :* J. Schaeffer et G. Diatkine : *Psychothérapies psychanalytiques* (pp. 49-66). Paris, PUF.

De Urtubey L. (1999) : *Interprétation II : Aux sources de l'interprétation : le contre-transfert.* Paris, PUF.

Etchegoyen R.H. (2005) : L'interprétation mutative, *in :* R.H. Etchegoyen : *Fondements de la technique psychanalytique* (pp. 401-419). Paris, Hermann.

Freud S. (1900) : *L'interprétation des rêves.* Paris, PUF, 1967.

Freud S. (1914) : Remémoration, répétition et perlaboration. *OCF-P XI : 1913-1914* (pp. 187-196). Paris, PUF.

Galli Carminati G., Lehotkay R., Martin F., Carminati F. (2013) : An hypothesis about Jung's collective unconscious and animal-assisted therapy. *NeuroQuantology*, 11(3) : 451-465.

Green A. (1990) : *La folie privée : psychanalyse des cas-limites.* Paris, Gallimard.

Jung C. G. (1962) : *Ma vie.* Paris, Gallimard, 1967.

Lehotkay R. (2012a) : Petites et grosses bestioles : de Montréal à Genève, *in :* G. Galli Carminati et A. Méndez : *Etapes de vie, étapes de soin* (pp. 63-87). Genève, Médecine et Hygiène.

Lehotkay R. (2012b) : *Tel maître, tel chien : ou comment le profil d'attachement du chien correspond à celui de son maître.* Sarrebruck, Editions Universitaires Européennes.

Lehotkay R. (2015) : Un chien pour la liberté, *in :* G. Galli Carminati *et al.* : *Les Murs de la liberté* (pp. 171-186). Genève, Médecine et Hygiène.

Lehotkay R. (2016) : Projetons-nous dans le loup pendant que nous sommes dans les bois. Communication orale présentée au Simposietto le 8 octobre 2016. HUG, Genève.

Lehotkay R., Orihuela-Flores M., Deriaz N., Galli Carminati G. (2012) : La thérapie assistée par l'animal, description d'un cas clinique. *Psychothérapies* 32(2) : 115-123.

Levinson B.M. (1962): The dog as co-therapist. *Mental Hygiene, 46* : 59-65.

Press J. (2010) : Régression, répétition, construction, *in :* *La construction du sens* (pp. 159-181). Paris, PUF.

Quinodoz D. (2013) : *Des mots qui touchent.* Cours donné dans le cadre de la formation continue en psychothérapie psychanalytique (12 octobre 2013), Université de Genève, Genève.

Rouchon J.-F., Reyre A., Taïb O. (2009) : L'utilisation de la notion de contre-transfert culturel en clinique. *L'autre, cliniques, cultures et sociétés*, 10(1) : 80-89.

Searles H. (1986) : *Mon expérience des états-limites.* Paris, Gallimard, 1994.

Willems S. (2011) : *L'Animal à l'âme. De l'animal-sujet aux psychothérapies accompagnées par des animaux*. Paris, Seuil.

Le pli singulier de la parole, transhumance de l'âme
Alexandre Buttex

J'annonce la couleur sans trop de noirceur, entendre n'est pas mon fort dès mes débuts de vie en raison d'une surdité congénitale. Il y a aussi le doux nid psychique familial partiellement décharné qui n'a répondu que partiellement aux besoins primaires. Pour tenir la route, je dérive sur des chemins irréguliers entre impasse et défrichage. J'expérimente des pistes embrumées, des sentiers humides et caillouteux, des couloirs et des « à travers champs », des haltes « transitives », des aires de pâture, des aires d'errance, des gîtes et des aires de passage. Dans des haltes, sur le bord du chemin, je rencontre des « passeurs » de désunions et, pour vivre le mieux possible, je prospecte des passeurs de trait d'union et des passeurs trait d'union. En compagnonnage avec ces voltigeurs médiateurs de la passe, je leur dois, en bonne partie, la dynamique d'une résilience possible et ma spécificité en tant que professionnel inachevé de « l'accompagnement » dans le domaine socio-éducatif. Ainsi, être deux, parfois plus à un rendez-vous pour « causer avec courage », dans un dispositif délimité, du banal de la vie quotidienne, de la vie de tous les jours, avec simplicité, c'est pas mal, ça aide, ça forme, ça transforme, ça informe ! La vie ordinaire est ardue, ces contrées se trouvent insérées de plis et traces morales et de loyautés. S'en alléger est vital afin de respirer avec légèreté et pour rendre la flèche du temps acceptable à vivre. Là-dedans, est-ce que j'ose de nouveau ou est-ce que j'ose du nouveau ? Les deux semblent se marier. Dans tous les cas, entre héritage et apprentissage, entre formation autodidacte et formation légitimée, entre répétition et différence, des gestes, une main, des formes d'être et d'engagement se forgent. Des vulnérabilités me constituent. Je les accepte en tant qu'*issue* éventuelle, et m'en apitoyer m'entrave. De temps à autre, il y a tout de même des sursauts d'apitoiement qui prennent. Malgré cela, par les épreuves, au long cours *un éthos personnel, intellectuel et professionnel prend forme*. Cette posture critique face à la lourdeur pourrait-elle se dessiner en « une ingénierie des possibles » (Durand, 2017) ? Ainsi, je prospecte des espaces qui autorisent la résilience face à l'imposante force sociale de réification (Honneth, 2007), figure des catégorisations sociales qui délimitent l'individu en chose normée à outrance, là où le sujet s'évanouit. C'est un pari sur la reconnaissance des relations qui émergent entre interactants, sur la ruse et l'âme qui s'y loge.

Une dynamique prospective vitale est la forme de cette écriture. Je commence à tracer et à poser des signifiants, la toile des signifiants de suite m'échappe, se sursature en une logique autonome s'autoproduisant. Cette écriture prend forme après des va-et-vient autour d'éléments de vie disparates, ce texte n'est pas écrit à l'avance, il commence seulement. Je m'expose, il y a des souvenirs et des idées préexistantes, je les élabore en me parlant, en laissant la place au bégaiement, aux ellipses, aux hésitations, aux contradictions, aux étirements et aux pensées pas encore bien articulées.

L'écriture

Je trace en écriture une carte d'un itinéraire conçu de mondes aussi superposés qu'entrelacés, parfois leurs contours perdent de leur mordant. De près, avec le trouble et l'opacité (Deleuze et Gattari, 1980), la destination est inconnue/connue, mais pas toujours visible. De la trace du premier jet, le pointilliste de l'impressionniste se cherche. En changeant de focale par l'écriture, le coucher du soleil de l'œuvre picturale avec ses imperfections prend forme et singularité. Le cheminement du 21.08.2017[5] du narrateur et auteur de ce texte est le sujet dans sa partialité. Toutefois, cette expérience reste une narration, une fiction, une fabulation (Huston, 2008). Ce texte en mouvement, je le souhaite modeste et sans prétention…

Cependant, cette invitation à l'écriture est synchronique à une aventure psychanalytique guidée en premier lieu par mes propres fêlures. Puis, à la longue, en œuvrant en tant que sujet de cette analyse, je m'aventure à explorer cet « art », en y intégrant et en y combinant les éléments et le matériel de mon itinéraire. S'approcher de l'habit d'analyste potentiel de l'âme, c'est développer tout de même un esprit critique sur soi et aussi sur l'actuel, le déroutant ; époque contemporaine mouvementée où la doxa gestionnaire est à son paroxysme : de l'automate à la « banalité du mal » (Dejours, 1998), de l'évaluation individualisée à la recherche totale de la compétitivité, de la marchandisation de l'humain à la profusion des systèmes qualités à tout bout de champ et des protocoles et des audits hors sol. Il me semble que c'est un défi en soi de trouver sa place sans exclure ces différentes tendances fortement asphyxiantes et normopathes. Comme un condor, je tourne autour de ce projet qui

---

[5] Date de la rédaction du présent chapitre.

ne se laisse pas appréhender dans son entier en un seul jet : c'est en devenir.

Dans cette écriture et cette cartographie de voyage, je m'inscris en relativiste partiel. Cette narration s'inscrit ainsi sous le sceau de la subjectivité, comme le dirait Gregory Bateson : « La carte [que je dessine] n'est pas le territoire » (1977, p.212 ; 1997, p. 278). Mes élucubrations premières ne présentent pas une expérience objective, mais une perception de mon expérience vécue exprimée en « monde propre/corps propre » (Merleau-Ponty, 1945) sous forme de trace. La réappropriation de ses vécus et des traces de ses vécus perçus transparents, au premier abord insaisissables, est rejouée partiellement pour reprendre une certaine présence à soi revisitée. Ce patrimoine et ces expériences, ou encore ces préfigurations de l'expérience sont réactualisés, rejoués et configurés par le narrateur que je suis. Des pistes de potentiel émergent et interrogent l'avenir et le devenir. L'adressage de ce texte conditionne le témoignage de la « réalité psychique » (Roussillon *et al.*, 2009) de l'auteur. Sur cette dernière réalité psychique qui est la mienne, je n'ai pas de prise directe. L'exercice de configuration de ces mondes et expériences vécues qui jalonnent mon itinéraire, se compose d'histoires racontées, d'intrigues, d'événements, de (re)-présentations, de mots et d'agencements de ceux-ci, tout en sachant que la lecture/écriture va se poursuivre et se *(re)-figurer* entre et sur les lignes par celui qui va en être le lecteur et le nouvel auteur. Je rassemble ainsi mes idées, sous forme d'association/représentation assez libre. Au travers de ce prisme de *pointilliste* et de ce cheminement assez peu directif de ma pensée, j'expose et je déroule quelques bribes de ma transhumance. Des énigmes pas toujours choisies émergent, elles sont là et je les assume.

Ce qui suit ci-dessous, c'est un premier extrait de mon expérience familiale originaire. Elle préfigure et donne le ton indirectement pour la suite autour de sujets vastes comme la reconnaissance, la connaissance et ma place, tant fut la surprise de ma venue au monde dans le cercle familial. Cette première narration ne suit pas une chronologie des étapes de vie. J'agence des réflexions. Dans cette narration, ce sont des sujets actuels avec lesquels je suis à l'aise et qui me donnent un panorama de ce que peut être une transhumance psychique qui m'inspirent, aussi bien sur le plan des apprentissages/développements de soi, des mouvements/déplacements de lieu et d'activité, de rencontre phare ou impromptue, que de questions familiales et de projets en devenir.

La porte, le verrou, la clé : énigme et mystère originaires

Il y a quelque chose qui me dépasse, signes, traces et agencements de mon monde où se mélangent et cohabitent formes et préformes parfois continues et souvent discontinues. Personne ne dit grand-chose, l'ombre de ces résidus disparates parle en Être constitué et non constitué (potentialité), par l'embrasure d'un mur, par l'entrebâillement d'un seuil, d'un passage, d'une porte qui ne se ferme pas à clé. Elle est sans clé, pourtant il y a bien un verrou qui ne se verrouille pas. Dans mes souvenirs, j'ai, à mon insu, joué avec ce verrou « comme si » le monde et ce qui m'incarne du monde énigmatique maternel pouvaient en un instant se manifester par magie dans des « objets médiateurs psychiques porteurs de messages » (Tisseron, 2016) : la porte, la serrure, le verrou, la clé. Mon père nous dit sans vraiment nous le dire, mais nous[6] le dit tout de même, il nous propose, ou même il nous impose, en contrebande, des significations d'une absence, le mythe de Maman.

Ces objets techniques « bifaces » portent dans l'usage que j'ai un héritage d'eux, des impasses qui m'ouvrent et ferment et qui empêchent et autorisent ; un nœud kafkaïen s'exprime par ce passage encombré entre le dedans et le dehors de cet appartement qui est censé nous unir. Ainsi, la porte de l'habitation reste franchissable sans tour de clé, mais infranchissable pour l'être tant aimé et désiré par nous tous. Mère, veux-tu rentrer… ? Non, il n'y a pas eu d'échoïsation ! Elle restera dans un ailleurs et dans un retrait insaisissable. Aujourd'hui encore, je ne possède pas de clé de mon logis. Quand ma chère épouse ferme notre demeure en toute bonne conscience afin qu'elle se sente bien chez elle, j'arrive à me surprendre de trouver étrange cette fermeture. Je suis à la limite de comprendre le sens de ce verrouillage. Je reste avec cette expérience étrange du départ de ma mère. Le désir se transforme en illusion. Je la

---

[6] Quand j'utilise le « nous », c'est l'impression qu'il y a quelque chose de collectif à cette porte ouverte, parce que notre mère est irréductiblement la mère de nous tous, frères et sœur, c'est ce qui semble objectivement nous réunir. Néanmoins, cette focalisation et cette expression sur la porte et la clé, je ne peux que me les attribuer.

vois entrer de temps à autre dans mon esprit. J'ai dans tous les cas été piqué d'une graine, celle de l'attente et d'un désir maternel avorté. Cette porte reste en partie un fantôme et un mystère pour encore bien longtemps.

De cette aventure originaire sans lendemain se greffe une errance, une béance psychique à la recherche de territoire, de terroir. Garder les pieds sur terre semble être le maître mot. Dans tous les cas, ne pas perdre pied semble me pousser dans des voyages par à-coups, dans des univers officiels bien étrangers les uns des autres, c'est la suite que je présente ici, ci-dessous :

Une scolarité plate, homme de campagne à tout faire, palefrenier et écuyer sans titre, portier de nuit garant de la sagesse des fêtes nocturnes lausannoises, modèle pour la mode et pour l'art – le dessin académique et la sculpture – vendeur de vielles voitures dans les Pyrénées, éducateur dans une association de recherche clinique psychanalytique et institutionnelle, études universitaires en Sciences de l'Éducation en rentrant par la petite porte des non-porteurs de maturité[7], études qui m'ont d'ailleurs exalté, assistant de recherche pour un projet FNRS, accompagnant social dans une association d'insertion, socio-éducateur dans une institution avec un public en situation de handicap mental et d'autisme, en plus des démarches de prospection pour une aventure universitaire renouvelée en psychologie et un projet à la suite d'« analyste de l'âme ». Tout cela est agrémenté d'une vie de famille avec trois enfants et une épouse originaire d'un autre bord de la Méditerranée. Des idées de projets sur cet autre continent sont présentes pour faire du métissage de mes enfants et de la transhumance de mon épouse une richesse. Bien entendu, je reste silencieux sur les détails et sur les univers officieux pour ne pas rendre l'exercice d'écriture instable, glissant et fastidieux.

L'exposition des divers mondes pluriels et différents territoires pluriels dans ce résumé montre que la transhumance, qu'elle soit psychique, intellectuelle, territoriale, est une transhumance de la survie. Mon récit est alambiqué et parfois confus. Je continue tout de même. Des potentialités disparates s'actualisent ou ne s'actualisent pas. Par simplification à chaque instant en espaces d'expression/réception s'ouvre afin ce qui de l'aire donne une forme légère dans ce présent en mode lisible et transitoire « simplexe »

---

[7] Equivalent suisse du baccalauréat français.

(Berthoz, 2009)[8]. Dans ce même temps ou en différé, de nouvelles prospections d'intervalles ouvrent des places à la « surprise [qui] chatouille l'âme » (Marcelli, 2000). Elle apporte de l'inattendu, du plaisir, de l'angoisse et de l'émotion, conditions d'une destinée ouverte et incertaine. *Une bataille est tout le temps engagée pour retenir « Métis », la déesse de la ruse et de l'intelligence pratique, dans l'intention de laisser une chance au devenir, d'écrire la complexité du futur.*

La prospection d'une terre et d'une pâture d'accueil et d'affection sécure, par débordement, semble reconnaître que la « recherche du temps perdu », celle d'une mère dont l'image ne se laisse pas aisément représenter, motive et anime sûrement ma quête de réalisations multiples. La métaphore de la transhumance psychique associée à un certain goût du risque non toujours assumé en est l'expression. Tout au long de mon expérience de vie, en compagnie des fantômes qui se joignent, des constructions plurielles d'être et de posture professionnelle singulière sont advenues à partir de ces univers, environnements et opportunités disparates et disjoints. Cette porte originaire sans clé et non fermée comme membrane et matrice imaginaire entre le dehors et le dedans, qu'est-ce qu'elle peut bien signifier dans une vie déjà en partie réalisée et une encore en devenir entre un monde privé et public ?

Un fil rouge travaille ces ensembles, crée des liaisons à ces productions composites étranges dans les domaines intellectuel, privé et professionnel. Ce fil assemble et rassemble différents « patrons » induits par ce filage ; des directions parfois étranges se tracent. Des habits de soi ont pris corps et prennent corps. Ils m'ont donné une certaine consistance dans l'affrontement du flou de l'image que je perçois de moi-même ; mes accomplissements se vérifient tout de même par la liste déjà présentée ci-dessus des activités laborieuses réalisées à ce jour. Ce filage théâtral et cet assemblage des formes dynamiques dialoguent et s'actualisent entre potentiels et virtuel, éléments de mon itinéraire vécu, entre projets et obstacles comme butée.

---

[8] « J'emprunte ce terme pour parler de choses complexes qu'on a simplifiées pour les rendre audibles et compréhensibles tout en restant dans leur nature première complexes, c'est un mécanisme pour surmonter les obstacles par exemple inattendus » (Berthoz, 2009).

Qu'est-ce qui se poursuit aujourd'hui ? Il y a là-dedans l'expression du réalisé, puis des réalisations en cours, couplée au « *cours d'existence et cours d'existence relative à une (ou des) pratique* » (Poizat et Durand, 2015) *(temporalité longue)*, marchandant l'existence au gré des circonstances, des contextes, des rencontres humaines et non humaines, intégrables, appropriables pour certaines, intrusives et difficilement digérables pour d'autres. Cette écriture, c'est un chemin…, un cheminement dialogique entre toutes sortes de personnages internalisés qui ne s'accordent que partiellement, en se jouant des loyautés diverses qui autorisent ou empêchent. Ensuite, c'est une exploration avec les loyautés des personnes avec qui je travaille sur moi-même et qui sont mes inspirateurs, mes passeurs sur le plan intellectuel du moment. Cela se poursuit pendant l'université et après. J'expose en quelques mots ce qui m'amène à l'écriture de ce texte, et ensuite j'expose le déroulement et le plan de la suite de cette écriture pour donner quelques repères au lecteur.

Retour sur la motivation et la forme de cette écriture

Une intention originaire d'écriture est bien latente, elle répond également à une suggestion. Je la prends ! Je me lance ! Or, quel est l'objet à enchanter ? Dans tous les cas, concernant l'objet, je peux avancer que je sais, que je ne sais pas, que je sais ? Allez, le flou est déjà là, l'incertain est inévitable, l'informe brouillardeux aussi, je navigue donc déjà en eaux troubles.

J'écris des mots, je les sélectionne en lien avec les pré-agencements des traces de mon expérience. Je les (ré)-éprouve. Je me les (ré)-approprie ici dans cet espace d'écriture. Par ce jeu, les mots et les traces refondent du chemin et refondent des traces pour d'autres ; pour l'instant partiellement, ou pour toujours je les laisse vivre à leur guise. Cette entrée en matière m'incite à explorer par la dérive des trajectoires étonnantes qui sont les miennes, avec mes suffisances et mes insuffisances. Quand le soin primaire est partiellement au rendez-vous, la pulsion de vie lutte pour se faire entendre et pour rendre l'insuffisance viable.

Cela me donne l'occasion de poursuivre à partir de cette formule de Winnicott bien connue : « Ce qui fait que la vie vaut la peine d'être vécue » (1971), sur le *soin* sécurisant, sur cet espace d'être au monde comme espace de jeu transitionnel, comme espace potentiel en lien avec cet être cher maternant, une mère qui est là pour prendre soin du tout-petit, si elle le peut. Cette formule peut se prolonger par le concept de « pharmakon » qu'utilise le philosophe Bernard Stiegler (2010). Ce qui autorise, ce qui protège, ce qui est mesuré dans l'acte de prendre soin : le préventif, le thérapeutique. S'il y a défaillance ou démesure dans le curatif, le remède se transforme en « poison ». Il devient toxique et nuisible. Quand l'équilibre et *l'altruisme* se transforment en excès dans l'investissement ou le désinvestissement de soi et d'autrui, la « *philia* »[9], ce qui crée des liens sociaux : l'affection et le sentiment d'être affecté par autrui pour ce qu'il est, eh bien se péjorent grandement.

C'est un texte qui cherche à apprivoiser les insuffisances originaires vécues par le narrateur dans les soins reçus et ses propres insuffisances. C'est aussi la continuité déjà écrite et la suite avec les repères nécessaires pour rendre le déroulement de la lecture le plus digeste possible.

Déroulement du texte

De là, je poursuis ma narration de ce qui fait événement dans mon parcours. Le plan que j'expose préfigure les grandes lignes qui vont suivre :

– Il y a d'abord une partie sur la première enfance, qui est le moment où Maman donne son « congé » à la famille, à la fratrie.

– Ensuite, la période scolaire ne sera pas une réussite et mon ouïe défaillante ne va pas m'aider.

– Ensuite, je donne une lecture de ce que sont les livres pour moi, sur la lecture équestre, sur les livres d'écuyer et d'homme de cheval. Ils sont des ouvrages de renaissance pour moi.

– Ensuite, je m'aventure sur la période du travail nocturne comme espace-temps transitif entre l'ombre et l'aurore.

– Après les périodes pré-universitaire, universitaire et post-universitaire viennent des moments d'affirmation et de transformation là où je vais vivre mes premières expériences dans le travail de l'humain et acquérir aussi ma première vraie légitimité sur le plan du capital symbolique, sortir ainsi de mon rôle de pur autodidacte avec ses pratiques un peu « honteuses ». À ce moment, l'affect et le cognitif se réconcilient, les loyautés sont bousculées, un destin se rejoue. Je gagne et je change aussi l'équilibre des relations entre frères et sœurs et les relations de position me jouent des tours sur le plan des loyautés.

---

[9] Au sens d'Aristote.

– Pour finir, après avoir trouvé une certaine stabilité après un transfert de place mouvementé, la stabilité professionnelle et calme plus personnelle revient. Je m'autorise à explorer ainsi de nouveaux projets.

Une mère qui ne peut rester

L'espace de soin primaire en tant que forme d'étayage qui m'est dévolu tombe plus ou moins en ruine. Une énigme s'ensuit et restera. Le départ de notre mère m'interroge. Elle est partie de la maison en laissant à notre père ses quatre enfants. S'abstraire pour d'autres horizons est une « issue sans issues » fortes. Elle a sûrement ses raisons, suffisantes. L'acte de se soustraire à sa progéniture peut être vu comme un besoin vital nécessaire et courageux pour se protéger du pire.

Je suis le dernier d'une fratrie de quatre constituée d'une sœur aînée, d'un frère cadet et de nous, les deux derniers, benjamins faux jumeaux. Mon frère de la même heure a pris rendez-vous sans attendre et moi je deviens le second, l'inattendu de cette naissance. L'« inattendu » se présente par le siège, entortillé dans le cordon ombilical. Mon entrée au monde fut acrobatique. Dieu sait ce que ma mère a dû endurer. Je la plains aujourd'hui. En tant que père assistant aux trois accouchements de mes enfants, je compatis. Je peux imperceptiblement ressentir les enjeux profonds que peuvent être le pendant- et l'après-accouchement. Je m'exprime par la bande en un discours métaphorique sur ce sujet : des plaques tectoniques nous lient les uns aux autres dans cette aventure biologique de procréation en tant que sujets psychiques et sujets de culture. Elles sont prises dans des fantasmes de transmission, de réparation, de continuité, de loyauté. Dans la procréation, il s'ensuit une expérience de devenir en arborescence ; complexe, peu lisible, lien déjà là (permanence), et lien rebut, instable, peu défini, qui se cherche en errance (impermanence). Ce surplus de la réalité psychique me dépasse en deçà et au-delà des territoires anciens et présents, entre différents plateaux et espaces géographiques.

Maman semble s'être construit une réalité psychique qui lui est propre. Une fabulation pour dire quelque chose qui n'a pas pu être audible et entendu par un tiers. Elle construit des compromis existentiels déterritorialisés, des lignes de fuite mariant imaginaire et nomadisme de gitan. Elle refuse de croire que ses parents sont ses vrais géniteurs. Tout est possible. Néanmoins, cette fabulation nécessaire me semble probable pour y croire un peu en tant que fils, et peu probable dans la raison. À partir de ces intuitions exprimées sous forme métaphorique, je peux finalement formuler ma compassion à son égard et prendre ce qui est à prendre sans prendre tout au pied de la lettre.

De l'interroger sur toutes ses péripéties existentielles de mère, sur ses enfants et sur sa fiction de bohème, ce n'est pas réalisable. Elle n'est plus de ce monde. À quarante-huit ans, elle a tiré sa révérence pour s'abstraire d'une maladie incurable. Après cela, un sentiment diffus depuis bien longtemps me donne l'impression que la surprise de mon entrée en matière a été de trop dans cette vie qui est la sienne. Cette charge de trop laisse lettre morte la fonction de mère qui lui revient. Celle de reconnaître ses rejetons par le soin qui protège et autorise. Par exemple, la surdité moyenne qui me caractérise est isolante socialement. Je n'ai pu être choyé dans ce que je suis. Ainsi, le mal-entendre qui me constitue n'a pas favorisé mon éclosion en toute simplicité. Je n'ai pu y faire face, les soins tant attendus ne sont pas venus.

Pour expliciter ce sentiment, je donne à entendre une anecdote. Au décès de mes grands-parents maternels, je suis tombé sur un échantillon de correspondance épistolaire que ma mère entretenait avec sa propre mère. Sans avoir pris le temps de lire ces écritures peu lisibles, l'une d'elles a attiré mon attention. Elle exprime une colère par rapport à sa destinée de femme et de maman. Elle raconte que ses souffrances ont comme origine mon père, ce que je peux d'ailleurs entendre quand mes parents s'entredéchirent, et moi-même en tant que rébus.

Surdité, un désir de lumière, l'école, un territoire insaisissable

Plus tard et objectivement, en entrant en première primaire on me découvre une surdité congénitale moyenne/forte sur les fréquences nécessaires pour entendre les sons de la voix, utiles à la mélodie du discours et à l'écoute de la langue parlée. Ces sonorités inaudibles à mon oreille sont caractéristiques de la voix féminine. Pour affronter ma scolarité et la vie avec cette audition partiellement compétente, je ne peux pas affirmer que des moyens suffisants ont été mis à ma disposition. J'ai bien eu un premier appareillage au début de ma scolarité, mais sans succès, cet objet technique est resté dans ses étuis.

Une logopédiste a bien été offerte pendant un temps court, mais en n'y intégrant pas le processus d'appropriation de mes prothèses auditives. L'école, je la fréquente en d'autres termes « dé-prothèsé ». L'institution scolaire est restée impuissante sur mon cas de « présentéisme ». Je développe pendant toutes ces années, tout de même, à leur insu et à mon insu, des compétences d'adaptation sociale et cognitive : l'art du semblant, l'art de faire comme si, l'art du mimétisme, l'art de boucher les trous par une activité de suppléance mentale, l'art d'être inlassablement dans une activité d'enquêtes (Dewey, 2006), de douter et de problématiser (Fabre, 2011). Ces quelques ingrédients ne sont pas économiques pour la survie et l'adaptation. Une charge cognitive importante a rendu les apprentissages et les efforts d'attention classiques difficiles. Je ne vais pas en dire plus sur cette ouïe déficiente. Cette déficience se fond et se trouve à tous les carrefours de ce texte et de mon existence.

Ce qui suit est là pour témoigner que la lecture et les livres, comme exosquelette, comme médium étayant, sont des greffes pour « entendre » quelque chose de mon endosquelette, de mon discours intérieur, pour essayer de saisir quelques bribes de mon monde et du monde. Je sors ainsi de la solitude enfermante. Les livres et le monde équestre comme première activité livresque vont se marier un certain temps, c'est la suite ci-dessous.

Livre et liberté : période équestre

Les livres peuplent mon environnement familial. Des écrits en nombre sont soigneusement ordonnés sur les rayonnages de la bibliothèque. Ce sont de magnifiques nids à poussière. Des auteurs sont là. Par leur nom, ils occupent les lieux en silence, les formats, les formes, les couleurs de leur couverture, leurs mots sans fin ne me laissent pas indifférent. Je les regarde sans les regarder. Ce sentiment d'existence peut être un sentiment banal ou ne pas l'être. Ces « hypomnemata »[10] comme « objet technique » de culture, dont le

---

[10] Le livre comme « hypomnèse » est une mémoire technique, morte, le savoir [y] est déposé dans les objets. Dans son lexique stieglerien, Alexandre Serres parle de « l'hypomnèse [qui] repose sur des supports matériels, les hypomnemata, dont le livre est l'un des plus anciens exemples. La notion d'hypomnemata a été commentée par Michel Foucault dans le texte « L'écriture de soi ».

livre est l'un des plus anciens exemples, apportent une *ambiance* dans mes lieux de vie. Cependant, accéder à leur contenu, cela me prendra du temps. Dans la chambre/bureau de mon père, la science-fiction[11] et l'aéronautique dominent les rayonnages. Au domicile de mes grands-parents, la littérature est en abondance et le genre est plus classique. Dans chaque pièce, un mur est dédié à cette culture du papier lettré qui fait œuvre.

Mes premières expériences de lecture où je palpe et feuillette l'objet livre, c'est en position de tailleur, à terre, entre les rayonnages, le dos légèrement voûté, à la bibliothèque de l'école à cent cinquante mètres de mon domicile. Ce lieu d'errements et de rêverie est proche du lieu de vie tout en n'étant pas le lieu de ma vie. Les loyautés sont transgressées sans crainte de la perte d'appartenance. J'ose lire, feuilleter, butiner, braconner, tourner les pages, toucher les volumes, appréhender le genre, ouvrir où je veux sans devoir justifier ce que j'en ai fait, sans devoir commencer et finir de la première à la dernière page. La lecture est liberté. C'est un compagnonnage docile, exigeant, irremplaçable et toujours au rendez-vous. Sur ce terrain-là, je suis sensible à l'éloge de la lecture du romancier Daniel Pennac. Ce petit ouvrage, « Comme un roman » (1992), est par exemple une forme de témoin fantôme « échoïsant » d'un ailleurs éloigné des loyautés domestiques et des règles normatives de l'apprentissage de l'institution scolaire. Les livres, activité de lecture et d'occupation, là où le rayonnage feutré est silencieux, me donnent du réconfort. Ils sont les précieux témoins par procuration où être entendu, dans un environnement familial qui se suffisait à lui-même, ne m'a pas semblé suffisant.

Cette liberté pré-académique de baigner dans une ambiance livresque non obligatoire et de lire en tant que « droit imprescriptible du lecteur » (*ibid,*) a nourri mes premiers encouragements à la lecture. Cette liberté d'usage et d'usager me donne de la vigueur pour laisser chanter mes premières musiques et chorégraphies des mots tout en arrivant à déjouer de temps à autre mon ouïe paresseuse. De la lecture, je produis intérieurement des images sonores sans prothèse. Une petite anecdote montre que je prends du temps à m'apercevoir

---

https ://f.hypotheses.org/wp.../seminairegrcdi_2008_aserres_glos saire-stiegler.doc

[11] Surtout les ouvrages d'Isaac Asimov.

qu'entendre de travers me constitue. Une signature humoristique révélée par une de mes proches a de temps à autre éveillé mes soupçons sur ma difficulté d'ouïe, et cela à passé vingt-cinq ans. Ainsi, redonner un peu de clarté aux sons qui m'entourent semble nécessaire pour reprendre pied. Cette connaissance de temps à autre m'appelle « le prince des mots tordus ».[12]

Une autre bibliothèque non familiale aura un étrange effet sur moi. Elle est pour ainsi dire dédiée à l'équitation, à l'art équestre. C'est un temps particulier. L'école obligatoire prend fin sans grand résultat. Le monde paysan, projection des histoires de mon père mille fois racontées en famille, s'invite par identification à être mon projet professionnel. Sans en être convaincu, je ne suis pas tout à fait cette destinée. Le monde des chevaux se présente à moi comme une alternative. Il est aussi issu d'une de ces nourritures narratives paternelles. Je m'inscris dans cet univers sans vraiment arriver à m'y implanter sur le long terme. Le monde équestre est relativement fermé. Ce sont des familles de marchands de chevaux qui tiennent partiellement ce milieu, ou des mécènes. Néanmoins, je commence cette aventure dans un manège du Nord Vaudois et d'autres endroits vont suivre. Cette période équestre se termine dans la plus grande écurie de marchand de chevaux de Suisse, dans le Seeland, en Suisse Alémanique. La parenthèse équestre est suffisamment longue pour qu'elle m'apporte des prémisses d'une colonne vertébrale. Je suis marqué positivement au « fer à cheval » en termes de développement personnel et d'expérience insolite.

Ainsi, dans le premier manège, la porte d'entrée pour un apprentissage se ferme. Les raisons sont certes mon ouïe et un capital scolaire qui ne donne pas confiance à la recruteuse des lieux. Je profite tout de même de cet endroit en tant qu'homme à tout faire. La nuit et les week ends, quand la directrice prend du bon temps sur le lac de Neuchâtel, je suis amené de temps à autre à endosser le rôle de veilleur de nuit des équidés. L'appartement de la directrice se trouve au-dessus des écuries et c'est là que j'entre dans cet univers privé, mais féminin. Fait rarissime pour moi qui suis d'une famille « hypermasculinisée », mon père et mes deux autres frères principalement. Dans cet

---

[12] En référence à un personnage qui déforme les mots dans une série d'albums dont celui de « *La belle lisse poire de Motordu* », illustrée par Pef (1980).

appartement, sans demander l'autorisation, je me laisse capter par sa magnifique bibliothèque équine. Cette possibilité de contempler ces livres va me toucher, me ravir, me piquer. La richesse de ces ouvrages, je la réaliserai dans l'après-coup. Mais il y a tout de même quelque chose qui démarre. Ces grands auteurs me rendent en cachette « prétentieux ». Je commence à croire dans la clandestinité que je peux être quelqu'un et que je vaux quelque chose. Je me construis des films, un idéal, et ils m'aident à espérer.

L'Histoire avec un grand H des grands maîtres équestres va me passionner, me donner matière à idéaliser. La nostalgie me revient quand je nomme quelques-uns de ces illustres personnages par leur nom : François Baucher (1874), le Général Decarpentry (1947), Robichon de la Guérinière (1879), James Fillis, Étienne Beudant, Nuno Olivera, et en saut d'obstacle Jean d'Orgeix. Les lire, les idéaliser va rester et se transposer dans d'autres activités de lecture que seront les sciences humaines, mes futures préoccupations. Dans ce condensé se jouent déjà des querelles d'école qu'est l'art de ne pas prendre parti et de se nourrir de ces variations « pré-épistémologiques ». L'idéal que je me suis dessiné va en partie s'évaporer après sept années environ passées parmi les chevaux. Le milieu est rude. Ce qui va rester de ces lectures est la recherche d'une énigme que j'aperçois de temps en temps et qui disparaît quand je m'en approche, c'est sans fin ces querelles psychiques…

La lassitude et le besoin d'espérer me donnent l'occasion de bifurquer dans un monde que je ne connais pas du tout, un monde sans grande prétention, qui est celui de la nuit. Je suis là dans cette transition, mais elle va durer plus de temps qu'un simple passage. C'est ce qui suit ci-dessous.

La nuit, lieu transitif d'incubation

L'homme à tout faire de la campagne et le monde des chevaux dans lequel j'ai évolué ont développé physiquement chez moi une certaine rusticité et robustesse. Ces traits de « nature » sont des atouts qui me facilitent la tâche pour m'immiscer dans le monde nocturne où l'apparence et la fanfaronnade sont le maître mot. Je suis tombé dedans un peu par hasard. C'est en fréquentant de temps à autre un gymnase pour me changer les idées tout en travaillant la mobilité de mon épaule meurtrie par une chute de cheval que je rencontre un connaisseur bourlingueur de la vie nocturne neuchâteloise. En bout de course dans le monde du cheval, mon idéal équestre ne résiste plus à l'appât d'un certain gain.

Je ne raconte que brièvement cette aventure d'environ dix ans. Dans les grandes lignes, je débute comme portier solitaire à l'entrée d'un cercle privé, après quelques déboires un autre établissement suit. Ce sera mon dernier point de chute dans cette ville de Neuchâtel. Ce dernier employeur de la vie nocturne cultive des pratiques sulfureuses et peu fréquentables. L'emploi devient précaire. J'émigre en terre vaudoise. Je tente de recréer un idéal dans cette activité, plus pour résister que persister. Le récit imaginaire que je me raconte dans cette activité de portier n'a pas de légende et de mythe aussi consistant que dans celui des chevaux.

Dans cette activité de présence-absence, je rencontre, et me confronte avant tout, à toutes sortes d'individus étonnants. Les mouvements de foule, les situations de stress, le danger et la peur, et le lien de camaraderie sont de vraies découvertes. L'incubation nocturne post-Neuchâtel se prolonge dans les hauts lieux des couche-tard festifs de Lausanne sous le signe de l'homme « delà porte », entre l'ombre de l'actuel pour vivre et la lueur d'un autre probable pour espérer. Parallèlement, la mode, l'art du dessin académique et l'art de la sculpture sont des champs où je pose et je défile, avec des tenues habillées et des tenues où c'est l'expression du cops, immobile et silencieux, dans son expression la plus simple, qui opère.

Un basculement, et une réorientation manifeste de trajectoire dans la transhumance est apparue quand un jeune noctambule a usé de sa bêtise pour me transpercer le thorax avec une arme blanche : poumon gauche et diaphragme pénétrés. De la médecine « de guerre » s'ensuivra aux urgences. L'épreuve est violente. Je découvre la résistance physique et ma résistance à la douleur dans sa nature la plus brute. Un mois après, je serai de nouveau sur pied et en service aussi bien comme modèle que comme homme de la porte. L'agression et l'intervention d'urgence que je subis au thorax me donnent le même sentiment que celui de ma chute de cheval et de mon opération à l'épaule. Ces deux événements interrogent l'existentiel et mon devenir par les limites du corps comme matrice ontologique. Quand il y a usure, trop-plein, démesure, impasse, des infléchissements et des déflagrations ont lieu. Ces événements où les limites de mon corps sont touchées perturbent ma trajectoire de vie en redéfinissant les équilibres.

Des redéfinitions s'opèrent, ce processus je ne le mène pas en solitaire. Je rencontre mes premiers passeurs de l'âme, des thérapeutes. Je pressens que rien ne peut être dépassé et apaisé sans introspection, sans étayage d'un tiers pour avancer sur des projets à définir. Un rapprochement dans le monde du social et de l'humain se dessine, c'est ce qui suit ci-dessous en partie.

Fin des nuits, apparition de l'aurore : période pré-universitaire et premières expériences d'introspection

Plus tard, juste avant de commencer des études universitaires – projet qui va se réaliser, non sans audace, avec le soutien assidu d'une thérapeute rogerienne, à qui je dois toute ma reconnaissance pour sa patience, je vais solliciter une professionnelle de la logopédie. Ces deux dames, ces deux étayages sont patents et déterminants pour m'aider à trouver la boussole qui me donne la possibilité de naviguer dans le brouillard. Je paie ces rencontres comme il se doit, malgré cela ma dette envers elles reste grande. Par leur savoir-faire, elles m'aident à provoquer un mouvement de résilience, ce seront mes premiers tuteurs de résilience.

Les espaces-temps précieux dont je dispose pour parler vont m'aider à me réconcilier avec ma prothèse auditive (j'ai environ 26-27 ans). Le travail introspectif dans lequel je me suis lancé me motive à apprivoiser ma pensée. Les prononciations bégayantes, les sons qui me sont restés longtemps mystérieux et étouffés, la parole qui sort d'un coup et en abondance dans un certain chaos, l'envie d'aller vers l'autre plus sereinement, sont au travail. En défrichant et en provoquant des élans d'audace, j'ouvre les parenthèses du continent de l'intellect, de la culture, de la pensée, de la réflexion, de l'analyse, de l'inattendu, de sublimer ce qui est longtemps resté fantomatique et encrypté dans les parties obscures de mon être. Ces espaces de débrayage – où le jeu du lien et celui de la « mégalomanie » ont le droit de se mouvoir sans sentence, en sécurité, et donc d'exister sur une scène, même seulement provisoire – a donné existence, de part en part, à de nouveaux intervalles où mes inspirations dissimulées ont osé voir plus grand que ce que je me serais autorisé.

L'appétit d'étude s'exprime. Le désir de se rapprocher d'une activité de travail qui soit en phase avec le domaine d'étude en psychologie, idéal visé dans un premier temps, démarre et c'est bien l'enjeu du moment. Mon rêve va se réaliser, certes, mais dans une variante déplacée, celle de la discipline hybride connexe de la psychologie que sont les sciences de l'éducation, à la Faculté de Psychologie et des Sciences de l'Education de Genève.

Cette entrée en matière sinueuse, je l'explore ci-dessous en lien totalement imbriqué avec de nouvelles explorations de lecture, d'univers d'auteurs, de discipline en sciences humaines en regard avec mon itinérance. Cette transhumance exploratrice est un dialogue interne entre différentes parties de l'auteur de ce texte, qui se joue en miroir au travers des découvertes et des controverses d'auteurs en sciences humaines. Au départ, je prends parti, sans être un exégète, sans trancher, sans défendre « la bonne parole ». Ensuite, je lâche la rigueur clanique primaire et les loyautés de camps, celle de l'attachement premier comme vérité transitoire, pour découvrir d'autres espaces disciplinaires et épistémologiques. En arrière-fond, le panorama de mon histoire est partie prenante à ce dialogue interne ininterrompu.

Premier emploi tremplin : l'association le « Chiffre de la Parole » et sa bibliothèque

Après une scolarité peu reluisante, je me surpasse pour m'abstraire du monde dévorant de la nuit, de l'ombre, de l'obscurité. Je m'autorise à embrasser un parcours académique, démarche timidement reconnue, mon entourage ne croit que modérément à la pertinence de cette passade non passagère. Le travail de la nuit est étouffant.

Une circonstance impromptue se présente pour me détacher de ce présent sans avenir. En tant que modèle de dessin académique, je croise un dessinateur. Il m'intrigue. Son obsession est de dessiner non l'ensemble du corps, mais des parties restreintes du corps : oreille, main, coude, nez, œil…, etc. Son obsession moléculaire du corps m'interroge et me rend curieux. Pendant une pose, je lui demande dans quel domaine il travaille. Je comprends que ce monsieur a une activité en tant que veilleur dans une association qui suit des personnes adolescentes et adultes lourdement en difficulté psychique. Cette association se caractérise par une approche psychanalytique de type psychothérapie institutionnelle. Je lui demande s'il cherche du monde. J'écris de suite une offre spontanée, sans oublier d'ajouter son nom en référence. Très peu de temps après, je suis engagé comme éducateur non diplômé. Cette expérience converge en discrétion avec la piste universitaire qui est en marche dans ma tête. Je me rapproche de ce besoin de formation intellectuelle en sciences humaines. Travailler dans un endroit à connotation « psy-socio-éducative » est une circonstance qui tombe à pic. Je vais commencer, dans un léger différé, l'université comme auditeur libre, et une année après officiellement en tant que non-porteur de maturité.

Dans ce nouveau lieu de travail, les colloques et les équipes cliniques se déroulent dans une grande pièce à son siège. Une fois de nouveau je me laisse séduire par la magnifique bibliothèque qui recouvre les murs de cette grande pièce, où plusieurs milliers d'ouvrages se prélassent. Ce n'est pas pour me déplaire. Malgré cela, je n'en touche pour ainsi dire presque aucun. De les emprunter s'est, en quelque sorte, à ce moment-là, formulé une demande d'analyse. Je ne suis pas assez en confiance pour me l'autoriser. Être demandeur me donne le sentiment, dans ce lieu, d'être scellé à la doctrine des penseurs et des dirigeants de l'association ; lien paradoxal quand je suis tenu en premier lieu par un contrat de travail. Néanmoins, secrètement, du coin de l'œil, je guigne l'extériorité de ces ouvrages pendant les longues heures de réunion. Le braconnage visuel du dos des livres m'inspire secrètement. Mon œil balaie et scanne à distance ces rayonnages. Je chasse la forme, le dos, les signifiants pour tenter d'appréhender le genre de ces ouvrages et je m'imagine leur contenu. C'est une pratique quasi hypnotique afin de tenir et remplir le temps long de ces rencontres.

Ma pratique dans cette association va m'ouvrir à des dissonances de loyauté contradictoire, de territoires internes psychiques entre mon lieu de travail et sa pratique théorique et mon travail d'introspection avec ma thérapeute du moment. Cet étrange conflit d'identification se trouve ci-dessous et se traduit entre autres par le dialogue d'auteurs de référence relié à ces différents lieux d'exposition de soi.

Mes loyautés chevauchantes avec mes premiers passeurs d'âme

À cette période, je rencontre encore régulièrement ma thérapeute rogerienne. Une loyauté thérapeutique est solide dans cette relation. Cette association, de culture psychanalytique à inspiration lacanienne et verdiglionnienne[13], m'invite de temps à autre, en tant qu'intervenant, à me coucher sur le divan de l'analyse. La loyauté que j'entretiens avec ma première accompagnatrice de l'âme est, dans cette période-là, plus forte. Je reste donc en position assise en face-à-face. La rencontre est dans un cadre hebdomadaire et elle concerne principalement la restitution de mon travail. J'accepte, dans ce cadre-là, de participer aux supervisions, de restituer les éléments de mon travail de la semaine écoulée. Cette pratique de supervision n'est pas aussi tranchée, inévitablement, un jeu se noue entre les frontières de l'intime et du professionnel. Dans le dispositif officiel, celui de rendre compte de mon travail, se cache un embryon officieux d'un pré-travail personnel, une « pré-gestation » d'introspection analytique. Quand je cesse de rencontrer ma thérapeute rogerienne et que mes études universitaires prennent plus de place que le travail d'intervenant à l'association, la rencontre avec cette superviseuse analyste de l'association va se poursuivre à deux pas de chez elle dans un tea room. Ces rituels de rencontre bien implantée se perpétuent en une tradition. Ces rendez-vous deviennent une sorte d'exo- et d'endosquelette, un tuteur de résilience, un étayage qui me nourrit. Ces dispositifs de parole m'animent. Ils rythment le temps et donnent du sens là où l'obscurité règne.

Mes résistances à une analyse et au modèle d'intelligibilité qu'est celle de l'inconscient à ce moment-là et dans le cadre de cette association peuvent se comprendre par rapport à la nature des antagonismes épistémologiques qui se jouent.

Approfondissement sur cette question du chevauchement des loyautés

Le premier aspect se joue autour d'antagonismes épistémologiques entre une approche humaniste et une approche psychanalytique. Une disjonction existe. Pour brièvement expliciter cette disjonction, l'approche rogerienne se développe en partie sur une critique des

---

[13] Armando Verdiglionne, italien milanais, psychanalyste, philosophe et sémioticien atypique, illisible et controversé, qui a écrit par exemple en français : *La conjuration des idiots* (1992), *Dieu* (1982), *La dissidence freudienne* (1978).

fondements de la psychanalyse[14] (l'homme avec ses pulsions à maîtriser au sens négatif) et d'un mouvement philosophique anglo-saxon autour du courant pragmatique (l'homme vu comme positif dans sa capacité de croissance naturelle). Mon expérience de vie épouse ces contradictions où trancher entre noir ou blanc n'est pas ma « tasse de thé ». Je navigue plus facilement en « zone grise » de l'entre-deux. Mon réflexe se définit de cette sorte : quel genre de relation féconde ces différences peuvent-elles entretenir, sans s'exclure ? Sans exclure le tiers ? Ce besoin de ne pas trancher est une caractéristique qui sous-tend mon roman familial, qui est celle de ne pas exclure et perdre. Je cherche à combiner mes chemins de la transhumance jusque dans l'absolu, jusqu'à l'absurde. Je tente d'éviter de choisir le camp de Papa ou de Maman, qui se sont séparés sans donner l'impression qu'ils se sont séparés. Une énergie souterraine absolue m'anime d'essayer de réunir, de concilier ou réconcilier l'inconciliable.

Le deuxième aspect se rejoue sur le terrain professionnel dans le cadre de l'association, je suis frileux d'abdiquer à une pratique de consanguinité psychique entre le travail qui est mon gagne-pain et l'analyse personnelle qui dépend du même endroit et des mêmes personnes.

Le troisième aspect se joue sur la loyauté de plusieurs années de rencontre avec ma thérapeute : sa théorie, sa pratique et sa personne vont ensemble.

De cette période pré-universitaire, je suis resté dans une position périphérique à l'objet de l'inconscient, histoire qui reviendra plus de quinze années plus tard sur le tapis avec une analyse personnelle longue. Néanmoins, l'association m'ouvre à de nouveaux horizons intellectuels. J'en donne ci-dessous un aperçu. Ensuite, je poursuis l'énumération de mes influences qui prennent forme à différentes périodes de mes études universitaires et post-universitaires. Elles restent aujourd'hui, d'une manière ou d'une autre, une nourriture d'un dialogue intérieur, comme une présence déférente et rassurante, c'est la suite qui se joue ci-dessous.

---

[14] Jacques Van Rillaer, Médiapart 2017,
https ://blogs.mediapart.fr/jacques-van-rillaer/blog/250417/carl-rogers-de-la-psychanalyse-l-approche-centree-sur-la-personne

Mes influences idéologiques entre le pré-universitaire, l'université et le post-universitaire

Le premier courant, c'est l'influence de l'association « Le chiffre de la parole », qui appartient à une histoire spéculative et intellectuelle mourante, mais inspirante, qui est celle de la psychothérapie institutionnelle, avec comme principaux fondateurs François Tosquelles, Georges Daumézon et Jean Oury. Dans cette mouvance, il y a, à la périphérie, des auteurs plus marginaux, comme Maud Mannoni et l'école de Bonneuil, et Fernand Deligny avec l'expérience des autistes dans les Cévennes. Il y a dans cette association un mouvement d'inspiration lacanienne, mais surtout « verdiglionnienne », qui prend le dessus. Ces deux derniers courants resteront étrangers à mes lectures en raison de leur accessibilité fermée et difficile.

Le deuxième courant qui me piquera, c'est celui qui anime intellectuellement ma thérapeute rogerienne : le courant humaniste rogerien (centré sur la personne) et lewinnien (dynamique des groupes restreints), et aussi des auteurs comme Max Pagès et André de Piretti qui ont promu ces deux références dans le monde francophone et surtout en France, sans exclure la psychanalyse.

Le troisième courant a pris dans mes premières années d'université, par le biais d'une enseignante qui m'a reçu toutes les deux semaines dans son bureau dans le cadre des stages universitaires. Ensuite, nos rencontres perdureront pour le plaisir d'entretenir l'amitié intellectuelle. Au travers de ces discussions, je découvre la psychosociologie, principalement francophone. Ce qui rassemble tous ces auteurs dans ce courant hétéroclite, c'est une entrée en matière de l'homme en tant que sujet en lien avec des enjeux sociaux par l'intermédiaire d'une posture clinique en sciences humaines. Il y a là-dedans des courants par exemple sociologiques : l'interactionnisme de Goffman, qui se situe dans le paysage de la microsociologie, même si la clinique se situe dans l'implicite. Il y a des approches qui prennent en compte la dynamique des petits groupes sur le versant psychanalytique. Il se trouve également une sociologie clinique avec comme porte-drapeau de ce courant Vincent de Gaulejac. Je poursuis de manière non exhaustive l'énumération de certains auteurs qui ont une orientation bien groupale et une prise en considération critique des forces socio-politiques, sans les inscrire dans un ordre précis. Ils me nourrissent régulièrement par intermittence. Il y a par exemple : Ophélia Avron avec la notion de pensée scénique, Florence Giust-Desprairies avec l'imaginaire social, Christophe Bittolo avec la notion d'ambiance, et d'autres pour aller vite comme Jean-Claude Rouchy, Eugène Enriquez, Wilfred Bion, René Kaës, Didier Anzieu.

Deux revues et deux types d'associations majeures sont les lieux où s'inscrivent ces auteurs, il y a l'ARIP [15] et sa revue « Connexion » et il y a la CIRFIP[16] et sa revue « Nouvelle Revue de Psychosociologie ». Ce sont des lectures qui occupent cette première partie universitaire et elles restent aujourd'hui encore pour moi une source d'inspiration.

D'autres ouvertures en sciences humaines prennent corps dans mon expérience intellectuelle, notamment dans la deuxième partie de mes études et aussi au moment de mon poste d'assistant de recherche dans le cadre d'un projet FNRS[17]. Ces ouvertures se situent et se réunissent autour d'une notion centrale, qui est celle d'« activité ». L'ancrage historique de cette notion se rattache à la discipline de l'ergonomie, et plus particulièrement de l'ergonomie de langue française. L'entrée par le concept d'activité est centrale dans ce champ, qui se nomme aussi activité située. Elle n'exclut en rien les autres courants psychosociologiques qui entrent par l'individu ou par les structures (social) sans prendre en considération l'activité, ou de manière mineure. Ainsi, dans le cadre d'une entrée par la porte-activité, la psychanalyse disparaît partiellement. Si elle s'exprime, c'est indirectement (1) par la notion de « *clinique* de l'activité ou du travail », et (2) la psychanalyse, elle, reprend de la vigueur dans un des courants de la clinique de l'activité qu'est la « psychodynamique du travail ». Elle réintègre en grande partie des postulats freudiens tout en y rajoutant les approches de la philosophie sociale et critique de l'école de Francfort et la philosophie politique d'Anna Arendt avec sa notion de « banalité du mal ».

---

[15] Association pour la Recherche et l'Intervention Psychosociologiques.

[16] Centre International de Recherche, de Formation et d'Intervention en Psychosociologie.

[17] Projet de recherche FNRS CH/ FPSE/HUG « Analyse de l'expérience de patients opérés d'une prothèse totale de la hanche », participant à un programme d'information des patients en lien avec le service orthopédique des Hôpitaux Universitaires de Genève et la Faculté de Psychologie et des Sciences de l'Education de l'Université de Genève.

Ci-dessous donc le quatrième courant intellectuel que je viens de commencer à introduire et qui stimule mon inspiration est partiellement abordé sans que je rentre dans les méandres des différents postulats qui sont de référence dans ce champ : ce quatrième courant se décompose grossièrement par :

(1) L'approche historico-culturelle qui dans le domaine de l'éducation est bien représentée par une notion conceptuelle que l'on nomme « zone proximale de développement ». Cette première approche rentre par des questions de développement, de pouvoir d'agir et prend la culture comme objet médiateur. Cette clinique de l'activité est développée par le psychologue du travail vygotskien et bakhtinien Yves Clot, du CNAM[18]. Il se situe dans un mouvement plus large et disparate qu'est la clinique du travail ;

(2) La psychodynamique du travail est, elle, issue de la psychopathologie du travail. La psychanalyse y est présente par la prise en compte des processus subjectifs des sujets mobilisés par les contraintes du travail et la souffrance qu'elles peuvent générer ;

(3) Le cours d'action est, lui, le troisième de ces sous-courants plus axés sur la phénoménologie, de l'expérience vécue, et de la notion varelienne d'enaction, de pensée pré-réflexive ;

(4) Pour finir, le quatrième de ces courants pour clore cette entrée activité s'intitule « la didactique professionnelle », un mouvement plus centré piagétien et développemental. Elle amène des outils dispositifs, par exemple, comme des méthodes de simulation et de debriefing.

À la fin de mes études, une découverte intellectuelle inattendue se présente à moi, qui est celle du philosophe Gilbert Simondon. Il développe une pensée critique de l'hylémorphisme de tradition occidentale ; son raisonnement et sa pensée, pour tenter d'être simple, sont un travail d'« épistémologie antisubstantialiste ». À partir de cette lecture assidue et pas simple à se réapproprier, je vais encore explorer, à la périphérie, des penseurs comme Gilles Deleuze et Félix Guattari, Gaston Bachelard, Maurice Merleau-Ponty et Bernard Stiegler.

---

[18] Centre National des Arts et Métiers, Paris.

Pendant cette période universitaire et post-universitaire, j'explore des lectures plus ou moins hétéroclites. Je me constitue ainsi un champ théorique et de postulats pas trop différents les uns des autres qui me parle. Mes choix se constituent peu à peu par le biais d'un dialogue imaginaire et d'enquête. Dans cette pratique de lecture, un but peu avoué et légèrement honteux et inexprimable est de découvrir où se situent les auteurs idéologiquement dans l'« espace social » des sciences humaines. Comment dialoguent-ils entre eux ? Qu'est-ce qu'ils m'inspirent ?

Une lecture exégétique n'est pas ma première intention. Je dérive plutôt dans une activité de braconnage et de bricolage dans ma manière de choisir les textes et de me les réapproprier. Néanmoins, ce semblant d'expositions et d'explorations intuitives et intellectuelles me constitue et peu à peu irrigue mes pensées. Ces acquisitions culturelles sont des filtres et contingences à ma manière de penser et d'être. La feuille et les idées se plient, les plis singuliers restent.

La partie suivante du texte expose un moment de fragilité, là où ma vie se complexifie en termes de discussions avec ma nouvelle position sociale, intellectuelle, et de leur légitimité, en plus de la venue de mes trois enfants.

L'après-universitaire brinquebalant

Après une période universitaire de base et après ma soutenance, la directrice de mon mémoire me propose un poste de doctorant. Je postule. Ma candidature est acceptée. Cette période est importante aussi parce que j'attends un deuxième enfant. Au départ, je suis sensible et reconnaissant de la proposition. Je me sens flatté. Mais je doute. Au moment de formaliser ce projet, je me rétracte. Le lien que j'entretiens depuis plusieurs années avec mon ancienne directrice de mémoire et l'équipe de recherche dont elle fait partie n'a pas suffi. Une crainte et une inquiétude prennent place. Arriver à assumer financièrement l'entretien de ma famille me préoccupe. Les fantômes de la débâcle financière chronique que j'ai vécue étant enfant ressurgissent-ils ? Je n'ose plus bouger. Je me surprends à dire que mon revirement est dû à la venue de mon deuxième garçon. Je lui attribue une responsabilité qui n'a pas lieu d'être.

Après discussion, conversation et analyse, cette fantaisie de bouc émissaire s'estompe sans avoir trouvé une issue entre le désir de continuer de m'instruire et la force des loyautés qui s'invitent, constituées de mon roman familial. Je continue à ressentir aujourd'hui, en tant que diplômé universitaire, une sorte d'étrangeté.

Quelle image ai-je de moi après avoir acquis mon master universitaire ?

Une digression et un bref petit retour en arrière provisoire s'imposent. J'expose auparavant certaines anecdotes que je reformule ainsi. Je suis le dernier et l'inattendu de la fratrie, peu performant de l'ouïe. La place de « canard boiteux » dans l'espace familial s'est imposée à moi. Donc, après un parcours de vie sommaire, je suis surpris de la nature des récits que je livre aux séances avec mes thérapeutes du moment. Ce qui est ineffable, indicible et brouillardeux, petit à petit prend forme et se raconte. Ces décantages sous diverses formes se perpétuent à plusieurs moments de mon existence. Ils me donnent la possibilité de trouver des respirations, de m'abstraire de mes tutelles primaires : mythes et fables familiales utiles à un moment et encombrantes quand le temps passe. Ces narrations de l'intime à un tiers exigeant me constituent en tant qu'homme contemporain. Ce champ atmosphérique originaire est constitué d'esprits intelligents certes, mais également confus, flous, rêveurs ; sans négliger qu'à l'époque de la rencontre de mes parents, un idéalisme soixante-huitard règne. C'est l'air du temps.

J'hérite de mes « sacro-saints » parents quelque chose de cette coloration couplée à l'actualisation de mes propres failles de mon « cristal originaire ». Me concernant, par la suite, les résistances du réel interrogeront mes loyautés en tant que source d'empêchement et/ou source d'audace soit pour une continuité, soit pour un ailleurs dans la découverte et l'actualisation de nouvelles pistes et pâturages de réalisation, c'est ce qui suit ci-dessous.

Ma position dans la famille, métaphoriquement, est celle d'un cycliste qui pédale en queue de peloton et qui tacitement n'est pas tenu et programmé pour gagner, donc s'instruire, faire des études. Je me dérobe partiellement à cette loyauté, à ce credo, à cette pseudo-règle organisatrice d'appartenance. En termes sociologiques, cette transgression est une sorte d'anomalie à la norme comme acte marginal. Je m'inscris dans ce transfuge (Lahire, 1998, pp. 47-52 ; 1999, p. 139) social : passage conséquent d'un espace social de classe à un autre. En famille et aussi dans l'espace social, cela peut se traduire, en ce qui me concerne, en un transfert de place, de position d'un ordre synchronique (le système social familial primaire) et générationnel dans un ordre diachronique, avec toutes les dispositions partiellement adaptées et bricolées que cela comporte en termes d'adaptation et les codes culturels étranges et étrangers à intégrer. Pour résister et survivre à ces efforts de transfert, de déplacement, de transhumance dans l'espace social et psychique, une surcharge mentale est la norme, le moi se clive pour tenir. Dans ces conflits de loyauté dus à une transhumance statutaire et de position s'expriment des irrégularités sociales et de places. Pierre Merckle, sociologue des irrégularités sociales, parle de « la pluralité relative des dispositions dont sont porteurs les individus [qui] débouche ou non sur des conflits psychiques ou des tiraillements identitaires » (2005).

Cette position flottante de recherche d'ancrage est encore remise sur le tapis, la narration, le récit, la parole qui les explore sont un recours pour inscrire ce capital culturel fraîchement acquis dans un espace congruent avec mes inspirations de projet en devenir. C'est la suite ci-dessous.

Retour peu à peu à l'équilibre, consolidation et continuation dans ce transfert de place et de compétence

Les tiraillements identitaires et psychiques reprennent de la vigueur après mes études : un deuxième enfant, le mitan de la vie, une volte-face d'un poste de doctorant qui m'est attribué. Je me suis aussi retrouvé dans une activité pas très bien définie de travailleur social pendant cinq ans, dans une association de réinsertion sur la place de Genève. Ce lieu brinquebalant se restructure. Mon départ s'impose. Il s'ensuit une période de neuf mois à l'assurance-chômage avec toutes les contraintes liées à ce statut. De 2011 à 2014, je m'étais déjà pourvu d'un superviseur pour tenir tant bien que mal à ce poste paradoxal de ré-inséreur. Mon départ abrupt de cette association passe mal en tant que personne et en tant que père de famille. Où vais-je ? À qui m'adresser pour tenir le coup ?

Je cherche, sans attendre, un professionnel de la santé de l'« âme » qui peut me recevoir pour retrouver de l'aplomb. La formation groupale ASTRAG, que je suis depuis 2012, me vient à l'esprit. Je sollicite la responsable de cette formation groupale, qui est psychanalyste et médecin de l'âme. Elle me reçoit et je me relance dans une aventure de la parole. Je commence par traverser cette tempête et me préserver. Les fêlures de mon existence, les lignes cassantes de mon cristal originaire « profitent » de cette instabilité pour souffrir du souffle remuant du présent. Dans ce brouillard, l'impératif, c'est de protéger et préserver ce qui est bien vivant et fondamental dans ce qui me constitue. Le but premier que nous nous sommes donné, c'est de préserver la famille, de reconquérir l'estime de soi et de relancer la dynamique des occasions de travail. Sans revenu, sans travail, les perspectives sont minces. Une coïncidence, non des moindres, s'invite au tourbillon de la tourmente. C'est la baisse de régime de l'âme de ma conjointe. Elle vit en différé et par mimétisme également une surchauffe : enfants, migration, réalisation de soi et situation économique de la famille ralentie. Elle se remplumera en prenant aussi soin d'elle avec le sérieux d'une bonne âme professionnelle.

Après la tourmente, le retour au calme se dessine. Un emploi de socio-éducateur se présente aux Établissements Publics pour l'Intégration (EPI) dans un appartement qui accueille des adultes en situation de handicap : syndrome autistique ; retard mental moyen à sévère ; syndrome X fragile, etc. Ce qui est attendu dans cette activité, dans les grandes lignes, c'est un accompagnement éducatif et les soins. Je prends le challenge en main non sans peine *au départ*. L'intime, le travail de soins corporels et d'hygiène me demandent un effort conséquent. Une distance psychologique est à combler pour m'approprier cet intime dans la prise en charge des résidents dépendants.

Une fois le rythme pris et la tâche assumée, un aspect de mon milieu de travail me donne à penser, celui du monde prescrit et des protocoles dans le suivi des résidents. Ces procédures, pour l'action, *impersonnelles et* ressources sont importantes et indispensables pour la bonne marche de l'ensemble des prises en charge dans le quotidien. Elles proscrivent autant qu'elles prescrivent l'activité des différents acteurs du terrain dont je suis partie prenante. Elles délimitent le pourtour de nos actions.

Mon entrée en matière dans cet espace professionnel et de travail par la porte de l'expérience vécue au sens phénoménologique et éprouvé dans cette *activité* d'accompagnement éducative est considérée, certes, mais pas plus qu'une case nommée « truc et astuce ». La prise en considération de l'expérience *« moléculaire »* (micro) sur un mode *mineur* des individus et des collaborateurs semble dénaturer leur implication réelle, en tant qu'Amateurs[19], « amoureux »

---

[19] Bernard Stiegler : « "Amateur" est le nom donné à celui qui aime des œuvres ou qui se réalise à travers elles [...]. La figure de l'amateur prolonge la figure du *goût* telle qu'elle se donnait à penser

d'une pratique sensible éprouvée d'éducateur, acteur du quotidien, au sens noble du terme. Ces activités éducatives et de soins, appréhendées par l'entrée de l'expérience vécue, de l'observation/élaboration, de l'implication, de l'intuition raisonnée, de l'ajustement et accordage mutuel acteur-environnement, de la ruse, d'une certaine sagesse pratique, là où s'exerce et se dévoile l'intime du travail, en tant qu'éléments de l'activité qui opèrent à bas bruit, sont riches, mais peu discutées et peu valorisées.

Où se situe donc la *co*-naissance noble de l'Amateur des arts pratiques qu'Aristote nomme la *phronésis* (Delannoi, 1995)[20] : ce qui dirige l'action sans la renvoyer à un savoir supérieur et épistémique ? J'exprime cette qualité en termes d'entour et de semblant ; parole qui nomme le réel, cet humus fictionnel, ce biotope, cette activité transpersonnelle que Yves Clot et Michel Gollac (2014) nomment le « genre partager » : culture d'une communauté de travail et de métier, implicitement partagée, qui dépasse en partie l'institution tout en s'ajustant à l'environnement. Elle est une ressource pour l'activité réelle. Cet « habitus » de travail, si je peux le dire ainsi, lie et relie les acteurs entre eux par la remobilisation de l'histoire en acte, en produisant du « sens », des modèles types d'action et de l'information/transmission, à chaque instant *t* dans la réalisation de leur tâche. Le genre est renouvelé par des controverses de style,

---

aux Lumières, comme intelligence du sensible ou médiation de l'immédiat, comme singularité d'un sentiment pourtant. Elle accompagne la question de la formation d'un public critique (irréductible à de l'audience) », http ://arindustrialis.org/amateur ; Bernard Stiegler : « [...] Et cet amatorat, qui est une forme de la *libido sciendi,* amatorat ça vient d'amour, *amor,* aimer, c'est une forme de la libido au sens de Freud, mais c'est une *libido sciendi,* c'est-à-dire que c'est une libido sublimée dans un travail, un travail au bénéfice de tous. Donc on retrouve quelque chose qui s'appelle tout simplement la civilisation » https :// www.april.org/une-nouvelle-figure-de-lamateur-bernard-stiegler

[20] Delannoi Gil. La prudence dans l'histoire de la pensée. In : Mots, n°44, septembre 1995. Discours sur la bioéthique. pp. 101- 105 ; doi : 10.3406/mots.1995.1996
http ://www.persee.fr/doc/mots_0243-6450_1995_num_44_1_1996

création stylistique. Il œuvre en tant que jurisprudence ressource, rendant vivant le travail personnel et interpersonnel de ceux qui sont en train d'accomplir leur tâche.

Le *style de ma contribution*, mon type d'engagement en tant *qu'outsider* dans cette nouvelle équipe de travail, dans cette communauté de pratique, est-il de rentrer par la porte de l'activité, de la « clinique incarnée » et située, à l'écoute du sensible éprouvé, de « la surprise en tant que chatouille de l'âme » (Marcelli, 2000) ? Cette pratique et cette posture de clinicien, « d'ethnologue en herbe » et même d'éthologue, où la sensorialité est éprouvée et réinvestie en recherche-action, je me sens partie prenante de ce type d'engagement en résonance avec mon parcours de vie intime et mon parcours professionnel de plus de trente ans dans des milieux très différents des uns et des autres. La présence charnelle et la qualité de présence que je cultive depuis longtemps semblent m'être utiles dans ce terrain du handicap et de l'autisme.

Il y a dans cette proposition de style, de ma part, une transition non sans difficulté et non sans tensions entre une position *d'outsider* dans la nouvelle communauté de travail et la position légitime *d'insiders* marqués par les acteurs socio-éducateurs qui ont historiquement inscrit leurs marques et leurs empreintes dans ce lieu de travail. Ces pratiques incrustées œuvrent en tant que mémoire trans-générationnelle. Je suis pris dans une dynamique et une tension qui me dépassent et qui sont inévitables entre pratique renouvelée par la marge, en tant que singularité d'engagement (*Ipséité*), et pratique préservée déjà-là (*Mêmeté*) ; permanence et habitus de qui a bon droit. Le style qui est le mien est « provisoirement marginal », dans un mouvement de doubles tensions entre désengagements/engagements, entre deux quêtes antinomiques : conservation de la pratique élue et « invention » d'une pratique renouvelée, bien sûr en toute modestie et sans prétention particulière.

Sans visée prétentieuse de distinction, à part de venir travailler en contrepartie d'un salaire, je participe à mon insu à nourrir la pratique qui est déjà là, en la légitimant comme elle me légitime en retour, tout en essayant d'y trouver mon compte. Je suis attentif, dans cette proto-marginalité de style, à soigner la modestie comme posture de premier plan : le collectif prime. L'accueil et le sentiment d'être partie prenante avec l'ensemble des membres de l'équipe est à préserver pour que la *matrice* collective de travail puisse fonctionner a minima comme incubateur de lien, de liaison et de rites, ingrédient minimal pour se relier et développer le sentiment d'appartenance et de compétence. Ces compétences collectives et ce sentiment que le jeu collectif est possible et qu'il vaut la peine d'être vécu sont centraux pour cultiver les bonnes pratiques plurielles sans trop d'interférence nuisible à celles-ci, parce que le suivi de la population que nous accueillons se pense et se vit sur des temps longs. Par exemple, une équipe dans un appartement de vie se renouvelle *en partie* dans les cinq à six ans. Les résidents, eux, sont présents avec une ligne temps qui se joue a minima sur la courbe du cycle de la vie, même si de temps à autre Chronos y met du sien en termes d'accélération.

Une compétence importante qui me tient ainsi à cœur et qui n'est pas acquise une fois pour toutes est celle de *l'accueil*. Elle opère entre les nouveaux et les présents collaborateurs et les résidents dans le but de cultiver « le travail bien fait » et le sens fin de l'appréhension de la surprise, si petite soit-elle, dans ce monde où les « tendances » managériales en vogue transforment la fonction des éducateurs en un prestataire de service qui se marchandise. La posture sensible et impliquée du socio-éducateur, la prise en compte de la nature réelle de l'activité et du terrain qui fait obstacle en tenant compte du cadre prescrit du travail de « service » sont un challenge éthique en soi.

Ci-dessous, une conclusion : le pli de cette transhumance psychique et biographique, ce voyage, cette itinérance et cette réalisation de soi restent incomplets. Je le précise encore une fois, ce texte est écrit d'une certaine manière, il pourrait très bien être écrit autrement à un autre moment de ma vie en tenant compte des adressages et des mondes multiples. L'illusion biographique est présente et jamais absente…

Conclusion : transhumance entre poursuivre, survivre et créer

L'attachement et le détachement, la rupture comme déloyauté, mes parents sont ce qu'ils sont, je les remercie tout de même de leurs ébats amoureux. Ils ont cru à ce qu'ils ont pu croire. La quête qui est la mienne de savoir et de saveur est celle de m'« inventer » une vie qui a du goût, une vie créative où un semblant d'art et d'activité sublimatoire a droit de cité sur la place, une vie qui vaut la peine d'être vécue…

Cet engagement pour le goût du savoir et de la saveur est une posture, une manière d'être plurielle, protéiforme, une place de l'entre-deux que je tente d'explorer, d'accepter et d'habiter. Le pli malheureux et génial de l'autodidacte originaire que je suis, plutôt « spécialiste » des apprentissages de la vie quotidienne, me donne le sentiment que mon expérience est loin d'être négligeable, tout en étant porteur du sentiment diffus d'une pratique honteuse. Entre appartenir et dés-appartenir, entre tenir et être tenu, je suis dans une légitimité qui se cherche. J'ai besoin de respirer, de pouvoir sortir, de m'échapper et d'emprunter des chemins lignes de fuite. Bien sûr, ce texte est une fable avec un certain type de vocabulaire et de signifiants. Je raconte et me raconte avec des brindilles et des pousses d'une certaine vérité en partie et une liberté d'agencement qui donne ce que cela donne.

Dans ma venue primaire, il y a deux nourrissons attendus, je suis l'inattendu de la *matrice* maternelle. Mais est-ce qu'il y a des mains et un nom à la sortie de cette première maison, ce nid aquatique et amniotique, de cet utérus ? Le cordon, je le tiens, il me tient, il est là dans la transition de l'attente. Si le temps dure, l'air se raréfie. L'oxygène et l'espace ne sont pas en suffisance. Le besoin de me montrer est *vital* pour nous deux (moi et Maman) et pour, peut-être, tous les autres de la filiation. Je viens au monde sans séquelle dramatique majeure, sauf de ne pas entendre suffisamment. Et Maman, je ne sais pas ? Malgré cela, elle ne restera pas longtemps attentionnée à nos côtés. Doit-elle aussi respirer ? Sûrement ! Il y a dans ce récit une recherche d'un endroit pour s'habiter soi-même, d'un besoin de *re-co*-naître, de naissance et de reconnaissance. Or, bien vivant, tenu et suspendu par un fil de l'existence, prendre de l'air me semble vital pour ne pas être asphyxié et bâillonné. L'ouïe est faible, mais j'entends tout de même mes semblables, comme une immersion dans l'eau sans prothèse. Mais au fond, pour l'auteur de cet écrit, l'épilogue n'est-il pas l'acceptation d'une position d'un entre-deux vivant, flottant et aquatique, un peu attendu, un peu inattendu, un peu là, un peu pas là ?

Les traces de mon itinéraire, je les rejoue dans ce texte avec mon lexique encombrant, par des tentatives de dépassement et de sortie des bornages. Ces démarcations rejouées donnent un corps provisoire à la transhumance psychique matricielle créée dans les limites de cet espace textuel d'expression : « espace d'action encouragé » (Durand, 2008), le besoin est de vivre psychiquement, de manière non sédentaire, mais nomadique, entre plaine, plateau et montagne. Je tente d'arpenter ces espaces en mouvement et ces interstices, par moments, comme un « homme sans loi » (*a-lex-andre*), hors de l'emprise de l'automate et de la doxa aliénante, mais sans la rejeter, elle est là quand même. Je suis les courants et des pistes, là des traces produisent et laissent des passages. Ce nomadisme intellectuel et psychique des saveurs n'est pas une fantaisie, mais une nécessité vitale quand l'obscurité et l'instabilité sont continues ou « quand on est acculé au pied du mur par un [ou des] problème insurmontable (ou par un [ou des] interdit non dépassable). Il n'y a rien d'autre à faire que d'utiliser le problème comme une solution » (Galli Carminati, 2006).

Une transhumance psychique et nomadique plurielle instable/stable me constituerait-elle en modèle de stabilité[21] métastable[22] ? Le philosophe Simondon précise qu'« un système physique est en équilibre « métastable » lorsque certaines variations peuvent entraîner une rupture de l'équilibre » (Combes et Simondon, 1999, p. 11). Il exprime que la stabilité est porteuse paradoxalement de ruptures de la continuité. Me concernant, la vie familiale s'est agrandie, un travail intéressant en lien avec des personnes en situation de handicap dans une grande institution de la place genevoise me donne une certaine sérénité. Cette stabilité me laisse la place pour penser et pour explorer de nouveaux possibles moins stables.

Le regard sur une croissance renouvelée et ré-autorisée est en jonction avec un travail analytique en cours depuis un certain temps assez long. Dans cette perspective du long terme se réitèrent des

---

[21] Donc la stabilité, pour Simondon, est qu'« en tous domaines, l'état le plus stable est un état de mort ; c'est un état dégradé à partir duquel aucune transformation n'est plus possible sans intervention d'une énergie extérieure au système dégradé » (Simondon, 1989, p. 49, ouvrage par la suite abrégé IPC).

[22] Et la métastabilité un élément essentiel de l'être : « L'être originel n'est pas stable, il est métastable ; il n'est pas un, il est capable d'expansion à partir de lui-même ; l'être ne subsiste pas par rapport à lui-même ; il est contenu, tendu, superposé à lui-même, et non pas un. L'être ne se réduit pas à ce qu'il est ; il est : accumulé en lui-même, potentialisé [...] ; l'être est à la fois structure et énergie » (IPC, p. 284).

pistes pour poursuivre un travail intellectuel d'acquisition des savoirs qui pour le moment s'énumère comme ceci : un master en psychologie pour que puisse se dessiner une potentielle visée, celle d'analyste, et un désir discret, mais possible, d'un doctorat. Sur le versant plus familial, je cultive et accompagne, en tant que père, la richesse de la double appartenance de mes enfants et de la transhumance culturelle de mon épouse originaire du Maghreb, de son désir de planter des caroubiers comme ancrage et enracinement dans la terre pour une pratique biculturelle assumée. Je suis sensible à la dynamique socio-affective de cette double appartenance, mais aussi de cette double absence de l'immigrée. Je ne peux pas exclure que ce dernier thème, celui de l'appartenance et de la dés-appartenance, ne soit pas en résonance avec mon propre parcours personnel et intellectuel.

Mes voyages au travers de diverses contrées connues, inconnues, imprévues et à connaître ont changé mes positions et dispositions et les changeront sûrement encore entre permanence et impermanence, équilibre et déséquilibre, « différence et répétition »[23]. Trouver des ancrages dans ces déplacements mouvants, tout en préservant un noyau primaire intime qui peut suivre et se renouveler en bonne résonance, sans tout détériorer, sans tout casser, sans tout faire exploser de ce qui m'est cher : la famille et les affects, est le pari pour la suite de l'actualisation des saveurs et des savoirs et comme constat que la vie vaut la peine d'être vécue et éprouvée. Cet élan projectif, cette ligne de fuite, ce pli singulier qui défie les lois de la loyauté, tout en conservant un noyau souple primaire, un pourtour sain, leçon jamais finie d'une transhumance qui est autant une chance qu'un défi.

Bibliographie

Bateson G. (1977) : *Vers une écologie de l'esprit, tome 1*. Paris, Seuil.

Bateson G. (1997) : *Vers une écologie de l'esprit, tome 2*. Paris Seuil.

Baucher F. (1874) : *Méthode d'équitation basée sur de nouveaux principes*. Paris, Librairie Militaire de J. Dumaine, 14ème édition.

Berthoz A. (2009) : *La simplexité*. Paris, Odile Jacob.

---

[23] Le « slogan fort et simplifié qui ressort de la thèse du philosophe Gilles Deleuze, c'est qu'« il n'y a jamais de répétition que de la différence » (Deleuze, 1993).

Clot Y., Gollac M. (2014) : *Le travail peut-il devenir supportable ?* Paris, Armand Colin.

Combes M., Simondon G. (1999) : *Individu et collectivité.* Paris, PUF.

Decarpentry A.E.E. (1947) : *L'Ecole Espagnole de Vienne.* Vienne, Oberthur.

Dejours Ch. (1998) : *Souffrance en France. La banalisation de l'injustice sociale.* Paris, Seuil.

Delannoi G. (1995) : La prudence dans l'histoire de la pensée. *Mots. Discours sur la bioéthique*, 44 : 101-105. doi :10-3406//mots.1995.1996 http ://www.persee.fr/doc/mots_0243-6450_1995_num_44_1_1996

Deleuze G. (1968) : *Différence et réplétion.* Paris, PUF, 7ème édition 1993.

Deleuze G., Gattari F. (1980) : *Capital et schizophrénie, tome 2 : Mille Plateaux.* Paris, Editions de Minuit.

Dewey J. (2006) : *Logique. La théorie de l'enquête.* Paris, PUF.

Durand M. (2008) : Un programme de recherche technologique en formation des adultes. *Education et Didactique*, 2(3) : 97-121.

Durand M. (2017) : *Vulnérabilité(s) et formation : vers une ingénierie des possibles ? in :* (coordonné par Maryvonne Charmillot), Vulnérabilité(s) et Formation. Dossier Spécial RIFT, numéro 1, juin 2017, Université de Genève.

Fabre M. (2011) : *Eduquer pour un monde problématique.* Paris, PUF.

Foucault M. (2008) : https ://f.hypotheses.org/wp.../seminairegrcdi_2008 ?_aserres ?_glossaire-stiegler.doc

Galli Carminanati G. (2006) : Temps maudit, temps tolérable. *Psychothérapies,* 26(3) : 127-133.

Honneth A. (2007) : *La Réification : petit traité de théorie critique.* Paris, Gallimard.

Huston N. (2008) : *L'espèce fabulatrice.* Arles, Ed. Actes Sud.

Lahire B. (1998) : *L'homme pluriel. Les ressorts de l'action.* Paris, Nathan.

Lahire B. (1999) : De la théorie de l'habitus à une sociologie psychologique, *in :* Lahire B. (dir.) : *Le travail sociologique de Pierre Bourdieu. Dettes et critiques.* Paris, La Découverte.

Marcelli D. (2000) : *La surprise, Chatouille de l'âme.* Paris, Albin Michel.

Merckle P. (2005) : Une sociologie des irrégularités sociales est-elle possible ? *Idées, la revue des sciences économiques et sociales,* 142 : 22-29. http ://socio.ens-lsh.fr/merckle ?_textes_2005_irregularites.pdf

Merleau-Ponty M. (1945) : *Phénoménologie de la perception.* Paris, Gallimard.

Pef (1980) : *La belle lisse poire du Prince de Motordu.* Paris, Gallimard.

Pennac D. (1992) : *Comme un roman.* Paris, Gallimard.

Poizat G. (2014) : Le concept d'appropriation en formation des adultes, *in :* Friedrich J., Pita J.C (eds) : *Un dialogue entre concept et réalité* (p. 48-68). Dijon, Editions Raison et Passion.

Poizat G., Durand M. (2015) : Analyse de l'activité humaine et éducation des adultes : faits et valeurs dans un programme de recherche finalisée. *Revue Française de Pédagogie,* 190 : 51-62.

Robichon de la Guérinière F. (1879) : *Traité d'équitation : contenant l'art de monter à cheval et les premiers principes pour connaître, dresser et gouverner les chevaux.* Paris, Hachette, 2012.

Roussillon R., Chabert C., Ciccone A., Ferrant A., Georgieff N., Roman P., Talpin J.M. (2009) : *Manuel de psychologie et de psychopathologie clinique générale,* 2ème édition. Paris, Masson, 2014.

Simondon G. (1989) : *L'individuation psychique et collective.* Paris, Aubier.

Stiegler B. (2010) : *Ce qui fait que la vie vaut la peine d'être vécue. De la Pharmacologie.* Paris, Flammarion.

Stiegler B. : *Pensée des techniques et culture informationnelle, Séminaire du GRCDI (Groupe de Recherche sur la Culture et la Didactique de l'Information),* Rennes, 12 septembre 2008

Tisseron S. (2016) : *Comment l'esprit vient aux objets.* Paris, PUF.

Van Rillaer J. (2017) : Médiapart 2017, https ://blogs.mediapart.fr/jacques-van-rillaer/blog/250417/carl-rogers-de-la-psychanalyse-l-approche-centree-sur-la-personne

Verdiglione A. (1978) : *La dissidence freudienne.* Paris, Grasset.

Verdiglione A. (1982) : *Dieu*. Paris, Grasset.

Verdiglione A. (1992) : *La conjuration des idiots*. Paris, Grasset.

Winnicott D.W. (1971) : *Jeu et réalité ; l'espace potentiel*. Paris, Gallimard, 1975.

Du bonheur, pour le psychiatre, d'avoir été transhumant
Daniel Frydman

Retracer un itinéraire personnel pour y retrouver tout ce qui le rendrait intelligible… voilà qui est bien ambitieux ! Notre proposition sera plus réaliste ainsi : inviter le lecteur à partager le plaisir d'une relecture qui se veut au-delà du factuel : il y a du sens dans la succession des événements, on ne cherchera plus le simple hasard, il y a un alpha et un oméga de la vie de chacun, et souvent, aux détours de nos méandres un petit signe, si discret soit-il, nous révèle une part de nos désirs cachés.

A la fin de la relecture une continuité est ainsi révélée, et c'est bon pour l'unité intérieure !

Mais une méthode s'impose aussi. Car à la vue de chacune des étapes il faut savoir se poser et s'interroger. C'est un dialogue intérieur qui s'instaure ainsi entre moi et moi, et les lignes qui suivront répondent à cette proposition. Le dialogue intérieur, comme par effraction, sort de l'intime et s'offre au lecteur, comme s'il y avait deux personnes qui s'interpellent.

Pour rejoindre ce chemin, avec cette prétention d'un début identifiable, c'est un souvenir précis de pré-adolescent qui s'impose, un peu comme porte-parole de la source, ou d'un appel.

C'était dans le début des années 60…

J'allais souvent lui rendre visite dans sa chambre. Il était étudiant, j'étais collégien. Mon oncle était comme un frère, il apprenait ses « questions d'internat » en écoutant Aznavour sur ses vinyles. Ce futur médecin ne savait pas qu'il ouvrait la voie pour la vocation de son neveu.

Je percevais en lui un modèle, celui qui soigne, bien sûr, mais peut-être surtout celui qui connaît, comprend et met des mots sur ce monde mystérieux, à la fois en dedans de notre enveloppe corporelle et au-delà du simple savoir des non-initiés.

– Qu'en dis-tu, fidèle compagnon de ma conscience, double de mon dialogue intérieur ?

– C'est trop simple, ton explication ! Tu avais donc simplement le désir de percer ce mystère ?

– Ô ma conscience qui m'aiguillonne, tu ne me laisseras donc jamais tranquille ? Mais oui, je me doute bien que le désir s'enracine dans mon inconscient et celui de ma famille. Je dirais que même à distance des événements que je n'avais pas moi-même traversés, j'ai répondu à ce désir de réparation des blessures familiales de la guerre. Faut-il publier ces événements tragiques du passé, que je portais moi-même à mon insu ? Bon, tu auras compris mon allusion, n'est-ce pas ?

– Oui, mais tu peux tout de même préciser que ces événements sont associés à la tuberculose, c'est à prendre en compte. D'ailleurs, tu avais toi aussi été soigné à sept ans par antibiothérapie pendant un an pour primo-infection tuberculeuse. Coïncidence ou non, il y a eu redondance...

– C'est clair... Et à travers ces maladies que je désirais approcher, il y a tout le mystère de notre finitude que j'interrogeais. Je savais déjà que la condition humaine mortelle était celle d'un funambule qui ne doit basculer que le plus tard possible et je voulais en découvrir une possible maîtrise.

– Tu ne pensais pas encore à la psychiatrie ?

– Certes non ! Quelle idée, me serais-je dit, si l'on me l'avait demandé ! J'avais dévoré un livre retraçant les heures héroïques de la chirurgie à ses débuts, et je me projetais moi-même en futur et digne successeur. Oui, chirurgien, l'idée me plaisait, voire me flattait au cours de mes rêveries d'enfant, puis d'adolescent. Car je me pensais scientifique, préférant les mathématiques au latin. Après le Bac, c'est la recherche scientifique qui m'attirait.

– Donc, tu te voyais déjà chirurgien ou chercheur.

– Ces projections n'ont pas tenu longtemps. Il ne m'a fallu qu'un stage en chirurgie pour comprendre que je n'étais pas fait pour cela.

– Et la recherche ?

– Vite oubliée : dès le début des études on m'a fait voir et toucher la mort, LES morts. Je n'avais pas vingt ans ! Puis les premiers stages : rencontres avec les malades et pas simplement les maladies. Mais tout cela était bien éprouvant et m'a conduit à faire le choix d'une spécialité très technique qui ne soit pas trop souvent en prise avec la souffrance et les souffrants : je serais radiologue ! D'ailleurs, j'adore les machines, la technologie.

– C'est compatible avec la psychiatrie, ce projet ?

– A ce moment-là, ça ne se posait pas. Mais je suis finalement convaincu que nous exerçons d'autant mieux la psychiatrie que nous sommes capables d'appréhender la matérialité de la condition humaine, la concrétude, en somme. Non pas forcément l'abord neurophysiologique de la psyché, mais plutôt cette capacité à goûter la vie dans ce qu'elle a de palpable, inscrite dans l'environnement.

En cela, tous les stages au cours de mes longues études de médecine m'y ont préparé.

– Tu étais donc un étudiant heureux.

– Oui, même très heureux de tout ce qu'il découvrait et partageait, comme élève admiratif de ceux qui lui enseignaient.

– Mais alors la psychiatrie, c'était loin d'avoir été prémédité, ce choix...

– J'aimerais te dire que c'est le hasard qui m'a permis de la rencontrer puis de la choisir, mais tu me répondrais que je te cache l'essentiel !

Pourtant il y a une part de hasard : j'avais déjà effectué des stages variés, mais il me manquait des expériences plus classiquement médicales, plus cliniques. Or, le choix des stages pour les externes était régi par l'ordre alphabétique, qui ne m'était pas favorable ce jour-là. Aussi ai-je choisi ce qui me paraissait le plus « clinique » : un service de neurologie.

– Et tu crois vraiment que tu ignorais que la neurologie, à l'époque, était associée à la psychiatrie ?

– Eh bien, je croyais ne pas le savoir. Mais j'ai vite compris que j'avais atterri en neuropsychiatrie et que j'allais enfin y faire la rencontre de ce que je cherchais sans le savoir. Je me souviens du jour précis où tout a basculé, un moment initiatique...

– Raconte-moi cela, je suis tout excité à l'idée de l'entendre. C'est comme la conversion de St Paul ?

– Presque ! C'était dans les tout premiers jours de mon stage, au pavillon Pinel 2ème étage. J'avais ma blouse, mon stéthoscope, mon marteau à réflexes... Accessoires quasi inutiles en ces lieux. Je vais me présenter à mon premier patient, en phase de décompensation aiguë, je frappe à la porte (épaisse et munie d'un oculus), j'ouvre courageusement et je découvre un homme.

– Un homme ?

– Oui, pas un fou, un homme simplement, un peu agité certes, confus et transpirant, plus exalté que délirant. Il luttait visiblement contre les menaces de déstructuration de sa vie intérieure.

Je m'apprêtais à mener un interrogatoire à visée diagnostique. C'est en réalité une rencontre que j'ai vécue. Nous avons passé un moment ensemble, à apprécier cette approche mutuelle dont nous n'avions au départ ni l'un ni l'autre les clés pour la faire progresser. D'emblée je perçus que nous étions deux protagonistes à « armes égales ». Il n'était pas l'objet d'étude du médecin somaticien, et je n'étais plus le docteur-qui-mène-son-interrogatoire !

Il m'a fait le plus beau cadeau qu'on puisse faire à un jeune externe (médecin stagiaire).

— Un cadeau dans cette chambre dite « de sécurité », fermée, meublée et décorée du strict nécessaire ?

— Il a su contourner la difficulté en couvrant ses murs de ses dessins (il avait droit au papier, aux stylos feutres et au ruban adhésif). Aussi, dans un élan spontané, il a décollé l'un de ces dessins et me l'a offert.

— Tu as reçu un dessin et c'est « le plus beau cadeau » ?

— Mais oui ! C'est à partir de ce dessin généreusement offert que j'ai compris qu'en psychiatrie, l'alliance thérapeutique est bien plus qu'une question de compliance aux traitements. Je découvrais ce partage qui décidera peu après de mon choix pour cette spécialité.

J'ajouterai que ce cadeau m'a été comme une révélation à plus d'un titre : 1) une rencontre d'emblée en profondeur ; 2) l'inconscient à fleur de peau (le sien tout comme le mien !) ; 3) son dessin me donnait une clé de lecture de sa production, que même externe j'étais déjà capable de comprendre.

— Tu n'avais pas beaucoup de connaissances en psychanalyse…

— Non, mais justement là c'était simple : le dessin qu'il m'a remis avait un titre : « signalisation ». Il représentait des routes et des panneaux de circulation, en un agencement bien organisé, géométrique et logique, exactement à l'opposé de ce qu'il paraissait vivre au-dedans de lui, qui luttait, comme je l'ai dit, contre les menaces de déstructuration de sa vie intérieure. Il s'agissait donc d'une production défensive qui n'était pas dénuée d'efficacité. Pour moi, cette expérience prenait un caractère initiatique, elle m'a révélé ce désir de m'orienter vers la psychiatrie, spécialité qu'ensuite je n'ai jamais quittée.

— Chercheur ou chirurgien, puis radiologue et enfin psychiatre : à présent tu n'avais plus qu'à suivre la ligne droite de ta formation, puis ton installation en cabinet !

– C'est ce que je croyais, mais c'était sans compter avec la complexité de mon évolution personnelle au gré des circonstances, bien variées elles aussi. Avec le recul, quarante ans plus tard, j'associe mon chemin de « petit bonheur » à ce caractère transhumant de mes pérégrinations professionnelles.

– Pourquoi entremêler à ce point la vie privée à la vie professionnelle ?

– A la différence des autres spécialités médicales, la psychiatrie offre cela, je dirais même qu'il est nécessaire de le vivre au cours de notre formation. Les problématiques, les situations et les vécus des patients sont si proches de nous ! Nous sommes bousculés par ce qui fait écho en cette période où précisément le jeune étudiant se prépare à sa vie adulte pleinement engagée.

– Bousculés, est-ce vraiment nécessaire ?

– C'est une épreuve incontournable pour cette profession, mais c'est aussi une chance pour notre maturation. Le stage qui a suivi celui que je viens d'évoquer a été, en ce sens, providentiel.

– L'Institut Marcel Rivière ?

– Dans les années 73 à 78, j'ai eu la chance de le fréquenter, d'abord comme étudiant hospitalier, puis exerçant les fonctions de médecin traitant. C'était peu après le départ de son fondateur, le Pr Paul Sivadon. Il avait mis en place un fonctionnement qui s'inscrivait pleinement dans le courant de la psychothérapie institutionnelle. Quand je pense au cadre classique hospitalier (le patron faisant la « visite » du service auprès des malades, entouré de son aréopage de soignants en blouse blanche, suivi de l'inévitable « bac à dossiers »), j'en mesure la distance !

En décrétant que c'est l'institution qui est soignante, en multipliant les réunions, les activités partagées avec les patients et même entre soignants, les réflexions communes toujours en référence à la pensée psychanalytique, nous étions à ce point impliqués nous-mêmes, que notre vie privée était fortement sollicitée. Personnellement, je considère que j'avais beaucoup de chance.

– C'était tout de même éprouvant, ce flou dans les limites entre soignants et soignés, souviens-toi…

– Quand la vie personnelle est très entremêlée avec ce qui se vit en institution, il y a forcément des tensions, voire des affrontements entre soignants. De plus, cette immersion dans la souffrance psychique des personnes accueillies nous atteint forcément, je peux même dire qu'il y avait un certain nombre de nos comportements quelque peu régressifs ! Mais c'était le prix à payer. Un tel partage avec les patients et entre soignants était formateur, un champ d'expériences à ne jamais oublier par la suite.

— Donc, tu avais trouvé ce que tu cherchais : un lieu qui soit à la fois formateur et au service de ta maturation personnelle. Car en ce lieu, même « bousculé », en réalité tu t'es véritablement construit, tu as trouvé tes repères, tu t'es « soigné », en quelque sorte !

— Je le reconnais, c'était formateur autant professionnellement que pour ma construction personnelle.

— Pour les patients eux-mêmes, le bilan est positif ?

— Quand j'entends aujourd'hui les témoignages de patients qui viennent de subir, le terme est juste, « subir » une hospitalisation en hôpital psychiatrique, je vois le fossé qui sépare nombre de services hospitaliers d'aujourd'hui et ce que nous avons connu dans la lignée du Pr Sivadon. Lui-même avait d'ailleurs bénéficié de la première impulsion du Dr Tosquelles à l'hôpital de St Alban. C'est le fondement même de notre approche de la maladie qui était reconsidéré. Que reste-t-il de ces progrès indéniables ? Il me paraît juste de nous en préoccuper.

— Ton implication au sein de l'institution a connu plusieurs étapes.

— Au moins quatre situations se sont succédé dans le cadre de ma fonction de médecin traitant. Hasard, providence ? Voyons de plus près... A mon arrivée, j'avais juste 25 ans, pressé (et heureux !) de conquérir mon indépendance financière. Un pavillon m'a été attribué. J'avais bien du mal à trouver ma place, entre un médecin-chef fatigué et peu soutenant, une infirmière responsable plus habile à séduire tout son monde qu'à manager son équipe, et des infirmières jeunes et peu disposées à la souplesse... Tout cela au sein d'un pavillon de malades en souffrance.

— Tu t'en sortais néanmoins pas trop mal. Mais une autre épreuve t'attendait.

— Nous traversions une période de pénurie d'infirmières, il fallait fermer temporairement un service : le sort tomba sur le plus jeune ! Me voilà donc transformé en médecin nomade, dont les patients ont été répartis dans les autres pavillons. La position était très atypique, voire marginale vis-à-vis du fonctionnement normal de l'institution. C'était une phase de transition...

– Tu as été soulagé lorsque la direction de l'hôpital t'a proposé un poste en psychiatrie de secteur.

– Enfin une situation « normale » ! Il est vrai que mon ego avait été blessé par ces débuts un peu trop chaotiques. Le travail demandé par la psychiatrie de secteur me convenait bien : suivis individuels comme nous pourrions en avoir en médecine libérale et, parallèlement, des réunions et animations pour l'hôpital de jour, ainsi que des visites à domicile.

Car nous avions la disponibilité suffisante, à cette époque, pour visiter quelques patients chez eux. Ces visites apportaient des informations complémentaires de ce que nous savions des patients et leur impact thérapeutique était important : ce n'est pas anodin de consulter à domicile dans le cadre d'un suivi psychiatrique en compagnie d'une infirmière. Je me souviens aussi que pour nous-mêmes l'impact personnel était assez enrichissant, car notre démarche comportait un caractère quelque peu intrusif apte à satisfaire notre curiosité. Imagine la diversité des cadres de vie des personnes suivies dans un service de secteur psychiatrique ! J'ai pu découvrir de très grands logements sociaux pour familles nombreuses sans meubles, presque vides, cela ne laisse pas indifférent. Dans ce vide relatif : des tensions familiales, des dysfonctionnements, voire de la délinquance. J'ai vu des appartements, au contraire des précédents, surchargés d'un mobilier d'un style tellement douteux qu'il aurait mieux valu qu'il n'y en ait aucun !

Au fil de ces visites, j'accumulais les rencontres avec toutes ces situations singulières, comme des expériences qui m'étaient offertes, mais par effraction de ma part, me semblait-il. Avais-je vraiment le droit de m'introduire ainsi dans la vie privée de ces personnes ?

– En voilà, des scrupules… Tes collègues partageaient-ils ces questionnements ? Ce n'est pas si sûr. De toute façon, tu ne devais pas faire carrière dans la pratique de secteur, ni même dans la pratique hospitalière à long terme.

– Pour cela, il aurait fallu que je passe les concours de l'internat, puis de praticien hospitalier. Or, je ne l'ai pas fait et cela m'interpelle. Pourquoi décidons-nous de passer ou de ne pas passer les concours ? Pour nombre d'entre nous ces concours étaient incontournables. Mais pas pour moi. Certes je n'avais pas la motivation suffisante pour ces titres hospitaliers et les avantages que j'aurais pu en tirer. Je bénéficiais déjà d'un contrat salarié pour exactement la même fonction qui était proposée aux internes.

— Tu aurais pu malgré tout les passer, ces concours, qui auraient apporté une reconnaissance, des titres, une certaine sécurité, une valorisation personnelle… Mais c'est justement ton point sensible : tu étais trop lent à la réussite personnelle, tu étais trop en questionnement, à la fois passionné par cette profession et travaillé par les doutes.

— Il m'a fallu dépasser des obstacles intérieurs qui s'inscrivaient certainement dans la dynamique de ma famille. Avais-je le droit de « réussir » pleinement au sein d'une famille qui avait une position très ambivalente face à cette perspective ?

— Ton oncle, que tu as présenté comme l'initiateur de ta vocation, il a bien réussi, lui, interne puis chef de clinique !

— Sa sœur également. Ils avaient tous deux restauré cette dynamique de vie au sortir de la guerre. La Shoah avait emporté leur frère aîné, celui dont le souvenir était gravé dans ma propre mémoire, alors que, bien sûr, je ne l'avais pas connu. Il était LE héros de la résistance promis au brillant avenir d'ingénieur chimiste. Il était l'aîné, son frère et sa sœur ont restauré l'espérance de l'après-guerre.

— Et pas toi ?

— J'occupais une place différente, étant de la génération suivante. Or, il y a comme des boucles intergénérationnelles. J'ai la conviction d'avoir été repris dans l'histoire. On n'oublie ni n'efface le passé, qui revient aiguillonner les générations successives. Le souvenir des conditions d'autrefois, et surtout de la Shoah, continuait de se manifester, les réparations « réussies » de mon oncle et ma tante n'ont pas recouvert ce passé. De plus, les grands-parents et arrière-grands-parents, dont la trace mémorielle était très ténue, se révélaient dans ma laborieuse émancipation : dans le passé (dont le ghetto pour certains), notre famille n'allait pas à l'université.

— Attention aux causes univoques, ce serait simpliste, même si tu espères en tirer une élégante démonstration ! Pour aller plus avant dans ta démarche de compréhension, tu dois prendre en compte ta personnalité, les événements familiaux que tu as traversés et subis, le couple de tes parents, la relation à tes frères…

— Mais oui, tout cela est tout aussi important, mais ce qui m'importe aujourd'hui est de souligner à quel point la dynamique familiale, dans son histoire à travers les générations, a pu intervenir dans mon cheminement professionnel. Les tensions, blessures, frustrations que j'ai rencontrées avec mes médecins-chefs successifs me paraissent suffisamment éloquentes : mes attentes à l'égard des instances paternelles, de l'autorité, de ceux qui auraient le pouvoir de confirmer, de « labelliser » mes compétences, ces attentes ne pouvaient qu'être déçues. Il m'a fallu beaucoup de volonté, de conviction – et aussi d'entêtement ! – pour finalement tracer ma voie personnelle. Progressivement, ma confiance a repris sa juste place, le cadre professionnel s'est conformé à mes vrais désirs et à mes talents.

– Par conséquent, même sans les concours, tu continuais d'avancer ! Mais en passant par des étapes très particulières, atypiques, comme si l'ordinaire ne pouvait pas te convenir. Lorsque l'on doute d'être en mesure d'entrer dans le moule de l'ordinaire, on se fait un cadre très personnel, ce qui a l'avantage de développer sa créativité !

– C'est ainsi que je me suis orienté vers l'étude des troubles du sommeil, premier maillon d'une chaîne qui a occupé les dix années qui ont suivi. J'ai accueilli les développements de la recherche sur le sommeil dans les années 70 comme providentiels. C'était une époque bénie qui nous donnait l'impression d'avancer à pas de géant. Nous pouvions assister aux congrès internationaux au sein desquels la France était très bien représentée autour des Professeurs Jouvet à Lyon, Passouant à Montpellier, Benoît à Paris, pour n'en citer que quelques-uns. Nous pouvions rencontrer ces équipes de chercheurs, il m'a été donné de les apprécier et d'établir des relations que je qualifierais d'« amicales ».

– Tu te croyais chercheur ? Sans titres ni fonctions universitaires ?

– Je me suis attaché à cette conviction. D'autant plus qu'il m'a été donné d'être le premier médecin traitant de la toute nouvelle « Unité de traitement des troubles du sommeil ». C'était pour moi très « réparateur » à plus d'un titre : cette Unité a été installée dans le pavillon dont j'avais subi la fermeture à mes débuts, c'était aussi une reconnaissance de mes capacités créatives, avec la proposition de mettre en place une équipe autour d'un projet totalement nouveau, et qui m'a donné le sujet de mon mémoire de spécialité ! J'ai donc cru, dans ce contexte, que je pouvais légitimement faire un travail de recherche.

– Ce que tu as fait, du moins une tentative…

– Mais je me suis pris à mon propre piège ! Pas de titres ni de fonctions universitaires, donc pas de légitimité. J'avais bien récolté des données au fil des suivis de patients venus pour troubles du sommeil. J'avais aligné mes résultats chiffrés avec validation statistique, et je me proposais de soumettre mes conclusions, dont j'étais persuadé qu'elles étaient passionnantes, au congrès international qui s'est tenu en Roumanie en 1978. Me voilà « tout feu tout flamme », me présentant à la séance de communications où je devais intervenir, étant inscrit à son programme…

— Petit naïf ! Tu n'avais donc pas compris la mention inscrite sous le titre de ta communication ?

— Oui : « title only », même avec mon pauvre anglais scolaire, j'aurais dû comprendre. Cela voulait dire : titre toléré, mais privé de parole, « à quelle équipe universitaire appartient-il, celui-là ? ». Cela m'a guéri de mes illusions : on ne peut jouer ainsi avec les rôles, les titres, les fonctions.

— Alors la recherche, pour toi, c'était terminé ?

— Pour la recherche sur le sommeil, oui. J'ai compris que je ne pourrais pas m'introduire dans n'importe quel domaine scientifique en espérant y apporter une contribution reconnue. La recherche sur le sommeil ne permettait pas cette ouverture. Mais qu'importe ! Pourquoi courir après cela ? Revendication autour de ma blessure narcissique, orgueil, nostalgie de l'étudiant qui se voyait futur chercheur ?

— Tu as enfin réalisé pour quoi tu étais fait : un praticien, clinicien, plus à l'aise dans la relation d'aide, finalement. C'est dans ce rôle que tu te sens bien, et réellement au service. Cela ne t'a pas empêché de poursuivre une part de ton activité autour du sommeil durant quelques années.

— J'ai réalisé quelques centaines d'enregistrements polygraphiques de nuit, sur ma lancée, dirais-je. Mais l'indication n'était plus les troubles du sommeil, qui ne justifiaient que rarement un tracé polysomnographique (à l'époque on ne connaissait pas bien le syndrome d'apnées du sommeil). C'est donc l'enregistrement des érections nocturnes associé à la polygraphie du sommeil qui a été l'indication des tracés qui ont suivi. J'aimais bien cette dimension très technique…

— Mais cela devait s'arrêter un jour !

— Ces investigations m'orientaient dans le milieu de la sexologie, et je sentais bien que cela ne me convenait pas. Le hasard d'une rencontre amicale m'a permis de rencontrer la sœur d'un directeur qui cherchait à recruter un psychiatre à mi-temps pour un établissement médico-social pour enfants. Là j'ai trouvé ce que je cherchais depuis… quinze ans ! Partager mon activité entre l'exercice libéral et l'institution au sein d'un service : j'étais dans mon élément !

– Récapitulons : les services de psychiatrie, le secteur, le sommeil, la sexologie… et à présent les enfants handicapés. Autant d'opportunités pour te révéler à toi-même et te réaliser. Mais dis-moi, tu n'avais pas fait une psychanalyse ?

– J'ai été bien discret à ce sujet, je le reconnais. Pourtant, c'était pour moi incontournable, comme d'ailleurs pour la plupart des collègues de ma génération. J'ai donc « fréquenté » le divan de mon analyste pendant cinq années. Aujourd'hui, c'est bien la psychodynamique qui est ma référence première. J'ai bien essayé parfois de m'adapter aux nouvelles tendances cognitivo-comportementales : spontanément et irrésistiblement je ramenais toujours nos séances dans l'écoute analytique.

– C'est probablement parce que ta compréhension de la psyché et de ses troubles s'accorde mieux de la notion de « structure » à l'origine de ce que l'on observe. Pour d'autres, les comportements et la symptomatologie leur suffisent comme base initiale pour leur pratique.

– Comment peut-on avoir la prétention d'une démarche psychothérapique sans s'intéresser à la structure et aux mécanismes sous-jacents, en amont des symptômes ? Les apports de la psychanalyse, non seulement de Freud mais de ceux qui lui ont succédé, je pense surtout à Mélanie Klein, n'est-ce pas lumineux ?

– Certainement. C'est aussi ce qui révèle un aspect de ta personnalité : tu ne retiens bien que ce qui a du sens et que tu perçois comme utile. Cela a toujours été une exigence dans tes études, d'ailleurs c'est pour cette raison que tu n'arrivais pas à retenir le « catalogue » de ce qu'il fallait connaître des maladies infectieuses !

– Prenons l'exemple de l'anorexie mentale : nombre d'articles, de déclarations de spécialistes dans ce domaine focalisent sur des données qui me paraissent, certes, pertinentes, mais qui passent à côté de l'essentiel. Stigmatiser les modes des mannequins qui doivent arborer leur maigreur, quitte à devenir « anorexiques » dans leur comportement alimentaire, condamner l'idéal de minceur au ventre plat, tout cela est certes bien légitime. Mais la jeune fille, puis la femme devenant anorexique ? Que trouve-t-on dans la structure, dans la dynamique de cette symptomatologie ? Lorsque j'accompagne ces personnes, je ne peux passer à côté de la problématique interne, cette destructivité mortifère projetée sur tout ce qui est ingéré, jusqu'au propre corps qui est comme « infesté » par les aliments devenus agresseurs, ces tueurs au sein des viscères. Nous sommes proches de l'identification projective que l'on observe aussi dans la psychose.

Heureusement, un bon nombre de ces personnes sont capables d'insight et d'élaboration, non seulement elles parviennent à la prise de conscience de cette installation morbide mortifère, mais surtout elles arrivent à effectuer une réorganisation interne . Cela au prix de la confrontation avec la peur d'exprimer leur hétéro-agressivité.

Sans approche de la dynamique interne, comment pourrait-on les accompagner vers la guérison ?

– Elles sont toutes guéries ?

– Comme beaucoup de problématiques en psychiatrie, il y a comme une frontière au niveau des capacités de guérison. Des situations restent figées, des résistances s'y opposent. Pour d'autres, l'organisation interne est mobilisable. Difficile de prévoir cela, c'est la succession des séances qui nous donnera la réponse. Quoi qu'il en soit, ce travail est passionnant !

– Maintenant, tu estimes avoir évoqué tes principales étapes, n'est-ce pas ? Tu n'as rien oublié ?

– Euh... non...

– La toxicomanie...Tu en fais l'impasse ?

– C'est une étape qui me dérange un peu « quelque part » (expression prisée par les psychanalystes). Pourtant, ce ne serait pas honnête de penser que je ne dois rien à ce que j'ai vécu auprès de tous ces jeunes toxicomanes. J'y ai trouvé leur détresse, leur recherche du sens, les questions métaphysiques. J'ai vu les dégâts opérés par l'esclavage de la dépendance, survenus, pour nombre d'entre eux, sur une structure vulnérable, état limite ou psychose. J'ai vu les développements de climats de violence au sein de leur dépendance, jusqu'à craindre pour ma propre personne.

J'ai eu la chance de visiter des centres de post-cure spécialisés, dans les Cévennes, ou chez le « célèbre » patriarche près de Toulouse ! Et j'aurais tellement aimé rencontrer le Père Jaouen sur son trois-mâts, le Bel Espoir... Grâce à mon oncle – toujours lui ! – j'ai fait la connaissance de son vieil ami le Dr Olivenstein, qui nous a très aimablement montré le centre Marmottan, tout en décrivant les très dures réalités du suivi des toxicomanes.

– Alors, où se trouve le malaise dans ce domaine au point de te préparer à en faire l'impasse ?

– C'est ce que véhiculait cet environnement, qui transpirait la marginalité, l'adolescence sans fin, ces conduites autodestructrices et cette violence. Cela est trop lié à cette page de ma propre marginalité qu'il ne m'est pas agréable de retracer.

– Tu en as honte ?

– J'aurais eu honte de m'y attarder, justement en « adolescent attardé ». Or, en choisissant la voie de l'étude du sommeil, en m'éloignant de celle de la toxicomanie, j'ai compris que je devenais un peu plus adulte. Il ne faut pas oublier que nous étions en 1975 ou 76, période qui vivait encore dans les soubresauts des événements de mai 68. 1968 était d'ailleurs précisément l'année de la sélection initiale (PCEM 1 aujourd'hui).

– Pourrais-tu dégager quelques éléments de ces quarante-huit années passées depuis le début de tes études de médecine, des éléments qui indiqueraient un fil conducteur, qui feraient sens pour tout ce cheminement ?

– Je pourrais les identifier comme des « mots-clés » qui s'inscriraient en filigrane. Ils ne sont pas nombreux (sinon j'en perdrais le sens, au sein d'une trop grande diversité). Donc les voici : maturation personnelle, providence, et j'insisterai sur le désir.

A relire tout ce passé, j'y trouve la nécessité du désir, désir de connaissances, y compris connaissance de moi-même, désir d'un sujet qui se sait en devenir et tourné vers sa propre croissance, et par conséquent désir de vivre ma profession en conformité avec ce que je suis devenu à chaque étape. Parallèlement, il y a le désir d'apporter ma contribution par un savoir-faire en croissance continue. Il y a d'ailleurs l'attente discrète, mais bien réelle, d'un retour positif sur ma pratique : assister aux progrès des patients, voire à la guérison, serait-elle relative ou partielle, cela me comble de bonheur. Je n'en attends pas de reconnaissance, ne me percevant que comme simple artisan (c'est bien le patient qui fait l'essentiel du travail !).

– Tu as employé le mot « bonheur », en te disant « comblé de bonheur ». S'agit-il du bonheur ou plutôt de la joie ?

– Exact, c'est bien de la joie, puisque je ressens la satisfaction de mon désir. Pour moi, le bonheur est quelque chose de plus subtil qu'un ressenti passager, c'est une plénitude et une paix intérieure qui s'installent et qui révèlent ce pour quoi je suis né : vivre en conformité avec ce que je suis, avec mes convictions, mon éthique, et bien sûr mes désirs s'ils se révèlent compatibles. C'est après ce « petit bonheur » que je cours depuis le début. C'est une succession de transhumances, et ça ne s'arrête jamais.

— Puisse chacun de nous vivre ainsi ses transhumances !

La petite princesse à l'armure trop grande.
Carmen Tagan

Introduction

L'étude de cas que je vais présenter dans ce chapitre est l'histoire de la première psychothérapie que j'ai faite en travaillant dans un centre de consultation pour les étudiants d'une université suisse. La situation d'Aicha a fait l'objet de plusieurs supervisions et d'un mémoire de fin de cursus de formation en systémique. J'ai choisi de présenter cette situation, car le processus a été complet et source de plusieurs questionnements et réflexions par rapport au développement de mon identité de psychothérapeute.

Afin de présenter ce processus, je vais commencer par situer Aicha à travers son anamnèse, puis l'analyse de sa demande de consultation et le champ thérapeutique qui a été mis en place. Je poursuivrai par le cadre de la prise en charge. Afin de partager le processus de cette thérapie, j'ai choisi de le présenter de façon thématique, par souci de clarté car, comme nous le verrons, certaines problématiques sont imbriquées les unes dans les autres et il y aura parfois des rappels ou des précisions par cohérence du récit. Je présenterai alors en premier lieu l'allégation en parlant de sa relation de couple et de son estime d'elle, puis ce que j'ai jugé être sa demande cachée à travers le traumatisme familial, la parentification et le deuil. Lorsque j'aborderai ces thématiques, j'expliquerai les éléments du suivi thérapeutique, ainsi que mes hypothèses, les outils employés et l'apport des supervisions. Je terminerai par une discussion générale.

Anamnèse d'Aicha et sa famille

Au moment où elle consulte, Aicha est âgée de 28 ans, étudiante en première année de Master en médecine à l'université. Durant ce Master, elle est en stage dans plusieurs services différents et, en parallèle, elle a un travail administratif et fait des veilles dans un foyer.

Elle est la deuxième d'une fratrie de trois enfants. Sa grande sœur est juriste, a 32 ans et est mariée, sans enfant. Son petit frère, chauffeur poids lourds, s'est suicidé quatre mois auparavant, à l'âge de 24 ans. Il avait fait, une année plus tôt, une tentative de suicide par prise de médicaments et s'était fait hospitaliser deux jours. Il avait écrit une lettre d'adieu que sa mère a gardée sans la montrer. L'année de son décès, il se sépare de sa compagne et, par peur d'une dénonciation qu'elle aurait pu faire à la police (Aicha n'en connaît pas le motif exact), il se suicide en jetant sa voiture dans un col en montagne.

Les parents d'Aicha sont divorcés depuis 2003. Son père a 66 ans ; d'origine italienne, il vit en Suisse depuis les années 1970 et est ouvrier pour une compagnie ferroviaire. Sa mère a 54 ans, elle est d'origine marocaine et travaille comme femme de ménage. Elle est arrivée en Suisse en 1981 avec son époux pour fonder sa famille. Les trois enfants du couple sont nés en Suisse et ont vécu dans la maison familiale où vivait la mère de Monsieur.

Je n'ai malheureusement pas obtenu plus de détails sur les familles d'origine, car Aicha entretient peu de liens avec elles, elle dit bien s'entendre avec sa famille du Maroc mais ne se sent pas lui appartenir. Aicha a des liens sporadiques avec son père depuis la séparation des parents. Ceux-ci avaient des relations conflictuelles empreintes de violence verbale de Monsieur vis-à-vis de son épouse. Il menaçait de la tuer et de se suicider. Il pouvait passer, selon sa fille, des mois sans parler à sa femme et ses enfants. Ses propos étaient violents, mais il n'employait pas de violences physiques car celles-ci laissent des traces, qui auraient servi de preuves si une dénonciation à la police avait été faite. Aicha a grandi dans cette ambiance lourde, avec un père qui ne lui a jamais dit qu'il l'aimait et donnait très peu de marques d'affection. Il lui est arrivé d'intervenir pour protéger sa mère en s'interposant entre ses parents. La nuit, elle restait même souvent éveillée pour écouter les bruits et pouvoir intervenir et défendre sa mère. C'est d'ailleurs sous l'impulsion d'Aicha que sa mère a quitté son mari et la maison.

Pour ma part, je me suis demandé si cette négation de violence physique, tout en admettant d'avoir dû s'interposer entre ses parents, n'était pas un signe de l'inévitable loyauté d'Aicha envers eux.

En effet il est plus facile de minimiser et dire que la violence n'était que verbale, car il est difficile pour une enfant parentifiée d'être déloyale à sa famille.

Aicha entretient plus de liens avec sa mère et sa sœur, bien que les relations avec sa mère soient perçues comme compliquées car elles sont à la fois proches et conflictuelles. Elle a beaucoup d'amis à qui elle se confie, ce qui est difficile à accepter pour sa famille.

Aicha est en couple avec José depuis deux ans et vit avec lui au moment où elle consulte. Elle décrit leur relation comme compliquée et malsaine. En effet, cette relation est forte et fait souffrir Aicha qui n'arrive pas à le quitter très longtemps, car il la convainc après chaque rupture de se remettre ensemble. Il est décrit comme égocentrique, fumeur de joints, instable au travail et dans ses relations. Il a des comportements très démonstratifs (par exemple, se casser un objet sur la tête ou se planter un couteau dans le ventre) et menace de se suicider. Ces menaces inquiètent Aicha, car son frère s'est suicidé quelques mois plus tôt et elle ne sait plus si elle doit le croire ou non. Ces éléments d'emprise font qu'il est difficile pour elle de le quitter.

Analyse de la demande et champ thérapeutique

Pour présenter l'analyse de la demande d'Aicha, je me baserai sur la conceptualisation de Neuburger (2003) qui distingue allégation et demande cachée. En effet, Neuburger suggère que le patient consulte pour un motif ou une plainte objective et fait une demande d'aide isolée, une allégation, mais qui cache une autre demande de changement. Il nomme celle-ci la demande cachée, et elle renvoie à un souhait de changement dont le patient n'est pas forcément conscient. Il arrive, par exemple, qu'une personne se présente et consulte pour traiter un symptôme ou résoudre une problématique générale ou personnelle (allégation), mais qui apparaît être en lien avec un dysfonctionnement plus général et souvent familial à résoudre (demande cachée). Dans notre cas, Aicha décide d'entreprendre seule un suivi suite à une rupture amoureuse et aux questionnements que celle-ci suscite en elle. Elle dit vouloir comprendre ce qui se passe dans ses relations de couple. Dans le cas de sa dernière relation, elle aimerait comprendre pourquoi elle a « mal au cœur » pour son ex-copain et mettre du sens sur ses deux dernières années de vie de couple, qu'elle décrit comme « bizarres » et « malsaines ». Par ailleurs, elle pense également manquer de confiance en elle et d'estime de soi et souhaiterait pouvoir travailler ces éléments.

Cependant, en ce qui concerne la demande cachée, nous ferons l'hypothèse, après quelques séances, que ce qui l'amène à consulter également est le fait que la rupture amoureuse et le deuil qu'elle implique ont ravivé un deuil qui semblait non résolu ou difficile à faire au niveau de la famille, à savoir celui du frère suicidé quatre mois auparavant.

En ce qui concerne le champ thérapeutique et les objectifs de la thérapie, ils se sont co-construits au cours de nos séances. En effet, nous avons travaillé sur sa relation de couple, l'estime qu'elle avait d'elle-même, ainsi que sur le deuil de son frère. Ces problématiques ont été traitées tout au long de nos entretiens, avec comme objectif final de répondre aux demandes d'aide d'Aicha. J'ai pris le parti d'accueillir ce qu'elle désirait amener en séance et de travailler ces éléments-là, tout en gardant à l'esprit nos objectifs finaux. Nous avons abouti, après un an et demi de suivi, à ce qu'elle retrouve de la stabilité dans sa vie. Elle a pu poursuivre ses études, réussir ses examens et avoir une stabilité en vivant dans son propre appartement. Elle a également retrouvé une stabilité dans ses relations amoureuses en quittant José, et familiales en commençant le deuil de son frère. Le contenu des séances dépendait de ce qu'Aicha souhaitait aborder, ainsi que des questionnements que j'avais développés en dehors des entretiens et lors des supervisions. C'est comme cela que nous avons co-construit ce suivi, à son rythme.

Un autre élément important dans l'analyse de la demande est de connaître comment se sont déroulées les prises en charge antérieures ou quelles personnes ont référé le patient à un thérapeute (Tilmans-Ostyn, 1987). Dans le cas d'Aicha, au début de ses études de médecine, elle rapporte manquer d'énergie et consulte un psychiatre qui la voit trois fois par semaine. Cela ne lui convient pas et elle teste ensuite la méthode Grinberg, méthode thérapeutique orientée sur le corps, la réflexologie et la circulation d'énergie. Cela lui a permis de débloquer certains traumatismes de son enfance, elle est alors moins négative et a plus d'énergie. Avec du recul, je me rends compte que j'aurais pu investiguer davantage ces éléments-là. Je me suis contentée du fait que, pour notre thérapie, il était important pour elle que nous interagissions et que je lui pose des questions. Un autre élément, qui après coup me semble pertinent, c'est la fréquence de nos séances, car trois fois par semaine, comme proposé par le psychiatre qui l'a vue, était trop pour elle. En nous rencontrant deux fois par mois, comme nous allons le voir, je lui ai laissé l'autonomie nécessaire à son épanouissement personnel.

Cadre de la prise en charge

Comme j'ai dit précédemment, Aicha vient consulter au centre de consultation pour les étudiants de l'université. Etant étudiante, elle peut être prise en charge dans ce centre, où les psychologues stagiaires voient les patients une ou plusieurs fois, puis les orientent vers les psychologues en formation à la psychothérapie. C'est dans ce cadre-là que je l'ai rencontrée un mois de novembre.

J'ai également pu bénéficier d'une supervision de groupe une fois par mois pour parler de cette situation, ainsi que de la supervision de la formation.

La fréquence des entretiens que nous avons établie ensemble avec Aicha était d'une à deux fois par mois durant une année, puis la dernière séance de bilan quelques mois après. Cette fréquence a permis de laisser un laps de temps entre les séances permettant à Aicha d'intégrer ce dont nous avions parlé et d'avancer à son rythme.

Etant donné la demande d'Aicha, nous avons mis en place un setting individuel (psychothérapie individuelle d'orientation systémique, PIOS ; Vaudan, Tripet, Corboz-Warnery et Duruz, 2009). Cette approche permet d'employer des outils systémiques et une réflexion autour du système familial en ayant accès à un seul membre. Vaudan et ses collègues citent par exemple Jenkins et Asen (1992) qui soulignent que « la thérapie systémique n'est pas fonction du nombre de personnes vues, mais du cadre théorique qui détermine ce que fait le thérapeute ». Vu les indications proposées pour ce type de thérapie, Aicha correspondait à plusieurs critères. Par exemple, elle vient me voir pour comprendre sa relation amoureuse (l'allégation Neuburger, 2003) et la gestion du deuil de son frère (la demande cachée). Ces deux éléments font partie des indications proposées par Vaudan *et al.* (2009). De plus, dans l'ouvrage de Boscolo et Bertrando (1996), ces derniers font référence à une longue thérapie brève : brève, car le nombre de séances est limité à 20 ; et longue, car ces séances sont étendues dans le temps, toutes les deux à quatre semaines au cours d'une année ou plus. C'est également une longue thérapie brève que j'ai menée avec Aicha, car nous avons fait 20 séances en une année, avec une fréquence variant de 2 à 6 semaines entre nos séances. Ce laps de temps a permis, selon moi, à Aicha d'expérimenter, digérer, réfléchir et intégrer les contenus abordés. Cela lui a permis également de faire siennes certaines propositions que je lui avais faites, comme les lettres thérapeutiques qu'elle a écrites et dont je reparlerai plus tard.

Processus thérapeutique

Je vais partager cette section en plusieurs parties. D'abord je vais parler de l'allégation d'Aicha à consulter en reprenant les éléments concernant sa relation de couple et son estime d'elle-même. Puis je prendrai les éléments que j'ai jugés être sa demande cachée et qui sont les questions du traumatisme familial, de la parentification et du deuil de son frère. Comme déjà mentionné, certaines problématiques sont liées les unes aux autres et, par souci de clarté du discours, certains éléments sont rappelés afin de comprendre la chronologie du suivi. Car, par exemple, la relation de couple et le deuil sont liés et abordés tout au long de la thérapie.

Dans chaque partie, je vais apporter quelques éléments théoriques permettant de situer la situation, puis je vais préciser brièvement ce qui s'est passé dans le suivi et j'expliquerai mes hypothèses et les outils employés, ainsi que l'apport de la supervision.

La relation de couple

La relation qui s'est installée entre Aicha et José est une relation d'emprise. J'ai pu mettre en avant cet élément et en parler avec Aicha à plusieurs reprises. De plus, je lui ai proposé la lecture de l'ouvrage « Femmes sous emprise » de Marie-France Hirigoyen (2005). La vision de cet auteur n'est pas circulaire, mais m'a permis de comprendre le concept d'emprise. Et comme elle le précise, l'emprise peut passer par plusieurs sortes de violences et notamment psychologiques. C'est une violence sans coup, mais qui arrive à détruire l'autre. Ce sont des attitudes et des mots qui dénigrent le partenaire et qui nient la façon d'être de l'autre. Le but est de déstabiliser et de blesser le conjoint. La violence psychologique comprend plusieurs éléments tels que le contrôle (possession de l'autre), l'isolement (du réseau familial, amical et social et peu à peu aussi du travail), la jalousie pathologique, le harcèlement (souvent après la séparation), le dénigrement, les critiques sur le physique, les humiliations (rabaisser et ridiculiser), les actes d'intimidation, l'indifférence aux demandes affectives et les menaces (par exemple les menaces au suicide).

Processus :

La relation de couple qu'Aicha vivait avec José a été l'allégation qui l'a fait consulter. En effet, dès le premier entretien et tout au long de la thérapie cela a été un sujet de discussion récurrent. Sa demande première était de comprendre cette relation et aussi, petit à petit, d'arriver à quitter cet homme avec qui elle a passé deux ans et vécu dans deux appartements. Assez rapidement, elle me raconte certaines scènes qui se sont déroulées entre eux. Par exemple, au premier entretien, elle me raconte qu'il lui a fait une scène de jalousie, qu'il s'est cassé un cendrier sur la tête et qu'il menace de se suicider. Ces menaces l'inquiètent car son frère s'est suicidé quelques mois plus tôt et elle ne sait plus si elle doit le croire ou non. Elle appelle l'ambulance et la police et il finit par être hospitalisé. Ces deux semaines sans lui font du bien à Aicha. A son retour, il s'excuse de son comportement. Cependant, Aicha décide de ne plus vivre avec lui et ira habiter à divers endroits en Suisse Romande : chez sa mère, ainsi que chez des amies et sur son lieu de travail où elle fait des veilles.

Lors de la supervision qui suit le premier entretien, je parle de l'impression que j'ai d'être devant un film d'action quand elle me parle de tout ce qu'a fait José. Nous réfléchissons à la fascination que j'ai eue et qu'elle a pour lui. Un élément m'est resté en tête et qui sera abordé avec Aicha dans des entretiens ultérieurs, c'est le fait que cette sidération peut être vue comme une stratégie d'emprise. Cette supervision me permet alors de prendre un peu de recul face au discours de Aicha.

L'entretien suivant commence avec les détails d'une dispute avec José, où il se plante un couteau et l'ambulance vient le chercher. Et suite à cet entretien, j'identifie un fonctionnement circulaire dans son couple, qui fait que chacun joue ensemble à un jeu qui les ramène l'un vers l'autre. Je lui verbalise le fonctionnement suivant, où elle se reconnaît :

José ne va pas bien ⇒ *Aicha a beaucoup de peine pour lui quand il va mal* ⇒ *Il a besoin d'elle et qu'elle l'aide* ⇒ *Elle s'en occupe pour se sentir utile* ⇒ *Il va mieux* ⇒ *Elle ne le supporte plus* ⇒ *Il n'a plus besoin d'elle* ⇒ *Il la quitte* ⇒ *Il ne va pas bien* ⇒...*

Fin janvier, elle me fait part d'une bagarre entre José et un ami lors du Nouvel An. Elle se sent coincée car elle n'arrive pas encore à relouer l'appartement où elle vivait avec lui. Elle souhaite le quitter et argumente ce choix. En effet, elle se rend compte que José est malade et qu'elle s'épuise à essayer de l'aider, alors que lui reste passif. Ensuite, elle me raconte qu'elle s'est mise dans cette relation car elle a peur des hommes, qu'elle ne se sent pas aimable (être aimée) et que pour être aimable, il faut être utile. Nous revoyons donc là un des éléments de son fonctionnement circulaire : elle a besoin de l'aider pour se sentir utile.

Un autre pôle concernant sa relation avec José et qui commence à émerger après quelques entretiens, c'est le lien fort entre la relation amoureuse qu'elle n'arrive pas à quitter et la culpabilité de ne pas avoir aidé son frère car José lui prenait trop de temps. Ces deux relations vont accompagner toute notre thérapie, car le deuil de son frère n'a pas pu débuter et elle n'arrive pas à mettre un terme à cette relation amoureuse, comme si ces deux processus étaient liés et que finir la relation sentimentale lui permettrait d'accepter la mort de son frère et de faire le deuil de ces deux hommes.

Lors du cinquième entretien, elle me rapporte qu'elle se sent plus coupable qu'avant car elle a l'impression qu'elle a laissé tomber son frère et elle en veut à José de l'avoir monopolisée. Elle dit aussi qu'elle veut le quitter mais qu'elle n'y arrive pas, car il dit alors qu'il veut se suicider et elle reste pour l'aider. Je clarifie aussi avec elle que le choix de quitter José lui appartient et que ce sera à elle, et non à moi, d'en assumer les conséquences. Elle doit se positionner et faire ses choix, car à plusieurs reprises elle demande des conseils à ses amies, à sa famille et à moi parce qu'il est difficile pour elle de prendre des décisions. Cette difficulté à prendre des décisions est également une problématique récurrente. Elle apparaîtra dès le 6ème entretien quand il s'agira de quitter José, de choisir les stages pour son Master ou de choisir un logement.

À mi-parcours, Aicha rencontre un homme, qui lui fait oublier José pour un temps. Il ne veut pas de relation sérieuse, mais Aicha dit s'attacher vite. C'est une relation qui lui fait du bien, car il est gentil, s'intéresse à elle, l'écoute et est autonome. Il la pousse à être elle-même, mais elle a peur qu'on se moque d'elle et qu'on la rejette comme José. C'est ce qu'il lui fallait, sinon José aurait eu une chance, car il l'a rappelée pour lui dire qu'elle était la femme de sa vie. José souhaite se remettre avec elle et fait beaucoup d'efforts, selon lui, alors que pour elle rien n'a changé. Elle souhaite lui écrire une lettre. Puis je lui soumets l'hypothèse qu'il exerce une relation d'emprise sur elle en dénigrant son physique et ses compétences intellectuelles alors qu'elle réussit brillamment ses études et qu'elle est désirable pour les hommes. Elle me dit se sentir mieux depuis qu'elle n'est plus avec lui et que de lui parler au téléphone lui prend beaucoup d'énergie.

Lors de l'entretien suivant, elle est en colère contre José et se sent légitime de l'être, car par le passé il l'a trompée, l'a rabaissée et elle ne tolère plus qu'il mette la faute sur elle. Elle me dit alors qu'elle a voulu lui écrire une lettre, mais cela l'a fatiguée et c'était « chiant », dit-elle, car elle s'est justifiée, s'est trouvée fausse et s'est demandé face à qui elle devait se justifier. Puis elle écrit une autre lettre où elle est en colère, car elle était à son écoute, a joué la maman et s'est écrasée pour lui faire plaisir. Elle a l'impression qu'elle doit s'écraser pour se faire aimer. Cette deuxième lettre lui a fait du bien car elle était juste. Elle aimerait que l'histoire avec José se termine, mais il continue à maintenir un lien. En fin de séance, elle dit voir ses ressources et se sentir capable et qu'elle est appréciée par beaucoup de monde. Je lui propose de lire le livre de Hirigoyen et elle souhaite le faire. Dans cette séance, à travers les lettres qu'elle a écrites pour José, elle reprend la proposition que je lui avais faite à la deuxième séance quand je lui ai suggéré d'écrire une lettre thérapeutique à son frère. Elle a modifié l'outil et se l'est réapproprié. En faisant cela, elle a pu exprimer sa colère contre José et s'ouvrir émotionnellement.

Lors de la supervision, le superviseur me propose de reparler avec Aicha du contenu du livre afin de relativiser les choses et de voir ce qui a correspondu à sa situation ou non, avec le risque qu'elle attribue beaucoup de choses à José car elle est en conflit avec lui. Nous voyons aussi la lettre à José comme un déplacement, car ce n'est pas encore le moment pour elle de parler de son frère et de faire la lettre thérapeutique comme je le lui ai proposé en début de thérapie.

À l'entretien qui suit cette supervision, elle est fâchée contre l'homme qu'elle a rencontré car ils se voient peu et elle est jalouse que son ex-femme le voie. Elle veut être une femme avec lui, le séduire et l'attirer, avoir un autre rôle que celui de la maman. En d'autres termes, Aicha souhaite être sexuée dans le regard de l'autre pour exister en tant que femme (Neuburger, 2008) et non avec un rôle de maman, comme elle a eu jusqu'à présent avec José. Puis nous parlons du livre, elle dit ne pas se reconnaître car elle est consciente que José est abusif et elle lui a trouvé des justificatifs. Elle se dit fière d'être maîtresse à bord et qu'elle a accepté sa violence et la mauvaise image d'elle, car avant José, elle pensait pouvoir plaire. J'ai l'impression qu'elle reprend maintenant ce contrôle en étant sortie de la relation, elle peut mieux comprendre ce qui s'y passait et le rôle de chacun.

Au 18ème entretien, elle se demande aussi pourquoi José avait tous les droits et qu'elle renonçait à sa vie lorsqu'ils étaient en couple. Par cette réflexion, je peux constater qu'elle se positionne et s'affirme, elle ne veut plus laisser à José autant de pouvoir d'influence sur sa vie. Cette colère s'exprime plus facilement. Et elle a refusé ses avances car il essayait de la reconquérir pour revenir dans sa vie, mais elle veut être cohérente avec elle-même et, si elle l'a quitté, ce n'est pas pour lui laisser une autre chance, dit-elle.

Lors de l'avant-dernier entretien, qui nous sert de première partie de bilan, elle me dit que la relation avec José est bien finie et que cela contribue à son bien-être, car elle ne pouvait pas jouer le rôle de psy, copine et maman pour lui. Pour le moment, elle ne veut pas rencontrer d'autres hommes, elle dit vouloir prendre le temps de se laisser vivre et de s'affirmer dans ses choix. Et au dernier entretien, elle s'est rendu compte des dysfonctions de José et a pu prendre de la distance. Elle a eu des nouvelles de lui, c'est sa mère qui s'en occupe et il est en attente pour une aide de l'Assurance Invalidité (AI). Elle ne veut pas être avec un homme à l'AI et elle a réussi à mettre ses limites par rapport à lui.

Hypothèses :

L'hypothèse concernant la relation de couple d'Aicha était teintée de deux choses, tout d'abord une relation circulaire où chacun jouait un rôle pour que la relation se perpétue, et une relation d'emprise où José était l'empriseur et Aicha la femme sous emprise.

José dénigrait les compétences et le physique d'Aicha. Il la comparait à son ex-copine qui était parfaite alors qu'Aicha avait un physique ingrat, selon lui. Hirigoyen (2005) explique également que l'emprise est une manière d'être en relation et que l'autre est considéré comme un objet. C'est, selon moi, ce que José faisait avec Aicha, qui devait être à sa disposition pour l'aider à aller mieux. Il la considérait comme sa chose.

Outils :

Les outils plus spécifiques que j'ai pu employer dans le cas de la relation de couple d'Aicha ont été les suivants. Dans une démarche réflexive, il m'arrivait de verbaliser certaines hypothèses afin d'amener du matériel de réflexion et de continuer à co-construire la suite de nos raisonnements.

Cela a été le cas par exemple pour la relation d'emprise, nous avons pu nommer ce qui se passait dans cette relation et quelles étaient les violences psychologiques qu'elle subissait. Elle a lu le livre et nous en avons parlé ensemble. Et comme le préconise Hirigoyen (2005), elle a pu quitter cette relation malsaine.

Nous avons également explicité le fonctionnement circulaire dans sa relation de couple. Cela a permis de se rendre compte que chacun jouait une partie de ce jeu et qu'il était possible de stopper ce schéma et de commencer à en sortir une fois qu'il était conscient.

L'estime de soi et la parentification

La basse estime de soi est un symptôme qui peut être présent dans différentes problématiques. Par exemple, lors du processus de parentification (Boszormenyi-Nagy et Krasner, 1986), l'enfant a toujours voulu satisfaire les besoins des autres et il n'a jamais pris le temps de s'interroger sur ses propres besoins. Il est ainsi difficile de faire des choix pour soi et donc de se définir clairement en tant qu'individu et de développer une image pour soi cohérente. De plus, Le Goff (2005) reprend la définition de Boszormenyi-Nagy et Krasner (1986) qui parlent de la parentification comme d'une non-reconnaissance de la contribution de ce que fait l'enfant pour la famille et cela est destructeur car on le prive de son droit d'être un enfant. Le Goff rappelle également les rôles de soignant, de bouc émissaire et d'enfant trop sage et ne posant pas de problèmes, décrits par Boszormenyi-Nagy et Sparks (1973), ou des fonctions telles qu'intermédiaire ou médiateur, étudiées par Zuk (1966). D'autres auteurs (Valleau, Bergner et Horton, 1995) montrent que la parentification peut avoir un rôle sur le style relationnel de l'adulte et en pousser certains à endosser ce rôle de soignant et à développer une personnalité centrée sur le soin et la sollicitude, avec, comme l'appelle Bowlby (1969), une compulsion à donner. De plus, pour Jurkovic (1999), la parentification a deux fonctions dans le système familial : une fonction émotionnelle avec des éléments de médiation, de confiance et de soutien moral, et une fonction instrumentale avec des tâches concrètes comme prendre soin d'un parent malade, les tâches ménagères et les contacts avec l'extérieur. Tous ces éléments non reconnus de la parentification peuvent mener l'enfant à une certaine souffrance pouvant s'exprimer sous forme d'anxiété, de culpabilité, d'une faible estime de soi, de méfiance dans les relations, de sentiments dépressifs et de honte.

En plus de cela, nous avons vu également avec la relation d'emprise (Hirigoyen, 2005) que le fait qu'Aicha soit dénigrée par son copain ne lui permettait pas de développer une bonne image d'elle.

Processus :

Dès le premier entretien, Aicha me dit qu'elle a un manque d'estime d'elle-même. Elle sera d'ailleurs souvent dans le dénigrement de son physique et de ses compétences. Par exemple, elle reprend les mots de José qui trouve son physique ingrat ou qui la trouve incapable, ce qui la pousse à douter d'elle-même et de ses résultats académiques. La preuve en est que de session en session Aicha réussit tous ses examens, et ce brillamment. De plus, elle dit ne pas pouvoir séduire à cause de son physique et rencontre un homme lors de notre suivi.

Un autre élément est la difficulté qu'elle a à s'intégrer avec ses pairs à l'université et ce malaise sera présent tout au long de la thérapie. Nous notons, au fur et à mesure du suivi, qu'elle va être capable de prendre des décisions sur les lieux de stage dans lesquels elle souhaite aller pour sa dernière année et aussi de s'intégrer parmi ses collègues en prenant la parole en cours, en répondant aux questions des professeurs et en faisant de brillants exposés pour ses séminaires. De plus, le choix de ses études de médecine a été un challenge pour prouver qu'elle pouvait arriver à faire quelque chose d'important et elle ira au bout pour ne pas décevoir sa mère.

Assez rapidement au cours du suivi, quand Aicha me parle de ce qui se passait à la maison et de son rôle, alors je pense qu'elle a été une enfant parentifiée. En effet, elle me dit qu'elle s'interposait entre ses parents afin de les séparer et qu'ils ne se fassent pas de mal. Plus tard, elle me racontera qu'elle a toujours été une petite adulte avec des responsabilités : à l'école par exemple, si la maîtresse quittait brièvement la classe, elle demandait à Aicha de surveiller ses camarades. A un autre moment du suivi, quand elle m'explique avec plus de détails comment cela se passait entre ses parents quand elle était petite, je lui demande si ce climat difficile lui a appris quelque chose et elle me répond : sa capacité d'adaptation et le fait d'arriver à déchiffrer les expressions des autres.

De manière générale, elle dit qu'elle ne sait pas qui elle veut être et qu'elle ne sait pas prendre sa place. Ces éléments me font aussi penser à de la parentification. Elle se dénigre également beaucoup physiquement en disant que personne ne peut tomber amoureux d'elle, car elle n'est, selon ses dires, que gentille, adéquate, serviable, une bonne maman et marrante. Elle se décrit comme une tête pensante sur un corps qu'elle n'aime pas. Elle ne se trouve pas attirante ou séduisante. La mauvaise image d'elle est également liée au discours que José avait sur elle. Il la dénigrait beaucoup physiquement et intellectuellement, son estime de soi a énormément baissé depuis qu'elle est sortie avec lui. Elle souhaite se reprendre en main, car son corps est ingrat et on ne peut tomber amoureux que de son esprit, selon elle.

La 9ème séance va tourner autour de la dévalorisation de ses études et de ses compétences, elle dit se subir elle-même et me rapporte plusieurs symptômes dépressifs (tristesse, fatigue, difficulté à se lever, manque d'appétit, anhédonie et parfois un peu d'anxiété le soir avant de dormir). Puis nous parlons de sa santé, car elle me dit fumer beaucoup et avoir mal aux poumons depuis des années, ne jamais avoir été faire contrôler cela et ne pas avoir vu un gynécologue depuis six ans. Je me demande si ce n'est pas un comportement ordalique, comme si elle et sa santé n'en valaient pas la peine, et si ce n'est pas une autre manière de ne pas tenir compte de ses besoins. Puis elle me dit qu'elle « baratine » ses amis pour qu'ils se soignent et, durant cet entretien, c'est moi qui le fais en lui proposant de voir les médecins pour les contrôles qu'elle n'a pas faits depuis longtemps.

Au 14ème entretien, elle est dans la plainte et la dévalorisation, son estime d'elle est inexistante, elle a pris du poids, elle fume trop et voudrait arrêter. Il lui faut un déclic pour prendre soin d'elle. J'ai pris peu de notes durant cet entretien et j'ai beaucoup accueilli ses plaintes. Avec du recul, je me demande si le fait d'être dans l'accueil inconditionnel d'elle et de ce qu'elle amenait, comme ses plaintes, n'a pas été un outil ou en tout cas une manière d'être qui a été thérapeutique pour elle.

Vers la fin de la thérapie, Aicha veut investir du temps pour prendre soin d'elle et doit définir plus précisément ce que cela veut dire, car elle en a « marre d'être la mère Teresa du coin ». Elle souhaite se connaître, comprendre ce qu'elle veut et arrêter de faire les choses pour faire plaisir. Plus la séance avance, plus elle arrive à prendre position et définir ce qu'elle veut. Elle dit même qu'elle veut reconnaître ses émotions, qu'elle est fatiguée et qu'elle en a le droit et donc d'être à l'écoute de soi. Je lui propose alors un petit exercice : qu'elle me décrive ce qu'elle ressent dans son corps. Elle me parle de tensions dans les épaules et le cou. Nous mettons en relation ces tensions avec le sentiment de colère. Puis elle me dit se sentir pleine d'excitation et qu'elle tasse tout cela car elle ne sait pas quoi faire de ces ressentis et émotions. Elle me dit ensuite qu'elle ne peut pas fonctionner avec les émotions car elle est impulsive et colérique quand elle les écoute. J'ai l'image de la chaudière que je partage avec elle, ou d'un animal à apprivoiser comme un chien, et pour elle ses émotions sont comme un léopard. Elle a mis un gros couvercle sur elles et a appris à fonctionner comme cela. Je la questionne sur le fait d'intégrer ces émotions au lieu de les réprimer.

Un dernier élément qui a également été présent tout au long de la thérapie a été la difficulté d'Aicha à être stable au niveau de son habitation (elle m'a dit avoir déménagé onze fois en dix ans). Au début de la thérapie, elle vit avec José, mais veut le quitter et décide de partir. Elle vit alors soit chez sa mère, soit chez des amies en Suisse Romande, ou alors elle dort dans l'institution où elle fait ses veilles. Ces voyages la fatiguent beaucoup. Arrivera le moment où elle réussit à obtenir une bourse pour ses études et avoir un petit studio proche de l'université. A partir de là, elle pourra avoir plus de stabilité et de temps pour penser à elle et faire des choses pour elle, comme par exemple se couper les cheveux et prendre du temps pour ses révisions.

Hypothèses :

J'ai eu l'hypothèse qu'Aicha avait été une enfant parentifiée. En effet, elle m'a dit à plusieurs reprises qu'elle était une petite adulte et s'était également donné comme tâche de défendre sa mère des attaques de son père, ainsi que d'être un modèle de couple pour son frère, car ses parents ne l'ont pas fait. Elle a alors pris un rôle d'adulte qui ne lui incombait pas forcément. Un autre élément a aussi attiré mon attention, c'est le fait que faire des choix est pour elle extrêmement difficile. En effet, l'enfant parentifié sait très bien identifier les besoins des autres, mais n'a jamais pris de temps pour vivre sa vie d'enfant et se demander ce qu'il aime et ce dont il a besoin. Et cela a été le cas pour Aicha, nous pouvons le voir quand elle me dit qu'elle a appris à s'adapter et à déchiffrer les expressions des autres. De plus, à travers son rôle d'aidante de la famille et de la société (elle étudie la médecine pour avoir la possibilité de venir en aide aux gens, me dit-elle), elle continue à jouer ce rôle de personne parentifiée et à avoir des responsabilités importantes.

J'ai également pensé au besoin d'exister (Neuburger, 2012) et de se faire exister à travers des conduites ordaliques (ne pas consulter les médecins depuis de nombreuses années), car elle était en manque d'appartenance familiale. Elle a peu d'appartenances, mis à part son groupe d'amis, mais elle ne pouvait pas leur raconter toute la vérité quant à la relation avec José. Elle leur cachait certains éléments pour ne pas être critiquée et rejetée. Elle existait à travers son rôle d'aidante pour sa mère (elle l'incite à quitter la maison et son père violent), pour José et ses problèmes de dépendance au cannabis, ainsi que pour son frère et son mal-être qui l'a mené au suicide. Depuis que celui-ci est mort, c'est sa sœur qui se préoccupe plus d'Aicha et cela a tendance à l'étouffer et à l'infantiliser. C'est dur à accepter pour elle qui s'est toujours considérée comme une petite adulte. Sans José, elle ne peut plus non plus avoir son rôle d'aidante. Son groupe de pairs en médecine n'aura pas la fonction d'appartenance, car elle n'arrive pas à s'identifier aux autres étudiants. Elle se sent différente d'eux et elle a de la peine à s'intégrer. De plus, les symptômes dépressifs qu'elle a exprimés au cours de la thérapie m'ont également fait penser au manque d'appartenance et à son besoin d'exister car, comme l'explique Neuburger, ne plus avoir de sentiment d'appartenance fait que nous n'existons plus et que cela peut amener à un comportement dépressif.

Outils :

J'ai inventé un exercice sur les émotions et le ressenti corporel de ses émotions afin de les apprivoiser et de les reconnaître dans son corps. Je lui ai demandé de respirer calmement et de visualiser dans son corps ce qu'elle ressentait (des tensions, de la chaleur, des lourdeurs…). Ensuite, nous avons réfléchi ensemble à ce que l'on ressent dans son corps lorsque l'on éprouve différents sentiments ou émotions. Je lui ai proposé cet exercice car elle se décrivait comme une tête pensante sur un corps. Je voulais alors pouvoir rassembler le corps et la tête par cet exercice.

J'ai également employé à plusieurs reprises les métaphores et ici plus particulièrement celle de la chaudière, car elle réprime beaucoup ses émotions et met à distance tout ce qui est difficile pour elle, nous le verrons plus tard avec le deuil de son frère.

Pour la parentification, je n'ai pas employé d'outil précis, à part reconnaître qu'elle a joué un rôle important pour sa famille, mais qui était plus que ce qui était attendu pour quelqu'un de son âge. Cette reconnaissance aurait eu, selon moi, beaucoup plus d'impact si un membre de sa famille l'avait faite.

Le traumatisme familial

Comme le définit Neuburger (2005), le trauma est le produit d'une violence qui laisse des traces différentes chez chaque personne selon sa sensibilité. Ces traumatismes touchent donc à la dignité de la personne ou du groupe, ainsi qu'au mythe qui donnait vie au groupe et qui lui permet d'exister en tant que tel. Pour restaurer cette dignité et ce sentiment d'appartenance, Neuburger propose comme technique les 3R : reconnaître le traumatisme, re-mythifier la famille qui s'était jusqu'alors rassemblée autour de sentiments tels que la honte ou la culpabilité, et re-ritualiser afin de renforcer le sentiment d'appartenance au groupe. La culpabilité est parfois le vestige d'un traumatisme familial plus ancien et elle sert de prothèse mythique, car c'est la seule chose qu'il reste à transmettre dans certaines familles. De plus, dans les familles traumatisées, il y a un arrêt du temps et un grand pessimisme qui empêche d'avancer et de souffrir à nouveau, seuls sont admis les comportements réparateurs, comme par exemple les métiers dans les soins (infirmier, médecin…). Il parle également des conduites ordaliques comme d'une caractéristique de ces familles, comme une mise à l'épreuve pour surmonter un danger, légitimer son droit à exister en se faisant auto-exister à travers les épreuves.

Processus :

L'idée de cette hypothèse est venue tardivement dans nos séances lors d'une supervision avec Robert Neuburger. Il s'agit alors plutôt d'une reconstruction après coup d'éléments pouvant faire penser à cette hypothèse dans l'histoire familiale et personnelle d'Aicha. En effet, nous pouvons voir la relation de couple et le départ de la maman d'Aicha du foyer conjugal comme un premier traumatisme.

Comme Aicha me racontait l'ambiance entre ses parents, elle avait peur que son père fasse du mal à sa mère et qu'il devienne violent, alors elle s'interposait lors des altercations. Vivre dans cette ambiance familiale et voir les parents se déchirer a probablement été un trauma pour les enfants.

Un autre élément caractéristique des familles traumatisées est le sentiment de culpabilité et Aicha le répétait souvent en séance concernant son frère, car elle aurait voulu être un bon modèle de couple pour lui, lui offrir une enfance plus heureuse que celle qu'elle a eue, et aussi tout un pôle de culpabilité suite à son décès car elle aurait dû être là pour lui au lieu de s'occuper de José.

Ce qui m'amène au deuxième traumatisme qu'a subi la famille, qui a été le suicide de son frère. Cela a été très difficile pour tout le monde, sa mère a consulté un psychiatre et a pris des antidépresseurs pendant plusieurs mois, Aicha et sa sœur ont dû gérer l'enterrement car, selon les dires d'Aicha et comme nous le verrons plus tard, tout le monde ne pouvait pas s'écrouler d'un coup. La sœur et la mère d'Aicha étaient ensuite très préoccupées du fait qu'elle aille bien, ce qui devenait étouffant pour elle.

Un autre élément m'interroge beaucoup : il s'agit des conduites que j'ai jugées comme ordaliques de la part d'Aicha en ne consultant pas ses médecins, une manière de jouer avec sa santé. Etait-ce une manière de se faire exister, de légitimer son droit à la vie qui est une caractéristique des familles traumatisées ?

Le choix professionnel d'Aicha de faire médecine a également retenu mon attention, tout comme le métier de juriste de sa sœur, comme des moyens de réparer des éléments du traumatisme familial subi. De plus, Aicha souhaitait faire un stage dans l'Unité des femmes battues et j'ai relevé à ce moment-là ce choix comme une réparation des souffrances de sa mère, mais aussi de ce qu'elle a vécu avec José. Elle souhaitait donner de la force à ces femmes pour s'en sortir, comme elle l'a fait en proposant à sa mère de quitter son père.

Au niveau de la cohésion familiale, une année après le décès du frère, la maman décide d'arrêter son travail de femme de ménage et de prendre une boulangerie. Je vois cela comme un acte familial pour repartir de l'avant après le deuil, car le mari de sa sœur a trouvé le local, sa sœur s'est occupée des aspects administratifs et Aicha est venue pour aider à faire des travaux, à la décoration et à la vente avec sa mère une fois que tout était prêt. Cela me semble être le premier pas vers une cohésion familiale sans le frère d'Aicha. Ce pourrait être un premier pas avant un rituel familial, rituel que je n'ai pas proposé étant donné que je voyais Aicha seule. Le rituel que j'aurais pu proposer aurait été en rapport avec un hommage pour son frère, comme par exemple voir des photos de lui et raconter des anecdotes.

Hypothèses :

Comme mentionné tout à l'heure, cette hypothèse m'a été suggérée en supervision, la famille aurait subi un double traumatisme familial : un premier déjà durant l'enfance et l'adolescence d'Aicha avec les disputes entre ses parents et la séparation, puis un second avec le suicide de son frère. Cet ensemble d'hypothèses reste théorique, car je n'ai pas pu les confronter au réel de la vie familiale d'Aicha. Il m'a également manqué beaucoup d'éléments sur les générations précédentes, ce qui aurait permis d'affiner cette hypothèse ou d'en élaborer d'autres autour du traumatisme familial.

Outils :

Les outils que j'aurais pu employer ici sont les 3R suggérés par Neuburger (2005), à savoir reconnaître le traumatisme, re-mythifier et re-ritualiser. J'ai pu par exemple reconnaître la souffrance autour du deuil de son frère et reconnaître aussi ses difficultés dans sa relation de couple et familiale, ainsi que son rôle lors des conflits parentaux. Ces aspects auraient probablement eu un impact plus conséquent s'ils avaient eu lieu lors d'une thérapie de famille et été reconnus par les parents. De plus, les aspects de re-mythification et de re-ritualisation n'ont pas de sens en thérapie individuelle et devraient se faire en famille, car le mythe et le rite font référence à un groupe et non à un individu, voilà pourquoi je ne les ai pas abordés. Si j'avais voulu faire un travail autour de ces éléments-là en individuel, j'aurais pu travailler autour de certaines croyances individuelles, qui pourraient être vues comme le pendant des rites et des mythes collectifs.

Le deuil

Le deuil est une étape dans le cycle de vie d'une famille et il peut être source de souffrances. Comme le mentionne Goldbetter-Merinfeld (1998), le décès peut être effacé de la mémoire collective pour préserver l'équilibre psychique de chaque membre de la famille. Goldbeter-Merinfeld émet l'hypothèse que le symptôme qui fait consulter le patient détourne de la confrontation à une absence insupportable et que rien n'a été mis en place pour entamer le processus de deuil. Bowlby (1969) parle de quatre phases de deuil : l'engourdissement, le languissement (le manque), la désorganisation et le désespoir, ainsi que, finalement, la réorganisation. Kübler-Ross (1969) parle quant à elle des cinq étapes du deuil, qui sont : le déni, la colère, le marchandage ou négociation, la dépression et l'acceptation. Goldbeter-Merinfeld parle aussi de la nature de la mort et précise que le suicide peut susciter des sentiments intenses et contradictoires, tels que la culpabilité de ne pas avoir pu aider ou empêcher l'acte, ou la colère de ne pas avoir été considéré comme un bon interlocuteur, ou l'agressivité, ou encore un sentiment d'abandon. Des sentiments tels que la culpabilité, s'ils sont censurés, comme le mentionne Goldbeter-Merinfeld, peuvent être un obstacle à l'élaboration du deuil. Comme le précise Pereira Tercero (1998), le deuil est associé souvent à une seule personne, celle qui avait un lien plus proche ou significatif avec le défunt, et les autres membres ne peuvent pas exprimer ouvertement leurs sentiments ou leur besoin d'aide. Il est donc parfois difficile d'être légitimement en deuil.

Processus :

Comme déjà mentionné précédemment, lors du premier entretien Aicha m'évoque de manière très brève et détachée le suicide de son frère. Je pense alors que, soit en trois mois elle a pu faire le deuil de celui-ci, soit elle est dans le déni de ce qui est arrivé ou qu'elle est consciente, mais met à distance la part affective en lien avec ce suicide. La deuxième option m'est apparue comme plus plausible puisque Aicha évoque la mort de son frère de manière furtive et en même temps qu'un flot important d'informations en lien avec sa relation amoureuse avec José. Comme nous l'avons vu, ces deux relations vont accompagner toute notre thérapie et une partie de mes supervisions, car le deuil de son frère n'a pu débuter qu'au moment où elle a réussi à mettre un terme à sa relation de couple. Au deuxième entretien, Aicha me raconte que l'enterrement tel qu'il s'est déroulé et le fait d'aller au cimetière n'ont pas eu de sens pour elle et qu'elle se sent coupable de ne pas y être allée malgré la demande de sa mère. Je lui propose alors d'écrire une lettre thérapeutique pour son frère, avec l'idée de lui dire les choses qu'elle n'a pas pu lui confier. Cela me semblait être une idée appropriée vu les circonstances. Je verrai cependant au fil du temps de la thérapie que cette proposition est arrivée peut-être trop tôt. En effet, à l'entretien suivant, Aicha n'a pas écrit la lettre car elle préfère prendre le temps de le faire pendant les vacances de Noël. Elle a l'impression que cela finirait quelque chose et elle veut repousser l'au revoir. Il mérite d'avoir un vrai moment pour lui. Il y a encore ses affaires à ranger, elle pense que le processus de deuil n'a pas encore commencé et elle souhaite laisser cela de côté pour le moment. Je me rends alors compte que je dois m'adapter à son rythme et non imposer le mien.

Les séances suivantes tourneront autour de la culpabilité. En effet, elle se sent coupable d'avoir laissé tomber son frère pour s'occuper de José et elle en veut à son ex-copain de l'avoir monopolisée au lieu d'aider son frère. A ce moment-là, des sentiments forts commencent à émerger en séance, elle arrive à se mettre en colère contre José. Lors d'une autre séance, elle dit que sa culpabilité ne fera pas revenir son frère. Elle se sent coupable également d'avoir pris le parti de l'ex-copine de son frère, en lui disant de ne plus répondre à ses appels. Son frère s'est suicidé après avoir appelé son ex-copine car elle l'aurait dénoncé à la police. Il aurait eu peur et serait passé à l'acte pour ce motif. Ce ne sont que des suppositions d'Aicha, car elle décrit l'ex-copine comme une menteuse et une manipulatrice. Puis en fin de séance m'apparaît une métaphore que je lui verbalise. Je la vois comme une petite fille sensible et fragile dans une grande armure qui la protège. J'ai cette image car je la vois comme très fragilisée, tout comme quelqu'un qui se coupe énormément de ses émotions. Elle confirmera cette idée plus tard en le verbalisant, ainsi qu'en ajoutant ne pas savoir gérer ses émotions : ce qu'elle ne sait pas gérer, elle le met à distance et elle l'intellectualise beaucoup. Elle souhaite cependant changer cela et se couper moins de ce qu'elle ressent.

Lors de la supervision suivante, nous parlons de cette culpabilité et je dois la reconnaître et l'accepter plutôt que de trouver des arguments pour la déculpabiliser. Cela m'aidera par la suite à changer d'attitude et à accepter et accueillir ce qu'elle m'amène en séance plutôt que de trouver des solutions et faire des choses pour l'aider. Est-ce que sa recherche d'être infaillible n'est pas en résonance avec mon envie de bien faire les choses et de l'aider ?

Comme proposé lors d'une supervision, nous parlons plus précisément de l'enterrement et des représentations qu'elle a autour de la mort et des rituels funéraires. J'apprends qu'Aicha et sa sœur se sont occupées de tout car leur mère parle mal le français. Et selon elle, c'est moins difficile de perdre un frère qu'un fils. Cela me fait penser à la légitimité d'être en deuil qu'Aicha ne se pensait pas en droit d'avoir. En effet, tout le monde ne pouvait pas craquer en même temps, ce sont alors les deux sœurs qui se sont occupées de toute la logistique autour de l'enterrement.

Au 13ème entretien, Aicha me parle du projet familial de la boulangerie qui va prendre forme en août. Suite au décès de son frère, chacun a développé un besoin de vivre, comme une réaction à la mort, afin de donner du sens, m'explique-t-elle. Par exemple, sa sœur a gradé au travail et a des projets de maternité et sa mère va démissionner et travailler à la boulangerie. Aicha, quant à elle, a envie d'aller de l'avant mais quelque chose la retient, sans savoir quoi, ni quelle peur. Elle me dit qu'elle aimerait faire un tatouage en hommage à son frère et voudrait aller tagger un message sur les lieux du suicide en août. Mais pour le moment, elle met encore tout à distance car c'est encore difficile et douloureux.

La 15ème séance est importante dans le processus de la thérapie, car elle a pu me raconter en détail et avec beaucoup de colère le premier tentamen médicamenteux, puis la disparition de son frère, les recherches menées par la famille et des amis, ainsi que la police. Elle me décrit ensuite l'appel de la police et l'attente interminable avant qu'ils leur annoncent la mort de son frère. Puis, avec beaucoup de colère, elle me raconte comment les pompes funèbres se sont occupées de lui et les gags de très mauvais goûts qu'ils ont fait à Aicha quand elle a choisi le cercueil, ainsi que le fait qu'ils n'aient pas préparé dignement le corps. Elle me dit qu'à ce moment-là les larmes sont montées, mais qu'elle a tout bloqué pour pouvoir gérer. Elle raconte que la cérémonie d'enterrement était belle, mais qu'elle aurait voulu faire autre chose, qui ressemble plus à son frère. Ensuite les sentiments arrivent, elle se sent triste, en colère, révoltée et nulle, car elle l'a laissé se suicider. Elle me dit, finalement, que dans sa famille tous ont été inadéquats et que sa famille est nulle et qu'il est difficile d'avoir confiance en eux.

Entre les séances, j'imagine un petit acte symbolique ou rituel qu'elle pourrait faire étant donné que l'enterrement ne lui a pas convenu totalement. Mon idée était d'enterrer une voiture miniature avec un mot dedans, car elle aurait aimé qu'on enterre son frère dans sa voiture, dans un champ.

Le 16ème entretien se passe fin août, après ses vacances et après l'anniversaire de la mort de son frère. Elle n'a pas pu aller sur les lieux car elle n'avait ni le temps ni une voiture. Puis elle me dit qu'elle est très fâchée contre son frère et ce qu'il a fait, car cela a détruit sa mère et plus rien ne la rendra heureuse. Elle est prise entre la colère et la culpabilité et en a marre d'avoir un frère qui s'est suicidé. Et elle se dit qu'elle ne lui rend pas hommage en étant déprimée, ne pas arriver à se lever le matin et faire des projets. Je lui propose le rituel de la voiture. Elle se dit chiante car elle fait une liste de problèmes et n'accepte aucune proposition de changement.

Lors d'une supervision individuelle avec Robert Neuburger, je présente la situation d'Aicha et mes inquiétudes de la voir si déprimée. Il recadre la situation en me disant que son problème actuel est d'aller mieux et qu'elle a un passage à vide et un grand vide intérieur car elle n'a plus personne à aider. Elle se nourrit de ses problèmes et là elle est confrontée à un vide existentiel.

A l'entretien suivant, elle me dit que rien ne va et qu'elle n'arrive pas à se motiver pour ses cours. Je lui propose comme hypothèse qu'il lui faut des challenges (en suivant le recadrage de la supervision et l'idée qu'elle doit combler ce vide existentiel), ce qu'elle valide.

Lors de la supervision suivante, je fais part de ma difficulté avec elle de trouver des sujets de discussion, et le groupe me propose de commencer différemment mes entretiens en lui demandant quel est le sujet qu'elle souhaite aborder. Ainsi, je n'ai plus à porter la relation et lui donner des conseils ou la nourrir, c'est à elle d'être plus active et de travailler. Ce précieux conseil a fait que la dynamique des entretiens suivants a été différente.

Au 19ème entretien, elle me dit que la relation avec José est bien finie, que si elle avait été moins présente pour lui, elle aurait pu l'être plus pour son frère, et qu'elle a de la rage contre José qui l'a détournée de son frère. Elle fait donc d'elle-même le lien qui avait été suggéré en supervision concernant la relation avec son ex-copain qui la détourne des émotions et du deuil de son frère.

Au 20ème entretien, nous parlons du deuil de son frère et elle fait le bilan qu'il lui fallait du temps, car elle était dans le déni de sa mort au début et n'avait pas la disponibilité d'esprit pour y penser. Et maintenant, elle accepte qu'il soit mort et le temps qui passe l'aide à accepter. A Noël, elle est allée avec sa sœur et son mari voir la tombe de son frère. Je vois cela comme un rituel familial aidant à faire le deuil (Neuburger, 2005, 2ème R, re-ritualiser). Un début de bilan de notre suivi ayant été fait à cet entretien, je propose à Aicha que nous nous revoyions dans quelques mois pour pouvoir faire un bilan ensemble et peut-être nous dire au revoir.

En supervision, je fais le bilan de ce suivi. Le superviseur me conseille de prendre du temps pour finir ce suivi, pour ne pas qu'elle associe le fait que dès qu'elle va mieux on la laisse tomber.

La dernière séance commence par un retour d'Aicha sur la situation actuelle et elle fait le bilan de cette année et demie de suivi en disant que la mort de son frère et José étaient les principales préoccupations et que tout était comme une grande pelote, et ensemble nous avons différencié les deux choses. Pour son frère, elle a commencé la première étape de son deuil et nommé ses émotions. Ensuite, je lui lis le conte qui se trouve ci-après, que j'ai écrit pour elle. Elle trouve que c'est une jolie manière de dire les choses et nous continuons à parler de manière métaphorique. Elle trouve que la princesse devrait laisser tomber l'armure et que son objectif devrait être d'essayer sans elle. La princesse devrait sortir de la forêt pour voir ce qui faisait peur et rencontrer les princes des contrées alentour. Nous parlons également de comment elle avait imaginé le fait de se dire au revoir et elle trouve que d'avoir espacé le suivi l'aide et cela rend la fin moins brutale. Elle trouve qu'elle avait besoin de la thérapie pour acquérir certaines bases comme l'estime ou la confiance en elle, pour pouvoir avancer seule. Elle se sent mieux qu'avant, plus légère, elle est sortie de son état de déprime, elle a pu se retrouver et éliminer les parasites. Elle peut maintenant laisser la place pour les moments de joie et de tristesse aussi. Il y a de la place dorénavant pour ses envies et le plaisir, ce qu'elle avait perdu pendant un certain temps. J'ai valorisé son parcours et sa créativité (la lettre à José), le fait qu'elle faisait siennes les choses et qu'elle avait eu besoin de petits déclics pour avancer car elle savait bien se débrouiller. Nous terminons l'entretien dix minutes plus tôt pour ne pas éterniser les au revoir car elle n'aime pas cela.

Hypothèses :

Dès le premier entretien et l'évocation très froide du suicide de son frère, je me suis posé la question du deuil pour Aicha et sa famille. Je me suis dit que cet élément était la demande cachée qu'il faudrait travailler avec elle. Dès que nous avons pu évoquer, à son rythme, séance après séance, ce décès, les émotions fortes commencent à se manifester. De plus, comme déjà évoqué, beaucoup de culpabilité émerge en lien avec sa relation avec José et le décès de son frère. Ces deux relations sont liées, car réussir à mettre un terme à sa relation de couple lui a permis de commencer le processus de deuil de son frère. Elle devait terminer une première relation pour accepter que celle avec son frère était terminée aussi.

Outils :

Les lettres thérapeutiques

J'ai proposé au début de la thérapie d'écrire une lettre à son frère afin qu'elle puisse lui dire certaines choses et avoir un dernier partage avec lui. Si elle avait fait l'exercice, je lui aurais probablement proposé d'écrire la réponse à la lettre en se mettant à la place de son frère. Je trouve intéressant de proposer ce dialogue afin d'apporter un certain soulagement en écrivant ces lettres.

Elle a réussi à se réapproprier cet outil en écrivant plusieurs lettres à José, car il était plus facile d'être en colère contre lui plutôt que contre un mort. Ces lettres lui ont permis d'exprimer des émotions et d'être plus authentique dans son discours.

Les représentations

J'ai questionné Aicha autour des représentations qu'elle avait de la mort, ce qui se passe après, comment se passent les rituels autour de celle-ci, comment ils se sont passés réellement et comment elle aurait aimé que cela se passe. Elle m'a alors dit que d'aller au cimetière n'était pas un acte qui avait du sens pour elle et qu'elle aurait aimé que l'enterrement de son frère se passe différemment. Qu'elle parle de ses représentations lui a permis d'élaborer autour de ce sujet difficile et de dire que ce qui avait été fait ne lui convenait pas forcément, et donc de se positionner.

Les métaphores

C'est un outil que j'ai employé à plusieurs reprises avec Aicha, en parlant de la petite fille à l'armure, par exemple, pendant la thérapie. Cela permettait de parler de certaines choses de manière détournée et moins confrontante. L'image et la métaphore sont parfois plus parlantes pour aborder les émotions ou des choses difficiles à nommer. La métaphore de la petite fille à l'armure a d'ailleurs été le point de départ du conte systémique.

Le conte systémique

En supervision, nous avons réfléchi à des manières de terminer une thérapie et le conte (Caillé et Rey, 2004) a été proposé. Etant donné que les métaphores et les images étaient parlantes pour Aicha, je lui ai écrit le conte ci-dessous. Cela nous a également permis, lors du dernier entretien, de continuer à parler de manière métaphorique en nous demandant ce qu'allait faire la jeune princesse. C'était une manière moins confrontante de se projeter dans l'avenir.

Il était une fois, dans une contrée lointaine, une petite princesse qui vivait avec ses parents et son petit frère adoré. La petite princesse habitait dans un château peu à son goût. La reine était souvent incommodée par son mari qui lui disait de vilaines choses. La petite princesse essayait de protéger sa famille pour que le roi ne leur fasse pas de mal. Elle avait trouvé plusieurs stratagèmes pour l'y aider. Elle avait par exemple trouvé une armure de chevalier beaucoup trop grande pour elle mais qui la protégeait. Elle avait aussi trouvé dans le château un grimoire de potions magiques et elle se mit à en préparer afin de faire le bien autour d'elle.

Un jour, la princesse, ne supportant plus la méchanceté de son père, convainquit la famille de partir en leur faisant boire une de ses potions magiques. La petite princesse, sa mère et son frère partirent et trouvèrent une jolie petite maison dans la forêt enchantée.

La vie se poursuivit et les enfants grandirent. La princesse rencontra un lutin de la forêt dont elle tomba amoureuse. Le petit lutin ne se comportait pas très bien avec la princesse, mais malgré tout elle restait intriguée par lui et voulait l'aider à changer sa nature. Cela lui prenait tout son temps et elle expérimentait sur lui des potions magiques qui fonctionnaient de temps à autre. Elle gardait aussi précieusement son armure qui lui permettait de se protéger des sorts du lutin et des retombées magiques de ses potions. Le jeune prince, quant à lui, partait à la chasse aux terrifiants dragons de la forêt enchantée, car c'était un prince valeureux et courageux.

Une grande partie du temps de la princesse était accaparé par son lutin, mais malgré tout elle préparait des potions magiques. Elle en donnait de temps à autre à son frère pour l'aider dans ses combats acharnés contre les dragons. Malgré cela, un jour, le dragon arracha la vie du valeureux prince qui succomba à ses blessures après une bataille héroïque.

La disparition du prince fut un grand choc pour toute la famille. C'était dur pour la jeune princesse, mais son armure la protégeait et elle devait tenir bon pour sa mère. S'ensuivit une période très difficile où chacun se mura dans le silence de sa douleur.

La jeune princesse se rendit compte que sa relation avec son lutin ne la rendait pas heureuse. Il était cependant très difficile de se débarrasser d'un lutin de la forêt. Elle l'aidait pour se sentir utile et lui devenait désagréable au lieu de la remercier. Jusqu'au jour où elle en eut assez de ce petit manège et y mit fin car elle se sentait mieux seule. Elle se rendit également compte que le temps passé avec ce lutin l'avait détournée des choses essentielles de la vie, comme l'étude des potions magiques ou d'exprimer le chagrin qu'elle avait enfoui au fond d'elle et de son armure.

Peu à peu, la jeune princesse se demandait quoi faire pour son avenir, garder la grosse armure trop grande pour elle et qui l'avait beaucoup aidée tout au long de sa vie, ou regarder ce qui se cachait dans son chaudron de potions magiques et aller chercher ce qui s'y cachait de mystérieux et de déroutant. Elle se trouvait donc là à la croisée des chemins. Qu'allait donc faire la jeune princesse ?

Discussion et conclusion

En guise de discussion et conclusion, je voudrais revenir sur certains points, sur ce que m'a appris ce travail, ce qui a été aidant pour moi et pour la relation avec Aicha, ainsi que certaines choses qui auraient pu être différentes ou certains éléments qui auraient pu être plus exploités.

Tout d'abord, je voulais mentionner que j'ai été très touchée de présenter la première thérapie que j'ai commencée et menée jusqu'au bout. J'ai beaucoup apprécié le fait de suivre l'évolution d'Aicha et de voir comment elle a pu se développer et employer toutes ses ressources en quelques mois. Parfois, je me demandais à quoi je servais car elle faisait seule beaucoup de choses. C'est d'ailleurs sa grande autonomie qui lui a permis d'avancer et aussi de nous séparer, car je n'étais là que pour accompagner le processus et non le porter à bout de bras. Le cadre que je lui ai offert lui a permis d'extérioriser certaines émotions qui étaient enfouies et difficiles à montrer et à s'autoriser à exprimer. De plus, le travail du deuil a été possible car je lui ai donné un espace où elle pouvait parler de sa colère, de sa culpabilité et des incompréhensions qu'il y avait autour de cette mort. Et comme elle le dit au dernier entretien, nous avons démêlé une pelote ! Le processus de deuil n'est pas terminé, mais il a pu débuter avec la thérapie.

J'ai trouvé également très importantes les supervisions de groupe que j'ai faites autour de ce cas. Elles m'ont permis d'avancer grâce à de précieux conseils ou de judicieux recadrages. Cet espace était important pour pouvoir prendre du recul par rapport à la situation, car je me laisse vite entraîner par ce que me racontent mes patients. J'ai pu le voir après le premier entretien où j'avais fait part de mon sentiment d'être devant un film d'action lorsqu'elle me racontait les péripéties de José.

Le fait d'acquérir plus d'expérience en parallèle du suivi que j'ai fait avec Aicha m'a permis aussi d'expérimenter d'autres outils, d'autres façons de faire ou d'être avec elle. Il est vrai qu'au début je voulais faire beaucoup de choses, lui amener de brillantes réflexions, et ensuite, avec la pratique et la supervision, j'ai pu apprendre à être moins proactive, afin de laisser aussi de la place à Aicha pour que ce soit elle qui travaille, en collaboration avec moi, et que je ne porte pas tout le processus à bout de bras. J'ai pu prendre ce recul notamment lorsqu'on m'a proposé à la supervision de demander de quoi elle aimerait parler, au lieu de lui demander comment elle allait et ce qu'elle avait fait depuis le dernier entretien. Cela lui permettait d'être active dans la thérapie et de réfléchir aux éléments qu'elle voulait aborder. En plus de l'expérience pratique que j'ai acquise en une année et demie, j'ai également pris confiance en moi comme thérapeute et réussi à trouver petit à petit ma place. Aicha et moi avons donc fait ce cheminement en parallèle, car je la guidais sur une voie que j'avais commencé à ouvrir en faisant moi-même du développement personnel.

Un autre élément important et qui m'a beaucoup aidée a été de lire des livres ou des articles pendant la formation et de creuser par moi-même certains aspects avant d'en parler en cours. Cela a été le cas, par exemple, pour la relation d'emprise. Cette lecture et les autres m'ont apporté une compréhension supplémentaire au niveau théorique pour formuler des hypothèses qui m'ont servi à avancer dans le suivi. Cela m'a permis également d'avoir un esprit ouvert afin d'élargir le champ des possibles ou d'alimenter ma créativité pour trouver des métaphores ou des images.

Il y a un aspect que je n'ai pas assez exploité pendant ce suivi, c'est le génogramme d'Aicha. Je ne l'ai pas dessiné devant elle, car elle n'accordait pas beaucoup d'importance à sa famille. Cela aurait pu apporter plus de choses quant à son appartenance, mais aussi des éléments sur le traumatisme familial. Je n'ai pas assez exploité cette hypothèse-là, m'étant centrée sur d'autres pistes. Je vois quand même le projet de boulangerie comme une sorte de rituel ou un projet familial qui les a aidés à se ressouder après la mort de son frère. Et probablement que le fait qu'Aicha consulte a permis à la famille de sortir de sa léthargie et a fait bouger le système familial, sa sœur avec de nouveaux projets professionnels et de maternité et sa mère de démissionner d'un travail et d'ouvrir sa boulangerie.

Cette étude de cas a fait l'objet d'une évaluation par le Centre d'Etude de la Famille Association de Genève pour le titre de psychologue spécialiste en psychothérapie et il a été retravaillé et anonymisé afin d'être publié dans ce livre.

Bibliographie

Boscolo L., Bertrando P. (1996) : *Systemic therapy with individuals.* London, Karnac Books.

Boszormenyi Nagy I., Krasner B. R. (1986) : *Between give and take : A clinical guide to contextual therapy.* New York, Brunner & Mazel.

Boszormenyi Nagy I., Spark G. (1973*) : Invisible loyalties : Reciprocity in intergenerational family therapy.* New York, Brunner & Mazel.

Bowlby J. (1969) : *Attachement et perte, Volume 3 : La perte.* Paris, PUF, 2002.

Caillé P., Rey Y. (2004) : *Les objets flottants : Méthodes d'entretiens systémiques.* Paris, Fabert.

Goldbeter-Merinfeld E. (1998) : Deuil et fantômes. *Cahiers Critiques de Thérapie Familiale et de Pratiques de Réseaux,* 20 : 51-87.

Hirigoyen M.-F. (2005) : *Femmes sous emprise, les ressorts de la violence dans le couple.* Paris, Pocket.

Jenkins H., Asen K. (1992) : Family therapy without the family : A framework for systemic practice. *Journal of Family Therapy,* 14 : 1-14.

Jurkovic G. J. (1999) : Assessing childhood parentification, *in* : Chase N. (Ed.) : *Burdened Children.* Thousand Oaks, Sage Publications.

Kübler-Ross E. (1969) : *On death and dying.* New York, Macmillan.

Le Goff J.-F. (2005) : Thérapeutique de la parentification : une vue d'ensemble. *Thérapie Familiale,* 26 : 285-298.

Neuburger R. (2003) : *L'autre demande : Psychanalyse et thérapie familiale.* Paris, Petite Bibliothèque Payot.

Neuburger R. (2005) : *Les familles qui ont la tête à l'envers : Revivre après un traumatisme familial.* Paris, Odile Jacob.

Neuburger R. (2008) : *L'art de culpabiliser.* Paris, Petite Bibliothèque Payot.

Neuburger R. (2012) : *Exister : Le plus intime et fragile des sentiments.* Paris, Payot.

Pereira Tercero R. (1998) : Le deuil : De l'optique individuelle à l'approche familiale. *Cahiers Critiques de Thérapie Familiale et de Pratiques de Réseaux,* 20 : 31-49.

Tilmans-Ostyn E. (1987) : La création de l'espace thérapeutique lors de l'analyse de la demande. *Thérapie Familiale,* 8 : 229-246.

Valleau M., Bergner R., Horton C. (1995) : Parentification and caretaker syndrome : An empirical investigation. *Family Therapy,* 22 : 157-164.

Vaudan C., Tripet B., Corboz-Warnery A., Duruz N. (2009) : Y a-t-il une place pour la psychothérapie individuelle en systémique ? *Thérapie Familiale,* 30 : 379-400.

Zuk G. H. (1966) : The Go-between process in family therapy. *Family Process,* 5 : 162-178.

Docteur Molie
Regula Fehr

Transhumance en bonne compagnie

La transhumance est un phénomène très ancien qui perdure jusqu'à nos jours, à l'exemple de la grande Migration du Serengeti en Afrique. Gnous, zèbres et antilopes parcourent quelque 1'500 km par an, à la recherche de points d'eau et de nourriture. Les humanoïdes et par la suite l'homo sapiens sapiens, bref, notre espèce... se déplaçaient aussi, au rythme des saisons et du temps, en quête d'eau, de baies et de gibier. Ils n'étaient certainement pas seuls pendant la transhumance du bétail en quête de verts pâturages, mais accompagnés par leurs chiens qui les ont aidés à rassembler et guider le troupeau et qui se sont chargés de la surveillance nocturne.

En transhumance psychique, je propose un voyage à travers le temps et diverses disciplines autour du lien unissant l'Humain et le chien : la co-évolution du chien et de l'Humain, un rapprochement des théories de l'éducation de l'enfant de celles du chien, et un regard interdisciplinaire sur les théories de l'attachement en lien avec l'animal. De nos jours encore, le chien reste aux côtés de l'Humain en assumant des tâches très variées. Il s'est montré d'une aide précieuse dans le soutien aux personnes fragilisées.

De tout temps, l'humanité a eu besoin d'individus prodiguant à leurs semblables soins du corps et de l'esprit. Des chamanes, mages ou druides invoquent les forces de la terre et de l'univers, s'entretiennent avec les mondes subtils, donnent sens aux maladies et aux dysfonctionnements, relient le monde visible aux mondes invisibles, le conscient à l'inconscient. Ils proposent un accompagnement sur le chemin de la guérison, tout comme des médecins, psychiatres, psychologues et thérapeutes. Docteur Molie, nom donné à mon chien de thérapie par le mari d'une amie, s'inscrit dans cette lignée d'aide et de liaison entre deux mondes.

En travaillant en foyer de vie pour adolescents, j'ai été témoin de l'évolution du profil des jeunes placés. Ceux qui vont le plus mal sont désinsérés du système scolaire et social, avec des troubles psychiques et du comportement, à un âge de plus en plus jeune. Leurs perturbations nécessiteraient des soins spécifiques, ils n'arrivent plus à saisir les opportunités d'aide. De ces observations et réflexions est né mon concept de zoothérapie intégrative, une conjonction d'interventions thérapeutiques et d'accompagnements socio-éducatifs en intervention assistée par l'animal.

Une brève discussion autour de l'évolution du chien et de l'Humain donne une idée du soutien que Docteur Molie peut apporter en foyer pour jeunes.

Le chien et l'Humain, histoire d'une co-évolution ?

Le chien, de loin le premier animal domestiqué, de par sa proximité à l'homme s'est éloigné de son ancêtre le loup. Canis familiaris (chien) a fait son apparition tôt dans l'histoire de l'humanité, probablement avant même l'émergence d'homo sapiens sapiens. Les méthodes de la biologie moléculaire permettent de dater la naissance de cette espèce, entre -140'000 ans et -50'000 ans (Guillo, 2009). La découverte d'ossements et de peintures rupestres démontre que depuis au moins 15'000 ans, le chien se trouve en présence régulière de l'homme (Bouvresse, 2010).

Nul doute que les premières relations entre ces deux espèces se soient établies sur le thème de la recherche alimentaire, le chien tantôt concurrent et chapardeur, tantôt informateur d'une présence de gibier, coopérant et partageant les terrains de chasse. Dans les camps du néolithique, le chien devait assumer la fonction d'éboueur en éliminant les déchets, réglant ainsi des problèmes sanitaires et d'hygiène. Par amusement et par jeu, des enfants ont peut-être élevé des chiots, en gardant les plus doux et les plus attachants. Est-ce le préambule d'une sélection instaurée par l'Humain, ou celui d'une adaptation du chien pour s'attirer ses bonnes grâces ? (Bouvresse, 2010).

Les chiens doivent être doués pour se faire accepter des Humains à travers le temps, les civilisations et les différents continents. Leur stratégie s'est avérée gagnante pour la survie de l'espèce. Selon diverses estimations, il y a plus de 500.000.000 de chiens pour 150.000 loups dans le monde.

Seraient-ce les rôles multiples qu'ils assument, le travail qu'ils accomplissent, ou la néoténie, cet air de jeune animal et leurs comportements enjoués, qui leurs ont permis de vivre depuis si longtemps aux côtés de l'Humain ? Les chiens auront-ils permis à l'humanité de devenir ce qu'elle est, libérant les Humains de certaines tâches, les secondant par le développement de leurs compétences : une ouïe fine pour la garde, un odorat puissant pour la traque ?

Certains chercheurs estiment que l'Humain a pu garder un petit nez du fait de ce partage de tâches lui permettant de développer des facultés de parole et de cognition (Guillo, 2009). Les chiens ont-ils fait office de chaufferette et de gardien par les nuits froides, autorisant l'Humain à bénéficier pleinement de toutes les phases du sommeil favorisant son évolution et le développement de son intelligence ? Ou est-ce juste leur gourmandise qui les a poussés dans les bras de l'homme ? Chiens et Humains ont en commun aussi d'être anatomiquement des coureurs et non des marcheurs comme le sont les primates. Le chiot et l'enfant courent dès qu'ils savent marcher. Contrairement aux primates, le chien connaît la fonction de pointage du doigt pour indiquer un endroit ou objet (Deputte, *in* : Bedossa et Deputte, 2010) Le fait de vivre dans la même niche écologique amène des adaptations entre les deux espèces, rapproche les uns des autres au niveau comportemental, même s'ils sont génétiquement éloignés. Malgré les nuisances générées par la présence des chiens, la gestion problématique des déjections dans les zones urbaines, l'accroissement constant du taux de morsures…, le nombre de chiens de compagnie est en augmentation constante (Guillo, 2009).

La présence du chien se retrouve dans toutes les cultures et sur tous les continents, un véritable phénomène transhistorique et transculturel. Ce lien inter-espèces, se perpétuant à travers le temps sans que l'un ait besoin de l'autre pour sa survie, est spécial et unique dans le règne animal (Guillo, 2009). Depuis des millénaires de cohabitation, entraide et soutien mutuel se sont développés. Au siècle dernier, les rôles attribués au chien sont de plus en plus nombreux et variés, chien policier, d'aide aux handicapés, de secours en mer, de recherche avalanche, chiens de guerre, d'expérimentation, chien « astronaute », ou de thérapie… A chaque siècle, le chien répond à de nouveaux besoins humains et aucun autre animal n'a rempli des tâches aussi variées à l'intention d'une autre espèce. Aujourd'hui, ce sont les chiens de compagnie qui prévalent. Les hommes ont-ils un besoin accru d'affection, d'une présence chaleureuse à leurs côtés ou de la motivation, de l'enthousiasme de ce camarade pour sortir de chez eux ? Notre inconscient a-t-il gardé la trace de cette longue amitié inter-espèces, faisant écho à notre nature profonde, nous reliant à nos émotions et motivations ? Ce lien ancestral et la succession des tâches avec lesquelles le chien a aidé l'Humain le prédestine-t-il à soutenir les Humains dans sa nouvelle tâche de zoothérapie ? Alors, le chien de thérapie, de par ses multiples qualités et capacités, pourra apporter aux personnes en souffrance ce dont nous avons besoin, des racines et des ailes.

La zoothérapie

« Chien de thérapie » est une nouvelle tâche attribuée à son espèce, bien que maintes autres espèces puissent endosser ce rôle : cochons d'Inde, tourterelles, chevaux, lamas… ou poissons. La zoothérapie se pratique de manière très variée, dans divers domaines comme la psychothérapie et la physiothérapie, en milieu éducatif, scolaire, etc… par un intervenant formé, assisté d'un animal soigneusement sélectionné, éduqué et préparé. Cet animal soutient et renforce le lien entre patient et thérapeute et permet de dépasser des difficultés d'apprentissage et d'évolution. Il représente un objet transitionnel facilitant la séparation. Un animal suscite une ouverture au réel, aide à la construction de l'identité et à de retrouver une santé physique et psychique, ou simplement améliorer le bien-être dans la gaîté et le plaisir. L'animal, par sa communication non verbale et son absence de jugement, peut nous ramener à un lien primaire et profond. Par ses expressions et ses réactions il nous informe de notre humeur, de nos sensations et pensées, il aide à nous structurer et à nous rythmer, et facilite les relations sociales.

Plusieurs recherches ont démontré que caresser un animal abaisse le rythme cardiaque et la tension (Arenstein, 2013). Selon Servan-Schreiber (2003), la relation affective avec un animal est en soi une intervention physiologique comparable à un médicament. Des personnes accompagnées d'animaux domestiques guérissent plus vite et réagissent mieux en cas de stress.

La zoothérapie est une discipline adaptée aux besoins d'aujourd'hui, où tout va vite et où nous manque le rapport à la nature. Le zoothérapeute collabore étroitement avec les autres intervenants, éducateurs, psychologues, médecins et enseignants. L'animal, d'une aide précieuse, n'est ni éducateur ni thérapeute.

L'attachement

Le savoir sur le potentiel thérapeutique des animaux est ancien. S. Freud et C.G. Jung ont recouru à l'assistance de leur chien pour des patients en grande fragilité, et dans les années 1960, Levinson mentionnait le rôle des chiens dans les thérapies pour enfants. (Vernooij, 2013).

Mais comment la relation Humain-animal peut-elle avoir un effet thérapeutique ? Par le croisement de différentes expériences et recherches dans les domaines de la psychologie, de la neurobiologie et de la biologie de l'évolution, un travail d'intégration a été élaboré et conceptualisé, qui propose un fondement théorique interdisciplinaire du fonctionnement de la zoothérapie (Julius, Beetz, Kotrschal *et al.*, 2014). Au siècle dernier, René Sptiz, John Bowlby, Mary Ainsworth et d'autres ont entrepris des recherches et théorisé le fonctionnement des différentes qualités de l'attachement (Lehotkay, 2012). Le psychanalyste René Spitz a étudié et filmé le comportement et le développement des nourrissons séparés de leur mère et élevés en institution. Les enfants n'ayant reçu que nourriture, soins d'hygiène ou médicaux souffraient de troubles graves. La qualité du lien parents-enfants est primordiale pour le développement social, émotionnel ou même cognitif de l'enfant (Julius *et al.*, 2014). Des recherches en neurosciences ont contribué à faire évoluer les théories de l'attachement, indiquant le lien entre cognition, motivation et attachement. Elles soulignent aussi les effets néfastes d'une éducation punitive (Coenen, 2004).

La libération de diverses hormones, dont l'ocytocine, est la réponse du cerveau à un échange relationnel positif : allaitement, baiser ou tout lien social fort vécu avec tendresse. Cette hormone, essentielle au lien affectif et au développement, augmente la confiance aux autres, facilite l'apprentissage, réduit le stress, l'anxiété et les comportements agressifs. Un enfant avec un schéma d'attachement sécurisé sait qu'il peut compter sur ses parents. Il produit de l'ocytocine en leur présence, aussi bien qu'avec d'autres personnes qui s'occupent de lui, dont soignants, enseignants, thérapeutes… (Julius *et al.*, 2014).

En revanche, un schéma d'attachement insécurisé compromet l'exploration de l'environnement et la mise en place de la confiance en soi. Il installe l'enfant dans un schéma de retrait et de refus d'aide, l'ocytocine ne peut plus être libérée en présence de personnes en charge de soins qui, de ce fait, auront du mal à le calmer et à le sécuriser. Leur présence même risque de déclencher anxiété et stress. Cependant, des études ont montré qu'un enfant, même avec un schéma d'attachement insécurisé, peut libérer de l'ocytocine dans une relation positive avec un animal, ce qui empêche la réaction de retrait (*ibid.*).

En séance de zoothérapie, l'enfant ne sera plus en opposition mais acceptera l'accompagnant en tant qu'ami des chiens, offrant ainsi au zoothérapeute l'ouverture nécessaire pour établir une confiance et instaurer un lien (*ibid.*).

L'éducation

Guidés en priorité par la recherche du plaisir et du jeu, les enfants et les chiens partagent une même dynamique de vie, avec des similitudes au niveau des motivations et des émotions. Ils jouent, se baladent, explorent sans but précis en suivant leurs envies, veulent plaire, et peuvent user de comportements agressifs pour se faire comprendre... Ils ont ce que les adultes ont perdu, le goût des rapports sociaux (Collignon, 2010). Ce trait facilite l'approche d'une relation entre un enfant et un chien.

A l'arrivée de Molie, ma jeune chienne border collie croisée épagneul breton, je me suis intéressée aux chiens et à leur éducation. Eh oui, j'avais fait la même chose à l'arrivée de mes enfants ! Malgré des différences énormes, j'ai repéré rapidement un parallèle frappant dans leur comportement et leur évolution. Je rassure ceux qui n'ont pas de chien, en confirmant qu'un chien n'est pas exactement comme un enfant : on peut l'attacher, le laisser un moment seul à la maison, dans la voiture, il ne nous contredit pas, ne nous reproche pas nos erreurs, ses études ne sont pas onéreuses... Blague à part, les rapprochements sont multiples et m'ont poussée à faire plus d'investigations.

En m'immergeant dans les théories d'éducation du chien, j'ai découvert des similitudes avec celles de l'éducation de l'enfant. Les théories d'éducation du chien se nourrissent des nouvelles connaissances scientifiques, et se développent parallèlement à celles de l'Humain, telles que le behaviorisme, l'approche cognitive et l'éducation centrée sur le lien (Weiss, 2010). Il y a de nombreux exemples de recherches basées sur le comportement des animaux généralisé et modélisé pour l'humain. Les théories de l'attachement aussi sont fondées sur l'éthologie, dont l'étude de Harlow en 1961, qui a démontré que les bébés singes séparés de leur mère préféraient une « mère en peluche » à une « mère en fil de fer », même si c'était cette dernière qui leur distribuait la nourriture (Lehotkay, 2012).

Au milieu du siècle dernier, la plupart des gens n'avaient jamais entendu parler d'éducation de l'enfant, ni de celle du chien d'ailleurs.

On parlait de bon sens et l'idée était répandue qu'éducation rimait avec obéissance parfaite, obtenue par châtiment corporel.

Et parfois le « bon sens » donnait de bons résultats, comme pour le caniche nain de mon enfance. D'éducation canine nous ne savions pas grand-chose dans les années septante, mais avec un grand naturel ce chien est devenu notre compagnon fidèle. Un peu comme les enfants qui se développent harmonieusement dans des familles sans théories de l'éducation. On nous a expliqué qu'en cas de désobéissance il fallait le frapper avec un journal, mais nous avons vite abandonné cette méthode. Le chien, à la vue du journal, en se renversant sur le dos, nous présentait son ventre. Tellement touchant et drôle dans sa communication, nous retenions notre rire et le frapper devenait impossible. Jamais je ne me suis demandé pourquoi le comportement de ce chien ne posait aucun problème, mais aujourd'hui, au vu des théories, je saisis pourquoi cela fonctionnait si bien.

Pour illustrer les concordances entre théories d'éducation canine et d'éducation humaine, je vais exposer deux approches canines d'« éducation douce » dont les lignes principales sont le lien, le renforcement des émotions positives et un cadre de référence clair.

EMRA, approche canine empathique et multifactorielle

Le système EMRA, élaboré en 2004, est une nouvelle manière d'appréhender les problèmes de comportement des animaux de compagnie (Weiss, 2010) Il s'agit d'une évaluation multifactorielle. EMRA : Emotional assessement (évaluation émotionnelle), Mood state assessement (évaluation de l'état d'humeur), Reinforcement Assessement (évaluation des renforcements).

Une émotion apparaît chez les mammifères à la suite d'un changement réel ou imaginaire d'une situation : par exemple la colère en raison d'une menace ou la peur en cas de danger. Après l'examen de cette émotion chez un chien avec un comportement problématique, l'état d'humeur général sera évalué, afin de déceler ce qui l'influence. Puis sera établi un bilan hédonique, ayant trait au plaisir, au bien-être et aux motivations. Quelle est la source de son plaisir, quels besoins sont comblés, que lui manque-t-il pour son équilibre ? L'évaluation des renforcements consiste à déterminer le bénéfice que le chien retire de son comportement. Un comportement ne sera maintenu que s'il en tire un avantage. Le but du traitement est de comprendre le ressenti du chien, puis de l'amener à adopter une conduite alternative aussi gratifiante.

Sans la possibilité d'exprimer un comportement faisant partie de son répertoire, le chien palliera ce manque à sa manière, en adoptant un comportement à problème afin de maintenir son équilibre hédonique.

Le système binaire d'Anton Fichtlmeier

Anton Fichtlmeier (2014), expert en comportement canin, a observé les chiens et leur comportement quand la théorie d'éducation à la mode était de jouer à l'alpha et d'éradiquer l'agressivité par un collier dentelé, substitut de la dentition de congénères. En visionnant des séquences filmées de chiens aux comportements problématiques, il a surtout remarqué des difficultés de compréhension et de communication entre chien et maître. A la suite de ce constat, il a développé un système d'éducation basé sur le lien et l'attachement. Le chien est un être social et flexible. Au contraire des loups, il n'est pas soumis à une meute et à un ordre strict. A travers l'évolution, il a appris à s'adapter et s'insérer facilement dans divers groupes. Il a découvert, comme nous les Humains, le moyen de communiquer par des mimiques, des expressions corporelles et des sons. Dans ses rencontres, il recherche le bien-être et non la dominance. Il est important que l'Humain lui procure bien-être, nourriture, chaleur, jeux, mouvements et surtout un lien positif et sans rapport de dominance.

Calqué sur l'observation des chiens, Anton Fichtlmeier introduit un système binaire, par une autorisation ou un refus manifesté plus ou moins fortement. En amorçant l'éducation des jeunes chiens, l'humain exprimera le « oui » par le couinement des chiots et le « non » par le grondement de la mère. Par le même système binaire, il définit des zones interdites comme la chambre du bébé ou la cuisine, et des zones autorisées, comme le jardin ou le salon. Dans l'apprentissage de la marche au pied, il se sert de la propension naturelle des chiots à suivre leur mère. Le jeu et le plaisir sont primordiaux dans cette éducation qui installe une relation naturelle, basée sur la complicité et l'entente.

La méthode EMRA est destinée aux chiens avec des comportements à problèmes. Cette approche simple et puissante pourra également être utile à des personnes en difficulté, sous condition de les impliquer activement. Par son bilan hédonique, sa recherche des émotions et des besoins, sa prévention des crises et sa vision systémique du symptôme porteur de sens, elle s'apparente à diverses théories destinées aux Humains, comme peuvent l'être la Pédagogie Non Punitive, PNP (Coenen, 2004), et la Communication Non Violente, CNV (Rosenberg, 2003).

La base de la PNP, élaborée pour des jeunes en grandes difficultés, est le lien et le renforcement des émotions positives. Le jeune, avec l'aide de l'éducateur, établit régulièrement des bilans hédoniques, jauge de son équilibre émotionnel. Ces bilans permettent au jeune et à l'éducateur de visualiser son état intérieur, en servant également de signal d'alerte. Tout problème est rapidement repéré et repris avec le jeune.

La CNV, développée par Marshall Rosenberg (2003), est une méthode pour la résolution des conflits avec bienveillance et une communication dans le respect des différences mutuelles. Elle propose de différencier l'observation du sentiment, définir ses besoins et poser une demande. Cela permet d'exprimer ses ressentis sans jugement et régler des conflits dans le respect de soi et de l'autre.

Combien de problèmes de comportement sont liés à une mauvaise communication ? Nous, les Humains, sommes dotés de la parole, mais seule une petite partie de la communication passe par ce canal. Nous pourrions emprunter les techniques de l'éthologie. Filmer puis visionner des interactions en compagnie de parents et d'enfants pourraient clarifier la communication, rectifier des malentendus. La simplification qu'apporte le système binaire d'Anton Fichtlmeier (2014) peut élargir notre horizon dans l'éducation des tout-petits.

Ces approches d'éducation du chien et méthodes d'éducation de l'Humain montrent beaucoup de similitudes et s'appuient toutes deux sur le lien, le renforcement positif et un cadre de référence clair. Cette similitude de fonctionnement, combinée à une essence et un patrimoine génétique différents, apportent à la relation chien-Humain une complémentarité et une proximité favorables à l'entraide. Deux adolescents dans le mal-être auront de la difficulté à se motiver et à être joyeux. Un chien, face à un adolescent sans énergie ne déprimera pas, ne s'énervera pas, mais essayera d'entrer en contact, en quémandant tranquillement de l'attention et en le stimulant pour jouer ou sortir.

Zoothérapie pour des enfants et jeunes en difficulté

Dans ce chapitre, je présente des d'interventions pédagogiques avec chien, dont deux élaborés et testés en Allemagne. Ils relient des approches en pédagogie spécialisée pour des enfants et jeunes avec des troubles du comportement avec un apport en canithérapie (zoothérapie avec chien).

Canepädagogik

Le concept de « Canépédagogie », une pédagogie avec et par le chien, a été imaginée par Corinna Möhrke (2011) à l'intention d'enfants et de jeunes avec des troubles relationnels et comportementaux. Ces jeunes ont appris à ne pas faire confiance et pensent régler les problèmes par la violence ou la fuite, ce qui est selon Corinna Möhrke un (trop) grand défi pour les éducateurs et les thérapeutes. Une pédagogie, un accompagnement spécifique est primordial pour amener ces enfants et jeunes à accepter l'aide qui leur est proposée. Je pense que c'est le défi principal de l'éducation spécialisée d'aujourd'hui.

Corinna Möhrke propose de comprendre l'enfant et le jeune avant de l'aider, de ne pas mettre le focus sur les problèmes, mais de voir les symptômes dans un sens systémique en tant que solution de survie. Il est essentiel non seulement d'éduquer l'enfant et le jeune, mais aussi d'accompagner son entourage, sa famille et son réseau. Mais de quoi souffrent donc ces enfants et ces jeunes ?

Corinna Möhrke (2011), comme Angelika Putsch (2013), parlent de l'importance du concept d'image de soi. Chacun a continuellement des perceptions de soi, vit des expériences en rapport à soi qui se condensent et se cristallisent dans un concept, une image de soi, qui inspire toute action et interaction. Une image positive de soi est primordiale pour un comportement adapté à un contexte social. Les enfants et les jeunes avec des problèmes de comportement sont en double souffrance, ils souffrent par leur vécu et ils sont rendus responsables de leur état. Souvent un cercle vicieux de sanctions, exclusions, processus d'étiquetage s'installe, et perturbe leur équilibre interne.

Möhrke (2011), en cohérence avec Carl Rogers, thérapeute et initiateur de l'approche centrée sur la personne, enseigne qu'une éducation favorable doit être :
- chaleureuse et respectueuse,
- empathique,
- authentique,
- encourageante et non directive.

C'est une exigence énorme pour l'éducateur et le thérapeute. Les jeunes en difficulté refusant toute aide, comment peut-on les approcher et faire connaissance avec un enfant qui ne se livre pas ? Le chien libère l'accompagnant du rôle désavantageux d'éducateur ou de thérapeute et le métamorphose en ami des chiens, ce qui amorce une ouverture.

Corinna Möhrke pose la question provocante de savoir si les chiens sont de meilleurs éducateurs. C'est un fait que les chiens répondent aux exigences d'une éducation bienveillante. Un chien de thérapie écoute sans interrompre et les enfants se sentent compris de lui (Friesen, 2009). Son enthousiasme, sa chaleur ne sont pas feints, il exprime en direct ce qu'il ressent, ses envies comme ses aversions. Son comportement encourageant pour toute action n'est ni directif, ni revendicatif et encore moins dans le reproche ou la punition. Il prodigue du plaisir, conduit à des expériences drôles, ludiques et libère l'enfant du registre de l'exclusion. Lui apprendre quelque chose demande une attitude calme, de la patience et de l'empathie, des compétences qu'on attribue difficilement aux enfants avec troubles du comportement. L'attachement, l'amour qu'ils ressentent pour le chien leur permet de trouver la force de ne pas renoncer.

Mörke (2011) propose un setting associant deux enfants, d'une durée de deux heures environ par semaine. Ils sont responsables d'un jeune chien et apprennent à l'apprivoiser et à l'éduquer. Des comportements comme crier et se fâcher sont rapidement mis de côté. Contre-productifs, ils éloignent le chiot. Par contre, le flatter, jouer, parler calmement sont des attitudes rapidement acquises. Cette méthode enseigne aux enfants à se calmer, se poser, se lier et à être fiers, c'est par eux que le chien apprend ! En peu de temps, le comportement de presque tous les enfants s'améliore.

Changement de trace

Dans son livre *Spurwechsel mit Hund. Soziales Lernen in der Jugendhilfe* (Changement de trace avec chien, apprentissage social dans l'aide pour la jeunesse), Angelika Putsch (2013) pose l'hypothèse que le principal handicap des enfants avec des troubles du comportement est leur difficulté à lire et à interpréter les codes et la signification des interactions relationnelles. En se référant à différentes théories, elle propose un entraînement avec chien pour augmenter les compétences relationnelles et mieux comprendre les codes sociaux.

Dans la petite enfance, il est fondamental de prendre conscience de notre pouvoir d'influence sur notre entourage et nos relations. Cela favorise la motivation et évite des perturbations cognitives et émotionnelles. Si, au contraire, un enfant découvre que son comportement n'a aucun effet sur certaines situations, il développe des peurs, une léthargie ou une dépression. Ce concept de l'impuissance apprise a été introduit par le psychologue américain Seligman en 1967. Beaucoup de jeunes placés se trouvent dans cet état. Pour s'en sortir, ils doivent prendre conscience que leur effort de communication a un effet et amène une réciprocité. C'est une des bases sur lesquelles Angelika Putsch (2013) fonde son entraînement : renforcer la confiance en sa propre capacité d'influencer les relations, avoir un effet sur l'autre (concept de l'auto-efficience).

L'empathie, ressentir ce dont les autres pourraient avoir besoin, est un facteur primordial de notre socialisation. Le chien est un professeur idéal dans ce domaine. Un enfant qui attend quelque chose d'un chien doit d'abord l'observer, comprendre ce qui le motive et établir un réel contact. Si l'enfant crie, le chien part et refuse une rencontre, et si le chien s'approche sans égards, lui saute dessus, l'enfant prend de la distance. Comme tous deux désirent un contact, une relation réciproque d'apprentissage, de considération mutuelle, peut se mettre en place.

L'Humain et le chien peuvent avoir des comportements agressifs qui découlent de besoins négligés, souvent déclenchés par un facteur de stress. Comprendre ce schéma chez le chien, trouver et nommer ses besoins et les facteurs de son stress, donne au jeune la possibilité de mettre en parallèle ses propres besoins et frustrations. Il peut commencer à s'observer et nommer ses propres comportements agressifs, à les relier à ses manques, ce qui lui donnera des clefs pour chercher des solutions plus adaptées.

Les objectifs d'apprentissage sont élaborés et établis par les jeunes eux-mêmes et chaque groupe définit ses propres règles (concept de l'auto-détermination). Le but dans ce cas est le développement de comportements socialement adaptés, induit par un changement de perception à travers les expériences qu'ils ont décidé de mener.

Le triple plaisir est le principe moteur des exercices : pour le chien, les jeunes et l'entraîneur, ce qui incite à être attentif à l'autre. L'idéal pour cet entraînement serait une salle de gymnastique, permettant l'utilisation de divers accessoires pour créer des parcours, des possibilités de cache-cache, des jeux de balle, etc. (Putsch, 2013).

Angelika Putsch (2013) et Corinna Möhrke (2011) soulignent l'importance de l'accompagnement parental, de la collaboration avec le réseau et du suivi individuel.

Chien d'école

Des chiens à l'école apportent une aide précieuse aux enfants en situation de difficulté d'apprentissage (Schulhunde-Schweiz, consulté en ligne). D'après Friesen (2009), les enfants s'accordent à dire que le chien ne les comprend pas littéralement, mais qu'ils se sentent compris et acceptés par lui. Les éducateurs pensent que la parole est primordiale dans le soutien scolaire, mais paradoxalement ces animaux sans parole sont capables d'offrir aux enfants un appui important. Volontaires, actifs, sans commentaires ni jugements, ils ne freinent pas l'élan d'apprentissage des enfants, mais les aident à trouver un répit aux anxiétés déclenchées par les échanges humains. En Suisse Alémanique, il y a la présence d'un chien dans quelques classes et il existe deux lieux de formation pour enseignants et chiens.

Le Foyer éducatif pour jeunes

Il m'est toujours difficile de parler « de nos jours » dans un texte écrit, sachant qu'un « aujourd'hui » écrit sur papier appartient rapidement au passé. La situation des jeunes et des foyers évolue et peut-être qu'au moment où vous lisez ce texte il s'agit déjà d'histoire ancienne.

J'ai travaillé huit ans en foyer de vie pour adolescents. Me trouvant devant de nouvelles difficultés, j'ai exploré des pistes qui pourraient amener un soutien aux jeunes aussi bien qu'aux éducateurs. L'analyse des structures et de la population des jeunes prend sa source dans mon expérience, de discussions avec des adolescents, des collègues et des éducateurs d'autres foyers. Malgré un apport théorique, elle exprime juste ce que je vois, comprends et ressens et ne prétend pas être objective.

Jeunes en mutation

Le profil des jeunes a évolué depuis quelques années. Leurs perturbations sont en adéquation avec les changements de la société. Jean-Paul Gaillard (2014), cofondateur de l'Institut de la Systémique de la 3ème génération, parle d'enfants mutants. En foyer aussi, on peut observer cette transformation de la population des jeunes et de leurs problématiques cliniques. Il y a cinq ou six ans, les jeunes adoptaient une opposition active. Le soir, par exemple, ils refusaient d'aller dans leur chambre et préféraient rester ensemble, soit pour sortir, soit pour regarder la télévision. Aujourd'hui, la plupart partagent peu de temps et d'activités en commun. Ils se retirent rapidement dans leur chambre. Les relations se vivant souvent par interfaces, besoins et désirs se confondent. La tolérance à la frustration approche de zéro.

A l'adolescence, temps de grandes transformations, d'affirmations et de remises en question, se dresse la peur du futur, des exigences familiales, scolaires et sociétales et la pression pour la réussite et le bonheur. A cette période, certains troubles du développement et un manque de construction peuvent se révéler ou s'aggraver. Les enfants placés doivent faire face à des soucis familiaux, à un parcours semé de ruptures et de carences, et quelques-uns ont des problématiques de santé psychique et de personnalité peu structurée. On peut parfois avoir l'impression qu'un petit enfant se niche dans un corps d'adolescent, déchiré entre les divers pulsions et désirs.

Autrefois, les jeunes faisaient le mur pour sortir. Ils allaient en ville, voir des copains, ou dans une fête. Aujourd'hui, ils font le mur pour rentrer. Ils reviennent en douce dans leur chambre, parfois par une fenêtre, souvent après avoir omis d'aller à l'école. Certains jeunes submergés par leurs peurs n'osent plus sortir de chez eux, prendre des transports publics ou se confronter à des situations inconnues. Dans des schémas de dépendance ou d'errance, quelques-uns augmentent leur consommation de produits licites ou illicites, ce qui engendre la problématique de devoir se procurer de l'argent. L'agressivité est retournée contre soi, dans un sabotage de toute solution et évolution. Ils n'ont pas encore acquis une autonomie émotionnelle et une autonomie de la pensée.

Seuls dans leur chambre la nuit, ils passent des heures devant des écrans. Leur stratégie de survie est l'évitement. Angoissés, en manque de sommeil et en décalage de rythme, s'insérer dans une structure externe, comme peut l'être une école, un atelier ou un centre de soins, leurs devient quasiment impossible.

Aujourd'hui, ces perturbations apparaissent chez des enfants de plus en plus jeunes.

La société change, les moyens et la manière d'accompagner les jeunes placés n'ont évolué que lentement et montrent leurs limites sur le terrain.

Besoins

Aujourd'hui, les souffrances s'expriment souvent autour des problématiques du lien à soi et à l'autre. Un jeune en grand mal-être est à l'image même de ce dont souffre la société. Il a besoin de ce qui manque dans cette société et non de ce que celle-ci a l'habitude d'offrir ; formations diverses, soins ponctuels et détachés du lien et de l'éducation et une multitude de loisirs et de biens.

Quels sont donc les besoins des jeunes placés les plus fragiles pour trouver, élaborer et mettre en place un projet qui les motive ? Ils ont besoin que l'on soit présent pour eux, qu'on les accueille là où ils sont et non là où ils devraient se trouver, qu'on leur offre la possibilité de se construire une image positive d'eux-mêmes, d'acquérir des compétences sociales et d'être accompagnés dans des relations familiales difficiles. La sécurité et la continuité du lieu sont primordiales pour se construire et se projeter. Ils ont besoin de l'assurance de pouvoir rester ou de pouvoir revenir au foyer, même s'ils vont très mal et si leur état de santé exige une hospitalisation ou un autre placement.

Les théories de l'attachement et de l'impuissance apprise permettent de saisir l'amplitude, la complexité et le paradoxe de la problématique des jeunes placés. Ces approches ouvrent aussi à la compréhension de leur comportement léthargique, de retrait et de rejet. Un enfant est placé quand différentes mesures et aides préalables ont échoué et que personne de la famille ne peut l'accueillir. Parfois ce ne sont pas uniquement les parents, mais le système familial entier qui est en difficulté. Effectivement, sans lien stable et sûr, la plupart des enfants et jeunes placés se sont construits sur un schéma d'attachement insécurisé, et déploient un schéma de renfermement et de rejet. Au foyer, un jour ils s'ouvrent à un lien, même menu et fragile, pour se refermer le lendemain. Francis Ritz (psychiatre, superviseur et président de l'Institut de la Famille à Genève) a parlé de tentative de « greffe d'amour », une métaphore expressive. Si la relation avec un animal peut effectivement libérer de l'ocytocine, redonnant aux enfants une possibilité d'ouverture au lien, il faut introduire un zoo entier en foyer…

Limites du foyer éducatif

Les enfants et jeunes placés en foyer éducatif à Genève doivent être accueillis pendant la journée dans les écoles communales ou cantonales et dans des structures ou des projets extérieurs au foyer.

Toute l'organisation, les subventions de la Confédération et du canton, ainsi que l'attribution du pourcentage d'éducateurs, sont basées sur une prise en charge journalière à l'extérieur du foyer.

L'encadrement et la gestion des jeunes fragilisés, déscolarisés et désinsérés des structures externes, demandent beaucoup de temps et d'énergie. Les éducateurs se donnent corps et âme à cette tâche et s'épuisent peu à peu. Une tension constante les amène parfois à des réactions inappropriées. L'effet à long terme d'un cumul de fatigue et du sentiment de ne pas réaliser un travail convenable peut provoquer des insomnies, des problèmes de santé, engendrer des maladies de longue durée ou conduire les éducateurs à quitter leur travail pour échapper à cette surcharge.

Un foyer éducatif n'est pas équipé pour accompagner les jeunes avec de graves perturbations psychiques, de gros troubles du comportement ou sans activité extérieure.

Les jeunes ont parfois besoin, comme le propose un foyer thérapeutique, d'une prise en charge plus intense et d'un suivi interne plus adapté au moment de crise. Pourtant, il arrive qu'en foyer éducatif les jeunes placés restent longtemps sans activité, parfois plus d'une année. En errance en ville ou isolés dans leur chambre, ils ponctuent cette période par un stage inachevé, un projet inabouti. Repliés sur eux-mêmes, dans une telle détresse que des passages à l'acte n'ont pas pu être prévenus. Peu de solutions adaptées se trouvent à proximité, et les déplacer menace les liens fragiles établis au foyer. Les parents sont en désespoir en découvrant le foyer dans la même impasse que la famille à laquelle il est censé se substituer.

Qui en parle, qui raconte ces souffrances, quel sera le regard posé sur ces situations dans vingt ans ? Un temps précieux est perdu pour entreprendre des soins intenses. A 18 ans, moment de leur majorité, les jeunes fragilisés, sans activité, sortent des structures encadrantes. Pleins d'angoisses, sans projet, ils ne sont pas prêts à quitter le foyer, ni à accepter de l'aide pour trouver un travail et un lieu de vie adapté.

Ces situations peuvent créer de grands soucis et être coûteuses à la société.

Dans un tel contexte, il faut sortir des sentiers battus et mettre en œuvre des solutions pour une prise en charge pertinente.

Foyers de vie basés sur la zoothérapie

La zoothérapie en foyer éducatif semble être une piste pour aider des enfants très fragilisés. La présentation de différentes structures de vie pour enfants et adolescents utilisant la médiation animale en tant qu'outil pédagogique permet de voir l'apport de cette approche en ouvrant la discussion.

La Bergerie de Faucon, fondation Guy Gilbert, France

La Bergerie de Faucon a été fondée dans les années 70 par le Père Guy Gilbert, éducateur spécialisé et prêtre catholique, nommé Curé des Loubards et connu pour son franc-parler (Gilbert, projet pédagogique, en ligne). Dans les gorges du Verdon, le grand espace de vie de cette ferme pédagogique abrite environ 39 espèces d'animaux. Elle peut accueillir jusqu'à sept jeunes en réinsertion. Par la rupture avec leur milieu d'origine, elle crée un contexte propice à une prise de distance et à une remise en question des fonctionnements habituels.

Le jeune est suivi et épaulé tout le long de son séjour par le même éducateur compagnon. Cette relation intense permet une évolution rapide du jeune. L'animal est un support efficace et privilégié pour ce travail éducatif. Le jeune est responsable du ou des animaux dont il a choisi de s'occuper. Dans leur projet pédagogique, les éducateurs soulignent le changement de population des jeunes placés au cours des dernières années. Les premières infractions sont commises de plus en plus jeune et les adolescents accueillis sont davantage touchés par des problématiques qui relèvent de la psychiatrie et de la violence tournée vers soi. Ils constatent une consommation accrue de stupéfiants, un manque de motivation et d'espérance en l'avenir, un tissu familial déficient, de graves carences affectives et une déscolarisation flagrante, parfois depuis plusieurs années. En adaptant régulièrement son projet, l'équipe de la Bergerie de Faucon est confortée dans sa pratique avec l'animal, qui demeure un levier efficace de motivation et de socialisation (Gilbert, projet pédagogique, en ligne).

Le succès de cette expérience repose sur l'accompagnement thérapeutique et pédagogique avec médiation animale, le suivi intensif et personnalisé de chaque jeune, l'investissement du personnel et sa capacité d'adaptation.

Les IMA en France

Des instituts de médiation par l'animal (IMA) sont conceptualisés et accrédités par François Beiger (2014), qui a fondé en 2003 l'Institut Français de Zoothérapie (IFZ). Les IMA, lieux d'accueil résidentiel ou à la journée, sont souvent des fermes éducatives ou d'animation à caractère familial, qui offrent un accompagnement thérapeutique. Les enfants et les adolescents sont soutenus et encadrés par des éducateurs et/ou des agriculteurs formés à l'accueil de jeunes en grande difficulté.

Créée en 1997, dans le Jura français, L'IMA, « La ferme du Lama Bleu » (consulté en ligne), par exemple, accueillait à ses débuts des écoliers. Elle a ensuite ouvert ses portes aux personnes toxicodépendantes, puis aux enfants placés par les services sociaux et juridiques, dans le but de favoriser l'insertion sociale, l'éducation, la protection et la restauration du lien parents-enfants. Grâce à sa structure, où lamas, poneys, chevaux, chiens et lapins cohabitent, la Ferme du Lama Bleu a pu élaborer et proposer des ateliers de préapprentissages autour du savoir-faire et des soins liés aux animaux, à l'entretien des locaux et des parcs.

Traube in Tschugg, Suisse

Créée en 2000 comme famille d'accueil et transformée en 2010 en foyer de vie à structure familiale, « Traube à Tschugg » (en ligne) est une institution pédagogique et une exploitation agricole, produisant du miel, du cidre et de la viande d'agneau. En observant les bienfaits du travail à la ferme, de la proximité d'animaux, de liens à la nature et leurs impacts positifs sur le développement des enfants, ils se sont vus confortés par cette expérience. Le personnel s'est alors formé en pédagogie et en zoothérapie, approche qui est devenue le pilier de leur concept pédagogique. Ce foyer à orientation systémique avec médiation animale a une capacité d'accueil de dix enfants, fréquentant écoles et lieux d'apprentissages de la région.

Ferme pédagogique Esperanza en Autriche

La ferme Esperanza en Autriche (en ligne), après des débuts en 1998 dans l'aide sociale à l'enfance, devient au cours de l'année 2000 un institut d'apprentissage pour la profession de soigneur animalier. La ferme pédagogique s'appuie sur la médiation animale. Chaque humain, chaque animal est unique avec sa propre histoire. Il sera pris au sérieux et accueilli sans jugement. Par exemple, Oskar, ancien chien de rue, se méfie des nouvelles rencontres, un peu comme les jeunes accueillis à la ferme, mais il sera accepté tel qu'il est. Acceptation de soi et de l'autre, vivre et laisser vivre est le principe d'Esperanza.

Toutes ces institutions ont une structure à caractère familial et rural avec un dynamisme et une longévité saisissants. Ils ont en commun le travail éducatif et thérapeutique basé sur la zoothérapie et un soutien individualisé intensif de chaque jeune. L'accompagnement parental, la collaboration avec les autorités et l'école font partie intégrante de ces projets situés en pleine nature. Idéaux pour les placements exigeant une rupture avec leur milieu d'origine, ils peuvent préparer les jeunes à des professions agricoles et animalières. Ces structures, de petite taille et d'une grande souplesse, adaptent régulièrement leurs projets. La proximité de la nature, le nombre et les différentes espèces d'animaux enrichissent un travail varié et dense, requérant un grand espace, une bonne organisation et un réel investissement de la part de toutes les personnes impliquées.

Un foyer de vie en milieu urbain pourra difficilement se restructurer sur ces modèles. La zoothérapie intégrative, en revanche, est prévu pour des structures urbaines déjà existantes.

La zoothérapie intégrative

Présentation du concept de zoothérapie intégrative, élaboré au cours des années 2016-2017 en réponse à la situation des foyers jeunes du Canton de Genève en Suisse :

Foyer intégratif

Aujourd'hui, beaucoup de domaines de la vie sont compartimentés, morcelés, isolés les uns des autres. Relier les lieux d'apprentissage, de détente, de protection et de thérapie rassemble et peut amener une sensation de restructuration et de globalité.

Les jeunes placés les plus fragilisés ont besoin d'une prise en charge soutenue, adéquate et continue à l'intérieur du foyer, en évitant ruptures et stigmatisations. Une solution alternative à la création d'un foyer thérapeutique serait de renforcer les ressources internes en mobilisant le talent et le potentiel des éducateurs, introduisant parallèlement des soins médicaux et psychiatriques. Le foyer pourrait engager une personne la journée. L'éducateur de service, déchargé des tâches administratives et quotidiennes, aura le temps et la disponibilité pour accompagner des jeunes déscolarisés. Ces jeunes désinsérés, intégrés en foyer à ceux qui vont à l'école, seront stimulés et encouragés par les autres jeunes. On évite et on répare des troubles de l'attachement. La souplesse d'une telle structure la rend modulable, facilement adaptable aux changements et aux nouveaux besoins.

Au niveau de l'enseignement spécialisé, il y a une réglementation favorisant l'intégration des enfants et des jeunes à besoins éducatifs particuliers ou handicapés afin de mieux répondre à leurs besoins. Le Conseil d'Etat privilégie la création et le soutien de structures intégratives éducativo-thérapeutiques (République et Canton de Genève, en ligne).

Ce système est transposable aux foyers et structures éducatives et y amène les mêmes bénéfices. Privilégier les solutions intégratives aux solutions séparatives, exploiter les structures existantes, semble présenter des avantages financiers et structurels. La zoothérapie intégrative pourrait être une des mesures de soutien dans cette prise en charge.

Le tandem chien-zoothérapeute

De toutes ces réflexions est né mon concept de zoothérapie intégrative, dont la spécificité est la conjonction d'interventions thérapeutiques en même temps qu'un accompagnement socio-éducatif en zoothérapie. C'est une mesure interne au foyer qui facilite l'application dans la vie courante des apprentissages acquis en thérapie. Docteur Molie et ses collègues canins prendront à cœur leur nouveau rôle. Le chien peut être un collaborateur et le compagnon idéal pour un foyer éducatif, justement grâce à sa proximité de l'Humain depuis des temps anciens et ses schémas ressemblant à celui de l'enfant.

A l'aise à l'intérieur comme à l'extérieur, le chien s'adapte facilement à des lieux et des personnes différents. Par nature curieux et enthousiaste, agissant en tant que catalyseur social, il a un effet stimulant autant que calmant, des qualités essentielles en milieu socio-éducatif.

Par la présence régulière dans le groupe du tandem chien-zoothérapeute et le soutien intensif des jeunes désinsérés, on peut espérer une diminution des passages à l'acte et une influence positive sur l'ambiance au foyer. Le chien favorise les contacts sociaux, l'apaisement, la sécurité affective et la motivation. Dans l'éducation spécialisée, l'urgence et la pression du temps sont des constantes qui placent le travail préventif en arrière-plan. Une participation quotidienne du tandem zoothérapeute-chien a une action curative ainsi que préventive pour la qualité de l'attachement, de la communication et du lien.

La prise en charge est globale et impacte à plusieurs niveaux :

Corporel : balades, jeux, soins de l'animal ;

Émotionnel : contact, toucher physique avec le chien ;

Social : échanges facilités par la présence d'un animal ;

Cognitif : l'éducation du et avec le chien fait travailler des schémas et des représentations comme l'attention, la précision, le respect, l'image de soi...

L'introduction de la zoothérapie en foyer éducatif touche plusieurs aspects :

Aspect affectif : Le chien, de par sa recherche naturelle de contact, amène une dimension de proximité et de tendresse qui rappelle le lien parents-nourrisson. Il aide au rattrapage et à la restructuration de schémas manquants comme le toucher juste et respectueux, la sécurité affective et l'apaisement.

Aspect éducatif : Le zoothérapeute, en adoptant une éducation et une communication bienveillantes avec le chien, introduit un cadre rassurant et induit chez les jeunes un effet d'apprentissage par imitation et modélisation. Le concept pédagogique est basé sur la valorisation, l'apprentissage de l'auto-efficience, l'auto-détermination et l'image positive de soi. Les lignes de force sont le lien et le renforcement des émotions positives.

Naturellement sans parole, le chien sollicite une observation et une attention soutenues, qui permettent un apprentissage sans jugement et favorisent les interactions et le développement de la concentration. Des schémas cognitifs et comportementaux peuvent être consolidés, comme l'autonomisation, la responsabilisation, la concentration, la constance et la cohérence, le découpage et la priorisation des actions ainsi que l'affinement de la parole et du langage non verbal.

Travailler et jouer avec un chien enseigne naturellement à respecter la volonté et les limites de l'autre, sans contrainte et sans se vexer. Quand le chien n'a pas envie… il n'a tout simplement pas envie. La notion de temps, de stress et de tension se modifie en zoothérapie. Avec un animal, on ne peut pas accélérer un processus. Il faut prendre un temps pour chaque instant, ce qui remet au centre la relation et le lien.

Aspect motivationnel : L'enthousiasme du chien, sa motivation pour sortir, son exubérance en rencontrant de nouvelles personnes, son plaisir en jouant sont contagieux. Il encourage à sortir de l'immobilisme ou d'un état dépressif. Il incite à bouger, à se balader dans la nature, à faire de l'exercice physique. Travailler et apprendre en sa présence devient stimulant et ludique, il pousse à être curieux et imaginatif.

Aspect thérapeutique : Un chien invite littéralement à l'anthropomorphisme. On lui prête facilement des motivations et des émotions humaines. Ces projections donnent un matériel propice à l'exploration des émotions, des colères, des angoisses et aident à les gérer. Des couches profondes liées à l'enfance peuvent être touchées en douceur sans provoquer de résistances. Le chien incite à l'ouverture et stimule la liberté d'expression. Il favorise et accélère la thérapie par sa simple présence. Son silence, son langage non verbal offrent un espace au jeune pour explorer son monde intérieur, de cette manière il peut s'approprier une autonomie émotionnelle et une autonomie de penser. Un terrain pour respirer, pour être ce que l'on est et l'accepter (Arenstein, 2013). On peut bien imaginer qu'un jeune renfermé sur lui-même s'ouvrira plus facilement en caressant la tête d'un chien qu'en face à face avec un éducateur.

Intégration de la zoothérapie en foyer éducatif

La zoothérapie intégrative s'articule autour de deux volets :

Thérapeutique : les jeunes bénéficient de séances thérapeutiques au foyer ;

Socio-éducatif : le zoothérapeute et le chien participent à la vie de groupe.

La présence d'un chien fait baisser la garde, détend l'atmosphère et crée un cadre d'apprentissage social exceptionnel, qui conjugue les limites et le respect mutuel avec la joie, le plaisir et la tendresse. Les moments partagés en groupe soutiennent et renforcent les bénéfices des séances de thérapie individuelles et permettent de généraliser et d'appliquer plus facilement dans la vie courante les apprentissages mis en place en thérapie. La présence du chien est bénéfique pour tout le monde et par son attrait éveille et stimule l'intérêt pour la thérapie.

Accompagnement socio-éducatif :

Le temps d'un repas, tout ce qui se passe est matériel de travail, de discussion et d'apprentissage. Le repas est un moment primordial pour l'apprentissage des échanges sociaux, du cadre, de la culture, et de la vie en société. Il peut y avoir des moments de débordement, des jeunes essayeront d'attirer l'attention du chien, de lui donner à manger… et le chien peut dépasser les limites en quémandant. Ce qui permet d'introduire et d'interroger le cadre en guidant les jeunes. Ils peuvent élaborer leurs propres réponses et comportements adaptés.

S'occuper du chien : lui donner à manger, faire une balade pour ses besoins, nettoyer ses pattes après une sortie sont des activités structurantes qui responsabilisent. Elles sont joyeuses et riches en échanges.

Les animations en soirée et les groupes de parole seront sans doute accueillis avec plus de plaisir grâce à sa présence.

Beaucoup de jeunes prennent un animal après leur majorité puis, devant la tâche énorme, n'arrivent plus à s'en occuper et l'abandonnent… pour en reprendre un autre quelque temps plus tard. Pourquoi pas introduire un atelier autour de l'adoption, du choix et des soins à prodiguer aux animaux ?

Des sorties thématiques seront élaborées avec les enfants et les jeunes, pour les sensibiliser à des activités artistiques, culturelles et sportives. Les sorties seront motivées et accompagnées par le chien.

Séances thérapeutiques individuelles :

La médiation de rencontres délicates et de relations complexes entre parents et enfants sera rendue plus légère et ludique par la présence du chien. Introduire ce tiers amène naturellement une dimension affective et éducative, facilite le contact et peut amener un soutien à la parentalité.

Accompagnement : Depuis tout petit et pendant une longue période, l'enfant est amené par sa famille dans ses différentes activités. Les jeunes placés n'ont pas souvent pu profiter de cet accompagnement. Pour qu'un jeune se mobilise, participe, il faut rester à ses côtés, être là pour lui au foyer, en vue de l'amener vers le monde extérieur. Cheminer ensemble engendre un rythme, canalise l'attention, favorise les associations d'idées et le flux de paroles. Accompagner un enfant, un adolescent à l'école, dans ses activités sportives, chez le médecin en présence du chien est plaisant. Ces trajets tiennent lieu de séance thérapeutique. Tout en ouvrant au contact et au dialogue, ils induisent l'apprentissage de la régularité et de l'autonomie.

Stimulation : L'approche avec un chien d'un jeune abattu, n'arrivant pas à se lever, favorise le contact et l'affectivité. Une sollicitation sans pression ni jugement peut impulser un élan au jeune, dans le but de rétablir le dialogue et lui redonner confiance en ses propres capacités. Cela peut l'encourager à élaborer son projet personnel. Des techniques d'alliance, comme l'aide contrainte (Hardy, 2012), permettront de s'appuyer sur un projet en commun entre le jeune et l'institution.

Calme et concentration : Pour apprendre quelque chose à un chien, il faut capter son attention, séquencer l'activité, parler calmement et clairement, montrer, louer, récompenser et être patient. Éduquer un chien, travailler avec lui, permet à des enfants ayant des troubles cognitifs et comportementaux ou un déficit de l'attention de se concentrer et de reconstruire une image positive de soi. Le jeune apprend à décrypter la manière dont le chien apprend, et peut la comparer avec la sienne.

Séances thérapeutiques en petit groupe :

Nature et lien : Les balades avec chien et zoothérapeute favorisent le mouvement, la détente et renforcent les émotions positives tout en ouvrant au dialogue, à la socialisation, au lien à soi et à la nature.

Il serait intéressant d'envisager un projet avec la SPA. Les jeunes, en s'occupant d'animaux abandonnés et maltraités, pourront par résonance prendre soin de leur propre détresse pour la dépasser.

Compétences sociales : Jouer avec un chien, l'éduquer, exige d'établir une communication pour se faire comprendre de lui. Dans un atelier ludique, les jeunes peuvent décoder mimiques et gestes du chien, affiner les leurs, et bénéficieront d'un retour des autres enfants. Apprendre les codes sociaux de la communication, avoir des responsabilités amène de l'empathie, modère des réactions inadaptées ou violentes et aide à construire une image positive de soi.

Il faut bien entendu tenir compte du rythme de Docteur Molie et la laisser parfois se reposer tranquillement dans un coin, dans sa caisse ou... sur un fauteuil bien moelleux ! En disposant de programmes variés, il est possible d'adapter à son rythme les activités avec les enfants et les jeunes : Molie active ou plutôt en « décoration ».

Objectifs, cadre et financement

Les objectifs de la zoothérapie intégrative sont classiques et ne se distinguent pas de ceux généralement utilisés en éducation spécialisée. Ce qui n'est pas banal est le cheminement emprunté pour les atteindre.

Lien social
- ouvrir un accès aux soins et à de l'aide,
- reconstruire une image positive de soi,
- décoder et apprendre les codes sociaux.

Confiance
- expérimenter le « non-jugement »,
- concevoir et construire une confiance mutuelle,
- éprouver le sentiment d'être important pour quelqu'un.

Autonomie
- sensibiliser aux concepts de respect, de responsabilité et d'obéissance et les transposer dans la vie quotidienne ;
- faire naître le désir d'aller vers l'extérieur, de se projeter et s'insérer dans une activité.

Chaque projet est unique, élaboré en commun avec l'équipe, adapté au profil de chaque population et des besoins du foyer, il est consolidé par des bilans réguliers.

Le concept de zoothérapie intégrative, pour le moment modèle pilote, facile à mettre en place, souple et modulable, représente une solution économique et écologique. Cette mesure interne exploite les locaux et le cadre existants. Elle soutient l'encadrement des jeunes et allège le travail des éducateurs, aussi bien dans l'action que dans la prévention.

Trouver des financements à ce projet est réaliste, au niveau fédéral, cantonal, de la commune ou de fondations privées, car il propose des prestations non couvertes à Genève par l'accompagnement usuel, mais dont le système a pourtant besoin. Regrouper plusieurs adolescents en grande souffrance dans une structure de foyer thérapeutique est contraignant, coûteux et risque d'être bien plus difficile à gérer qu'une structure intégrative.

Le concept de zoothérapie intégrative peut être facilement adapté et être bénéfique à d'autres populations et d'autres structures, partout où il devient nécessaire d'allier aspect thérapeutique et aspect socio-éducatif : école spécialisée, structure périscolaire, foyer pour personnes en situation de handicap ou avec un trouble du spectre de l'autisme, ou maison de retraite.

Le mot de la fin du Docteur Molie

Je m'adresse à vous en tant que chien de thérapie, porteuse de mémoire et de sagesse, ma puce d'identification et mes certificats attestent que je suis la maîtresse de mon couple d'Humains. C'est de mémoire de chien que nous cohabitons avec l'Humain, il partage notre niche… écologique. C'est la première espèce domestiquée par nous, le chat nous ayant donné plus de fil à retordre. Depuis la nuit des temps, nous avons pris en amitié cette espèce tendre et fragile, peu armée pour la vie dans la nature, et nous avons décidé de soutenir la survie de l'homo sapiens sapiens, la dernière branche des humanoïdes. Nous l'avons réchauffé les nuits glaciales et avons sonné l'alerte en cas de danger, car son ouïe et son odorat sont bien défaillants. Nous lui avons enseigné la chasse et la garde de troupeaux. Peu doué pour la transmission de pensée, l'Humain a développé un système de sons primitifs pour pouvoir communiquer avec ses semblables, même si par ce canal il n'arrive à transmettre qu'un petit pourcentage de son message. Pour assurer la survie de son espèce, à la différence de nous, il a dû privilégier et surdévelopper l'aspect cognitif, par sélection naturelle. Une solution périlleuse puisqu'il est constamment dans le jugement, maltraitant ses congénères ou d'autres espèces. En inventant des engins redoutables pour le transport et des machines qui pensent à sa place, il commet beaucoup d'erreurs d'appréciation qui le mettent en danger. Depuis quelque temps, nous avons diversifié nos rôles pour le seconder, car il est bien fragilisé par son hypertrophie cognitive et son manque de développement affectif. Nous sommes un grand nombre à nous occuper à domicile d'une personne ou d'une famille d'Humains. Souvent en manque d'affection, ces Humains ne savent pas, sauf en notre présence, comment approcher leurs semblables.

Pour les éduquer, nous essayons en premier lieu des méthodes douces, regard appuyé ou toucher du museau pour leur indiquer la conduite à tenir et, si leur attention se relâche, nous communiquons par des sons. D'ailleurs, de nos jours, ce syndrome de déficit d'attention souvent lié à l'hyperactivité est répandu chez eux et touche déjà leur progéniture.

Des Humains en grande détresse sont parfois rejetés par leur espèce et leur système émotionnel éprouvé est mis à mal et se dérègle de plus en plus. C'est une raison pour certains d'entre nous de se spécialiser, comme moi, en chien de thérapie. Ce rôle intéressant, captivant, est difficile. Je sais bien que les chiens de police et de douane ne veulent pas nous croire, nous traitant de fainéants et nous reprochant d'obtenir maintes gourmandises à force de cajolerie. Il ne faut pas écouter ces gros cabots, car entourer une personne en grande détresse, l'inciter à sortir en balade ou à nous câliner, demande une grande finesse, de ne pas surjouer, ni d'abandonner au premier signe de fermeture.

Certains Humains n'arrivent parfois plus à s'occuper convenablement de leurs petits, qu'ils adorent pourtant, et ils les regroupent dans un lieu appelé foyer. C'est là que j'interviens. Je me mets sous la table pendant le repas et, bien que je n'aie pas le droit de manger avec eux, ceux qui me comprennent me gratifient de quelques morceaux de nourriture. Je m'occupe plus intensément des quelques jeunes qui restent tout le temps au foyer. S'ils sont très tristes, parfois restant dans le noir toute la journée, je peux m'allonger sur leur lit, les lécher, émettre des sons de contentement, puis montrer que j'ai envie de faire pipi et hop…, le tour est joué, je suis arrivée à les faire sortir de leur chambre. Je montre aux hyperactifs ou à ceux en déficit d'attention comment m'apprendre à faire des tours, rapporter un bout de bois ou appuyer sur un interrupteur, et je les incite à faire une chose après l'autre, à être patient, à parler correctement et à être gentil avec moi. Nous jouons ensemble à tirer sur un tissu ou à courir l'un après l'autre, et bien sûr, je suis la plus rapide. Ils me donnent souvent des friandises pour que j'exécute une demande saugrenue comme « assis et couché », mais souvent un seul regard langoureux suffit à me faire gâter. Je m'amuse follement et j'adore travailler avec le petit de l'Humain.

Bibliographie

Arenstein G.-H. *et al.* (2013) : *La Zoothérapie*. Québec, Marcel Broquet Éditeur.

Bedossa Th., Deputte B.L. *et al.* (2010) : *Comportement et éducation du chien.* Dijon, Éducagri Editions.

Beiger F. (2014) : *Éduquer avec les animaux. La zoothérapie au service des jeunes en difficulté.* Paris, Dunod.

Bouvresse A. (2010) : Les races canines : histoire, génétique et tendances comportementales, *in* : Bedossa et Deputte.

Coenen R. (2004) : *Éduquer sans punir : Une anthropologie de l'adolescence à risques.* Ramonville Saint-Agne, Èrès.

Collignon C. (2010) : Etablir une relation avec son chien, *in* : Bedossa et Deputte.

Esperanza, centre et foyer de vie pour la pédagogie assistée par l'animal, Autriche. s.d. Consulté en ligne le 1.3.2017. Disponible à l'adresse : http ://www.esperanza.at/de/00_esperanza.html

Ferme du Lama Bleu (La) (2017) : Lieu de vie et d'accueil. Consulté en ligne le 1.3.2017. Disponible à l'adresse : http ://www.fermedulamableu.com/

Fichtlmeier A. (2014) : *Grunderziehung für Welpen.* Stuttgart, Kosmos.

Friesen L. (2009) : How a therapy dog may inspire student literacy engagement in the elementary language. *Early Childhood Educ. J.,* 37(4) : 261-267. Published online : 6 October 2009, Springer Science+Business Media, LLC 2009.

Gaillard J.-P. (2014) : *Enfants et adolescents en mutation : Mode d'emploi pour les parents, éducateurs, enseignants et thérapeutes.* Issy-les-Moulineaux, ESF Éditions.

Gilbert G. : La Ferme de Faucon. Projet pédagogique. Consulté en ligne le 12.6.2017. Disponible à l'adresse : http ://www.guygilbert.net/data/web/guygilbert.net/uploads/E N PAROLES/Documents Faucon de Charles/Projet pédagogique.pdf

Guillo D. (2009) : *Des Chiens et des Humains.* Paris, Éditions Le Pommier.

Hardy G. (2012) : *S'il te plaît, ne m'aide pas. L'aide sous injonction administrative ou judiciaire.* Ramonville Saint-Agne, Erès.

Julius H., Beetz A., Kotrschal K., Turner D., Uvnäs-Moberg K. (2014) : *Bindung zu Tieren. Psychologische und neurobiologische Grundlagen tiergestützter Interventionen.* Göttingen, Hogrefe.

Lehotkay R. (2012) : *Tel maître tel chien, ou comment le profil d'attachement du chien correspond à celui de son maître.* Saarbrücken, Éditions Universitaires Européennes

Möhrke C. (2011) : *Canepädagogik, Hilfe zur Erziehung mit und durch den Hund.* Berlin, Epubli.

Putsch A. (2013) : *Spurwechsel mit Hund. Soziales Lernen in der Jugendhilfe.* Nerdlen/Daun, Kynos Verlag.

République et Canton de Genève : Règlement sur l'intégration des enfants et des jeunes à besoins éducatifs particuliers ou handicapés du 29.11.2011. Site Internet de la République et Canton de Genève. Consulté en ligne le 7.6.17, disponible à l'adresse : https ://www.ge.ch/legislation/rsg/f/s/rsg_c1_12p01.html

Rosenberg M. B. (2003) : *La communication non-violente au quotidien.* Genève-Bernex, Jouvence.

Schulhunde Schweiz, Hunde machen Schule, site internet pour la promotion et le développement de la pédagogie assistée par le chien à l'école. s.d. Consulté en ligne le 1.4.2017. Disponible à l'adresse : https ://schulhunde-schweiz.ch/

Servan-Schreiber D. (2003) : *Guérir le stress, l'anxiété et la dépression sans médicaments ni psychanalyse.* Paris, Editions Robert Laffont.

Traube Tschugg : Sozialpädagogische Angebote. s.d. Consulté en ligne le 1.3.2017. Disponible à l'adresse : https ://www.traube-tschugg.org/

Vernooij M. A., Schneider S. (2013) : *Handbuch der Tiergestützten Intervention,* 3ème édition. Wiebelsheim, Quelle und Meyer Verlag GmbH & Co.

Weiss A. (2010) : L'approche EMRA, *in* : Bedossa et Deputte.

La psychothérapie :
une histoire de vécus ;
une histoire, deux vécus[24]
Gregory Zecca

A Marie-Claude Baumann

Introduction

Ces propos relatent uniquement le point de vue de leur auteur. Toute ressemblance avec d'autres expériences vécues par d'autres intervenants est volontairement fortuite. Ils relatent un point de vue sur le système complexe que représente le lien à l'autre dans la psychothérapie. Ce point de vue est également celui d'une personne dans ses premières années de pratique clinique en cours de transformation par rapport à son identité professionnelle de psychothérapeute. En tant que thérapeute, nous sommes tous enclins à des changements dans notre identité au fur et à mesure des interactions avec nos patients, de nos supervisions, de notre développement personnel ou encore de nos formations (et aussi de nos expériences de vie en général). Peut-être, d'ailleurs, ce processus de différenciation identitaire en tant que thérapeute ne s'arrête-t-il jamais vraiment au cours d'une vie. Il faudrait plutôt être inquiet s'il se cristallisait trop par moments (il y a quand même un besoin de pauses entre les moments de changements dans le cycle de vie personnelle du thérapeute). Dans cette vision, il devient alors important, voire nécessaire, de développer une certaine bienveillance envers soi-même, aussi bien dans ses torts, dans ses travers et dans les théories intuitives que l'on développe sur sa propre pratique, la perfection n'existant pas, la persévération vers la perfection étant parfois même diabolique, l'enfer pavé de bonnes intentions.

---

[24] Ce chapitre s'inspire en partie d'un mémoire de fin de premier cycle d'étude écrit par l'auteur et effectué sous la direction du Professeur Nicolas Duruz : Zecca, G. (2006). *La relation psychothérapeutique : Un lien interhumain* [Mémoire non publié]. Lausanne : Université de Lausanne.

Aussi, en cette période, vient plutôt chez l'auteur de ce chapitre l'envie de reprendre une réflexion initiée durant les études et mise à jour avec les connaissances issues des premières années d'expérience professionnelle en tant que clinicien.

Ce texte se veut être une réflexion initiatique sur les liens entre vécus, conception de l'autre en tant que sujet, mémoire et imaginaire en psychothérapie.

Une double vision de la souffrance psychique et de la psychothérapie

La psychothérapie, avant d'être un acte thérapeutique, est une rencontre entre deux êtres humains. Ce mode d'interaction peut être analysé en fonction de deux niveaux, si nous reprenons la perspective élaborée par Binswanger, psychiatre suisse ayant été l'un des fondateurs de la *Daseinsanalyse*. Pour ce dernier, l'individu peut être appréhendé de manière complémentaire par rapport à :

- ses fonctions vitales, à savoir ses mécanismes régulateurs biologiques, psychologiques et sociaux, impliquant l'étude objective de l'homme, le considérant comme un objet passif et sous-tendant une saisie analytique de ses fonctions régulatrices dans une perspective explicative et causaliste ;
- son histoire intérieure de la vie, à savoir la manière avec laquelle l'homme est affecté par ce qui lui arrive, impliquant une vision de l'homme en tant que sujet-acteur qui est un être-au-monde, perspective permettant d'appréhender l'homme dans une vision compréhensive centrée autour du sens dans l'existence humaine (Binswanger, 1947 ; Duruz, 1994).

Dans la première perspective, on appréhendera l'histoire du patient par rapport à des symptômes afin d'attribuer un diagnostic, construire une hypothèse explicative des symptômes au regard du contexte social, de la psychologie de la personnalité du patient ou encore de sa biologie. Cette vision s'axe sur la compréhension de ce qui se passe dans la vie du patient, notamment en fonction de modèles thérapeutiques existants. Elle constitue une vision médiatisée par la théorie qui est faite autour du patient. C'est dans ce cadre que l'on dira qu'un patient est entré en crise et a, par exemple, développé des symptômes anxio-dépressifs réactionnels à une séparation amoureuse, d'un point de vue psychiatrique. Ou encore que la crise met en exergue chez lui un conflit inconscient à l'origine de l'angoisse, si l'on est d'obédience psychodynamique. Ou encore que la rupture amoureuse met à mal le sentiment d'existence de la personne par perte d'une appartenance au couple, comme diraient certains systémiciens. Cette perspective est celle de l'ordre de la conceptualisation de cas. Elle permet d'expliquer ce qui se passe pour trouver des pistes compréhensives et des stratégies d'interventions guidées par le modèle thérapeutique avec lequel l'intervenant du soin travaille. Cette vision orientée sur les faits et leur éclairage permettra de mettre en place un traitement médicamenteux et/ou psychothérapeutique en tant qu'acte de soin afin de rétablir la « santé psychique » de l'individu. La psychothérapie est alors un acte de soin posé par un spécialiste du domaine en vue de soulager la souffrance et les symptômes.

Dans la deuxième perspective, on s'attellera à la compréhension, plus qu'à l'explication, du vécu du patient dans ce qu'il constitue une expérience humaine et phénoménologique traduisant une certaine manière d'être-au-monde. Il s'agit d'écouter une personne qui raconte comment, à un temps donné, elle vit, elle expérimente ce qui se passe dans son existence et dans le monde qui l'environne. Les crises et les difficultés que rapportent les personnes qui vont en thérapie constituent des expériences vécues et subjectives renvoyant à des problèmes en lien avec des dimensions existentielles générales. Dans ce point de vue, plus que d'expliquer ce qui se passe dans la vie du sujet en souffrance, ce qui devient central est de comprendre comment il souffre (et non pourquoi), comment il vit ce qui se passe au niveau de son corps, de son âme, de sa vie. On ne parle pas d'inconscient, de symptômes, de système, on parle de sentiments, de vécus sensoriels plus ou moins structurés, de sensations, d'images dans ce qui se donne à voir, à (re-)sentir, à éprouver notamment dans le moment présent, dans l'immédiat. Dans cette optique, le thérapeute prend part à cette expérience, il vit lui-même quelque chose avec le patient. La psychothérapie devient une expérience humaine partagée et immédiate entre deux être-au-monde. On peut partir du principe que deux êtres sont présents, deux êtres avec leur histoire, deux êtres avec leur vécu, deux êtres aux prises avec l'existence et avec pour structuration le fait que l'un des deux parle de son existence à l'autre qui écoute et tente d'en faire quelque chose (s'il le peut). Il s'agit alors d'appréhender les séances en fonction d'une expérience subjective et immédiate entre deux humains avant de les analyser au travers d'une théorie psychologique particulière. La rencontre thérapeutique est une expérience vécue avant tout entre deux humains qui créent une histoire commune. Ces rencontres vont être vécues par chacun des protagonistes, thérapeute et patient, d'une manière singulière et unique. La relation entre un patient et son thérapeute restera d'ailleurs unique pour cela.

Fonctions vitales et histoire intérieure de la vie restent complémentaires dans la conceptualisation de la souffrance psychique et de l'élaboration des phénomènes qui se produisent dans les séances de psychothérapie. Autant les éléments subjectifs rapportés et vécus par le patient au niveau de l'histoire intérieure de la vie vont constituer une source d'information importante pour l'élaboration et la conceptualisation de ce qui se passe au niveau des fonctions vitales, autant l'analyse des fonctions vitales va permettre d'orienter par moments le questionnement du thérapeute sur la manière dont le patient vit ce qui se passe dans son existence, saisir les moments de l'existence qui ont besoin d'être mis en mots, avec en toile de fond les hypothèses de travail que le thérapeute se sera construites. Le thérapeute étant également une personne qui vit ce qui se passe, il pourra aussi s'appuyer sur son ressenti en séance, sur sa propre histoire intérieure de la vie, pour élaborer son expérience en lien avec le processus de manière médiate avec l'aide des théories relevant du niveau des fonctions vitales.

Pour la suite de ce chapitre, nous axerons nos propos en fonction du niveau de l'histoire intérieure de la vie en amenant quelques pistes de réflexions littéraires et philosophiques autour de la question de l'expérience thérapeutique.

S'apprivoiser, se considérer comme sujet, expérimenter

La psychothérapie implique un phénomène préalable de rencontre pour qu'un lien puisse s'établir entre deux personnes et qu'un vécu commun puisse se construire. Dans cette optique, la thérapie implique un certain temps d'apprivoisement de l'autre (autant du thérapeute que du patient), d'apprivoisement de soi (pour le patient), d'apprivoisement de ce que suscite l'autre en soi (pour le thérapeute). Car au fond, une manière de voir les choses est de considérer les rencontres thérapeutiques comme des expériences de rencontre avec autrui, mais également de soi-même au travers de l'autre. Ce travail d'apprivoisement des relations humaines (car il s'agit de cela aussi en thérapie) est très bien illustré dans le chapitre XXI du Petit Prince d'Antoine de Saint-Exupéry (1943). Dans ce chapitre, il est question de l'importance de prendre du temps pour constituer une relation authentique et spécifique avec une personne, une métaphore de ce qui peut se dérouler en thérapie (et également entre diverses parties de soi). Nous pourrons trouver une définition de l'apprivoisement dans le dialogue suivant entre le Petit Prince et le Renard :

« – [...] Qu'est-ce que signifie "apprivoiser" ?

– C'est une chose trop oubliée. – dit le Renard – Ça signifie "créer des liens..."

– Créer des liens ?

– Bien sûr, dit le Renard. Tu n'es encore pour moi qu'un petit garçon tout semblable à cent mille petits garçons. Et je n'ai pas besoin de toi. Et tu n'as pas besoin de moi non plus. Je ne suis pour toi qu'un renard semblable à cent mille renards. Mais si tu m'apprivoises, nous aurons besoin l'un de l'autre. Tu seras pour moi unique au monde. Je serai pour toi unique au monde...

– Je commence à comprendre. – dit le Petit Prince – Il y a une fleur... je crois qu'elle m'a apprivoisé... » (Saint-Exupéry, 1943, pp. 71-72).

En psychothérapie, un travail d'apprivoisement de l'autre est nécessaire pour l'aider à travailler avec ses vécus. Cet apprivoisement implique la prise en considération du temps comme trame se situant en filigrane des séances. S'apprivoiser dans les relations, s'apprivoiser en thérapie nécessite de laisser le temps faire son œuvre pour créer un espace où le patient pourra parler de ses vécus, car ils constituent quelque chose d'intime. « Créer des liens », comme le dit le Renard, est la condition sine qua non de l'expérience thérapeutique et de la possibilité de laisser émerger l'histoire du sujet.

Par ailleurs, l'apprivoisement de l'autre permet de le considérer comme un sujet en tenant compte de ses spécificités, ainsi que de celles de la relation thérapeutique. La considération d'autrui en thérapie suppose qu'on tienne compte de chacun comme étant une personne à part entière. Cela implique une certaine dimension éthique à tenir en compte pour que les vécus de chacun des protagonistes puissent être à la source d'une expérience commune. Selon Martin Buber (1923), philosophe d'origine allemande, la vie est un processus qui apparaît parce qu'il y a relation. Cette dernière est possible dans la mesure où il y a rencontre entre deux êtres, deux consciences : le Je se retrouve en face d'un Tu et ce Tu, pour qu'il puisse exister une relation, est ressenti par le Je comme − en quelque sorte − un autre soi-même, un miroir du Je [25]. Par ailleurs, c'est grâce à ce Tu que le Je peut se constituer comme personne. En effet, c'est parce qu'autrui existe que je peux le différencier de moi-même. Et, pour aller plus loin, c'est grâce à cet autre et à la conscience que j'en ai que je peux me définir comme être existant et pensant à part entière. Cependant, le Je ne doit pas prendre l'autre, le Tu, comme exclusivement un autre Je. Pour mieux comprendre, introduisons la notion du Je-Cela. La relation ou le monde du Je-Cela s'exprime par l'expérience du sujet par rapport aux objets : c'est la relation qui s'établit entre le Je et un objet, relation qui est médiate et indirecte. Ainsi, le Tu pourra devenir un objet parmi les autres si je ne rentre pas en relation avec lui, mais si je réfléchis sur lui, si je le tiens comme objet plus que comme sujet pour ma conscience. En quelque sorte, c'est un sujet qui devient objet de ma pensée. Dans tous les cas, cette relation est réversible : le Tu devenu Cela peut redevenir Tu. Prenons un exemple pour illustrer les modes Je-Tu et Je-Cela. La relation qui s'établit entre le patient et son thérapeute est une relation de type Je-Tu : le patient va à la rencontre du thérapeute, ils partagent un espace commun. Cette relation devient de type Je-Cela quand le thérapeute parle, par exemple, de son patient à son superviseur. Il devient doublement objet : d'une part, objet de pensée pour le thérapeute lui-même (le thérapeute s'en fait une représentation) ; d'autre part, objet du discours entre le thérapeute et ses collègues. Tout comme pour le patient qui, lui, pourra parler de son travail thérapeutique ainsi que de son thérapeute à un ami ou à son médecin généraliste lors d'un bilan de santé.

A cela s'ajoute également le fait que, pour Buber, le Tu est un miroir du Je non pas dans le sens où il est sa copie conforme, un « autre Je », mais dans le sens où ce Tu représente une image miroir du Je en tant qu'individu doté d'une conscience, en tant qu'être humain à part entière. L'authenticité de ce lien réside dans la mutualité et la réciprocité. L'autre est semblable parce que c'est un

---

[25] Il faut mentionner que le Tu des relations Je-Tu dans la théorie de Buber peut représenter trois types d'entités distinctes : le Tu comme représentant (1) une autre personne, (2) la nature, ou encore (3) Dieu.

être humain conscient, mais différent parce qu'il possède sa propre personnalité et son propre vécu. La relation est garante du processus de subjectivation et d'humanisation. C'est parce qu'un autre humain me regarde comme un humain que je peux me considérer progressivement comme une personne et non comme un objet.

Il est également important de préciser que, pour Buber, une distinction doit être opérée entre l'individu et la personne. L'individu est le sujet que l'on rencontre dans la relation Je-Cela, dans laquelle le Je peut manipuler les objets. La personne, quant à elle, constitue le sujet de la relation Je-Tu, dans la mesure où Je et Tu partagent une même réalité à un moment donné. Cet aspect est le plus visible dans la relation thérapeutique : deux Je, ayant un vécu différent et une personnalité différente. Ensemble, ils vont créer un espace commun dans lequel ils peuvent établir un sens commun. Dans ce cas, l'interaction thérapeutique est une relation entre deux personnes et non deux individus.

Dans cette dynamique Je-Tu, c'est notamment grâce aux sensations et perceptions internes et externes que le Je peut considérer un autre Je comme une personne. Un détour par la phénoménologie est utile pour continuer le propos de ce chapitre. La phénoménologie se définit, selon Merleau-Ponty, comme « [...] l'étude des essences, et tous les problèmes, selon elle, reviennent à définir des essences : l'essence de la perception, l'essence de la conscience, par exemple. Mais la phénoménologie, c'est aussi une philosophie qui replace les essences dans l'existence et ne pense pas qu'on puisse comprendre l'homme et le monde autrement qu'à partir de leur facticité. C'est une philosophie transcendantale qui met en suspens pour les comprendre les affirmations de l'attitude naturelle, mais c'est aussi une philosophie pour laquelle le monde est toujours déjà là avant la réflexion. [...] C'est l'essai d'une description directe de notre expérience telle qu'elle est, et sans aucun égard à sa genèse psychologique et aux explications causales que le savant, l'historien ou le sociologue peuvent en fournir [...] » (Merleau-Ponty, 1945, p. 1).

Elle représente un domaine de la philosophie qui traite de la question du sens. Le sens se constitue par l'existence et n'est jamais une donnée indépendante du sujet, comme « jetée au monde » (écrirait Sartre) sans origine et de manière toute faite. Le sens n'est pas une essence dès le départ, il devient sens au travers du temps, de l'espace et de l'expérience. La phénoménologie ne se propose pas d'expliquer ni d'analyser le monde, mais de le décrire, permettant ainsi la description des essences. En résumé, on peut dire qu'elle est la science des phénomènes tels que perçus par la conscience, ces phénomènes pouvant être synonymes de vécus.

Merleau-Ponty pose comme principe de base que « le monde est une coexistence de consciences » (1945, p. 401). Chaque personne, qu'elle soit bien portante ou en souffrance physique et/ou psychique, a une conscience du monde et des objets environnants grâce à la perception. Cette dernière est importante dans la mesure où elle permet la rencontre avec autrui. En effet, remarquons que, de manière rudimentaire, sans la perception nous ne pourrions pas avoir de contact avec notre monde extérieur : la perception est une porte vers l'extérieur de notre conscience. Cependant, cette perception du monde n'est pas objective, mais bien subjective. La perception de ce qui nous entoure permet la représentation d'un monde qui est personnel à chacun, un monde à soi. En ce qui concerne la perception d'autrui, il existe, pour Merleau-Ponty, un lien particulier entre deux êtres vivants qui ne serait pas le même que lorsqu'un individu rencontre un objet quelconque dans son champ perceptif. Renaud Barbaras reprend ce principe et explique que : « Merleau-Ponty montre ici qu'il y a, entre mon corps, en tant qu'il incarne ma conscience, et celui d'autrui, une relation telle que le corps d'autrui m'apparaît comme tel, c'est-à-dire comme présence d'une autre conscience. Cette présence n'est pas déduite d'un raisonnement par analogie, elle est saisie immédiatement comme telle » (Barbaras, 1997, p. 43). Dès le moment où la conscience perçoit un autre humain, elle déduit immédiatement que cet être humain est doté d'une conscience incarnée. L'autre apparaît comme une personne à part entière au travers des sens et des sensations qu'il produit au travers du corps et des impressions qu'il suscite dans le champ de conscience. La perception est un primat sans lequel on ne peut pas connaître autrui. Sans cette perception, l'intersubjectivité elle-même ne pourrait pas exister. Dès lors, le corps devient un espace vivant essentiel avec lequel je peux aller à la rencontre de l'autre. L'individu ne peut développer sa conscience de l'autre qu'en en faisant l'expérience, et ce grâce, en grande partie, au corps et à ses sens. Dans cette perspective, la psychothérapie constitue un espace où deux consciences incarnées dans un corps font, au départ, une expérience sensorielle, source de vécus. Pour Merleau-Ponty et tel qu'expliqué par Barbaras, le corps d'autrui ne devient pas un simple objet pour ma conscience, il m'apparaît directement, immediatement comme étant celui d'un être humain, d'une personne ; il n'est pas déduit comme tel après une longue réflexion. Il se pose à moi comme étant une conscience incarnée et ce pour deux raisons. D'une part le corps d'un individu n'est pas un objet inanimé, « il est plus qu'un fragment d'étendue » (Barbaras, 1997, p. 43) : il laisse transparaître des comportements et des manières d'agir, il véhicule une existence et « présente une vie à sa façon » (*ibid.*). De plus, tout comme pour moi, cette activité du corps d'autrui me laisse penser qu'il a aussi une conscience et une vie intérieure, même si je ne peux pas la vivre, mais uniquement la voir de l'extérieur et la supposer. D'autre part, dans la mesure où je suis incarné dans un corps et que ma conscience ne se pose pas uniquement à elle-même, mais qu'elle est aussi ouverte sur le monde, je suis capable d'être transcendé par le monde et par autrui. C'est par cette transcendance du monde que je peux percevoir autre chose que ma propre conscience et concevoir autrui. Alors, quand patient et thérapeute s'apprivoisent et se rencontrent, chacun prend conscience de l'autre en tant que sujet au travers des sens, chacun se laisse transcender au travers des sens. Autrement dit, la psychothérapie est avant tout un acte éminemment perceptif et sensoriel tant du point de vue du thérapeute que du point de vue du patient. Les sensations vécues seront la base de l'élaboration de l'histoire du patient et des processus en jeu en thérapie. Observer ce qui se passe en soi en tant que thérapeute devient alors une nécessité épistémologique pour écouter l'histoire du patient. Au final, le travail de thérapeute au niveau de l'histoire intérieure de la vie du patient est en majeure partie constitué par ce que le thérapeute observe : observation de ce qu'il perçoit de la personne en face de soi (au travers des cinq sens), observation de ce qu'il ou elle suscite en soi (sensations, émotions, pensées volontaires comme automatiques). C'est aussi grâce à cette perception par les sens que je peux ensuite considérer l'autre comme un Tu au sens de Buber, car cette perception me permet de comprendre par l'expérience que la personne en face de moi est un être humain, une personne (et non uniquement un individu) avec une conscience incarnée dans un corps. Sans perception et sans conscience incarnée, il n'existe donc pas la possibilité de considérer le patient comme un être-au-monde singulier.

Ainsi, la considération de l'autre comme un Tu permet quelque part de l'intégrer dans le monde des humains et d'intégrer ses expériences dans un cadre. Cela permet de donner forme à son expérience. Et en aidant l'autre à accéder à sa part d'humanité au travers de sa subjectivité (qu'elle soit positive ou négative), on lui permet d'aller à la rencontre de sa singularité en tant que personne. Un pont vers la différenciation et l'individuation devient possible. Une différenciation se crée, l'identité apparaît et/ou se transforme.

Des sensations à la mémoire en passant par l'imaginaire

Dès lors, au vu des expériences relationnelles différentes qui seront faites, une mémoire particulière va s'établir entre les deux acteurs d'une thérapie. Car c'est bien avec la capacité de se souvenir que quelque chose va se produire, les sensations devenant des perceptions, les perceptions activant les affects, les affects activant les processus d'apprentissage et de mémorisation de moments-clés, de moments forts parfois. Le thérapeute devient le témoin d'une histoire de vie racontée qui s'inscrit dans sa mémoire à lui. On passera alors de quelque chose d'indifférencié sur un plan humain – car on ne se connaît pas au début d'une thérapie – à cette relation singulière, porteuse d'un sens commun, mais aussi d'un sens singulier pour chacun.

De ses sensations et de l'expérience vécue qui en sortira, une trace s'inscrira peut-être en chacun des protagonistes. En effet, la considération d'autrui comme un sujet pensant et sensoriel aura pour conséquence la création d'une forme de mémoire pour chacun. Du moins, du côté du thérapeute, ce qui l'aidera à travailler avec son patient, c'est le fait qu'il se crée une mémoire de qui il est, de ses spécificités en tant que personne, mais également des souvenirs et éléments qu'il rapporte dans son discours pendant les séances. L'espace thérapeutique devient alors un espace virtuel de mémoire, qui permet d'aider le patient à ancrer son identité en tant que personne singulière dans un monde de consciences incarnées. Ce qui fait défaut chez certains, c'est bien qu'ils n'ont pas été considérés par leur entourage comme des personnes, investis comme des sujets, mais uniquement comme des objets. Le champ relationnel que permet l'espace thérapeutique rend possibles l'exploration et les idées plus ou moins « folles » de la personne. Cet espace va jouer un rôle de matrice, un espace stable de construction d'hypothèse, d'idée, d'affect qui a pu faire défaut par moments dans la vie du patient. Cette mémoire garantit une continuité dans les histoires de vie singulières du patient et du thérapeute. Egalement, ces « traces mnésiques » sont possibles dans la mesure où une certaine présence à l'instant (au départ du thérapeute) va permettre un ancrage de ce qui se passe dans la mémoire des participants. C'est comme si nous avions affaire à deux historiens cherchant des documents, des objets, des événements …, pour donner sens à l'histoire du patient, lui donner une forme, un fil rouge. Car ce qui a pu rendre peut-être « fou », c'est bien la perte d'un espace relationnel qui garantissait de manière cohérente la mémoire d'un individu à un moment donné. Cela a pu parfois laisser le sujet aux prises avec ses vécus et son inconscient, le moment présent et l'absence de mise en perspective historique. Ce manque d'investissement psychique de la part de l'autre a pu produire chez le patient un « trou » dans la narration de l'histoire personnelle, un moment où le fil rouge s'est perdu ou rompu, du moins en surface. Ce qui paraissait logique ne le devient plus sur le plan de l'existence présente. Ces « trous » dans la narration peuvent même parfois laisser des traces dans le vécu et dans le corps du patient, le laissant aux prises avec des sensations et des images parfois chaotiques sur lesquelles aucun sens n'a été posé, par absence de stabilité, par absence de mémoire. Alors, la mémoire des séances permet un ancrage de l'expérience subjective, du vécu du patient, une réappropriation de l'identité au travers de la sensorialité. En effet, il y a des sensations qui laissent des traces non conscientes et invisibles – qui « hantent » le patient à son insu, qui le troublent dans le développement de son identité, qui n'ont pas eu accès de manière claire et identifiable à sa conscience pour que le patient y mette du sens. Parfois, ce travail devient possible car une autre conscience incarnée, celle du thérapeute, a perçu quelque chose de cet ordre dans son propre champ perceptif et par rapport à ses résonances, quelque chose qu'il peut rendre clair et renvoyer à l'autre.

Au fond, la mémoire, qui se constitue au travers des séances, inscrit ce qui se passe dans une certaine temporalité : le temps de l'action, le temps de la pensée, le temps de l'interaction, le temps de la sensation. La psychothérapie constitue un temps dans lequel on se rencontre, à deux, à trois, à plusieurs. Un temps où l'on se rencontre soi-même avec l'autre dans un espace physique et psychique conçu à cet effet. Un temps qui permet de se trouver, d'explorer, de mettre des mots … sur le vécu. Prendre le temps permet alors une exploration de sa propre identité et de son propre psychisme au travers d'une relation. C'est également par la répétition des séances et des moments vécus à deux que va se créer cette temporalité qui servira de trame à la création d'une temporalité de la vie du patient. Thérapeute et patient finissent par créer une histoire commune et donc une mémoire commune qui permet au patient d'explorer son identité. Certains épisodes vécus en séance peuvent constituer des points de repères (temporels) qui permettent la définition de soi. « Vous vous rappelez quand vous m'avez dit cela, j'y ai beaucoup réfléchi cette semaine », dit le patient. « Vous me parlez de la relation avec votre conjoint dans les mêmes termes que ceux que vous avez utilisés pour parler de votre père il y a trois séances de cela », dit le thérapeute. Le temps passé ensemble et l'expérience subjective de chacun dans l'espace thérapeutique permettent de donner place à des vécus qui n'ont pas pu prendre forme ailleurs par absence de temps ou d'espace pour le faire (soit parce qu'on n'arrive pas à s'ouvrir à soi-même, soit parce que dans d'autres relations on ne perçoit pas l'espace ou on ne prend pas le temps pour le faire). Les personnes présentant une hyperactivité, par exemple, semblent par moments ne pas pouvoir s'ouvrir à elles-mêmes dans la mesure où leurs vécus s'expérimentent sur un mode aussi intense que rapide et qu'il en devient difficile de mettre du sens et se percevoir comme sujet. Pour ces personnes, c'est comme si la temporalité ne pouvait pas dépasser quelques heures, voire quelques instants, au vu de la rapidité avec laquelle elles expérimentent leurs vécus. Une mémoire et une identité personnelles peuvent devenir difficiles à constituer dans la mesure où le temps nécessaire pour intégrer ce qui est vécu peut manquer parfois. Par conséquent, pour se créer une forme de mémoire personnelle, les hyperactifs vont être dans le faire, dans l'action, car en accomplissant le plus de choses ou en pensant à beaucoup de choses, on se constitue de manière aussi intense qu'éphémère une identité par somme d'actions dans la communauté humaine (l'action étant un mode de régulation des états internes suscités par les fortes stimulations vécues par l'hyperactif dans son environnement et dans sa tête). Difficile de faire autrement, car difficile de créer une temporalité plus importante. Les hyperactifs s'agiteraient-ils autant pour se sentir exister en tant que sujet en raison d'une absence de sentiment de stabilité et de continuité temporelle ? Les actions permettent de laisser des traces dans la communauté humaine, une forme de mémoire externe. Or, toute cette forme d'agitation finit tôt ou tard par épuiser la personne. Dans ce cas, la psychothérapie peut aider à construire un espace de mémoire qui permet d'explorer plus calmement l'identité pour calmer cette réactivité et cette action en réponse aux stimulations internes et externes à soi qui ne laissent pas ou peu de répit à la personne pour penser son histoire.

C'est également dans le temps que s'inscrivent le changement et le fait de trouver des solutions. Dans ce temps, il y a également quelque chose qui va au delà du réel et qui touche à l'imaginaire et au potentiel de ressources qu'il peut amener pour le quotidien. L'espace thérapeutique est un espace stable, un espace de mémoire relationnelle qui permet l'exploration au travers de l'imaginaire notamment pour trouver les ressources permettant à la personne de se développer. Les expérimentations successives de vécus en séance et leur enregistrement dans la mémoire du patient comme dans celle du thérapeute vont constituer un socle permettant d'aller s'apprivoiser au travers de ses ressources imaginatives. L'imaginaire, dimension fondamentale de l'esprit et de l'existence, négligée parfois dans la vie adulte parce que le rationnel doit primer plus (sauf chez les artistes, et encore…) est une source inépuisable de sens et d'idées. L'imaginaire peut être défini comme un monde/un espace où tout est virtuellement possible. Il est un réservoir – à l'interface du conscient et de l'inconscient – d'idées, d'hypothèses, d'images, de sons, de sens, de possibles et d'impossibles, de tout, de rien. Une part peut-être folle de soi (de par sa logique irrationnelle) qui a le droit de se moquer des contraintes de la réalité et qui constitue une source de créations autant positives que négatives. Par exemple, chez l'anxieux, il lui fait créer des scénarios catastrophe à répétition, chez le psychotique des images terrorisantes, … L'imaginaire est un espace psychique dans lequel se trouvent des images, des sons et des pensées qui, s'ils sont apprivoisés avec une certaine rationalité, permettent une interaction entre soi et le monde de manière « ajustée », « adaptée », impliquant un certain respect de soi-même et du monde. Souvent, la construction du rapport entre imaginaire et réalité est rendue possible par le lien de l'autre à soi et l'intériorisation des rapports interpersonnels entre l'autre et soi qui permettent un lien et une cohérence entre des parties de soi-même ou des parts de soi avec la réalité extérieure. Sans ce lien, soit on peut rester coincé dans son imaginaire et ne pas être capable d'en sortir (pôle extrême de l'autisme), soit on peut rester coincé dans une hyper-rationnalité en lien avec l'extérieur qui devient uniquement contrainte (pôle extrême de la névrose). Les problèmes et difficultés du quotidien émergent lorsque ce rapport entre la réalité et l'imaginaire est troublé, plus qu'ils ne relèvent d'un problème en lien uniquement avec l'imaginaire ou la réalité extérieure à soi. Soit on est enfermé dans cet imaginaire, soit on n'y a pas accès. Cependant, quoi qu'il arrive, la solution trouvée pour gérer son rapport à la réalité est une réponse adaptative possible (qu'elle soit fonctionnelle ou dysfonctionnelle), une solution permettant de continuer à vivre, ou survivre dans certains cas. Peut-être même que c'est notre part en lien avec l'imaginaire, notre part parfois « folle » de nous-même qui permet de créer des solutions. Se laisser aller à ce que pourrait être sa vie de manière plus ou moins réaliste, de manière plus ou moins folle permet de faire émerger des ressources et des idées potentielles auxquelles on n'a pas pensé pour vivre différemment. Il y a des rapports entre imaginaire et réalité qui créent une certaine harmonie, il y en a d'autres qui créent par contre de la souffrance. L'imaginaire a besoin de la réalité comme d'un socle, car c'est une part de soi atemporelle, une part irrationnelle, une part où tout est possible..., une part de soi inscrite dans le moment présent plus que dans la mémoire du temps. Quand il n'y a pas de socle à cet imaginaire, c'est là qu'on perd pied avec la réalité, parce qu'elle est peut-être anormalement insupportable, il y a trop, on n'en peut plus, un mode de réaction face à une situation qu'on ne veut pas, ... L'imaginaire prime sur la réalité et on perd un équilibre où l'on se trouve enfermé dans le monde des possibles et plus dans le monde du réalisable. Ce qui n'est pas forcément une faute en soi, le monde imaginaire pouvant être aussi agréable, malgré la fuite qu'il représente pour certains. Les séances de thérapie constituent un cadre spatio-temporel qui permet de rétablir parfois un lien fonctionnel entre son imaginaire et sa propre réalité. (R-)établir une connexion avec son imaginaire permet d'avoir accès à un champ de ressources pour travailler sur les vécus et leur donner du sens, des vécus qui sont restés à l'état de sensations et qui n'ont pas pu devenir des objets de conscience. L'imaginaire permet de définir des champs de possibles pour encadrer les vécus qui n'ont pas pu être traduits sous forme de symboles chez le patient et qui sont uniquement restés à l'état de sensations indéfinissables, à l'état d'expériences sensorielles et perceptives sans sens.

Le rapport du thérapeute à son propre imaginaire est important également pour aider le patient à rétablir son propre lien avec son imaginaire, à le (ré-)apprivoiser. En effet, tout ce que dit le patient en séance active chez le thérapeute autant de sensations, de souvenirs personnels, de réflexions, mais également d'images, de sons ou encore de pensées plus ou moins farfelues. Si l'on s'ouvre en tant que thérapeute à son propre imaginaire, on peut y trouver beaucoup de ressources pour construire des hypothèses sur ce que vit le patient. Toutes ces informations que nous envoie l'imaginaire peuvent devenir un socle sur lequel il est possible d'élaborer l'histoire et les vécus du patient. Se mettre en contact avec son imaginaire suppose que l'on soit ouvert à nos propres vécus en tant que thérapeute, car c'est sur la base des sensations, perceptions et vécus qu'une association avec une pensée, une image ou encore un son peut se produire. S'ouvrir à ce type d'associations entre histoire du patient, ressentis/vécus en séance et imaginaire permet de créer pour soi et pour le patient des hypothèses afin de mettre du sens sur l'existence de ce dernier et sur le processus thérapeutique. Par exemple, les métaphores que certains thérapeutes emploient constituent le produit du lien entre récit du patient, vécu du thérapeute et association avec l'imaginaire. L'accès à cet imaginaire devient pour le thérapeute une ressource pour donner du sens à ce qui se passe pendant un temps durant les séances. Renvoyer tous ces éléments au patient peut lui permettre de retrouver un accès à son propre imaginaire, à ses propres ressources pour construire des mondes possibles, mettre du sens là où il n'y en avait pas/plus et trouver des solutions…, autant de trésors possibles et cachés qui ne demandent qu'à être découverts.

Finir sur une histoire…

Il était une fois un navigateur qui avait fait naufrage sur une île dont il ne savait pas si elle était déserte ou habitée. Il était parti découvrir de nouveaux territoires, car il aimait l'inconnu et la découverte. Cela étant, ce qu'il ne savait pas, c'est que l'océan pouvait être parfois joueur avec les personnes qui tentaient de l'explorer. Pendant son périple, il fut pris dans une tempête terrible qui le fit s'échouer sur une île inconnue après plusieurs semaines d'errance solitaire. Perdu, agité et désorienté, il ne savait pas par où il devait commencer pour se remettre à flot et repartir en voyage. Il commença soudainement à avoir peur de l'inconnu. Lui qui n'avait jamais éprouvé ce sentiment par le passé, il fut frappé de constater qu'il ne pouvait pas, comme les autres humains de son genre, échapper à cette émotion déstabilisante. Il était et se sentait seul, abandonné à son sort de navigateur perdu. Or, après quelques jours d'errance sur cette île, il aperçut un homme qui devait probablement être un autochtone. Il fut surpris de découvrir qu'au fond, cette île n'était pas aussi déserte qu'il se l'imaginait. Il tenta de s'approcher de cette personne aux allures exotiques pour entrer en communication. Il fut surpris d'apprendre qu'ils parlaient la même langue. Comment était-ce possible ? Il y a des mystères dans la vie pour lesquels il n'y a pas – et il n'y aura probablement jamais – de réponse claire. Cependant, cette nouvelle connaissance ne semblait pas représenter un danger, au vu de l'accueil qu'elle faisait au visiteur naufragé sur son île. Commença alors une histoire étrange qui demanda au navigateur d'expérimenter quelque chose qu'il avait peu connu dans le passé, une relation humaine. C'est qu'il avait été solitaire et avait voulu souvent apprendre seul, sans l'aide de personne, ce qu'il voulait apprendre. Il était également de nature peu loquace et entrait d'habitude en contact avec les gens de son espèce uniquement lorsqu'il en avait l'obligation. Il fut surpris par la gentillesse et l'hospitalité de son hôte qui lui proposa dans un premier temps de se reposer et de reprendre des forces. Le navigateur n'était pas très habitué à ce type d'attitude envers lui de la part d'une autre personne ; il était comme un animal sauvage qui avait besoin d'être apprivoisé. La communication ne fut pas aisée au départ, au vu de la maladresse du navigateur à être dans le lien. Cependant, l'autochtone ne réagissait pas à ces difficultés relationnelles. Bien au contraire, il continuait à montrer beaucoup d'hospitalité au navigateur. Il voyait bien qu'il était éreinté et qu'il avait besoin de repos, il ne voulait pas le brusquer plus pour le moment. Au fur et à mesure des jours qui passèrent, nos deux acolytes firent connaissance comme ils le pouvaient. L'autochtone lui montra son île, lui fit explorer ses contrées pour que le navigateur ait moins peur et pour qu'il se sente rassuré. Il n'est pas toujours aisé de se retrouver dans des contrées lointaines de chez soi et inconnues de surcroît. Cependant, l'autochtone n'avait pas questionné les raisons pour lesquelles le navigateur était parti de chez lui. Il s'était fait des idées, mais il attendait le bon moment pour en parler (si pour autant ce moment se présentait).

Un jour, l'autochtone décida de poser des questions sur le voyage de son invité. Il lui demanda pourquoi il avait décidé d'entreprendre un voyage en bateau. Le navigateur lui répondit : « J'avais envie d'aller à la recherche de nouveaux territoires, là où j'habitais je ne me sentais pas chez moi. J'avais envie de faire quelque chose de significatif pour ma vie, découvrir quelque chose de nouveau, voyager aussi pour mieux connaître le monde. J'ai dû me perdre en mer car j'ai dû oublier de regarder mes repères en voguant je ne sais trop où. » L'autochtone fut intéressé d'apprendre cela et répondit sur un ton aussi serein que bienveillant : « La vie est comme un voyage en bateau, nous voguons sur les mers et les océans, dans le calme, dans la tempête. Il y a des jours où l'on se perd. Alors parfois, il est important de regarder les repères que l'on a appris à utiliser dans le passé quand on se sent perdu. Sur un bateau d'explorateur, il y a toujours une boussole qui nous indique le nord et, si l'on souhaite s'orienter avec des éléments externes, la position du soleil, de la lune et des étoiles sont autant de repères que la nature a trouvés pour nous accompagner et nous guider au travers de notre chemin. Explorer, c'est voyager à l'aide des astres... »

Au lendemain de cette discussion, le navigateur décida d'aller faire un tour seul sur la plage sur laquelle son bateau s'était échoué. Vers les débris de ce qui restait de son embarcation, il fut attiré par un objet doré qui scintillait à la lumière du soleil. Il s'en approcha et fut surpris de découvrir qu'il s'agissait de sa boussole...

A vous de laisser votre imaginaire continuer cette histoire ...

Bibliographie

Barbaras R. (1997) : *Maurice Merleau-Ponty*. Paris, Ellipses.

Binswanger L. (1947) : *Introduction à l'analyse existentielle*. Paris, Les Editions de Minuit, 1971.

Buber M. (1923) : *Je et Tu*. Paris, Editions Aubier, 1969.

Duruz N. (1994) : *Psychothérapie ou Psychothérapies ? Prolégomènes à une analyse comparative*. Neuchâtel, Delachaux et Niestlé.

Merleau-Ponty M. (1945) : *Phénoménologie de la perception*. Paris, Gallimard.

Saint-Exupéry A. de (1943) : *Le Petit Prince*. Paris, Gallimard.

Retour à la maison B

Marco O. Bertelli, Francesca Rizzo Benvenuti, Annamaria Bianco, Micaela Piva Merli, Daniela Scuticchio, Michele Rossi

CREA (Centre de Recherche et Clinique), Fondation San Sebastiano, Florence (Italie)

Résumé

Chiara est une jeune femme de 35 ans ayant une déficience intellectuelle sévère et de grandes difficultés d'adaptation. Elle vit avec ses parents au milieu d'une ville de la province de Florence, dans deux grands appartements adjacents. Le premier, qu'elle appelle « Maison A », est celui dans lequel vit la famille et dans lequel on peut sentir l'agréable chaleur du partage ; le second, « Maison B », est un endroit froid, toujours mis en ordre, où elle peut passer des heures à jouer, même si seule ou avec son frère aîné, également porteur d'une déficience intellectuelle.

Déjà au début de l'adolescence, lors des premières frustrations relationnelles, elle devient agressive, en particulier avec ses pairs, et se précipite rapidement dans un abîme de marginalisation et d'exclusion de la plupart des contextes de vie.

Après le collège, les parents s'adressent à plusieurs reprises à une série désespérée de services et d'associations à la recherche d'un emploi pour Chiara, d'un quelconque plan de vie pour l'âge adulte, mais ne reçoivent que des propositions de solutions partielles et temporaires. Face à l'énième équipe d'évaluation, juste au seuil d'un retrait social définitif, Chiara et ses parents découvrent une nouvelle façon de voir le handicap et les difficultés d'adaptation. Ce dernier groupe de professionnels laisse de côté le cadre de diagnostic standard et se concentre sur les fonctions cognitives spécifiques, les compétences pratiques individuelles, relationnelles, sociales, émotionnelles et affectives. Il aide Chiara à établir et internaliser les forces et les faiblesses et à se lancer sur les chemins de vie qui peuvent lui donner satisfaction. Dans un nouveau centre de réhabilitation, spécialement identifié, de nombreuses ressources sont consacrées au développement des compétences à la vie domestique, auxquelles Chiara est particulièrement intéressée. Elle exprime fortement le désir de poursuivre son évolution et d'être plus indépendante.

Impressionnés par la progression de leur fille, n'ayant pas d'autres héritiers sinon les deux enfants en condition de handicap, les parents décident de donner une de leurs deux résidences à la Fondation responsable de la dernière évaluation clinique et de l'intervention de réhabilitation subséquente, afin de réaliser un groupe d'appartements pour les personnes handicapées où, si possible, Chiara peut vivre une expérience d'autonomie du logement. Grâce à l'appui des services et des institutions, le projet a été réalisé et depuis quelques mois Chiara est entrée à la « Maison B ». Ce n'est plus un endroit froid : maintenant, il y a un sentiment de satisfaction et on peut sentir la chaleur d'un nouveau partage.

Je serai une bonne femme au foyer

Chiara a 35 ans et souffre d'une déficience intellectuelle (DI). Aujourd'hui, elle vit dans un appartement avec cinq autres personnes ayant une déficience cognitive.

Chaque jour, elle prend soin d'elle-même et de la maison dans laquelle elle vit, en accomplissant des tâches ménagères comme nettoyer, ranger, mettre la table, aider à préparer les repas et faire du shopping au supermarché avec les éducateurs.

Les souhaits de Chiara ont été réalisés : elle vit dans une maison et elle est une bonne femme au foyer, comme elle l'avait toujours voulu.

Les petites satisfactions dont elle se nourrit tous les jours sont le résultat d'un processus d'évaluation multidisciplinaire et personnalisée, centrée sur la personne et orientée vers l'amélioration de la qualité de vie.

Selon la définition de l'OMS, « le handicap est complexe, dynamique, multidimensionnel et contextuel » (WHO et World Bank, 2011). Cela signifie que la notion de handicap couvre un ensemble très large de différents aspects liés les uns aux autres : de modèles de la définition du handicap au fonctionnement individuel, aux modèles d'évaluation, aux barrières sociales, à la qualité de vie et à l'expérience subjective de bien-être, aux concepts de fonctionnement, activité et participation, à l'inclusion sociale et aux droits humains, jusqu'au concept de santé et bien-être (Federici *et al.*, 2013 ; WHO et World Bank, 2011).

L'approche de la DI ne peut manquer d'être fondée, dans toutes ses phases, aussi bien celles d'évaluation et du diagnostic que d'intervention, sur un modèle axé sur le système-personne, sa complexité, son caractère unique, ses besoins et intérêts dans l'environnement dans lequel on vit (Brown et Brown, 2003).

Le modèle qualité de vie (QdV) type vise à trouver un chemin, une façon de vivre la vie, plus que la réalisation d'un objectif contingent. En fait, cette approche évalue la distance entre les attentes individuelles dans les divers domaines de la vie et les résultats effectivement réalisables, ce qui réduit le fardeau des soins des opérateurs du secteur et favorise l'optimisation des supports, des services et des politiques (Brown et Brown, 2003, Bertelli et Brown, 2006).

Sur la base de ce modèle, les professionnels du CREA de la Fondation San Sebastiano aident Chiara à établir une hiérarchie des domaines de la vie d'intérêt actuel ou potentiel pour elle, pour essayer d'améliorer, avec une augmentation subséquente de satisfaction dans ces mêmes domaines, la satisfaction globale dans la vie.

Dans un nouveau centre de réhabilitation, spécifiquement identifié, de nombreuses ressources sont consacrées au développement des compétences à la vie domestique, auxquelles Chiara est particulièrement intéressée.

Le chemin de Chiara commence par une évaluation précise qui laisse le diagnostic standard dans les cadres de fond et se concentre principalement sur les fonctions cognitives spécifiques, sur les compétences sociales, pratiques, émotionnelles et affectives, en l'aidant à identifier ses caractéristiques, ses points forts et ses faiblesses, pour accomplir des parcours de vie riches de satisfaction.

Chiara et son histoire

Lorsque Chiara arrive à notre centre d'évaluation, elle apporte une histoire pleine de difficultés.

Née prématurément en raison de prééclampsie pendant la grossesse, elle a passé les premiers mois de sa vie à l'hôpital pour enfants de la ville.

Chiara est le deuxième enfant du couple : elle a un frère plus âgé de quatre ans, qui souffre aussi de DI avec des caractéristiques d'hyperactivité.

Une fois à la maison, les parents observent très rapidement que la petite Chiara a quelque chose qui ne marche pas : l'enfant dort peu et semble particulièrement irritable. Après la première année de vie, elle n'avait pas encore développé le langage verbal et, une fois apparu, ses parents n'étaient souvent pas capables de comprendre sa communication basée sur peu de mots. Bientôt un cadre de DI ressort. Après l'âge de 3 ans les parents, sur les conseils des cliniciens, l'inscrivent à l'école maternelle, où les premiers comportements problématiques apparaissent : Chiara avait des crises d'agitation sporadiques et apparemment inexplicables avec des comportements agressifs envers les autres enfants. Les parents, considérant le comportement de Chiara comme préoccupant et craignant que leur enfant ne puisse pas avoir une vie scolaire « normale » en contact avec les pairs, décident de contacter plusieurs services et spécialistes pour approfondir la situation et trouver une solution aux problèmes de comportement, afin que Chiara puisse vivre une vie la plus sereine possible avec d'autres personnes.

Comme pour de nombreuses familles d'enfants avec DI, les réponses concrètes tant espérées tardent à venir et se révèlent le plus souvent insatisfaisantes, offrant pour la plupart des solutions de confinement.

Précisément en raison de la complexité et de l'hétérogénéité de la condition de DI, les spécialistes ne donnent pas toujours immédiatement des directions précises, tendant à favoriser le critère de rapidité d'intervention plutôt que celui de spécificité. Cette situation déclenche un processus douloureux pour de nombreuses familles qui cherchent des réponses et des solutions pour répondre à la préoccupation et à la frustration.

Au cours de ces années, bien que difficilement et avec le suivi d'un enseignant de soutien, Chiara a fréquenté l'école primaire et le collège sans acquérir des compétences de lecture et de calcul, mais en montrant de l'intérêt dans les relations avec ses camarades de classe.

Les problèmes de comportement émergés au cours de l'école maternelle persistent tout au long de cette période, malgré les efforts des enseignants de soutien, qui n'ont obtenu des résultats satisfaisants que pour de courtes périodes de temps.

Lorsque le chemin de l'école intermédiaire est terminé, Chiara est incluse par les services locaux dans certains projets et activités pour les personnes avec DI.

L'expérience d'un programme de réhabilitation/éducatif d'une durée de trois ans, programme auquel Chiara a participée avec satisfaction, a été significative, après quoi Chiara a montré une amélioration des compétences sociales et interpersonnelles et l'acquisition de nouvelles compétences et aptitudes, qui lui ont permis de faire l'expérience d'un départ progressif et significatif de la famille.

En notant les améliorations de Chiara après cette expérience, ses parents prennent des mesures pour poursuivre ce chemin et lui offrir de nouvelles opportunités de développement et de socialisation. Ils s'adressent à plusieurs reprises à une série de services et associations, à la recherche d'un emploi pour leur fille ou d'un plan de vie pour l'âge adulte semblable à celui déjà connu, mais ils ne reçoivent que des solutions partielles et temporaires.

Les listes pour l'emploi impliquaient de longues attentes et Chiara, après avoir été insérée dans divers programmes de jour durant plusieurs mois, commence à montrer des signes d'impatience envers les changements constants de l'environnement et des gens autour d'elle, tend à l'isolement et montre fréquemment des comportements inadaptés.

Le désir des parents de voir Chiara insérée avec satisfaction dans la vie professionnelle ou dans un projet qui lui permettrait de développer des compétences pour son indépendance s'affaiblit de plus en plus à chaque tentative, jusqu'à conduire à la suspension complète de toutes les activités à cause de l'aggravation des comportements problématiques.

Les parents sont donc amenés à garder constamment Chiara et son frère à la maison sans un soutien concret des services. C'est le début pour elle et sa famille d'une période de grand stress, pleine d'efforts et de sacrifices de la part des parents et d'isolement pour Chiara. Il semble que, incapable de rester en contact avec des personnes autres que ses parents et son frère et d'entreprendre des activités spécifiques, elle devienne de plus en plus apathique et retirée et progressivement de plus en plus méfiante envers les gens. Malgré l'effort de l'impliquer dans une vie de famille active, la faisant participer aux activités quotidiennes du ménage, Chiara a tendance à vouloir rester seule et à faire les choses seule, présentant des comportements d'opposition aux demandes des parents et s'irritant. Les pics d'agression sont de plus en plus fréquents et intenses et sont adressés principalement à son frère, forcé de supporter des attaques périodiques qui pèsent sur son état déjà compromis, étant également porteur de DI.

Les compétences pratiques et sociales acquises pendant le parcours scolaire et pendant les activités dans les centres de jour ont progressivement disparu et les parents se retrouvent à assister, contenir et contrôler constamment Chiara et son frère.

À ce stade, sans ressources ou idées, les parents décident d'utiliser l'appartement adjacent au leur, qui leur appartient aussi, à la fois pour maintenir séparés les frère et soeur dans les jours d'agitation intense de Chiara, et pour créer un espace plus sûr et confortable spécifiquement dédié aux enfants.

La « Maison B », comme surnommée par Chiara, est un espace grand et confortable mis en place spécifiquement pour qu'elle et son frère puissent accomplir certaines activités comme le jeu, la lecture, la peinture, ou tout simplement regarder la télévision.

La « Maison A » est celle où il y a la vraie vie de famille, où l'on mange ensemble et où les frère et soeur ont leur propre chambre avec leurs effets personnels. La « Maison B » est plutôt un endroit que Chiara semble percevoir comme froid ; en fait, après quelques heures passées à la « Maison B », elle montre le désir de revenir à sa vraie maison pour aider parfois sa mère dans les tâches ménagères ou pour se retirer dans sa chambre.

Les parents, ne sachant pas comment gérer les comportements difficiles, adoptent de plus en plus une attitude permissive, en particulier pour éviter de la contredire avec le risque de déclencher des réactions de colère. Chiara a même été surnommée « la reine », mettant ainsi en évidence la dynamique née autour d'elle et de ses comportements. Cependant, vu les efforts pour essayer de suivre les enfants et de les stimuler correctement, pour les parents devient de plus en plus évidente la nécessité absolue d'un support et d'un projet approprié.

Chiara, jusqu'en 2008, était prisonnière de sa propre maison, de plus en plus retirée et isolée du monde extérieur. Ses parents, estimant que la situation était difficile à soutenir et maintenant sans espoir, décident d'aller pour une dernière fois dans un service privé traitant des personnes avec DI.

Chiara et ses parents rencontrent un groupe de professionnels qui se révèle différent des autres spécialistes rencontrés jusque-là. La famille se sent prise en compte dans ses besoins et ses difficultés et

Chiara participe autant que possible aux entretiens et aux activités d'évaluation. C'est le début pour elle de son chemin vers son autonomie tant souhaitée.

Le parcours d'évaluation

Le DI est un groupe de conditions hétérogènes. Cela pose plusieurs défis à son évaluation qui doit être aussi multidimensionnelle et complète que possible.

L'équipe est formée d'un psychiatre, un psychologue, un médecin et un éducateur et l'évaluation est composée de plusieurs étapes pour approfondir l'histoire médicale, les compétences cognitives, les aspects psychiatriques, médicaux et la qualité de vie. En particulier, les spécialistes se concentrent sur l'évaluation des fonctions cognitives spécifiques, sur les compétences pratiques, relationnelles, sociales, émotionnelles et affectives de Chiara et sur ses inclinations et ses attentes, laissant de côté les cadres diagnostiques standard.

A la première réunion, Chiara arrive accompagnée de ses parents ; elle semble calme et de bonne humeur, est disponible à l'entretien, a une apparence soignée. Elle montre qu'elle est au courant de la situation actuelle, répond généralement avec pertinence, avec des phrases contractées mais fonctionnelles, le contenu de la pensée apparaissant essentiel, parfois déraillant. On identifie des déficits dans la pensée abstraite et la compréhension du contenu de la langue. Des difficultés dans le contrôle des impulsions émergent. L'humeur semble bonne, mais le père raconte qu'elle est étroitement liée à des variables organiques et de l'environnement, par exemple pendant la période menstruelle, et dans des situations de confusion et d'entassement elle montre agitation et comportements dysfonctionnels. Chiara est capable de formuler des demandes et désirs manifestant la volonté de ne plus vouloir vivre à la maison avec sa famille.

Elle reste assise tout le temps, maintient le contact visuel et interagit fonctionnellement avec les personnes présentes et, à la fin de l'entretien, demande de venir visiter le nouveau centre.

Évaluation neuropsychologique

L'évaluation cognitive effectuée par l'administration de la WAIS-R détecte un degré modéré de déficience cognitive. Les plus importantes difficultés cognitives apparaissent dans les sous-tests verbaux et précisément : la « mémoire des chiffres », dans la répétition des chiffres directe et inverse, dans le « raisonnement arithmétique » qui permet d'évaluer la concentration sur la tâche et le rappel de stratégies de résolution de problème arithmétique utilisées dans le passé dans le contexte scolaire, la « compréhension », en référence aux compétences de verbalisation et de l'utilisation des expériences passées, l' « information », en particulier en ce qui concerne l'utilisation rapide des données provenant de l'environnement et des capacités de récupération des informations.

Chiara complète avec plus de succès les sous-tests de performance. En particulier, les tests avec des scores plus élevés sont les suivants :

- l'« achèvement des chiffres », dont les variables cognitives impliquées sont les capacités de reconnaissance visuelle, de rappel visio-perceptif, d'achèvement cognitif sur base visio-perceptive, de concentration, de l'exploration visuelle, d'attention aux détails, d'évaluer les détails importants de la figure et la mémoire visuelle à long terme ;
- le « dessin avec des cubes », qui mesure la capacité de conceptualisation, planification et redéfinition des stratégies de résolution de problèmes par la capacité à percevoir, analyser et synthétiser selon le mode visuel de la pensée ;
- la « réorganisation des histoires figurées », qui repose sur la compréhension de la séquence logique et temporelle des événements, le « dessin avec des cubes » qui exige des compétences de coordination visio-motrice reproductive, organisation visio-spatiale et compétences en résolution de problèmes.

De plus, les tâches d'attention sélective et soutenue (Trail Making Test, partie A) et le déplacement attentionnel (Trail Making Test, partie B) ont été effectués correctement. Cependant, il y avait une lenteur considérable dans l'exécution des tests.

Évaluation du comportement adaptatif

Le comportement adaptatif dans les principaux domaines de vie a été évalué par l'administration des Vineland Adaptive Behavior Scales (Vineland ABS) créées par Sparrow, Balla et Cicchetti (traduction italienne effectuée par Balboni et Pedrabissi, 2003). Le comportement adaptatif est actuellement considéré comme un élément fondamental pour déterminer le niveau de handicap d'une personne, mais surtout pour la planification d'interventions thérapeutiques individualisées et basées sur la promotion des ressources existantes et sur l'implémentation des compétences (Bertelli *et al.* 2014). Le Vineland ABS permet de définir un profil de développement individuel dans des domaines d'activité de tous les jours, identifiant autonomie, forces et points faibles. Selon l'évaluation du fonctionnement adaptatif émerge un profil caractérisé, dans le domaine de la communication, par des problèmes qui ne sont pas dus à un manque de développement des compétences réceptives et expressives, mais au déficit d'attention et d'élaboration de concepts complexes. Les compétences en lecture et écriture sont au niveau élémentaire.

Les meilleures potentialités ont été détectées dans les domaines liés à l'échelle « compétences quotidiennes ». Chiara est presque indépendante dans les soins de soi : elle a acquis de nombreuses compétences, mais elle bénéficie de la supervision et de la coopération de ceux qui s'occupent d'elle.

Les compétences domestiques se trouvent principalement dans le rangement de ses vêtements et de sa chambre, dans la préparation de la table et d'aliments simples. L'autonomie au sein de la communauté est moins bien développée : les seules compétences intégrées concernent les règles de sécurité dans la maison et dans la rue. Il y a la possibilité de mener des activités dans un groupe, mais pas de coopérer à un objectif commun. Les activités évaluées par le questionnaire dans le cadre du temps libre ne sont pas pratiquées, ce qui explique pourquoi le niveau de comportement adaptatif de Chiara dans ce domaine est faible. Cependant, ses journées et une partie de son temps libre sont consacrées aux loisirs en compagnie de quelqu'un, en particulier de ses parents.

Chiara manifeste du respect pour les autres dans des situations quotidiennes. Est plus difficile le contrôle de ses impulsions face à la frustration, au déni d'un désir ou à la désorganisation de ses projets. Les habiletés motrices fines et grossières sont développées, mais les mouvements sont lents et pas tout à fait exacts.

Évaluation psychiatrique

Au moment de l'entretien, aucun signe de dysperceptions n'est détecté, soit troubles formels ou du contenu de la pensée. Résultat, l'humeur est orientée de manière euthymique. Les parents rapportent des épisodes d'agitation psychomotrice, inquiétude et réactions d'opposition avec ou sans la mise en œuvre d'un comportement agressif, qui se sont intensifiés les derniers jours de séjour à la maison.

L'évaluation psychiatrique est complétée par l'administration de la version générale de l'instrument diagnostique pour adultes intellectuellement handicapés (SPAID-G), qui détecte des scores au-dessus du seuil d'attention aux domaines suivants étudiés : trouble anxieux de la personnalité, trouble dépressif, manie et désordre du contrôle des impulsions. Les instruments SPAID-P et SPAID-DPS, spécifiques pour l'évaluation des troubles psychotiques et des troubles envahissants du développement, montrent des scores dans la norme.

Lors de l'évaluation, Chiara a été traitée par fluvoxamine pour le contrôle des symptômes d'anxiété et alprazolam au besoin.

L'évaluation montre un trouble bipolaire jamais diagnostiqué ; les dossiers médicaux de Chiara, en fait, ne montrent aucun type de trouble psychiatrique, mais seulement des comportements problématiques. Le nouveau diagnostic peut donner une nouvelle lecture sur l'humeur et sur les comportements de Chiara et diriger vers un traitement médicamenteux jusqu'à présent jamais utilisé. Il est donc décidé de donner à Chiara un stabilisateur d'humeur pour agir sur les sautes d'humeur, les symptômes anxieux et les comportements problèmes.

Évaluation organique

Chiara présente une obésité et une hypothyroïdie traitées avec des médicaments spécifiques. Les rythmes veille-sommeil sont parfois modifiés et l'appétit est irrégulier avec une tendance à l'hyperphagie.

Évaluation de la qualité de vie

L'évaluation de la qualité de vie (QdV) a été réalisée par l'administration du BASIQ (Batterie d'instruments pour l'enquête sur la qualité de vie, Bertelli *et al.*, 2011), adaptation italienne du Quality of Life Instrument Package (QoL-IP) mis au point par le professeur Ivan Brown et ses collègues (1997) au Centre de Santé Mentale de Toronto.

Le BASIQ se compose de 9 domaines : (ETRE Etre physique, Etre psychologique, Etre spirituel, APPARTENANCE Appartenance physique, Appartenance sociale, Appartenance à la communauté, DEVENIR Comportements pratiques, Loisirs, Croissance et Développement).

Le modèle théorique sur lequel l'instrument est basé postule que la relation entre l'importance accordée à divers domaines de la vie et la satisfaction perçue dans les mêmes domaines est la meilleure façon de mesurer la QdV. En outre, la littérature scientifique est de plus en plus unanime à souligner l'importance d'intégrer l'auto- et l'hétéro-évaluation afin d'obtenir une vision plus précise et plus large de la QdV de la personne (Bonham, Basehart et Schalock, 2004 ; Lyons, 2005). Conformément à ces résultats, le BASIQ se compose de trois questionnaires adressés respectivement à la personne, au proxy (famille, caregiver, fournisseur de services socio-assistantiels) et à l'évaluateur externe (médecin, administrateur de soutien, etc.).

Ainsi, l'évaluation de la QdV de Chiara a été réalisée selon la perspective de deux informateurs proxy (père et mère) et par Chiara elle-même.

Le niveau de qualité de vie, obtenu de la moyenne des trois évaluations, est de -3,5 sur une échelle de -10 à +10.

La comparaison entre les trois évaluations montre que celles effectuées par la mère et par Chiara elle-même ont détecté un niveau de QdV supérieur à celle faite par le père.

Pour les trois évaluateurs, les domaines dans lesquels Chiara semble montrer plus d'intérêt, mais peu de satisfaction, appartiennent principalement aux domaines de l'Etre Physique qui évalue « qui est le patient comme personne », compte tenu de la santé physique, de la nutrition, de la forme physique, de l'hygiène personnelle, de l'habillage, de la prise de soin de leur apparence, et aux domaines de l'Etre Psychologique (l'expression des émotions et des sentiments, de la détermination, de l'initiative, de l'autonomie, de la mise en œuvre, de la gestion des préoccupations et du fonctionnement non limité par des problèmes psychiques).

Les trois évaluations ne sont pas alignées dans les sous-domaines de l'Appartenance, évalués positivement par la mère (+3), mais négativement par le père (-0,6) et encore plus par Chiara (-1,6). En particulier dans le domaine de l'Appartenance Physique, qui évalue l'attribution d'importance et la perception de satisfaction à l'endroit et au quartier où l'on vit, les choses de propriété, l'espace de la vie privée, les endroits pour se sentir en sécurité ; dans le domaine de l'Appartenance Sociale (évaluée par Chiara comme le domaine le plus critique) qui évalue les aspects tels que le sentiment de s'entendre avec les connaissances, les membres de la famille, les amis, être à côté d'une personne qu'on considère comme spéciale, appartenir à des groupes sociaux, culturels ou d'intérêt.

Même le domaine de l'Appartenance à la Communauté est estimé critique (pour tous les évaluateurs). Il semble que les ressources disponibles dans la communauté (assister à des événements locaux, fréquenter des magasins, lieux publics, spectacles, dépenser de l'argent, etc.), sont très importantes pour Chiara, mais elle en est insatisfaite.

Le BASIQ a aussi souligné d'autres domaines caractérisés par de faibles scores de QdV selon le point de vue du père et de la mère (mais pas de Chiara). Ce sont les trois domaines de Devenir qui évaluent « les choses qu'une personne fait dans la vie qui définissent qui elle est et ce qu'elle veut être » et incluent des activités telles que l'exploration, la connaissance de la réalité physique et sociale, l'amélioration des compétences et la possibilité d'engager des intérêts personnels.

Assez positif a été le domaine de l'Etre Spirituel qui se réfère non seulement à la religion, mais aussi, au sens large, à tout ce qui a à voir avec le sens subjectif de l'expérience (par exemple, se sentir en paix avec soi-même, célébrer les anniversaires ou les événements spéciaux d'une manière qui ajoute du sens à la vie).

Évaluation de la qualité de vie familiale

La Qualité de Vie familiale a été évaluée par l'administration aux deux parents de Chiara du SIQF, instrument d'enquête de la qualité de la vie familiale (Bertelli *et al.*, 2010), l'adaptation italienne du Family Quality of Life Survey, 2006 (FQoLS) du Surrey Place Center à Toronto.

L'instrument examine les domaines suivants : 1) la Santé familiale ; 2) le Bien-être économique ; 3) les Relations familiales ; 4) l'Aide d'autres personnes ; 5) le Soutien des services aux personnes handicapées ; 6) l'Influence des valeurs ; 7) la Carrière et la préparation à la carrière ; 8) le Loisir et le divertissement ; 9) l'Interaction communautaire ; 10) la Qualité de vie de la famille : évaluation générale.

La compilation du SIQF a montré une cohérence partielle entre les parents dans l'attribution d'importance à chacun des différents domaines de la vie et la satisfaction perçue par eux-mêmes.

L'évaluation de la qualité de la vie familiale a révélé quelques-uns des domaines les plus critiques.

Les deux parents de Chiara ont attaché une importance particulière à l'obtention d'un soutien des services aux personnes handicapées. Toutefois, dans ce contexte, la satisfaction perçue était très faible. Les services de santé spécifiques sont jugés insatisfaisants et inadéquats par rapport au handicap de leur fille. En outre, la famille a souligné la difficulté à trouver des possibilités de loisirs purs, engager et profiter des loisirs, bien que ce soit un domaine auquel tous donnent une très grande importance. Le domaine de l'aide d'autres personnes met en évidence un manque de satisfaction, mais aussi un manque d'attribution d'importance pour bénéficier d'un soutien moral et matériel de l'extérieur tels que les parents, les amis, les voisins et les autres. Le domaine des relations entre les membres de la famille représente une force. En fait, les membres de la famille peuvent compter sur un soutien moral et pratique mutuel profond, en dépit des difficultés croissantes liées à la gestion des deux enfants avec DI.

Entretien psychologique

Au cours des différents entretiens tenus, on a essayé de créer un espace de confiance et de tranquillité où Chiara peut parler d'elle-même et de ses expériences quotidiennes et où elle peut exprimer ses préférences et désirs.

Chiara fait clairement référence au désir de ne plus vivre à la maison avec ses parents, de ne pas partager son espace avec son frère, considéré comme source de confusion et intrusif.

Avec une grande décision, Chiara dit qu'elle veut devenir une femme au foyer comme sa mère. En fait, dans les jours où son humeur est bonne, elle aide avec plaisir aux travaux ménagers. Elle a également exprimé le désir d'avoir son propre espace où inviter des amis et cuisiner pour eux. Elle aime écouter la musique et aller à l'église juste pour entendre la chorale chanter. Elle montre de l'enthousiasme à parler de ses intérêts et semble curieuse des professionnels, participant activement à l'entretien. Souvent, le père la remplace dans les réponses, jusqu'à paraître intrusif et empêtré dans le rapport.

La fin du processus d'évaluation donne l'image d'une personne désireuse d'indépendance avec un bon potentiel qui, si correctement pris en charge, peut lui permettre d'augmenter son autonomie avec satisfaction.

Pour cela, il serait souhaitable de commencer une intervention pour augmenter les chances de succès de Chiara, en particulier dans les domaines de la vie auxquels elle attache une plus grande importance, compte tenu de sa neuro-caractérisation, qui a permis l'identification des points de force et de faiblesse. De cette façon, Chiara pourrait améliorer sa satisfaction et, plus généralement, sa qualité de vie.

Une nouvelle expérience

Sur la base des indications obtenues lors de l'évaluation, Chiara convient pour l'insertion dans un service de jour.

Pendant l'insertion, Chiara sera en outre évaluée et soumise à l'observation afin d'obtenir une image encore plus précise des déficits et des compétences, dans le but de lui proposer des activités visant à développer des compétences d'autonomie et de relation qui peuvent faciliter le chemin d'indépendance.

Le cadre des compétences et des déficits qui se dégage indique un bon potentiel de Chiara dans les domaines suivants :

– Autonomie de base : Chiara est autonome dans l'alimentation, l'hygiène personnelle, le contrôle des sphincters, l'habillage et le déshabillage.

– Compétences intégrantes : émergent des difficultés d'orientation spatiale, faible connaissance sur les distances, l'espace topologique et d'orientation ; l'utilisation de l'argent et la lecture de l'horloge sont absentes, même si elle a une connaissance du temps chronologique (jours, mois, serein, pluvieux, etc.). Des difficultés dans l'utilisation du téléphone ; au contraire, elle a montré de bonnes compétences en autonomie domestique acquises au cours des programmes de réhabilitation précédents.

– Compétences en communication : Chiara a une bonne communication verbale (langage réceptif et expressif) bien que déficiente dans le vocabulaire ; elle utilise mot-phrase, la plupart du temps de manière cohérente, combinée à une bonne expression mimétique-faciale et du timbre.

– Compétences relationnelles et sociales : on peut mettre en évidence un intérêt pour ce qui l'entoure, avec une bonne volonté de participer à des échanges de communication, s'exprimer verbalement et interagir avec les objets et les gens ;

Chiara montre une bonne prédisposition à l'aspect socio-relationnel en petits groupes.

- Réactivité émotionnelle : elle a semblé être très curieuse et attentive aux dynamiques environnementales ; pas de comportement d'automutilation. Il n'y a pas de symptômes productifs (hallucinations, délires). Elle se montre précise et méticuleuse dans l'exécution de tâches qui l'intéressent.

- Auto-perception : Chiara a manifesté une peur de l'échec, présentant souvent une attitude défaitiste ; elle aimerait apprendre de nouvelles choses et se sentir plus autonome.

- Motivation et intérêts : elle apparaît curieuse et tend à explorer les environnements, les situations et les personnes ; elle se révèle particulièrement apte aux activités domestiques et d'autonomie.

Donc, ce sont les domaines sur lesquels le chemin d'habilitation/réhabilitation s'est concentré.

Le plan de traitement individualisé comprend une série d'interventions multidisciplinaires : soin (soutien aux activités quotidiennes, d'hygiène quotidienne et de mise au lit), psycho-éducation (augmentation des compétences domestiques et de socialisation et coopération dans les groupes, développement de la perception de soi), soutien psychologique individuel et familial, médicamenteux (maintien de la compensation psychique), sanitaire (contrôle du poids).

Une attention particulière est accordée à l'acquisition/amélioration de l'autonomie de base liée à des comportements quotidiens simples, tels que l'auto-soins, la nutrition, l'apparition du sommeil et le sommeil, puis des compétences intégrantes d'ordre supérieur relatives à la prise en charge du lieu de vie et à la préparation des repas, la mobilité sur le territoire, la possibilité de faire des achats, l'utilisation des services publics, le comportement en milieu de travail.

Grâce à des activités de groupe est également favorisé l'apprentissage spécifiquement des stratégies utiles à la socialisation et à l'intériorisation de ses limites et capacités.

Chiara a été ensuite intégrée dans les activités de jardinage, l'enseignement « art et métiers », les activités récréatives et théâtrales, la musicothérapie, et dans le « laboratoire pour l'autonomie », montrant une nette préférence pour ce dernier ; elle présente une légère tendance à éviter les activités à l'exception de celles réalisées à l'extérieur et de la musicothérapie, se montrant apte à maintenir l'attention plus longtemps au cours des occupations à son goût.

Des activités en petits groupes ont été planifiées, puisqu'il a été observé que ses caractéristiques relationnelles s'expriment mieux avec peu de personnes plutôt que dans des groupes plus grands desquels elle tend à se soustraire ou à réagir avec des comportements inadaptés.

Elle se montre capable et contente d'effectuer des activités quotidiennes d'autonomie, soit individuellement (hygiène personnelle, réorganisation de ses objets personnels et de l'environnement), soit en groupe (aide à la préparation des repas, à mettre et débarrasser la table, au nettoyage de la vaisselle, à ranger les chambres). Dans le cadre de ces activités, Chiara a souligné être de plus en plus capable de maintenir la concentration et d'effectuer des tâches avec un bon degré de précision, même en l'absence d'un soutien constant.

A été détectée la nécessité de la stimuler pour éviter des périodes d'apathie ; dans ces moments, la proximité physique des opérateurs et l'assistance à l'exercice de leurs fonctions ont semblé être sources de satisfaction et ont aidé Chiara à s'expérimenter et à se sentir la maîtresse d'un rôle (l'assistant).

Grâce à l'observation systématique et à l'analyse fonctionnelle des comportements problématiques mis en œuvre par Chiara, les antécédents et leur fonction communicative sont compris. Cela nous permet de formuler des directives opérationnelles utiles pour leur gestion.

Chiara se montre agitée en présence de nombreux opérateurs, se sentant probablement contrôlée et observée dans ses activités ; ces situations servent de déclencheurs pour des réactions agressives résultant probablement d'un sentiment de frustration.

Il est donc nécessaire que les opérateurs les plus proches ne soient jamais plus de trois, et qu'ils ne donnent pas trop de commandes, ils ne doivent pas être perçus comme une menace pour son indépendance au cours de l'activité ; il est également nécessaire que de préférence seul l'un des opérateurs lui donne des instructions ou pose des demandes.

Chiara tend à s'isoler et à résister dans les moments perçus comme trop surpeuplés et confus, comme celui du déjeuner dans le réfectoire ou lors d'activités dans des groupes de plus de cinq à six personnes, des situations qui peuvent provoquer une réaction de désorientation et la mise en œuvre conséquente de comportements problématiques. La nécessité d'éviter l'inconfort qui précède le comportement inadapté conduit Chiara à être toujours insérée dans des petits groupes et à s'asseoir à la table avec seulement qatre à cinq personnes.

Il a également été constaté que les personnes perçues par elle comme « malades », par exemple les patients en chaise roulante ou avec des appareils d'assistance, induisent des réactions agressives ou de peur. Souvent Chiara essaie d'agir une sorte de mécanisme de défense, échappant aux grands groupes et déplaçant loin d'elle les personnes potentiellement actives ou considérées comme dangereuses.

La peur (d'être contrôlée et de la confusion) est donc un élément central de déclenchement des comportements problèmes : cela, si non reconnu, reçu et contenu, s'auto-perpétue, déclenchant des pensées obsessionnelles qui conduisent Chiara à attaquer les gens qu'elle considère comme dérangeants.

Quand on détecte les prodromes du comportement inadapté est essentielle la présence d'un opérateur mâle qui la rassure et la contient. Dans les moments les plus intenses de la crise, alors que la proximité d'une figure de référence ne suffit pas, il est nécessaire d'administrer la thérapie de soutien mise en place spécifiquement, sans attendre que l'agitation atteigne des sommets intolérables pour Chiara.

Au moment où est mis en place un comportement problème, il semble efficace de donner un message clair en évitant des renforts physiques et verbaux sur l'insuffisance du comportement ; Chiara, de cette manière, est capable de comprendre et de sentir l'erreur et de retomber sur un plan de réalité étendant l'agitation.

Les heures de sa présence au centre sont progressivement augmentées et, après un an, le parcours de réhabilitation a apporté des résultats significatifs : Chiara a développé des domaines d'autonomie et a des rapports plus efficaces avec les autres, en participant avec motivation aux différentes activités proposées. Elle est capable de prendre soin de son hygiène personnelle avec un peu d'aide des opérateurs, d'effectuer des tâches ménagères simples comme mettre la table, ranger, faire son lit, mener avec bénéfice des activités en coopération avec d'autres personnes.

Une fois identifiés antécédents et stratégies, les comportements dysfonctionnels se sont réduits en fréquence et intensité, avec des poussées occasionnelles dans la phase prémenstruelle.

Les parents soulignent également une meilleure participation à la famille et une réduction des comportements d'opposition ; surtout une fois qu'ils sont aussi engagés pour assurer à leur fille des espaces d'autonomie (par exemple, lui accorder de se retirer dans sa chambre sans la présence de son frère, une fois accomplies les opérations de réorganisation de la cuisine après le dîner et avant de se coucher).

Projet Accasamia : le retour à la « Maison B »

Les parents de Chiara, durant son séjour dans le centre de jour, compte tenu de son amélioration générale et ayant compris son besoin d'autonomie, commencent à voir comme réaliste l'idée pour elle de vivre de façon autonome.

Ils commencent alors de nouveau à réfléchir sur la façon dont ils peuvent l'aider à réaliser son souhait et ils arrivent à une solution possible : permettre à Chiara de vivre de façon autonome à la « Maison B ». De cette façon, elle aura l'occasion de profiter d'un espace qui peut être perçu comme le sien propre, sans ingérence parentale et partage forcé de l'espace avec son frère, et d'avoir la possibilité de prendre soin d'elle-même de façon plus autonome.

Les parents, par la Fondation San Sebastiano, souhaitent transformer la « Maison B » en un service résidentiel destiné, en plus de leur fille, à d'autres personnes qui peuvent partager avec elle une vie quotidienne et acquérir de l'expérience d'autonomie.

Ainsi est né le projet résidentiel pour la vie semi-indépendante « Accasamia » destiné aux personnes avec DI.

Les petits groupes résidentiels, communément appelés « groupes d'appartements » ou « cluster centers », placés dans la communauté, sont actuellement considérés comme les plus efficaces des solutions de logement pour les personnes avec DI légère et modérée (Bertelli *et al.*, 2014). Dans ce contexte, nouvelles compétences sociales et relationnelles, capacités d'adaptation et d'autodétermination peuvent être développées ou améliorées.

Passer au stade de vivre dans une unité appartement nécessite une préparation et une insertion progressive et pondérée, donc une fois identifiés avec précision les candidats possibles, a été prévue une étape d'introduction progressive et de familiarisation avec le but non seulement d'apprendre à vivre ensemble avec des règles communes et des espaces pour le partage, mais aussi de promouvoir l'intériorisation du lieu physique et de favoriser la sortie progressive de la famille d'origine. En fait, les personnes atteintes de DI, en particulier celles précédemment institutionnalisées, ont rarement l'occasion de profiter d'un espace de vie totalement personnel et qui peut être perçu comme exclusif et privé. Chaque locataire du projet « Accasamia » dispose d'un espace personnel qu'il peut gérer avec l'aide des éducateurs.

Apprendre à vivre avec les autres signifie être capable de respecter les espaces communs, les horaires, les règles et d'utiliser de façon responsable les ressources partagées. Vivre ensemble dans un appartement nécessite, plus que les formes de cohabitation dans d'autres services, le développement de la capacité d'accepter la présence de personnes ayant des caractéristiques, des goûts et inclinations différents ; cela implique aussi de devenir capable d'organiser, de faire preuve de tolérance et de pouvoir parvenir à un compromis.

Dans la vie du groupe de l'appartement, en dehors de la famille et de l'institution, s'étend la gamme des interactions possibles : les contacts sociaux s'intensifient et sont divisés parce que de nouvelles personnes apparaissent avec qui établir des relations (voisins, commerçants), offrant des opportunités d'intégration et d'implication dans le tissu communautaire et augmentant les chances de développer des compétences sociales fonctionnelles et diversifiées.

L'emplacement de la « Maison B » dans un quartier populaire de la ville permet un échange vif et quotidien avec le tissu social urbain, permettant aux locataires d'utiliser les lieux et les services de la communauté, sortant avec les éducateurs pour aller faire les courses, au cinéma, à la messe, ou faire une promenade dans le parc.

Les six personnes actuellement logées à la « Maison B/Accasamia » sont des jeunes adultes ayant des niveaux d'autonomie et des conditions de santé similaires et compatibles avec la vie partiellement indépendante, et placés dans des centres de soins de jour ou dans des parcours de formation professionnelle.

Les activités menées dans le service « Accasamia » concernent la réhabilitation/habilitation aux autonomies du logement, la facilitation de l'intégration sociale et des compétences interpersonnelles au sein des groupes de résidence. A cet effet, des plans éducatifs individualisés sont programmés, visant à atteindre des objectifs spécifiques tels que l'auto-soins et le soin de l'espace personnel ou partagé.

Est ensuite mis en place un plan d'action spécifique pour Chiara dans le nouvel environnement, dirigé principalement sur la consolidation d'expériences adaptatives d'autonomie en accord avec les objectifs fixés tout au long du projet au centre de jour. Les capacités de Chiara développées précédemment au centre de jour peuvent trouver leur fonction réelle en ayant la possibilité d'être appliquées dans un contexte d'habitation autonome.

Ensuite, des routines précises et répétitives sont établies pour Chiara, pour chaque client et pour le groupe, flanquées d'activités à une forte probabilité de succès, ce qui permet à Chiara de se sentir active et efficace au sein de l'environnement domestique.

Sont aussi organisés des groupes d'auto-assistance avec la présence d'un psychologue, des activités récréatives de groupe, des entretiens individuels avec le psychologue et des entretiens pour les opérateurs de référence avec les familles des clients.

Parallèlement, un soutien psychologique à la famille est actif pour faciliter la séparation et la libération de Chiara et offrir un soutien dans cette période de transition difficile.

L'éducateur aide les clients dans la préparation des repas, la propreté de l'environnement, la gestion du temps libre et les activités d'hygiène personnelle, le lavage des vêtements, la gestion de la garde-robe, la thérapie, et prend soin de leur garde par le personnel engagé dans le service de transport pour l'accompagnement aux centres de jour et aux lieux de travail.

Durant les premières temps d'insertion, Chiara est circonspecte et méfiante dans le retour à l'environnement de la « Maison B », dont probablement elle gardait des souvenirs négatifs, même si l'appartement est entièrement rénové. L'intérêt pour les autres locataires et la concentration sur les activités domestiques atténuent l'attitude initiale de Chiara.

D'abord, elle montre une tendance déjà connue à monopoliser les relations et les environnements, demandant de manger seule, décidant avec lesquels des opérateurs effectuer la routine de la mise au lit et jusqu'à quel moment rester dans le salon (i.e. pour jouer aux cartes). La proximité avec les opérateurs contribue progressivement à lui permettre d'intérioriser les règles et d'éviter les crises de désorientation déclenchant les comportements problèmes.

Actuellement, les comportements problèmes et les crises agressives sont diminués en intensité et fréquence. Chiara se révèle calme dans le groupe et coopérative ; elle aime faire le ménage en étroite collaboration avec les éducateurs, comme cuisiner ou passer l'aspirateur.

Chiara a décoré son espace avec des objets de son choix et est méticuleuse à le maintenir en ordre, tous les matins elle se consacre à la réorganisation de sa chambre en écoutant la radio. Les rythmes de la « Maison B » lui permettent, comme aux autres clients, d'avoir une meilleure perception du temps : Chiara reconnaît les moments appropriés pour l'exécution de certaines activités et est plus capable de gérer son temps. Au retour du centre de jour, elle se montre heureuse de sortir faire les courses avec les éducateurs, montrant qu'elle reconnaît les chemins habituels ; elle semble donc avoir légèrement amélioré ses capacités spatio-temporelles.

Plusieurs études aident à montrer comment l'environnement de vie a un impact positif sur les différents aspects de la vie de la personne avec DI : les personnes avec DI incluses dans des projets de vie semi-indépendants similaires à celui de « Accasamia » ont montré une amélioration de la QdV dans des domaines tels que la participation à la vie communautaire, la capacité à l'autodétermination et les relations sociales.

Plus précisément, les solutions de vie telles que les groupes-appartements semblent offrir une intégration communautaire et une plus grande implication dans la communauté que les services résidentiels traditionnels (Ager *et al.*, 2001 ; Emerson et Hatton, 1994 ; Emerson *et al.*, 2001 ; Howe, Horner et Newton, 1998 ; Stancliffe et Keane, 2000) et donc plus de possibilités d'investir leur temps libre de différentes façons.

Outre l'augmentation des contacts avec la communauté, les personnes incluses dans un groupe-appartement semblent aussi avoir plus de contacts avec leur famille que les personnes institutionnalisées (Stancliffe et Lakin, 1998 ; Chou *et al.*, 2008).

Certaines études indiquent également une plus grande capacité d'autodétermination des personnes placées dans des petits contextes résidentiels, non seulement en ce qui concerne le choix des activités quotidiennes, mais aussi dans l'expression de leurs émotions et opinions (Nota *et al.*, 2007 ; Chou *et al.*, 2008 ; Emerson *et al.*, 2000b). En ce qui concerne l'autodétermination, la recherche a montré que des niveaux plus élevés d'autodétermination des jeunes avec DI conduisent à des résultats positifs à long terme (Wehmeyer et Schwartz, 1997 ; Wehmeyer et Palmer, 2003), ainsi qu'une amélioration de la QdV (Lachappelle *et al.* 2005 ; Wehmeyer et Schwartz, 1997).

En ce qui concerne les comportements adaptatifs, il a été constaté que les gens qui arrivent des institutions aux contextes de petit groupe résidentiel améliorent leurs compétences adaptatives (Heller, Miller *et al.*, 2002 ; Golding *et al.*, 2005), notamment en ce qui concerne les personnes avec DI profond (Young et Ashman, 2004), acquérant aussi des compétences domestiques (Kearney *et al.*, 1998) et empêchant ainsi le déclin montré par les personnes institutionnalisées (Kozma *et al.*, 2009).

Certains auteurs ont constaté que les augmentations de la capacité d'adaptation sont liées à des facteurs environnementaux et connexes aux services, tels que la petite dimension des résidences, l'attractivité et la stimulation de l'environnement physique, les possibilités de choix (Heller, Miller *et al.*, 1998 ;. Spreat *et al.*, 1998 ; Stancliffe, Hayden, Larson et Lakin, 2002), l'enseignement des compétences et de l'autonomie (Lerman, Apgar et Jordan, 2005), et la mise en œuvre d'un soutien actif (Young, 2006).

Enfin, il a été constaté que l'inclusion dans un groupe d'appartement ou en petite résidence peut induire le changement et la réduction de certains comportements problématiques (Golding, Emerson et Thornton, 2005 ; Young, 2006).

Tous ces facteurs ont un impact significatif sur la QdV des personnes avec DI. Celles qui sont incluses dans des projets de vie semi-indépendants en petits contextes résidentiels ont effectivement une meilleure QdV objective et subjective que les personnes placées dans de grands arrangements résidentiels et structurés (Ager *et al.*, 2001 ; Golding *et al.*, 2005). En particulier, elles ont un réseau social plus large et un plus grand nombre d'amis ; ont un meilleur accès aux services communautaires et participent davantage à la vie communautaire. En outre, elles ont plus de possibilités d'acquérir de nouvelles compétences ou de conserver celles qui existent déjà ; elles ont une plus grande capacité d'autodétermination dans les activités quotidiennes et sont plus satisfaites de l'endroit où elles vivent (Kozma *et al.*, 2009).

Actuellement, à distance d'un an après son retour à la « Maison B », Chiara montre qu'elle a amélioré plusieurs de ses compétences, elle est capable de prendre soin de sa personne et des environnements dans lesquels elle vit avec un bon degré de précision, de cohabiter et coopérer dans le groupe, l'orientation espace-temps est améliorée, ainsi que ses capacités attentives dans l'exécution des tâches, et les comportements problèmes ont été fortement atténués, ainsi que la tendance à l'apathie, la situation psychique semble compensée et Chiara est active et présente.

Lors de la dernière entrevue, elle apparaît calme et satisfaite, elle montre, enthousiaste, un album de photos de ses moments de vie, de ses nouveaux amis et de ses espaces à la « Maison B ».

Les échelles de la Vineland ABS montrent des scores plus élevés, témoignant d'une augmentation des autonomies, en particulier dans les domaines des compétences quotidiennes et de la socialisation. La QdV semble augmentée précisément dans les domaines qui étaient les plus importants, mais moins satisfaisants pour Chiara.

Chiara est donc rentrée à la « Maison B », mais avec une nouvelle vie et de nouvelles personnes avec qui partager sa vie quotidienne composée de petites autonomies qui la rendent heureuse.

Conclusions

La personne avec DI a d'abord besoin de normalité, avant tout de se sentir maître de sa propre vie et de la concevoir comme un agent actif, élément indispensable au bien-être de chaque personne.

Chaque personne porte un bagage fait d'inclinations particulières et de désirs comme d'avoir des amis, d'avoir un rôle social, d'être estimé pour ses propres caractéristiques et capacités, d'avoir une vie affective et sexuelle et non moins d'être capable de prendre des décisions.

On est conduit à penser que l'autonomie et l'autodétermination, ainsi que le concept de vie indépendante, sont liés seulement à la déficience physique, commettant l'erreur de ne pas reconnaître les domaines d'autodétermination aux personnes avec DI.

Wehmeyer (1992) définit l'autodétermination comme « l'agir comme principal agent causal dans sa propre vie, faire des choix et prendre des décisions concernant sa qualité de vie, libres d'influences extérieures indues ou d'interférences » (p. 305). Cela ne suppose pas que la personne seule soit capable d'effectuer les actions, mais cela signifie qu'elle est l'agent responsable du processus de prise de décision. La performance est donc secondaire à la participation au processus de prise de décision de la personne.

La possibilité de croissance et d'autonomie de ces individus est grandement affectée par la représentation que la société a de la DI. Ils peuvent difficilement développer leur potentiel et être satisfaits de leur vie si les figures qui gravitent autour d'eux ne parviennent pas à apprécier et valoriser leurs désirs, leurs inclinations et leurs capacités, ainsi que leurs limites, leur reconnaissant le droit à l'autodétermination.

Il est donc nécessaire de transcender les instruments, les évaluations et les interventions médicaux traditionnels pour donner la parole aux désirs et aspirations qui permettent de préparer des mesures de soutien visant à faciliter les processus décisionnels sur eux-mêmes avec l'objectif ultime d'assurer la satisfaction pour leur vie.

Au cours des dernières décennies, on a progressivement mis en place un modèle écologique du handicap qui, au lieu de se concentrer uniquement sur les déficiences de la personne, privilégie l'individu, son fonctionnement, entendu comme le résultat de l'interaction entre les compétences individuelles et l'environnement dans lequel vit la personne (Thompson *et al.*, 2009) et sa qualité de vie (QdV), en soulignant l'importance des éléments tels que la participation, l'autodétermination et le rôle de l'individu dans la société.

Dans cette approche multidimensionnelle, comprendre la DI signifie identifier les supports appropriés et personnalisés pour réduire la distance entre les capacités de la personne et ses aspirations, afin d'améliorer son fonctionnement et sa capacité dans les domaines qui l'intéressent davantage, augmentant la satisfaction perçue.

Conformément à ce point de vue, le concept de QdV est devenu de plus en plus important au sein de la DI. Le QdV non seulement est configuré comme un modèle théorique de référence ou comme une aspiration, mais représente un paradigme capable de s'adresser concrètement aux processus d'évaluation de gestion et d'intervention et de s'affirmer comme une référence pour l'évaluation des résultats (Schalock, Gardner et Bradley, 2007).

Dans les domaines des DI, l'application du principe de QdV ne consiste pas seulement à atteindre une qualité de vie élevée. Le concept est à considérer en termes qualitatifs plutôt que quantitatifs, comme une approche au système de la personne, alternative ou complémentaire à l'approche médicale traditionnelle, où on est dirigé vers la possibilité de choisir un parcours plutôt que seulement atteindre un objectif. La poursuite de l'amélioration de la QdV d'un individu ayant des problèmes de santé mentale signifie faire tout le possible pour l'aider à être le plus satisfait possible dans sa vie.

La vie autonome est donc une étape dans le parcours de vie de l'individu, qui commence avec la reconnaissance de la dignité et de l'unicité de la personne qui a le droit de réaliser son projet de vie au-delà de ses limites.

Selon les derniers modèles (Thompson, Bradley, Buntinx *et al.*, 2009), les interventions, entendues comme le système de soutien offert, sont finalisées non seulement à augmenter le fonctionnement de l'individu, mais aussi et surtout à améliorer la qualité de vie en fonction de ses souhaits personnels, tendances et aspirations (Cosciarelli et Balboni, 2014). En conséquence, il ne suffit pas d'évaluer les compétences individuelles et de planifier les soutiens pour les domaines déficitaires, mais en fonction de ses préférences et désirs doivent être choisis les domaines spécifiques de fonctionnement ou compétences dont l'amélioration permet d'apporter un changement positif de la QdV (Buntinx et Schalock, 2010 ; Coscarelli et Balboni, 2014).

Cette nouvelle approche adressée à la personne DI souligne l'importance de favoriser l'autodétermination des personnes handicapées, afin qu'elles puissent se sentir satisfaites d'elles-mêmes, de ce qu'elles sont et ce qu'elles font, développant et utilisant leurs ressources et améliorant leur qualité de vie. Il est important, en fait, de toujours se rappeler que chaque personne, au-delà du niveau intellectuel et du handicap, a des ressources, ainsi que des préférences et des intérêts prévalants et a le droit d'accomplir ce qu'elle veut, plutôt que ce qu'elles veulent et attendent des autres. (Services politiques sociaux, région des Marches n.d.)

Le projet Accasamia était basé sur ces hypothèses théoriques, loin d'une logique purement d'assistance et fondé sur la reconnaissance de la personne et de son besoin de vivre une vie heureuse.

La satisfaction actuelle de Chiara témoigne de la réussite de cette approche globale de la DI qui intègre les moments de diagnostic et d'évaluation, traitements spécialisés, interventions de réhabilitation, interventions éducatives où toute la famille est impliquée et où les parents et la personne handicapée peuvent se sentir accompagnés sur un chemin visant au développement et à une vie pleinement satisfaisante de toutes les personnes impliquées.

Bibliographie

Ager A., Myers F., Kerr P., Myles S., Green A. (2001) : Moving home : Social integration for adults with intellectual disabilities resettling into community provision. *Journal of Applied Research in Intellectual Disabilities* : 14 : 392–400.

Balboni G., Pedrabissi L. (2003) : Adattamento Italiano Delle Vineland Adaptive Behaviour Scales – Expanded Form. *Organizzazioni Speciali*, Firenze.

Bertelli M., Brown I. (2006) : Quality of life for people with intellectual disabilities. *Current Opinion in Psychiatry*, 19 : 508–513.

Bertelli M., Bianco A., Gheri F. (2010) : Adattamento italiano del FqoLSurvey (SIQF- Strumento per l'Indagine della Qualità di vita della Famiglia) available on Surrey Place Centre web site, nella sezione International Family Quality of Life Project. 2010. http ://www.surreyplace.on.ca/research/current-research/about-the-international-family-quality-of-life-project/surveys/

Bertelli M., Piva Merli M., Bianco A., Lassi S., La Malfa G., Placidi G. F., Brown I. (2011) : La batteria di strumenti per l'indagine della Qualità di Vita (BASIQ) : validazione dell'adattamento italiano del Quality of Life Instrument Package (QoL-IP). *Giorn. Ital. Psicopat.*, 17 : 205-212.

Bertelli M., Salvador-Carulla L., Lassi S., Zappella M., Ceccotto R., Palterer D., de Groef J., Benni L., Rossi Prodi P. (2013). Quality of life and living arrangements for people with intellectual disability. *Advances in Mental Health and Intellectual Disabilities*, 7(4) : 220-231.

Bertelli M.O., Rossi M., Scuticchio D., Varrucciu N., Poli F., Del Furia C. (2014) : Relationship between psychiatric disorders and adaptive functioning in individuals with intellectual disabilities *Journal of Psychopathology*, 20 : 11-16.

Bonham G.S., Basehart S., Schalock R.L. (2004) : Consumer-based quality of life assessment : the Maryland Ask Me ! project. *Mental Retardation*, 42(5) : 338–355. Retrieved from aaidd. allenpress.com/

Brown I., Raphael D., Renwick R. (1997) : *Quality of Life Pro le : Adult Version. Faculty of Social Work,* University of Toronto, Toronto, Canada.

Brown I., Renwick R., Raphael D. (1997) : *Quality of life instrument package for adults with developmental disabilities.* Centre for Health Promotion, University of Toronto, Toronto, Canada.

Brown I., Brown R. (2003) : *Quality of Life and Disability : An Approach for Community Practitioners.* London, Jessica Kingsley Publishers.

Buntinx W.H.E., Schalock R.L. (2010) : Models of Disability, Quality of Life, and Individualized supports : Implication for professional pratice in intellectual disability. *Journal of Policy and Pratice in Intellectual Disabilities,* 7(4) : 283-294

Chou Y. C., Lin L., Pu C., Lee W., Chang C. (2008) : Outcomes and costs of residential services for adults with intellectual disabilities, *in* : Taiwan : A comparative evaluation. *Journal of Applied Research in Intellectual Disabilities,* 21 : 114–125.

Coscarelli A., Balboni G. (2014) : Qualità della vita e disabilità intellettiva : Modelli teorici, scale di valutazione e scelte cliniche. *Psicologia Clinica dello Sviluppo,* 2 : 183-210.

Emerson E., Hatton C. (1994) : *Moving out : Relocation from hospital to community.* London, Her Majesty's Stationery Office.

Emerson E., Robertson J., Gregory N., Hatton C., Kessissoglou S., Hallam A. *et al.* (2000b) : Quality and costs of community-based residential supports, village communities, and residential campuses in the United Kingdom. *American Journal on Mental Retardation,* 105 : 81–102.

Emerson E., Robertson J., Gregory N., Hatton C., Kessissoglou S., Hallam A. *et al.* (2001) : Quality and costs of supported living residences and group homes in the United Kingdom. *American Journal on Mental Retardation,* 106 : 401–415.

Federici F., Scherer M., Meloni F, Corradi F., Adya M., Samant D. (2013) : La valutazione del funzionamento individuale e della disabilità, *in* : S. Federici, M.J. Scherer (eds.) : *Manuale di valutazione delle tecnologie assistive* (pp. 13-26). Milano, Pearson Education Italia.

Golding L., Emerson E., Thornton A. (2005) : An evaluation of specialized community-based residential supports for people with challenging behaviour. *Journal of Intellectual Disabilities*, 9 : 145-154.

Heller T., Miller A. B., Factor A. (1998) : Environmental characteristics of nursing homes and community-based settings, and the well-being of adults with intellectual disability. *Journal of Intellectual Disability Research*, 42 : 418-428.

Heller T., Miller A. B., Hsieh K. (2002) : Eight-year follow-up of the impact of environmental characteristics on well-being of adults with developmental disabilities. *Mental Retardation*, 40 : 366–378.

Howe J., Horner R. H., Newton J. S. (1998) : Comparison of supported living and traditional residential services in the state of Oregon. *Mental Retardation*, 36 : 1–11.

Kearney C. A., Bergan K. P., McKnight T. J. (1998) : Choice availability and persons with mental retardation : A longitudinal and regression analysis. *Journal of Developmental and Physical Disabilities*, 10 : 291–305.

Kozma A.V., Mansell J., Beadle-Brown J.D. (2009) : Outcomes in different residential settings for people with intellectual disability : A systematic review. *American Journal on Intellectual and Developmental Disabilities*, 14 (3) : 193-222

Lachappelle Y., Wehmeyer M. L., Haelewyck M. C., Courbois Y., Keith K. D., Schalock R., Verdugo M. A., Walsh P. N. (2005) : The relationship between quality of life and self-determination : an international study. *Journal of Intellectual Disability Research*, 49 : 740-744.

Lerman P., Apgar D. H., Jordan T. (2005) : Longitudinal changes in adaptive behaviors of movers and stayers : Findings from a controlled research design. *Mental Retardation*, 43 : 25–42.

Lyons G. (2005) : The life satisfaction matrix : An instrument and procedure for assessing the subjective quality of life of individuals with profound multiple disabilities. *Journal of Intellectual Disability Research*, 49 (10) : 766–769.

Nota L., Ferrari L., Soresi S., Wehmeyer M.L. (2007) : Self-determination, social abilities, and the quality of life of people with intellectual disabilities. *Journal of Intellectual Disability Research*, 51 : 850-865.

Schalock R. L., Gardner G. F., Bradley V. J.. (2007) : *Quality outcomes for people with intellectual and other developmental disabilities : Applications across individuals, organizations, communities and systems.* Washington, DC : American Association on Intellectual and Developmental Disabilities.

Servizio politiche sociali Regione Marche (n.d.) : l'autodeterminazione scheda di presentazione diponibile da : Marche
http ://lab.crd.marche.it/index.php ?option=com_content&view =article&id=148 :lautodeterminazione-scheda-di-presentazione&catid=6 :metodologie-didattiche-innovative&Itemid=8

Sparrow S. S., Balla D.A., Cicchetti D.V. (2003) : *Vineland Adaptive Behavior Scales. Intervista -- Forma completa.* Firenze, Giunti O.S.

Spreat S., Conroy J., Rice D. (1998) : Improve quality in nursing homes or institute community placement ? Implementation of OBRA for individuals with mental retardation. *Research in Developmental Disabilities*, 19 : 507–518.

Stancliffe R., Hayden M., Larson S., Lakin K. (2002) : Longitudinal study on the adaptive and challenging behaviors of deinstitutionalized adults with mental retardation. *American Journal on Mental Retardation*, 107 : 302–320.

Stancliffe R., Keane S. (2000) : Outcomes and costs of community living : A matched comparison of group homes and semi-independent living. *Journal of Intellectual & Developmental Disability*, 25 : 281–305.

Stancliffe R., Lakin K. (1998) : Analysis of expenditures and outcomes of residential alternatives for persons with developmental disabilities. *American Journal on Mental Retardation*, 102 : 552–568.

Thompson J. R., Bradley V., Buntinx W. H. E., Schalock R. L., Shogren K. A., Snell, M. *et al.* (2009) : Conceptualizing supports and the support needs of people with intellectual disabilities. *Intellectual and Developmental Disabilities*, 47 : 135–146.

Wehmeyer M. L. (1992) : Self-determination and the education of students with mental retardation. *Education and Training in Mental Retardation and Developmental Disabilities*, 27 : 302-314.

Wehmeyer M. L., Palmer S. B. (2003) : Adult outcomes for students with cognitive disabilities three years after high school : the impact of self-determination. *Education and Training in Developmental Disabilities*, 38 : 131-144.

Wehmeyer M. L., Schwartz M. (1997) : Self-determination and positive adult outcomes : a follow-up study of youth with mental retardation or learning disabilities. *Exceptional Children*, 63 : 245-255.

Young L. (2006) : Community and cluster centre residential services for adults with intellectual disability : Long-term results from an Australian-matched sample. *Journal of Intellectual Disability Research*, 50 : 419–431.

Young L., Ashman A. F. (2004) : Deinstitutionalization for older adults with severe mental retardation : Results from Australia. *American Journal on Mental Retardation*, 109 : 397–412.

WHO, World Bank. World report on disability 2011. Disponibile da : http ://www.who.int/disabilities/world_report/2011/report.pdf

Approche systémique d'un processus d'autonomisation.
Entre autonomie du patient et autonomie du soignant[26]
Annie Lufungula Lokotolo

Avant-propos

En commençant cette thérapie dans le cadre de mon travail d'interne et ensuite de cheffe de clinique dans une Unité de soins psychiatriques, je me trouvai chargée d'une situation explosive qui avait derrière elle ce qu'on appelle des « casseroles ». La famille avait déjà arrêté le suivi à plusieurs reprises et la Justice s'en était mêlée, car la patiente avait eu des attitudes très agressives envers les membres de la famille et l'entourage proche, par ailleurs très limité. Cet entourage s'était ultérieurement raréfié car les rencontres avec la famille en question devenaient de moins en moins amicales, voire plaisantes.

La responsable de l'Unité m'avait donc confié cette situation avec très peu de confiance de la voir évoluer favorablement. Il est vrai qu'une chose est de donner des schémas théoriques savants, une autre est de vivre des situations cliniques au bord non seulement de la crise de nerfs, mais aussi du code pénal.

Voici donc le récit de cette thérapie. Les noms des personnes, des Institutions et de nombreux détails ont été changés pour préserver l'anonymat, ainsi que les dates et les lieux.

Introduction

La thérapie familiale que je vais décrire se développe autour d'un problème d'autonomisation chez une patiente âgée de 35 ans, que je nomme Merline, porteuse d'un retard mental léger et ayant un lien très proche avec sa mère. La famille de Merline vient d'un milieu défavorisé avec de bas revenus et surtout vivant dans un isolement social important, les échanges avec l'entourage étant excessivement pauvres.

---

[26] Ce chapitre a paru dans l'European Journal of Intellectual Disability en 2016, n°10 (http://ejid.name)

La situation de cohabitation avec les parents est habituelle pour l'adulte avec retard mental. Ainsi, la séparation de la famille qui se présente au cours de l'évolution de l'adolescence à la jeunesse, puis à l'âge adulte, peut être vécue comme un moment extrêmement difficile dans la vie familiale. Dès lors, de nombreux adultes avec un retard mental vivent avec leurs parents jusqu'au décès de ces derniers, avec absence de tout processus d'autonomisation. Les parents voient leur enfant « adulte » parfois même comme un tout petit enfant, incapable de vivre en dehors de la sphère parentale. Je vais donc présenter une situation clinique où une thérapie systémique a permis à une femme avec retard mental de s'individualiser, de s'autonomiser sans que cela soit perçu comme une menace pour le lien.

Ma première hypothèse avait été que Merline, porteuse du symptôme, protège le système familial afin de le maintenir dans une stabilité qui exclut toute évolution. Ma deuxième hypothèse avait conçu le symptôme comme un moyen de communication entre les parents, garant donc du maintien de l'homéostasie familiale : ainsi, ils restaient ensemble pour aborder et porter le problème de Merline

Merline devenant adulte avait exprimé dans le passé son désir d'aller vers d'autres liens en dehors des liens familiaux. A l'opposition de sa mère, elle avait réagi avec une certaine timidité au début, laissant ensuite apparaître de la tristesse, des attitudes passives et enfin une réelle agressivité qui s'était finalement traduite en épisodes de violence contre le matériel et ensuite contre la mère et le père.

Le phénomène d'attachement mère-enfant, dans un mouvement de séparation, est toujours délicat et il faut tenir compte du fait qu'être un enfant porteur d'une faiblesse complexifie le processus d'attachement et de séparation. Au début de la vie, l'enfant et sa mère doivent mettre en œuvre un processus d'attachement qui est normal et indispensable dans le développement de l'enfant, nécessaire à sa survie et à son processus d'humanisation. A ce processus d'attachement fait suite un processus de séparation et d'individualisation.

De ce fait, l'enfant, s'il est porteur d'une différence, et sa mère peuvent résister au processus de séparation, que ce soit au cours de l'enfance ou de la vie adulte. Cette résistance au processus de séparation sera parfois marquée par des séparations brutales, très peu ou pas du tout élaborées. Si besoin il y a d'une intégration en milieu socio-éducatif spécialisé, cette étape sera marquée par une grande anxiété et la famille la vivra comme douloureuse et chargée d'angoisse.

Il est donc essentiel que la famille soit associée aux diverses démarches d'autonomisation qui accompagneront la vie de la personne avec retard mental. Selon Sorrentino, il s'agit d'utiliser des capacités créatives afin qu'un développement soit possible pour l'enfant atteint d'une déficience, de cette manière les uns et les autres membres de la famille pourront s'engager dans un processus de croissance en utilisant les ressources innovantes et des possibilités de transformation de l'expérience vécue (Sorrentino, 2008).

Détour théorique

Dans le cadre de la thérapie systémique, que je ne vais pas détailler mais juste effleurer, je vais rappeler que depuis l'apparition des pensées systémiques dans les années cinquante, cette approche n'a pas cessé de se diversifier et de s'enrichir de nouveaux courants de pensée. Je résumerai les concepts systémiques en quelques lignes et me limiterai à quelques modèles systémiques. Le but de cette brève promenade conceptuelle n'étant pas une énumération exhaustive des théories systémiques, nous nous limiterons à quelques aspects de la théorie des systèmes.

La différenciation du soi est un concept développé par Murray Bowen (1978), qui a postulé un continuum dont le pôle inférieur est celui du plus haut degré de fusion du soi, et le pôle supérieur celui du plus haut degré de différenciation. Selon cet auteur, au pôle inférieur on retrouve les gens dont les émotions et l'intellect sont tellement confondus que leur existence est dominée par l'automaticité de leur système émotif. Ce sont ceux qui présentent les plus faibles capacités d'adaptation et qui sont les plus dépendants émotivement de leur entourage. Au pôle supérieur, on retrouve les personnes qui parviennent à une certaine autonomie de leur intellect durant les périodes de tension sans être submergées par leurs émotions. Elles présentent par conséquent une plus grande capacité d'adaptation et sont plus indépendantes du climat émotionnel de leur environnement. Entre les deux extrêmes, il existe un nombre infini d'états mixtes de fonctionnement.

Les êtres humains étant fortement sociaux, le petit de l'homme a besoin dès le commencement d'une structure sociale, qui est la famille. Les travaux de Salvador Minuchin (1974) sur les structures familiales permettent de préciser les facteurs favorisant ou retardant l'autonomisation. Selon le modèle structural, la famille présente une structure propre composée de sous-systèmes, où l'on établit les frontières internes et externes et où l'on définit les règles. Individu, couple, fratrie sont des sous-systèmes qui sont définis par la génération, le sexe, l'intérêt ou la nature des tâches à remplir. Ces sous-systèmes sont de nature temporaire et se construisent sur un projet commun et des alliances passagères, et fonctionnent conformément à des patterns transactionnels qui sont des régulateurs du comportement. Chaque sous-système est déterminé par des frontières, de même qu'il existe des frontières entre la famille et ses différents contextes sociaux. Les frontières sont les règles qui définissent qui participe parmi les membres de la famille aux transactions avec l'extérieur, et comment s'opère cette participation. Des limites claires sont nécessaires pour permettre des contacts avec l'extérieur tout en prévenant les ingérences.

Des frontières interpersonnelles très diffuses, avec un haut dégré de flou, conduisent à des familles enchevêtrées, alors que les frontières très rigides se manifestent par un désengagement. Une perméabilité adéquate est donc nécessaire au bon fonctionnement de la famille et au développement de ses membres. Dans les familles trop fusionnelles, les séparations sont très mal tolérées et le système, par le jeu des feedback négatifs, s'oppose aux tentatives d'autonomisation. Cela a pour effet d'entraver gravement l'individuation des membres (Salem, 2009).

Toutes les familles, à travers des cycles de vie, vivent divers stades développementaux au cours de leur histoire. Des stades importants dans le cycle de vie, bien reconnus, sont l'arrivée des enfants, l'entrée des enfants dans l'adolescence, le départ de la maison du jeune adulte, etc. Certaines familles rencontrent à un moment ou à un autre de leur histoire des difficultés à évoluer dans leur développement. Par exemple, certains couples ont de la peine à se soutenir mutuellement dans l'exercice des rôles parentaux et à assurer un équilibre entre leur vie conjugale et familiale. La non-résolution de certaines problématiques et le manque d'adaptation rendent la famille plus vulnérable pour l'avenir, avec un dysfonctionnement et une probabilité plus élevée que la famille soit confrontée à des pathologies et crises familiales sévères (Pauzé et Touchette, 2006). L'événement de séparation qui marque le départ des jeunes n'est pas sans répercussions affectives. Cette étape du cycle de vie est souvent décrite par les mères comme un moment difficile à vivre.

Des travaux de différents auteurs (Harkins, 1978 ; Borland, 1982 ; Edwards, *in* Whyte et Edwards, 1990) ont mis en évidence un certain nombre de « malaises » vécus par les femmes (dépression, confusion des rôles) au moment de la décohabitation de leurs jeunes adultes et lors de la phase du nid vide. Terkelsen (1980) postule qu'une transition de stade peut être influencée par des facteurs sociaux, comme le mariage et les naissances. Fulmer (1989) a attiré l'attention sur des tendances socio-familiales plus récentes : l'étirement/ralentissement des stades chez des couples d'universitaires à deux carrières et le télescopage/accélération dans des familles sous-prolétaires. Chez les premiers, la conception d'enfants peut être retardée jusque dans la trentaine, tandis que chez les seconds, la maternité débute dès l'âge de 15 ans. Dans les familles pauvres, la naissance d'un enfant donne une identité (devenir mère), un sens à la vie, un statut social, des avantages matériels et un plaisir créatif. Dans les familles défavorisées, différents stades sont télescopés dans le temps : l'adolescence vue comme période moratoire, le stade du jeune adulte non lié, la période qui entoure le mariage et l'établissement du lien conjugal, et celle aux alentours de la grossesse et de la naissance. Nous remarquons que ces stades sont supprimés ou inversés. Il n'y a pas de moratoire, pas de jeune adulte non lié, la grossesse est engagée éventuellement avant que ne s'établisse un lien conjugal.

Pour revenir aux thérapies systémiques, il faut rappeler qu'elles s'appuient sur la notion de système : « Ensemble d'éléments en interaction tels qu'une modification quelconque de l'un d'eux entraîne une modification de tous les autres. » Par ailleurs, « il est bien entendu qu'une famille tend à préserver sa stabilité, à sauvegarder son équilibre ou homéostasie, comme tous les systèmes vivants. Cette stabilité nécessaire n'est pas toujours la même. Elle varie d'une famille à l'autre et au sein d'une même famille, selon son stade évolutif » (Salem, 2009, p. 34).

Le symptôme est alors une tentative du système de préserver sa survie en maintenant une certaine constance de son organisation. Sa fonction est homéostatique, car elle a pour but de protéger l'équilibre familial. Il va donc s'agir, pour le thérapeute extérieur au système et non influencé par lui, de diriger la famille par ses interventions vers un nouvel équilibre dans lequel le symptôme ne serait plus nécessaire.

Suite aux travaux de Von Foerster (1981) sur la relation indissociable entre les systèmes observateur/observé, on a pu introduire le concept d'auto-référence de toute observation, les caractéristiques intrinsèques de l'observateur influençant forcément sa description de ce qu'il voit. Le rôle de l'observateur devient donc de favoriser la co-création avec la famille d'une nouvelle structure, le système thérapeutique, qui permettra l'évolution vers un nouvel équilibre.

Mony Elkaïm définit ce processus ainsi : « Il est capital, me semble-t-il, que le thérapeute ne cherche pas à savoir ce qui est bon pour la famille ni ne s'interroge sur la direction que le système thérapeutique devrait suivre ; son travail pourrait plutôt consister à aider les membres de la famille à ne pas emprunter les circuits de relations qui imposaient le maintien du symptôme, afin d'ouvrir d'autres possibles. Quant à ces possibles, le thérapeute les découvrira en même temps que la famille, en changeant lui-même à mesure qu'il aidera les autres à changer » (Elkaïm, 1989, pp. 174-175).

Le système présente donc, selon cette vision de l'approche systémique, des facultés intrinsèques d'auto-organisation par l'interaction avec l'environnement, ce qu'on nomme autopoïèse. De réparateur, le thérapeute devient révélateur des compétences familiales qui amèneront à l'autosolution (Ausloos, 2003).

Les modèles constructiviste et constructionniste social postulent que toute réalité est une construction et que « la réalité » est une construction qui se fait à travers et par les relations que nous entretenons les uns avec les autres (notre environnement) ; nos descriptions du monde prennent forme à l'intérieur même du langage. La relation du thérapeute et du patient, elle aussi, n'échappe pas à cette règle (Gergen, 2005).

Un autre concept théorique qui nous sera utile dans la compréhension des problèmes d'un système familial, et particulièrement du système familial autour de Merline, est la description des types d'interactions existants effectuée par Watzlawick et son équipe de Palo Alto dans les années soixante-dix (Watzlawick, 1972). Selon l'un des axiomes de la théorie de communication, « il est impossible de ne pas communiquer ». Qu'on le veuille ou non, parole ou silence, tout a valeur de message. De même pourrait-on dire qu'on ne peut pas ne pas interagir ; même un refus est une façon d'être en relation. Ainsi, toute interaction entre deux personnes est de nature symétrique ou complémentaire. Dans le premier cas de figure, les deux protagonistes adoptent le même comportement, amenant souvent chacun à amplifier ce comportement en une montée en symétrie. Dans le deuxième, la conduite de l'un entraîne chez l'autre un comportement de type différent, qui complète l'attitude du premier et la rend compréhensible.

Le concept de métacommunication a été introduit par Gregory Bateson, Paul Watzlawick *et al.*, de l'école de Palo Alto, dès les années 1970. La méta-communication est une communication qui se prend elle-même pour objet. Ou si l'on veut, une communication sur la communication. Elle présuppose que dans le conflit lui-même, il y a autre chose qui se joue que le contenu et même la forme.

Pour comprendre l'évolution de la famille de Merline, il est utile de revisiter d'autres concepts systémiques en lien et parfois en conflit l'un avec l'autre : l'autonomie et l'appartenance. Nous pouvons définir l'autonomie comme le pouvoir d'agir ou de ne pas agir, donc de choisir l'orientation de sa conduite selon ses propres règles et celles établies socialement. Ce concept correspond à celui de la notion d'indépendance comportementale.

L'autonomie est une notion largement commentée et débattue dans différentes sphères des sciences humaines et sociales, en particulier la sociologie. Alain Ehrenberg souligne la difficulté du travail des opérateurs de la santé mentale, des psychiatres et des intervenants sociaux, face à des situations où l'autonomie de l'individu est réduite et entravée par la situation psychique ou la maladie physique, ou encore la détresse sociale. Ils s'efforcent de relever le défi d'activer ces individus souvent brisés par leurs conditions désastreuses de vie, de les aider à se reprendre en charge eux-mêmes et de leur redonner un minimum de confiance en soi. Alain Ehrenberg déclare : « La souffrance sociale est une expression de l'antilibéralisme confronté au changement des rapports entre la société et l'État ». Il semble aussi regretter « une ambivalence à l'égard de l'autonomie » que les opérateurs de la santé mentale et du social continueraient à manifester. De fait, ces opérateurs qui affrontent au quotidien la souffrance sociale demeurent attachés à l'idée de protection (qui, jusqu'à preuve du contraire, en appelle à l'État et aux institutions), car ils savent bien que leur clientèle est trop fragile pour pouvoir réaliser par elle-même et sans supports objectifs cette autonomie à laquelle ils s'efforcent en même temps de les faire accéder (Ehrenberg, 2010).

Pour F. de Singly (2000), « les jeunes à l'âge adulte sont dans des conditions sociales et psychologiques qui leur permettent d'accéder à une certaine autonomie, sans pour autant disposer des ressources, notamment économiques, suffisantes pour être indépendants de leurs parents. »

Dans une situation de maladie psychique, ce processus d'autonomisation est souvent perçu comme perturbé par les troubles et par la difficulté des jeunes à se détacher de l'accompagnement parental. L'autonomie des jeunes adultes souffrant de troubles psychiques ne se fait pas en dehors de ces dispositifs. Les institutions sanitaires ou médico-sociales, au même titre que l'institution familiale, deviennent des cadres où s'acquiert l'autonomie par les voies de l'accompagnement et du « coping ».

Pour la personne avec retard mental, les différences par rapport à une « autonomie normale » sont flagrantes. L'équilibre familial est parfois fragile et peut être rudement bousculé par le besoin d'autonomie des enfants qui deviennent adultes. « Nous avons constaté que les familles ne décident de se séparer d'un enfant avec un retard mental qu'après une demande très douloureuse. Parfois, on oublie que pour une personne avec retard mental, il peut être finalement apaisant de vivre ailleurs. Le lien affectif familial, crucial, pourra s'épanouir plus sereinement. Si le chemin de la séparation est parcouru de force, face à une réalité incontournable, la famille pourrait tenter de s'opposer au changement. Un soutien thérapeutique s'avère nécessaire, non dans le but de changer la structure de la famille, mais plutôt pour l'aider à faire face à la situation et à se protéger d'un comportement extrême d'hyper-investissement ou de désinvestissement » (Galli Carminati, 2000, p. 33).

D'autre part, le sujet a besoin d'appartenance pour créer son identité et il doit puiser dans de multiples appartenances pour que puisse émerger son autonomie par rapport à ses supports identitaires. Ces appartenances à des groupes, qu'ils soient familiaux, professionnels, politiques, sont créées et maintenues par des mythes et rituels communs.

Les mythes familiaux se rapportent à une série de croyances créées et partagées par tous les membres, nous remarquons que ces mythes et croyances, même si éloignés d'une réalité prouvée, donnent un sens aux actions, aux pensées et aux émotions de chacun, assurant ainsi la cohésion interne de la famille et une protection contre l'extérieur. (Miermont, 1987).

Au cœur du conflit

C'est dans le cadre de la consultation de l'Unité psychiatrique où je travaillais comme médecin interne au début de la prise en soins, que je reçois Merline pour la première fois en octobre 2005. Elle revient d'une courte incarcération en raison d'une agression physique envers un gérant de magasin qui avait porté plainte contre elle et envers un policier. Merline avait volé un parfum et des crèmes de beauté dans un magasin au centre-ville et elle avait été repérée par le surveillant, d'où la bagarre avec le gérant, qui avait appelé la police. Au lieu de faire profil bas, Merline avait insulté et attaqué les policiers. La plainte devenait inévitable. A la fin de sa peine, le juge avait ordonné une obligation de soins en milieu psychiatrique, où Merline séjourna environ 12 mois, sans incident. Le juge avait assorti le séjour hospitalier, à la sortie, d'une prise en charge soutenue à l'Hôpital de Jour les Tournesols pendant environ 6 mois. L'évolution clinique y avait été favorable, permettant une sortie de la patiente de l'Hôpital de Jour pour poursuivre son suivi à la consultation psychiatrique dans l'Unité où je travaillais.

C'est dans ce contexte que j'avais pris en soins Merline en individuel. La situation de sortie de l'Hôpital de Jour avec donc plus de moments en famille avait déclenché ou, on le verra, réactivé le conflit entre Merline et sa mère. Merline souhaitait jouir de plus de liberté et d'autonomie et, devant le refus répété de sa mère, leur relation était devenue tendue avec apparition progressive de passages à l'acte envers cette dernière.

C'est à ce titre que la mère de Merline avait fait cette demande d'une thérapie impliquant la famille, ce que nous avions appuyé, et qui avait été accueilli favorablement par la patiente. Nous avions obtenu finalement l'accord du père de Merline ainsi que de son frère. La famille avait accepté aussi l'implication d'intervenants sociaux.

En étudiant le dossier de Merline, j'avais trouvé plusieurs périodes de suivi dans la même Unité et dans une autre, ainsi qu'un résumé du Service des Enfants, très sobre à vrai dire. Les suivis, dès la majorité – ceux pendant l'enfance ayant un caractère quasiment obligatoire – avaient été interrompus sur demande de la patiente ou de la mère, qui s'engageaient à des suivis dans le privé dont on n'avait que des traces très ponctuelles. J'avais donc la sensation qu'en dehors des suivis « publics », la patiente et sa famille se renfermaient sur eux-mêmes dans une vision magique de solution des problèmes autarcique et somme toute irréaliste.

Merline et son histoire

Merline est une jeune femme d'aspect très agréable, âgée de 35 ans, d'origine italienne. Elle est la fille cadette d'une fratrie de deux. Son frère aîné est âgé de 40 ans. Merline est à l'assurance invalidité (A.I.) à 100 % en raison de son retard mental.

Elle a une tenue et une hygiène correctes. Au moment du premier entretien avec moi, d'après son dossier elle présente un retard mental léger, son QI (Quotient Intellectuel), selon la WAIS-R, est de 69. Elle est calme, collaborante, orientée dans le temps et dans l'espace. Elle est autonome dans les actes de la vie quotidienne (alimentation, toilette, habillage et déplacement).

Sa mère l'accompagne au premier rendez-vous, ce qui arrivera aussi pour d'autres rendez-vous successifs.

Merline sourit facilement, avec un air un peu timide, garde la tête baissée, ne faisant bouger que ses yeux quand elle me regarde, assez furtivement. Elle est assise d'une manière qui voudrait sembler décontractée, mais ses mains souvent crispées et le fait qu'elle se ronge les ongles démontrent une tension interne. Elle tente visiblement de se contrôler et de contrôler la situation, sans doute par envie de paraître « relaxe ».

Elle présente, en dépit de sa tentative de paraître ouverte et à l'aise, une attitude réservée et elle se retrouve souvent figée sur sa chaise. Tout en étant adéquate dans son discours, son expression verbale est caractérisée par une pauvreté de vocabulaire qui ne limite pas pour autant sa capacité à expliquer et à se faire bien comprendre par l'autre en recourant à des exemples très concrets.

Elle présente une légère tristesse et angoisse, pas de symptomatologie de la lignée psychotique, elle ne présente pas d'idéation suicidaire, pas de problème de sommeil et son appétit est conservé.

Merline a été un enfant désiré. Elle n'a présenté aucune complication périnatale apparente, mais son développement psychomoteur sera lent, avec émergence tardive de la marche et de la parole. Le pédiatre annoncera aux parents le retard de leur fille alors qu'elle est âgée de 5 ans.

Dès l'annonce du diagnostic, Merline sera suivie par le Service des Enfants, elle fréquentera les écoles spécialisées jusqu'à l'âge de 15 ans.

L'enfance se passe de manière assez problématique, avec des moments de repli, une grande passivité, quelques moments d'irritabilité et un désinvestissement important des activités scolaires. Le début de l'adolescence sera marqué par une augmentation des moments d'irritabilité et de repli, avec des agressions envers sa mère et une brève fugue à 14 ans. A cette fugue avaient succédé des épisodes répétés de violence envers la mère et le père, ce qui avait motivé une tentative de placement en milieu institutionnel.

A 15 ans elle effectuera donc une tentative d'intégration dans une Institution dans un canton voisin, d'où elle sera renvoyée car elle présentait un comportement opposant, marqué par un manque de motivation au travail et par des troubles du comportement qui avaient justifié plusieurs renvois et changements d'institution.

Merline aurait commencé sa consommation de cannabis, de cocaïne et d'alcool à l'âge de 18 ans, pour se détendre, elle passe alors la majeure partie de son temps au domicile familial, ne sortant que pour s'approvisionner de ces substances toxiques, dormant la journée et jouant en ligne sur Internet pendant la nuit, cela durant plusieurs années. Elle a une relation sentimentale chaotique avec un jeune homme qui souffre de troubles psychiatriques et d'une toxicomanie. Merline n'a jamais réussi à se faire des amies ni des amis, le seul contact étant avec sa grand-mère maternelle, décédée quand Merline avait 24 ans, suite à un accident de la circulation. Merline maintenait aussi un lien régulier avec ses tantes maternelles. La famille ne recevait pas de visiteurs, ne rendait visite à personne et avait dû se protéger des jugements des autres membres de la famille et du voisinage face au retard mental et aux troubles de Merline.

Les parents émettent l'hypothèse que Merline exprime son mal-être par la violence et également qu'elle se sent mal dans sa peau car elle voudrait « faire sa vie » et « sortir du cocon familial ». En effet, à plusieurs reprises, après la brève fugue à 14 ans, Merline fait mine de faire ses bagages et de quitter de manière très impulsive le domicile familial. Par ailleurs, elle se montre jalouse de son frère aîné qui a pu mener une scolarité normale, un apprentissage et qui peut vivre de façon autonome avec une femme et des enfants.

La mère, après les allers-retours de Merline dans les différentes institutions, avait donc trouvé un appartement indépendant à proximité du domicile parental, où Merline avait emménagé. Malgré cela, elle passait tout son temps au domicile parental, la mère s'étant beaucoup investie dans la prise en charge alors que le père s'en était désinvesti.

Les parents de Merline sont d'origine italienne, venant la mère du Nord et le père du Sud de l'Italie. La mère de Merline avait épousé le père en désaccord avec les deux familles, pour différentes raisons, surtout sociales et économiques, les uns trouvant les autres trop pauvres. Sa première grossesse se serait déroulée dans un climat de mésentente avec la mère de son mari. Les propres parents de la mère de Merline étaient également mécontents, elle avait dû vivre les premiers temps de son mariage et sa grossesse en mauvais termes avec eux. Cinq ans plus tard, les deux conjoints décident d'avoir un autre enfant. Cette deuxième grossesse aurait été marquée par des conflits et violences conjugaux de la part du mari et cela en majorité dans un contexte de difficultés économiques majeures.

Le père de Merline, âgé de 65 ans, avait été placé dans des foyers pour jeunes en difficulté. Il n'a pas de métier et travaillait comme manœuvre. Depuis de très longues années, il n'a aucun contact avec le reste de sa famille.

La mère de Merline est âgée de 58 ans, elle aurait eu beaucoup de difficultés scolaires. Elle a travaillé de manière irrégulière dans la restauration.

Les parents de Merline sont actuellement tous deux à l'Assurance Invalidité.

La mère porte une forte culpabilité quant à l'instabilité de son couple, qui souffre de problèmes liés aux difficultés économiques, maintenant moins importantes, quant à la violence de son mari ainsi qu'au retard mental de Merline. Elle avait envisagé de divorcer de son mari, qu'elle décrira comme violent et tyrannique, alors que Merline avait 15 ans. Le couple s'était d'abord séparé, puis remis ensemble pour maintenir une certaine cohérence auprès de leurs enfants, soi-disant suite aux discours désastreux que la mère avait entendus à propos des enfants de divorcés.

Le retard mental de Merline avait été mal vécu par sa famille, qui le vivait comme un malheur intergénérationnel vertical, ayant le sentiment que les personnes autour d'eux se méfiaient de Merline, craignant de la fréquenter à cause de la possibilité, voire du risque, de partager ses malheurs et ceux de sa famille.

Le frère aîné de Merline est marié et père de trois enfants qui entrent dans l'adolescence. Il travaille comme boulanger. Il avait quitté le domicile familial lorsqu'il avait à peine 18 ans, suite aux comportements conflictuels de ses parents. Il dira avoir ressenti un sentiment de jalousie et d'isolement car toute l'attention des parents se portait sur Merline. Il se dira aussi content d'avoir pu s'éloigner de sa famille, mais s'inquiète de la situation de Merline car il la voit au domicile familial comme un « gardien » de ses parents qui sont régulièrement en conflit.

Merline, sa famille et les thérapeutes

Nous sommes face à une famille perturbée au niveau de sa structure et de sa hiérarchie.

L'objectif de la thérapie sera donc de changer l'organisation de la famille en favorisant la différenciation de chacun des membres, une stratégie centrée sur le présent. Le thérapeute fait partie du système thérapeutique et agit pour le modifier en séance. Une situation familiale avec une structure et une hiérarchie perturbées correspond aux théories de Minuchin, qui opte pour une approche structurale.

Pour donner une idée du contexte logistique, je précise que les entretiens ont eu lieu dans les locaux de la Consultation ambulatoire de l'Unité où je travaillais à l'époque et ils se sont déroulés sur une période d'environ deux ans et demi. Durant ces mois, on a pu témoigner de l'émergence de la crise, de quelques interruptions suivies par des reprises des consultations.

Comme je l'avais dit au début, la prise en soins a commencé avec une approche individuelle, rapidement remplacée par une approche familiale demandée dès le début par la mère de Merline. Très classiquement j'ai suivi le parcours en trois étapes : affiliation active (joining) à la famille, évaluation de la structure familiale et, si possible, transformation de cette structure.

Au vu de la situation médico-légale de Merline, il a fallu élargir le contexte thérapeutique à une prise de contact avec les structures sociales, à savoir un curateur de portée générale, une avocate, un accompagnateur et une aide pour les soins à domicile, ainsi que le référent de l'autorité de surveillance juridique.

La réunion de réseau nous a été indispensable pour comprendre le contexte légal de notre prise en soins.

Le cadre thérapeutique comportait moi-même et une psychologue, en co-thérapie et sous la supervision d'un systémicien. La présence d'un superviseur externe à l'Unité où je travaillais permet une vision enrichie de la situation, une meilleure attention portée aux interactions et une plus grande facilité à méta-communiquer.

Nous avions donc appris au cours de ce réseau que le bail du studio de Merline, quasiment pas utilisé et cher, avait été résilié car il pénalisait lourdement les finances de Merline sans lui donner, en fait, l'espace d'indépendance espéré.

La thérapie s'est déroulée à raison d'une à deux séances mensuelles. La famille s'est montrée compliante durant tout le suivi thérapeutique et venait régulièrement aux séances prévues, hormis en cas d'empêchement.

Revenons un moment au début de la thérapie. Pour ce qui est des séances individuelles, Merline avait été amenée à plusieurs reprises par sa mère à la consultation. Mes tentatives de la voir seule sont accueillies favorablement par sa mère qui, dans la réalité, ne quitte jamais le bureau spontanément et s'oppose avec sa présence au déroulement en tête à tête des entretiens. J'arrive enfin à obtenir quelques entretiens individuels en l'envoyant « boire un café ».

De plus, la mère de Merline tente de me rencontrer à l'insu de sa fille. Je suis obligée d'amener cette problématique et Merline refuse avec véhémence que j'établisse un lien avec sa mère, leur relation étant en ce moment tendue, avec des menaces hétéro-agressives à l'encontre de sa mère.

Mes interventions à ce stade sont plutôt de m'intéresser au monde de Merline, d'évaluer son état clinique, de créer un climat de confiance, d'établir une alliance thérapeutique avec elle. Lors des entretiens où j'arrive à la voir seule, elle peut s'exprimer plus librement sur tout ce qui l'intéresse ou l'inquiète, je peux l'inviter à partager ce qu'elle ressent. Un lien de confiance s'installe peu à peu, Merline peut évoquer ses ressentis sur sa famille, ses soucis avec ses parents et son attachement à ces derniers. Elle peut alors verbaliser sa colère, sa tristesse ainsi que sa vulnérabilité et son impuissance face à son retard mental. Conjointement au renforcement du lien thérapeutique avec la patiente, j'élabore la nécessité d'un suivi familial, qui était une demande initiale faite par sa mère, acceptée aussi par Merline.

Nous arrêtons la thérapie individuelle au profit de la thérapie familiale, le suivi psychiatrique individuel de Merline sera confié à un médecin de l'hôpital de jour de l'Unité psychiatrique où je travaille.

Les étapes de la thérapie de famille

Lors de la première rencontre avec la famille, nous faisons connaissance avec chaque membre et nous établissons le génogramme. Sont présents, en plus de ma co-thérapeute et moi-même, les parents et le frère de Merline, et Merline elle-même.

Pendant cette première séance ainsi que pendant les suivantes, après avoir mis la famille à l'aise autant que possible, nous avons posé des questions circulaires en invitant chacun à décrire l'interaction des autres membres du groupe familial.

Dès les premières minutes de l'entretien, ma co-thérapeute et moi-même avons été frappées par la difficulté du père et de Merline à verbaliser les problèmes qu'ils rencontraient. Très vite aussi nous avons ressenti le besoin de la mère de s'exprimer.

Par la suite, rapidement, Merline a le courage d'évoquer son souhait de quitter le domicile familial pour vivre de manière autonome. Elle était tendue, rongeait ses ongles, restait très figée sur sa chaise.

La mère, visiblement, était la personne détenant l'autorité, se montrant soucieuse, mais aussi fatiguée et désespérée ; elle semble avoir une position de « dominante » et Monsieur de « dominé », ce qui n'est pas tout à fait cohérent avec les accusations de Madame par rapport à son mari, décrit comme violent et tyrannique. La mère de Merline mentionne que depuis quelque temps sa relation avec sa fille est tendue, mais en dehors des crises elles sont complices.

Lorsque j'explore les tentatives de solution, la mère de Merline explique qu'elle a l'habitude de jouer les pompiers au point qu'elle ressent avoir sacrifié sa vie pour sa fille. On imagine facilement le rôle que cela joue dans sa vie conjugale où le mari est quasiment laissé pour compte.

Le frère de Merline hausse le ton et reproche à son père et à sa mère de ne s'être jamais occupés de lui, passant leur temps à se bagarrer. Il ajoute que sa mère, tout en se dédiant comme elle le dit à Merline, ne laisse pas une place à celle-ci pour elle-même, si ce n'est de jouer le rôle du gardien de la famille. Tous se tournent vers Merline, qui les regarde d'un air absent. Le rôle de catalyseur/gardien de la famille se confirme. A plusieurs reprises, nous devons refréner la tendance de la mère à occuper toute la place, coupant la parole au père et aux enfants. Merline, qui est le « patient désigné », se voit couper la parole par sa mère qui répond à sa place.

Le discours de la mère de Merline est souvent oblique, ne parlant pas à la personne à qui elle doit adresser le message, disant « elle » au sujet de Merline ou « il » au sujet de son mari. Même si l'origine de la famille est italienne et peut donner une manière différente de s'adresser aux personnes, les « il » et « elle » étant parfaitement admis en italien, l'attitude à la troisième personne est assez dérangeante car très peu directe.

Je propose à la mère de Merline de parler aux membres de la famille en leur disant « tu », ce qui permet d'observer la communication et de la rendre plus directe.

Nous demandons leur accord pour donner un temps de parole équitable à chacun.

Sur le point central de la problématique, le processus d'autonomisation de Merline, le père se montre relativement favorable au processus d'individuation/autonomisation avec nécessité de la mise en place d'un encadrement. La mère s'y oppose catégoriquement. Nous observons des tensions surtout entre le père et la mère à propos de Merline, avec des échanges hostiles. C'est la valse des coupables : le père en veut à la mère d'avoir couvé Merline, la mère en veut à son mari de l'avoir abandonnée en poursuivant sa vie centré sur lui-même, ses habitudes, ses compagnies ; le frère en veut aux parents d'avoir préféré Merline et à son père de les avoir délaissés en tant que père. Merline, stoïque, ne dit rien.

Aux séances suivantes, nous encourageons la famille à interagir directement. Nous donnons quittance à la souffrance de chacun.

Pour modifier directement des comportements à l'intérieur de la famille, nous leur prescrivons des tâches avec des activités concrètes ensemble, à savoir des sorties, des dîners, voir des films et faire des petits voyages. Cela surtout pour ce qui est des parents et de Merline, le frère étant engagé dans sa propre famille. Peu importe le moyen déployé pour effectuer les tâches prescrites par les thérapeutes, l'essentiel est qu'il contribue à un tournant décisif dans le processus de différenciation où les parents deviennent à nouveau un couple, puis un homme et une femme ayant une tâche individuelle à effectuer en mettant Merline hors de leur conflit.

Certes, le parcours n'est pas aisé et le conflit resurgit dans toute sa splendeur, parfois quand la situation semble plus calme : le père explique à quel point il est inquiet de la situation de Merline et voilà que la mère l'interrompt : « C'est à cause de toi que Merline en est arrivée là, car tu ne t'occupes pas d'elle. » Le père lève les yeux et rappelle à la mère sa relation avec sa propre mère (grand-mère maternelle de Merline) dont elle s'occupait, la haine que celle-ci lui portait, l'insultant et la traitant de « folle » car si sa fille avait des problèmes c'était à cause d'elle ; la mère, s'exprimant avec une vive émotion, éclate en sanglots et se lance dans sa propre défense en affirmant que sa mère était difficile et malade. Merline et son frère écoutent avec stupéfaction, et Merline, voyant sa mère pleurer, l'embrasse.

Il s'agit là d'un épisode que les enfants et nous-mêmes ignorions. Il y a une large palette du passé familial qui appartient à la difficile période du mariage et de la découverte du retard mental de Merline que les enfants ne connaissent pas.

Tout au long de la thérapie, en profitant parfois d'une certaine fatigue ou d'un épisode comme celui que je viens de décrire, où les thérapeutes se trouvaient face à une surprise, la mère de Merline remettait en question les règles posées par les thérapeutes. Elle exprimait son malaise de se sentir, selon son point de vue, contrôlée par eux. Une fois, par exemple, elle se lève et vient empoigner le dossier de mon siège en disant que je ne suis pas en droit de commander tout le monde. Je reste assise et je lui propose de se remettre à sa place pour continuer à parler ensemble et dissiper si possible son malaise.

Après environ trois mois de thérapie, je propose de continuer pendant une période de deux mois avec les seuls parents de Merline. La famille accepte, mais avant la première séance avec ce setting, la mère me contacte, inquiète, en m'annonçant que son mari a quitté la maison pour aller faire des courses et n'est pas encore de retour, il n'est pas joignable au téléphone. Elle demande que le moment du rendez-vous soit annulé. Je propose de garder l'heure du rendez-vous et le couple arrive en retard à la séance. Nous recadrons la situation en définissant les règles de la rencontre du jour et les raisons de voir les parents seuls puisque nous devons discuter sans les enfants ni avec le réseau. Nous demandons au couple ce qui s'est passé. J'intègre dans la séance les informations que j'ai reçues de la mère hors contexte thérapeutique, pour ne pas être en coalition avec l'un des parents. Une idée jaillit dans mon esprit, car je suis persuadée que le couple ne veut rien changer aux règles de leur système et que l'annulation du rendez-vous avait été un moyen d'y parvenir.

L'information ne doit pas circuler en sens unique de la famille vers le thérapeute, mais doit retourner vers la famille, donc je donne mon interprétation de cette situation spécifique en expliquant que le maintien du rendez-vous fait partie du cadre et que le respect du cadre est essentiel au changement de la dynamique du couple.

Pour Guy Ausloos, l'information pertinente est celle qui provient du système familial et y retourne pour informer le système sur son propre fonctionnement. Ma fonction de thérapeute n'est pas seulement de comprendre ou de m'informer des événements écoulés entre deux séances, mais de mettre en forme, d'organiser et de restituer à la famille sa réalité qu'elle connaît mais sans savoir qu'elle le sait (Ausloos, 2003). Certes, les concepts sont une chose, une autre est de répondre à une épouse affolée au téléphone…

Le père de Merline nous explique qu'il était sorti effectivement et était resté un peu devant l'immeuble pour fumer en attendant de venir au rendez-vous, qu'il n'avait pas vu l'heure passer et qu'il n'a pas entendu son portable sonner car il l'avait mis en silencieux. Il s'en excuse.

Il est clair que l'information que j'ai reçue du couple, surtout du père, me renforçait dans mon idée de résistance au changement, seulement cette fois c'était plutôt Monsieur qui passait à l'acte, ce qui était loin de ce que je pensais, ce qui a fait la différence pour moi (Bateson, 1972) : « L'information, c'est la différence qui fait la différence. »

Dans les séances dédiées au couple, nous explorons l'histoire de leur rencontre, les éléments qui les ont attirés, les points communs qui les réunissaient. Je n'ai pu mettre en évidence aucun élément marquant me permettant d'évoquer un mythe fondateur de couple : un mythe fondateur fort et unique, sur lequel s'appuyer pour re-narcissiser les partenaires et leur permettre de renforcer leur sentiment d'appartenance à une relation leur envoyant une identité positive d'eux même (Neuburger, 2002).

Le couple nous raconte qu'ils se sont rencontrés très jeunes et qu'ils ont décidé de vivre ensemble malgré l'opposition de leurs parents. Ils se sont mariés mais aucune des deux familles ne les a soutenus. Le couple ne faisait que des petits boulots et ils n'avaient pas assez de moyens pour faire, par exemple, un voyage de noces. A la naissance de leurs enfants, la famille n'est venue qu'à la Maternité, presque par devoir de présence et sans manifester du soutien. Leurs mères respectives étaient des personnes très peu soutenantes, les pères aussi. Ni Monsieur, ni Madame n'ont eu de modèle pour devenir un homme ou une femme. Ils ont passé beaucoup de temps à réparer leur enfance. Ils devaient se soutenir, afin de s'aider mutuellement à grandir et devenir une femme et un homme, dans une grande solitude. Nous valorisons donc leur compétence à être restés en couple depuis tant d'années, malgré les moments de crises qu'ils ont pu dépasser, ils sont donc un couple qui s'inscrit dans la durée et il est important de les légitimer en tant que couple. Nous leur exprimons notre admiration quant à leurs capacités, permettant une autre narration d'eux-mêmes plus valorisante.

Une fois terminée la période de travail sur le couple, nous proposons de reprendre les séances de famille.

Le jour même de cette séance dans laquelle nous devions recommencer le travail thérapeutique en famille, la mère me téléphone pour annuler le rendez-vous, elle explique que son mari a quitté le domicile et qu'elle n'est pas sûre qu'il viendra à l'entretien. Elle relate qu'une crise est survenue le jour avant ce rendez-vous, son mari l'a frappée au cours d'une dispute, mais elle n'a pas appelé la police, ni porté plainte. Sur ce, je propose de fixer un rendez-vous pour le lendemain. Malgré cette crise majeure, la famille est présente à l'entretien fixé, signe – je veux tout au moins le croire – de bonne alliance thérapeutique et de la confiance qu'ils témoignent lorsque nous abordons des sujets particulièrement sensibles.

Le facteur déclenchant cette dernière crise était lié à un nouvel épisode de disqualification de la part de la mère envers le père et Merline.

L'entretien s'annonce difficile, nous ressentons, moi-même et ma co-thérapeute, qu'il y a beaucoup de tension et de colère au sein du couple, ils se font des reproches l'un à l'autre. Le père commence de dire « qu'il n'y a pas de solution et qu'il ne voit pas ce qui peut changer. » La mère à son tour réplique que son mari passe son temps à fumer et dormir dans la chambre et se réveille tard, comme le fait aussi Merline. Elle reconnaît, au moins, que son mari passe aussi du temps avec Merline en se rendant au match de foot. J'essaie de diminuer un peu la tension en citant un proverbe du Roi Salomon disant : « Une réponse douce calme la fureur, mais une parole blessante excite la colère. » Soudain, et à ma propre surprise, je sens la colère tomber. L'ambiance est devenue plus détendue avec un certain dialogue entre les thérapeutes et la famille.

La suite du travail thérapeutique sera marquée, néanmoins, par une succession de critiques de la part des membres de la famille. Cette famille nous faisait travailler avec intensité : construire des hypothèses, élaborer des stratégies et trouver des prescriptions afin de contrecarrer les pièges.

Le point positif était la régularité de la présence, car la famille venait à ses rendez-vous sans en rater aucun, par contre le contenu des séances était très conflictuel et de gestion difficile.

Je remarque que des crises se sont déclenchées spécialement aux moments de changement, quand j'ai proposé les séances « de couple », et ensuite pour revenir aux séances « de famille ». Cette famille a un grand besoin de routine pour se rassurer, ce dont je vais tenir compte.

Le frère de Merline, pour des raisons pratiques et probablement dans le but de se préserver et de se dédier à sa famille plus qu'à la famille des parents, avait à ce point demandé de quitter la thérapie, ce qui était compréhensible, mais nous ôtait un élément stabilisateur important.

Nous avions donné comme consigne que la durée de sortie du couple seul augmente de manière progressive d'une heure à deux heures, pour arriver à un jour de week-end avec des activités de couple, et enfin à un week-end par mois.

Nous avions précisé que s'ils étaient interrogés sur ces sorties, la personne qui se sentait la mieux placée pouvait répondre. Au début, la mère de Merline n'avait parlé que d'une sortie avec Merline, pas avec son mari qui n'avait pas répondu à son invitation. Le père était resté passif, inexpressif et évitant notre regard lorsque sa femme parlait. Chacun disqualifiait l'autre d'une façon verbale ou non verbale.

La valse des coupables recommence de plus belle : la mère de Merline affirme douter de la capacité du père à prendre ses responsabilités en tant que père de famille. Le père met en doute la capacité de sa femme en tant que mère et épouse. De la part de Merline, qui aurait pu avoir vécu la période où le couple parental était seul avec les thérapeutes comme une sorte d'abandon – bien qu'elle ait affirmé avoir bénéficié d'un moment de tranquillité où elle n'était plus le centre des problèmes et des discussions – la réponse est claire : mutisme et bouderie.

Je commence à être découragée par le peu d'évolution, avec l'impression de tourner en rond : d'une part le couple ne suit pas les consignes, de l'autre ils s'en échappent avec l'habituelle valse des coupables. Au lieu de reprendre une thérapie de famille, je m'engouffre dans une thérapie de couple avec comme témoin Merline et les thérapeutes en otage. Moi-même et ma co-thérapeute, absorbées dans la protection de l'équilibre familial, nous tombons dans le piège d'être envahies par un sentiment de colère et de désespoir devant notre impuissance à produire du changement. Pendant que ses parents se critiquent mutuellement, Merline commence à s'agiter, tourne à travers la pièce, montre une grande détresse, enfin elle s'adresse à moi en me disant : « Vous n'êtes capable de rien faire. »

Pendant une séance spécialement houleuse, avec les parents qui s'insultent violemment et Merline qui devient de plus en plus agitée, j'avais craint un passage à l'acte violent ou de Merline ou du père et j'avais interrompu la séance en disant que la situation était insoutenable et qu'on se reverrait au prochain rendez-vous, dans trois semaines. En fait, j'avais été prise d'un découragement aussi grand que l'inquiétude face à un passage à l'acte et ma co-thérapeute n'arrivait plus à dire un mot et avait l'air effrayée.

J'avais discuté avec mon superviseur à propos de cette situation car je ne me sentais pas à l'aise et j'avais la sensation d'avoir perdu la confiance de la famille et de ma co-thérapeute.

A la séance suivante, en appliquant le conseil du superviseur de recentrer la famille sur elle-même, j'avais demandé aux membres de la famille de me décrire leur quotidien, les moments de satisfaction dans leur famille, même s'ils alternent avec des mécontentements et des reproches récurrents entre eux.

J'avais explicité le jeu du système familial et qualifié les troubles de la communication, les interactions véhiculées dans le contexte thérapeutique, en ajoutant que le système thérapeutique était dans une impasse. J'avais déclaré avoir probablement commis des erreurs et que je voudrais prendre du temps pour y réfléchir jusqu'à la prochaine séance. La réaction du père avait été immédiate : « Je ne reviendrai plus ici. Moi, je viens pour Merline et non pour que sa mère me disqualifie. »

J'avais souligné alors que malgré ce que venait de dire le père de Merline, le système familial était décrit par eux-mêmes avec une atmosphère assez calme, le père venait de dire, en effet, avant sa dernière phrase que quand il y a eu un clash ou une dispute, ils ont réussi à gérer la suite, cette fois-ci, et chacun a réussi à entendre l'autre sans monter en symétrie.

J'avais pu alors ajouter que, même si entre eux pendant les séances les parents tendaient à se disqualifier, il y avait apparemment une nette amélioration, il n'y avait plus eu de violences physiques, ni d'interventions de la police, ni d'autres désagréments. Nous les avions félicités de leur effort d'entendre l'autre et d'avoir évité un important conflit, en leur proposant de garder cette expérience en mémoire afin de pouvoir la répéter.

Les séances ont continué pendant plus de six mois avant de réaborder la problématique de l'autonomie factuelle de Merline. La mère accepte d'accompagner Merline chez l'assistante sociale pour qu'elle puisse l'aider à trouver un studio protégé et un atelier où travailler à temps partiel. Il y a une certaine confiance dans le système extérieur à la famille, qui n'est plus vu comme persécuteur comme avant.

La famille a pu faire des changements importants et chacun décrit une amélioration au niveau du système et surtout le maintien du nouvel équilibre interactionnel. Elle est rassurée et impressionnée par la fluidité de la communication et du dialogue sans cris, ce qui diminue la tension au sein de la famille. Les parents passent beaucoup de temps en couple, puis en famille. Le père explique la capacité nouvelle de son épouse à s'affirmer et l'aspect plus « égalitaire » de leur relation. La structure est restée la même, seul le contenu a changé : la confiance entraînant l'estime de soi a remplacé le doute et la dévalorisation. Cette assurance naissante dans la famille leur a permis de se confronter aux regards des autres, comme le dispositif extra-familial (structure psycho-sociale, avocat curateur, SAPEM, médecins, etc.) ainsi que les familles éloignées.

Bien que les démarches pour entrer dans un appartement protégé restent longues et que Merline vive encore en famille, sa consommation de substances toxiques s'étant fortement réduite, elle demeure abstinente depuis plus d'une année. Elle n'exerce plus de violence envers ses parents, ni d'autres personnes.

Peu avant la fin de la thérapie, elle intègrera un appartement protégé et une activité dans un atelier jardin. Elle a développé un réseau d'amis de l'atelier avec lesquels elle sort régulièrement et pour les camps de vacances. Elle n'a plus été hospitalisée en milieu psychiatrique.

Le jour de la dernière séance, la famille de Merline nous fait part du maintien d'un bon équilibre de leurs relations au sein de la famille, nous remercie chaleureusement, essayant de nous dire à quel point notre rôle de thérapeutes a été crucial pour l'équilibre de leur couple et leur famille. Nous acceptons très volontiers ces remerciements et réaffirmons notre confiance dans les compétences qu'ils ont développées et qui leur permettront de continuer à aller de l'avant. La famille ne ressent plus le besoin de poursuivre la thérapie, se sentant suffisamment en confiance pour affronter l'avenir ensemble et ne souhaitant pas de rendez-vous ultérieur.

Le rôle du temps dans la thérapie

Le temps est un élément essentiel de cette psychothérapie. Le processus thérapeutique s'initie sur un rythme plutôt lent, nécessaire à l'instauration d'un climat où règnent une confiance mutuelle, la tolérance et le respect du « mouvement de non-changement » qui anime alors la famille. Guy Ausloos (2003) évoque « le temps arrêté des systèmes à transactions rigides ». Selon lui, il est important de mobiliser ce temps arrêté de la famille en suscitant la crise, mais en respectant leur crainte de changement et en leur permettant de faire des projets qui leur donneront un futur. « Ils sont prudents, et ils ont raison de l'être ; il n'y a pas de famille résistante mais des thérapeutes impatients. »

La question du temps sera le fil rouge de la thérapie. Le système thérapeutique a laissé à la famille le temps de ne pas changer trop vite. Durant les premiers entretiens, nous ne cesserons de leur rappeler qu'ils ne doivent pas se précipiter : « Nous ne sommes pas sûrs qu'il soit bénéfique pour vous de changer dans l'immédiat. Si des changements devaient apparaître, il faudrait être attentifs, vous et nous, à ce qu'ils soient suffisamment lents et progressifs. »

Cela s'est révélé essentiel pour mon vécu au sein de ce processus, en m'autorisant à sortir de l'urgence de remettre cette famille sur les rails de la normalité. Je prenais moi aussi le temps, tout comme ma co-thérapeute. Ce « temps partagé » du système thérapeutique renforça l'alliance et ouvrit la voie aux premières ébauches de changement.

Le travail sur la différenciation (Bowen, 1978) pendant la thérapie avait permis au système familial une prise de conscience des modifications : le couple parental devait augmenter son engagement dans la relation conjugale.

D'autre part, les frontières du système étaient imperméables et rigides, et la famille avait besoin d'établir une nouvelle structure avec établissement de frontières clairement délimitées entre le couple parental, renforcé, et les enfants. Une réorganisation de la relation familiale et une triangulation libérant Merline étaient importantes pour la libérer de son rôle de « gardien » et pour lui permettre une reprise évolutive dans un nouvel équilibre dynamique.

En ce qui concerne le cycle de la vie familiale, donc dans une vision plus large du temps dans cette famille, Merline avait pu choisir des expressions qui ne sous-entendent pas la rupture mais qui marquent plutôt une certaine continuité.

« Cette manière de présenter le départ met en avant le maintien des relations intergénérationnelles après la séparation. » (de Singly, 2000).

Le processus d'intégration sociale (atelier et appartement protégés) s'était passé dans les meilleures conditions avec le soutien du dispositif social sans que les parents, particulièrement la mère, soient troublés.

Un autre outil d'intervention, la métacommunication du modèle de Bateson, a permis de réguler le tempo des échanges et de les fluidifier en aidant les membres de la famille à prendre du recul. Pour donner un exemple, lorsque tout le monde parlait en même temps, notre intervention type était : « Nous ne pouvons pas continuer à vous écouter si vous parlez de cette façon », tout en faisant la pause, ce dont la famille était incapable au début. L'introduction des pauses, d'une autre manière de vivre le temps dans la communication dans la famille, a permis de parvenir à méta-communiquer spontanément.

Au lieu de réagir avec un mot désagréable, la mère arrivait à faire répéter une phrase à son mari en lui disant : « Je ne comprends pas ce que tu dis, peux-tu me parler lentement, s'il te plaît ? » L'agressivité du couple diminuait et leur communication s'était nettement améliorée.

Le rôle de l'homéostase dans la thérapie

Par rapport à la fonction homéostatique, la théorie de Minuchin dont j'ai déjà parlé a permis d'accompagner la famille dans le sens d'un changement, mais en respectant les équilibres internes et le rythme d'assimilation du changement.

Selon les travaux de von Foerster, ainsi que le modèle de Gergen, les thérapeutes ne sont plus vus comme étant à l'extérieur du système. Tout en les observant de façon neutre, ils sont perçus comme faisant partie de la « réalité observée », c'est-à-dire comme participant à la « co-construction » de la réalité de ce système.

Un nouveau système se forme : « famille et thérapeutes ». Le symptôme n'est plus perçu comme ayant la fonction de maintenir l'homéostasie dans le système, mais comme indicateur d'un état de crise et d'un désir d'évolution.

Notre travail thérapeutique devrait, dans la mesure du possible, aider le membre du système à échapper à l'emprise d'une histoire dominante qui le définit comme « étant » un problème, pour accroître son sentiment d'être un auteur, d'être autonome. Autrement dit, le travail thérapeutique doit aider la famille à re-créer et à vivre sa propre histoire.

En considérant les interactions systémique et complémentaire, l'utilisation thérapeutique de la communication non verbale selon la théorie de Watzlawick s'est montrée efficace par le simple fait d'écouter chaque membre de la famille avec attention, sans distinction, le fait d'intégrer Merline, « patient désigné », aux réunions comme sujet participant, de ne pas la traiter d'irresponsable, de ne pas banaliser son discours même s'il peut être par moments difficile à suivre, en lui laissant autant de temps de parole qu'aux autres.

Pour Jean-Claude Kaufmann, « les propos recueillis dans les entretiens ne doivent être considérés ni comme la vérité à l'état pur, ni comme une déformation systématique de cette dernière. Ils sont complexes, souvent contradictoires, truffés de dissimulations et de mensonges. Mais ils sont aussi d'une extraordinaire richesse, permettant justement par leurs contradictions d'analyser le processus identitaire, donnant des pistes (phrases récurrentes) pour repérer des processus sociaux sous-jacents » (Kaufmann, 1995, p. 268).

La société autour de la famille

Abordons le travail sur le processus d'autonomisation avec accompagnement par le réseau des soins selon la théorie de Galli Carminati (2000). Merline a pu s'insérer professionnellement dans un atelier protégé. Il est clair que cette autonomie est définie comme un déplacement des liens de dépendance avec la famille vers le dispositif extra-familial (structure psycho-sociale) pour soulager la famille, en espérant que le conflit ne se déplace pas sur ce dispositif. Merline expérimente non seulement une phase de prise en charge autonome, avec toutes les difficultés que cela comporte par exemple dans l'appartement protégé qu'elle occupe, mais elle le fait sans attirer l'attention constante des autres. Il s'agit ici d'une autonomie « accompagnée » qui n'est pas entendue comme une indépendance institutionnelle, mais est au contraire projetée dans des relations d'accompagnement, que ce soit dans la cellule familiale ou dans le cadre de prise en charge avec des professionnels (Parron, 2011).

Le travail avec le réseau social, selon la théorie de Sorrentino (2008), a pour thérapie de favoriser une intégration sociale de Merline en lui donnant d'abord une occupation de son temps dans un atelier protégé (jardinage). Ce travail permet à Merline d'appartenir à un groupe, elle y trouve des amis, d'autres comme elle. Elle y trouve un terrain de défis, de confrontation positive. Et aussi une compensation financière, un accueil adapté, les cafés aux pauses, le moniteur qu'elle connaît bien, etc., un autre besoin primaire que nous avons tous.

Pour Merline, travailler, c'est le besoin d'exister, d'être reconnue, fière des travaux réalisés dans les jardins, ce qui marque « la preuve socialement établie de l'aboutissement de la construction de son identité » (de Singly, 1996).

Notre intervention avec la structure sociale en vue d'une insertion professionnelle à l'atelier et l'intégration de Merline dans son appartement ont permis à la famille de mobiliser ses potentialités pour la soutenir dans ce projet et a pu sortir la jeune fille de son rôle emprisonnant de gardien de la maison parentale.

…et ma co-thérapeute…

Psychologue et en formation en systémique, ma co-thérapeute avait vécu avec moi des moments de grand découragement et de fatigue.

Elle avait un superviseur différent du mien pour des exigences de formation, ce qui a été un avantage d'une part, mais aussi une complication, car les conseils venaient de témoignages différents, forcément, le mien étant beaucoup plus ciblé sur une non-réhospitalisation de Merline et le sien sur une prise en soins psychothérapeutique que je définirais comme classique. Ma manière de travailler ne voulait pas arriver à de trop graves crises, ce qu'elle pensait par contre être nécessaire.

Ma co-thérapeute avait comme moi suivi les méthodes d'investigations typiques : la collecte d'informations et l'observation des interactions familiales lors de l'entrevue sont les méthodes adoptées par la plupart des thérapeutes familiaux, ainsi que l'approfondissement de l'anamnèse familiale avec l'établissement d'un génogramme, outil indispensable dans toute prise en charge systémique. Prendre note des relations entre les membres du système et entre les sous-systèmes (chaque membre de la famille est analysé) et formuler des hypothèses sur les causes agissantes à partir desquelles il est possible d'établir des objectifs et des stratégies pour les atteindre.

L'idée étant de ne pas reproduire en séance ce qui se passe à domicile, ma co-thérapeute trouvait mon positionnement trop semblable à celui de la mère de la patiente dans un rôle de martyre qui se sacrifie sur l'autel de la famille. Ainsi, elle avait trouvé mon positionnement trop direct, car la désignation du patient est à éviter et moi je ne l'avais pas vraiment évitée. Les moyens thérapeutiques pour « sauver le couple » avaient, selon elle, sacrifié Merline, comme d'habitude, au rôle de gardien sacrificiel de la famille, sans arriver à innover en proposant d'autres patterns relationnels.

Selon moi, nous avions encouragé les personnes à se parler entre elles, de sorte que la présence du thérapeute devienne de moins en moins nécessaire. Cela dit, je devais reconnaître avoir pris un rôle de martyre et que ce rôle, étant celui prétendu de la mère de Merline et dans les faits celui de Merline, avait sûrement aggravé la symbiose des deux.

Son superviseur avait évoqué des hypothèses qui pouvaient être différentes des nôtres et par ailleurs, vu que le superviseur n'est pas directement en lien avec la famille, cela pouvait lui donner une bonne distance pour analyser les mouvements relationnels du système thérapeutique. D'autre part, cela pouvait créer des incompréhensions entre thérapeutes, surtout quand, comme c'était le cas, les superviseurs étaient deux et que la situation de la famille, étant explosive, ne permettait pas toujours des moments de réflexion.

La demande explicite de thérapie de Merline, de son frère et du père était de l'aider dans son processus d'individuation, autonomisation et différenciation, et aussi d'aider la famille à retrouver une meilleure communication. La demande explicite de thérapie de la mère était de les aider à ce que la communication au sein de la famille puisse se faire « sans explosion. » Visiblement, la mère ne voulait rien ou très peu changer au sein du système familial, ce qui était, selon moi, la demande d'un rétablissement des frontières, telles quelles, pour amener sa famille vers une « normalité » familiale.

Ma co-thérapeute était d'accord avec moi, mais soulignait l'incohérence des propositions de la mère de Merline, qui d'une part se posait en victime d'un mari violent et incapable et de l'autre ne voulait rien changer à un système dans lequel elle était dominante. Elle mettait aussi en avant le fait que le père de Merline, tout en étant disqualifié devant sa fille par sa femme et devant sa femme par sa fille, continuait sa vie de tous les jours, sans se soucier ni des tâches quotidiennes, ni des problèmes économiques de la famille.

Des moments très difficiles pour ma collègue et moi durant cette thérapie avaient été lors des séances où nous avions assisté aux disqualifications du couple et aux disputes, avec des gestes de violence qui nous avaient mises dans une position difficile, car nous étions prises dans une escalade symétrique avec le système familial de reproche les uns envers les autres.

A ce moment-là, je me suis sentie complètement découragée et paralysée ; je ne savais pas comment réagir face à cela. D'un commun accord avec ma collègue, nous arrêtions la séance qui en était presque à la fin, tout en leur fixant le prochain rendez-vous dans trois semaines, et cela à leur grand étonnement.

Mon message implicite était : « Nous ne pouvons pas partager votre pattern interactionnel douloureux, nous avons confiance en vous, nous vous laissons partir, et nous nous verrons dans trois semaines. » La famille avait vécu cette situation comme la reconnaissance de leurs compétences plutôt que comme un abandon par les thérapeutes.

Il faut dire que face à cet épisode, ma collègue et moi sommes rentrées fort probablement dans le rôle de filles craintives face à une violence conjugale. La décision d'interrompre cette séance n'était pas forcément inadéquate, elle avait répondu à un besoin, mais à la réflexion nous aurions dû ne pas arrêter, assurer le cadre protecteur et permettre au conflit de trouver des mots.

Nous parvenons finalement à un objectif commun : réfléchir ensemble à la relation des membres de cette famille, voir comment « être ensemble autrement ». Définir les attentes actuelles, le rôle, l'implication de chacun, et les progrès effectués.

L'utilisation d'instruments de mesure pouvant faciliter l'écoconstruction d'une hypothèse de travail avec la famille et contribuer à l'amélioration de l'efficacité thérapeutique, nous avions décidé de faire des points écrits toutes les quatre séances pour évaluer de façon régulière et concrète l'évolution des progrès de la famille (Lambert, 2007).

Cela dit, nous avions dû nous aussi, en tant que thérapeutes, revoir nos rôles d'un œil moins idéal, il y avait certainement une compétition entre nous pour le leadership thérapeutique et parfois les prises de position étaient dictées, aussi, par un jeu de pouvoir entre nous deux, à travers le conflit de cette famille en détresse.

…et moi…

Au début de la thérapie, il m'a été difficile de comprendre qu'en fait la demande de changement était une non-demande. L'intervention de mon superviseur m'a permis de voir que la dynamique de cette famille mettait à l'épreuve ma capacité de tenir à long terme.

Un des moments les plus difficiles a été le moment où j'ai eu tendance, au début, à considérer Merline comme une victime des difficultés et de la violence de ses parents, ce qui a entraîné chez moi une grande sympathie, mais aussi une coalition avec elle contre sa famille. Durant les phases de négociation des symptômes, je me suis trouvée déstabilisée et surprise par les menaces de Merline envers ses parents, que je prenais très au sérieux et qui me figeaient.

J'ai moi-même vécu dans ma famille une histoire difficile marquée par une carence affective importante, une triangulation dans laquelle la famille paternelle joue un rôle important, ainsi qu'une maltraitance. Cela a engendré une sympathie envers Merline et ses parents épuisés et désespérés face à la situation malgré leurs efforts. C'est probablement pour cela qu'à un certain point j'ai pris un rôle trop soutenant pour la mère de Merline dans laquelle je me suis identifiée à un certain moment, étant moi-même mère de famille.

Une autre difficulté avait été lorsque j'avais eu l'impression de tourner en rond et que le processus de thérapie était bloqué. Le soutien de mon superviseur m'a permis de constater combien il était utile d'insister et de poursuivre à nouveau mon hypothèse de base, tout en gardant confiance dans les capacités et compétences des membres du système familial. Guy Ausloos affirme dans son « postulat de la compétence » que l'évolution d'un changement nécessite du temps : il faut croire aux compétences de nos patients, car « une famille ne peut se poser que les problèmes qu'elle est capable de résoudre » (Ausloos, 2003, p. 29).

Il me fallait d'une part donner confiance à la famille et de l'autre garder la bonne distance. Cela dit, l'approche systémique stipule que le thérapeute fait partie du système thérapeutique, son vécu et ses attitudes influencent la famille (Minuchin,1974 ; Barrelet et Merlo, 2006 ; Elkaïm, 1989). La distance thérapeutique a donc toute son importance pour que l'influence du thérapeute ne soit ni trop proche et envahissante, ni trop lointaine et inefficace : pointer les faiblesses et les difficultés des membres de la famille plutôt que valoriser leur travail est en fait le signe de ces deux attitudes opposées et semblables.

Au cours de cette thérapie, j'ai pu expérimenter la puissance thérapeutique de la lecture positive des dynamiques au sein de la famille, ainsi que de la valorisation des compétences (Ausloos, 2003).

Conclusion

Salvator Minuchin postule qu'une famille change non parce qu'on interprète verbalement ses conflits, mais parce qu'elle fait l'expérience d'une alternative possible.

L'approche structurale de Minuchin est le modèle choisi et adapté au contexte thérapeutique, cette méthode me réconfortait en marquant la réinstallation des frontières intergénérationnelles. Cela ne m'a pas empêchée de m'appuyer sur d'autres méthodes ou d'autres théories contemporaines.

L'approche systémique de cette famille a offert l'avantage de ne pas isoler Merline dans son rôle et a permis aux membres de la famille d'évoluer afin qu'elle ne soit plus le symptôme de la souffrance familiale, mais un signe de la force du lien qui les unissait. Les membres de la famille avaient pu explorer de nouvelles manières d'exister dans le système familial.

Les rôles dans la famille de Merline avaient évolué et les membres de la famille pouvaient être en désaccord sans que pour autant le couple parental ou la famille même soit obligé de se séparer.

De manière semblable, le vécu de nous, les thérapeutes, avait aussi changé et s'était transformé. Chacune de nous ressentait la solidité de l'autre, car exprimer un désaccord ne mettait plus en danger nos rôles de thérapeutes, mais constituait un véritable outil d'évolution de nos compétences.

Bibliographie

Ausloos G. (2003) : *La compétence des familles*. Toulouse, Erès.

Barrelet L., Merlo M. (2006) : Formation à la systémique. *Psychothérapies*, 26(4) : 233-239.

Bateson G. (1972) : *Vers une écologie de l'esprit*. Paris, Seuil, 1980.

Borland D.C. (1982) : A cohort analysis approach to the empty nest syndrome among three ethnic groups of women : a theoretical position. J. *Marriage and Fam.*, 44 : 114-129.

Bowen M. (1978) : *La différenciation de soi*. Paris, ESF, 1984.

Ehrenberg A. (2010) : *La Société du Malaise*. Paris, Odile Jacob.

Elkaïm M. (1989) : *Si tu m'aimes, ne m'aimes pas*. Paris, Seuil, rééd. 2001.

Fontaine P. (2002) : A la rencontre du temps des familles défavorisées. *Cahiers Critiques de Thérapie Familiale et de Pratiques de Réseaux*, 1 (28) : 165-192.

Fulmer R. H. (1989) : Lower-income and professional families : A comparison of structure and life cycle process, *in* : Carter B., McGoldrick M. (eds) : *The changing family life cycle. A framework for family therapy*, pp. 545-578. Boston, Allyn & Bacon.

Galli Carminati G. (2000) : *Retard mental, autisme et maladies psychiques chez l'adulte*. Genève, Éditions Médecine et Hygiène.

Gergen K. J. (2005) : *Construire la réalité, Un nouvel avenir pour la psychothérapie*. Paris, Seuil.

Harkins E. B. (1978) : Effects of empty nest transition on self-report of psychological and physical well-being. *J. Marriage and Fam.*, 40 : 549-556.

Kaufmann J. C. (1995) : *Corps de femmes, regards d'hommes. Sociologie des seins nus sur la plage*. Paris, Nathan, Presse Pocket.

Lambert M. J. (2007) : *Bergin and Garfield's Handbook of Psychotherapy and change*. New York, John Wiley and Sons.

Miermont J. (1987) : *Dictionnaire des thérapies familiales*. Paris, Payot.

Minuchin S. (1974) : *Familles en thérapie*. Toulouse, Erès, 1998.

Neuburger R. (2002) : *Le mythe familial*. Paris, ESF.

Parron A. (2011) : *Enjeux d'autonomisation dans la prise en charge du handicap psychique entre dépendance et engagement des jeunes usagers/patients*. Toulouse, Erès.

Pauzé R., Touchette L. (2006) : *Crises familiales et interventions systémiques*. Montréal, Gaëtan Morin.

Salem G. (2009) : *L'approche thérapeutique de la famille*. Paris, Masson.

Singly F. de (1996) : *Le soi, le couple et la famille*. Paris, Nathan, rééd. 2005.

Singly F. de (2000) : Penser autrement la jeunesse. Lien social et politique. *RIAC*, 43 : 2-9.

Sorrentino A. M. (2008) : *L'enfant déficient. La famille face au handicap*. Paris, Fabert.

Terkelsen K. G. (1980) : *The family life cycle*. New York, Gardner.

Von Foerster H. (1981) : *« Observing Systems », The Systems Inquiry Series*. Intersystems Publications, California, U.S.A.

Watzlawick P. (1972) : Troubles pathologiques virtuels de l'interaction symétrique ou complémentaire, *in* : *Une logique de la communication*, pp. 104-116. Paris, Seuil.

White L., Edwards J.N. (1990) : Emptying the nest and parental well-beying : an analysis of national panel data. *Amer. Soc. Rev.*, 55 : 235-242.

Liberté, égalité, (hyper)mobilité ou des mouvements migratoires des psychiatres aujourd'hui. De la libre circulation des élites à la marchandisation de la médecine (et retour)
Ennio Cocco

> Oui, sans doute, je ne suis
> qu'un voyageur, un pèlerin
> sur la terre ! Et vous, qu' êtes-
> vous donc ?
> *Les Souffrances du jeune Werther,*
> *Livre Second, note du 16 juin.*

Introduction

Le mot *transhumance* (le mot français *transhumer* est issu, semble-t-il, de l'espagnol) sous-entend une mobilité, le fait de bouger et plus particulièrement le fait de traverser la terre, dans une sorte de mouvement pendulaire.

La transhumance, à la lettre, c'est une migration *alternante ou pendulaire* des troupeaux, avec un rythme saisonnier (Petit Larousse, 1972).

La transhumance existe dans la nature (par exemple chez certains oiseaux entre l'Afrique du Nord et l'Europe, ou certaines espèces de poissons). Mais la transhumance humaine consiste, elle, en un accompagnement d'animaux, la recherche du meilleur terroir pour les animaux.

De cette manière et sans le vouloir, on a déjà évoqué plusieurs ingrédients d'une recette imaginaire pour le bonheur : le mouvement (synonyme de liberté si ce n'est de vie), mais aussi le retour, le *νόστος* des Grecs (mythe fondateur en tant que symbole de survie de l'homme occidental, d'Homère à Joyce). Pouvoir partir et pouvoir revenir, et encore avec une référence non seulement à la terre, mais au rythme des saisons aussi, donc (*horribile dictu* !) à la nature, bref, pas mal d'éléments qui ont à voir avec le bonheur ou le malheur dans leurs liens avec la santé mentale. Et cela sans forcément déranger les poètes, Hölderlin (1797) en premier.

D'ailleurs, l'histoire de la transhumance (de la transhumance horizontale ou verticale, peu importe ici), c'est une histoire de liberté et peut-être d'attitude écologique vis-à-vis de la terre (le choix de l'élevage d'animaux plutôt que de l'agriculture ou de la chasse, sans pour autant vouloir concevoir ces activités comme mutuellement exclusives).

Il faut noter que c'est le « client » (le bétail) qui l'exige. Le berger est un accompagnant, il accompagne le bétail. Une acception probablement plus pertinente du mot *accompagnement*, mot devenu de nos jours un mot-valise, dont on abuse à bien des égards (Finkielraut, 1979).

Et encore, il faut bien noter que le mouvement pendulaire n'est pas quotidien, lié à la vie de tous les jours et rendu nécessaire par la distance entre la maison et le lieu de travail, mais saisonnier, entraîné par le choix de vivre avec l'élevage d'animaux.

Certains font remonter l'origine de l'encadrement social de la transhumance (du moins pour ce qui concerne notre civilisation gréco-judéo-chrétienne) à la *lex agraria* du 111 A.C., avec les bergers qui acceptent de payer un impôt à la *ResPublica Romana* pour avoir le droit de sillonner le territoire à la recherche des meilleurs pâturages.

On pourrait même penser que les bergers ont été les premiers *lobbystes* de l'histoire, capables de faire passer une loi au Sénat de Rome pour maintenir et renforcer leurs droits. Plus tard, avec l'augmentation de leur pouvoir, ils pourront obtenir de véritables autoroutes de l'époque, comme la *Via Salaria*. Avec cette lutte pour créer des routes et pouvoir les parcourir, la transhumance a pu engendrer et instituer des initiatives fédératrices, comme les foires au bétail. Les bergers qui se consacraient à la transhumance ont été en quelque sorte les premiers capitalistes de l'histoire (*capital* est issu du latin *capita*, le nombre de têtes de bétail).

Comme on vient de le dire, cela fait partie d'une dialectique éminemment économique entre deux modèles différents de développement (parfois conflictuels, d'après la Bible), à savoir le *choix* (il faut souligner ce mot) de l'élevage d'animaux d'un côté et le choix de l'agriculture de l'autre.

En effet, on pourrait regarder cela comme le choix entre une terre qu'il faut travailler *versus* une terre qu'il faut sillonner tout en respectant son profil, dans l'errance ou presque, comme le berger de Leopardi (1829), lui qui dans l'errance s'interroge…

La transhumance (moderne) comme forme privilégiée (car libre) de migration

En quoi le mot *transhumance* serait-t-il pertinent pour les *psys* du monde actuel ? Au premier abord assez peu, dans la mesure où, d'un point de vue historique, la médecine occidentale s'inscrit dans la civilisation bourgeoise, issue du Moyen Age (Groethuysen, 1927), civilisation qui a toujours privilégié la parfaite immanence du bourgeois dans la ville.

L'appartenance à la cité définissait le statut du bourgeois (jusqu'à la formule connue : bourgeois de la ville...). Ce bourgeois, médecin en l'occurrence, devait si possible s'installer avec sa maison au cœur de la ville, gage logistique pour ainsi dire de prestige et de succès professionnel.

Le maximum de mobilité que l'on pouvait s'accorder, à l'intérieur de ce modèle, c'était le départ en villégiature l'été, vers des destinations fixes, à bien voir une version de transhumance admise par ce modèle (Goldoni, 1761), modèle qui *vice versa* incitait à stigmatiser les gens manifestant une tendance à « bouger », jusqu'à les marginaliser, car atteints de nomadisme.

Cependant, toujours d'un point de vue historique, des phénomènes de migration temporaire, d'une transhumance en quelque sorte, ont toujours existé dans l'histoire de la médecine, par rapport à la nécessité d'aller se former dans une ville universitaire d'abord. Mais il ne s'agissait, pour la plupart de ces jeunes futurs médecins, que d'une petite migration temporaire. Ensuite, en deuxième lieu, par rapport au besoin souvent ressenti par le médecin déjà formé de faire évoluer ses connaissances en se rapprochant d'un milieu académique et scientifique plus stimulant. Les psychiatres et les psychothérapeutes étaient davantage exposés à ce type de mobilité en raison de la nature « plurielle » de leur discipline, qui pouvait les amener à élargir leur horizon et à chercher des contacts culturels en dépassant les frontières locales et nationales. Mais il faut bien souligner que les psys n'étaient pas les seuls, il suffira de penser à la chirurgie avec ses spécificités d'école (de la Caffinière, 2017).

En ce sens-là, en regardant en arrière dans l'histoire, on pourrait comprendre ces déplacements à l'étranger des médecins, et notamment des psychiatres, comme un exemple de ce que le sociologue Pareto appelait le phénomène de libre circulation et de solidarité parmi les élites (et de la sélection interne à ce groupe également).

Dans le langage des économistes, il n'y avait pas de marché à l'époque, il s'agissait donc d'un phénomène spontané (tout à fait positif) dont les dimensions strictement quantitatives demeuraient négligeables. Parfois, des raisons de liberté intellectuelle et politique pouvaient être à l'origine d'une migration plus massive, mais toujours sur un intervalle de temps relativement limité et toujours en l'absence d'un véritable marché au sens économique du terme (par exemple dans l'Allemagne des années 30 du XXème siècle, d'une manière dramatique, mais aussi dans le Royaume Uni vers le Canada dans les années 50, après l'institution du National Health Service – NHS). On retrouve là, dans ces épisodes isolés concernant en tout cas des minorités, une certaine analogie avec la transhumance au sens propre du terme, dans la mesure où les transhumants étaient parfois également des persécutés et des réfugiés. Il suffira de regarder, à titre d'exemple, l'histoire de l'Occitanie.

Quoi qu'il en soit, au niveau de ces exceptions, on pourrait un peu hâtivement conclure, après une première revue du problème, que le phénomène migratoire n'a rien à voir ou presque avec les médecins et les *psys*.

Cependant…

Le changement de paradigme avec la naissance des « systèmes sanitaires »

Comme tout le monde le sait, le scénario international concernant la médecine a radicalement changé au cours de ces dernières décennies.

On serait tenté de dire d'une manière assez généraliste, si ce n'est maximaliste, que suite aux situations dramatiques vécues dans la première moitié du XXème siècle, les systèmes politiques ont cherché une réponse dans l'approche organisationnelle et assécurologique. Il s'agit de quelque chose qui a à voir avec le besoin de sécurité et d'assurance pointé par Sigmund Freud.

Ce besoin d'assurance, de *welfare*, s'est d'abord exprimé avec l'introduction de systèmes sanitaires dans certains pays occidentaux à partir des années 50, en Angleterre notamment, d'ailleurs avec des *psys* comme Elliott Jaques en première ligne.

Par la suite, face à la problématique de l'efficience (notamment économique) des systèmes sanitaires partout dans le monde, a lieu l'introduction de la nouvelle gouvernance (New Public Management), au cours des années 90, toujours avec des *psys* parmi les « têtes d'œufs » de cette nouvelle révolution. La nouvelle gouvernance modifie, *de facto*, le profil des systèmes sanitaires en introduisant une logique de performance économique comme prétendu critère de fond pour évaluer une institution sanitaire, dans une logique donc peu ou prou marchande.

Les hôpitaux, publics ou privés, deviennent des entreprises – on essaie quand même de les envisager comme telles – et le processus de recrutement du personnel soignant, médical et paramédical, se redessine comme une question de gestion de main d'œuvre, comme pour n'importe quelle autre entreprise dans n'importe quel autre secteur de l'économie.

En effet, c'est la médecine *in toto* qui devient ainsi une branche (un peu récalcitrante, si ce n'est rebelle) de la macro-économie. Il n'y a plus d'espace pour des questionnements « de fond » sur la santé, à la Gadamer (1983). Ou bien s'il y en a encore, c'est désormais dans les vastes et parfois ésotériques territoires des médecines ou des para-médecines alternatives.

La question – philosophique – concernant l'origine de cette idéologie gestionnaire, à savoir si elle relève ou pas du nihilisme, si elle en représente la version *up to date*, le nihilisme au visage humain en quelque sorte, débouche fatalement sur le débat autour de la condition post-moderne, débat qui dépasse de loin les objectifs de ces quelques réflexions (Rizzi, 1939).

Et la... clinique ?

Quant à elle, la clinique est isolée de son contexte et reléguée à l'affaire des médecins, tout en retenant comme vrai seulement ce qui est scientifique (universel) et comme scientifique seulement ce qui est prouvé sur des bases statistiques.

Pas d'échantillon, pas de connaissance à proprement parler, pourrait-on paraphraser, mais seulement de l'anecdotique.

La pratique du médecin est *a priori* mise en doute, si ce n'est contestée, sur la base de l'incertitude propre à cette discipline (*medicina semper incerta*, pourrait-on dire), avec par exemple le recours préconisé comme systématique au deuxième avis. De cette incertitude, qui devient le maillon faible du système pour les gestionnaires, les médecins devront si jamais répondre (même juridiquement) en cas de dysfonctionnement, tout en essayant en parallèle de défendre leur autorité face à des corporations paramédicales de plus en plus agressives, soutenues dans leur élan iconoclaste par une formalisation protocolaire et rigide des procédures qui les concernent (dont elles sont d'ailleurs victimes en même temps) (Cocco, 2007).

Il faut noter que la révision organisationnelle des systèmes sanitaires que l'on vient d'évoquer s'inscrit dans le processus dit de la mondialisation, processus qui incite à concevoir la planète, du moins en perspective, comme un marché global, aux exigences duquel les peuples doivent se soumettre (d'une manière libre et démocratique, bien entendu, suivant une dynamique qui fait revenir à l'esprit les intuitions d'Étienne de la Boétie dans son *Discours de la servitude volontaire.*, 1576).

Parmi les exigences du marché global, bien sûr, la mobilité (ou le cas échéant l'immobilité) figure au premier rang.

Dans la mesure où cette logique économique impacte la médecine (et la mesure, comme on vient de le dire, est totale), elle sollicite, entre autres, la compétition interne et externe des systèmes sanitaires.

Elle fait de la performance économique la référence et promeut une sorte de marché permanent de la médecine, les institutions allant à la recherche, en quelque sorte, du meilleur compromis qualité-prix (y compris pour le recrutement d'un médecin) et le médecin à la recherche du système sanitaire plus à même de le gratifier (en termes de satisfaction professionnelle, mais surtout inévitablement au niveau du salaire, etc.).

Le modèle de carrière des médecins (*carrière* est un mot issu du mot *char*, c'est Sennett (1998) qui le rappelle), modèle autrefois conçu comme une progression assez linéaire, se modifie et devient un peu fluctuant (parfois beaucoup).

En parallèle, difficile de dire si en lien cause-effet, on observe un peu partout dans les pays développés, à partir de la fin des années 80, une généralisation de la problématique du *burnout* (Cocco, 2017) et de toute façon une crise de la médecine en termes de satisfaction professionnelle des médecins (ce que les auteurs anglo-saxons ont appelé « *the end of the golden age of doctoring* », McKinlay et Marceau, 2002). Parmi les causes listées par les chercheurs dans cet article fondamental, certaines ont à voir avec la politique sanitaire, cela semble indéniable : comme on vient de le dire, la santé devient publique par définition, et les garants de son exercice, ce sont les gestionnaires.

Dans le secteur privé ou public, cette fonction de garantie – qui a toujours existé, il faut bien le rappeler – a tendance à s'hypertrophier. Les décideurs, ceux qui assument le risque financier en première personne à titre privé ou comme délégués du peuple (qui paie commande !), arrivent à assumer des postures de plus en plus intransigeantes face aux médecins, perçus comme des prescripteurs de dépenses peu contrôlables et peu sensibles à la mission de l'entreprise.

Pertinence de la migration pour les « toubibs »

Marchandisation de la médecine et démythisation des parcours professionnels médicaux classiques, passation de pouvoir entre les cliniciens et les gestionnaires, quête de nouveaux objectifs dans des contextes plus stimulants, ce sont tous des facteurs qui peuvent inciter les médecins à partir (Gadit, 2008).

Le phénomène de la migration des professionnels de santé, y compris les psychiatres, se généralise donc, et cette fois-ci d'une manière que pour faire court on appellera économique, c'est-à-dire en présence d'un marché, du libre jeu de la demande et de l'offre.

On doit peut-être se poser la question du regard qu'il faut porter sur ce phénomène vu depuis toujours et en général comme un « *stressful life event* » (DSM-IV), un événement stressant majeur.

On a l'impression, si on se penche sur la question d'un point de vue sociologique, qu'il y a une forte ambivalence dans le regard que l'on porte sur les phénomènes migratoires (Métraux, 2011)). Déjà au niveau des chiffres : un phénomène qui concerne apparemment le 3 % de la population mondiale, est-ce énorme ou rien du tout ?

La migration est perçue comme un drame d'abord (Maidika Asana Kailinga, 2016), mais comme une opportunité si ce n'est une chance également, dans le libre jeu de la demande et de l'offre réglé par une main invisible, d'après Adam Smith (1776).

Dans les faits, ce que l'on observe, c'est une migration à deux, si ce n'est à plusieurs vitesses. Pour les riches, une migration (surtout si temporaire) devient facilement une manière pour évoluer davantage dans leurs activités. Pour les pauvres, une manière pour se soustraire à la détresse et miser sur un nouveau contexte de vie (et de travail peut-être), pour un meilleur avenir.

Mais il y a à vrai dire encore une troisième manière, plus récente (et inquiétante), d'interpréter les phénomènes migratoires : il s'agit de voir les migrants comme une sorte d'arme contondante, conçue pour frapper les pays de destination et pour en modifier ainsi les équilibres politiques (Greenhill, 2011).

Il faut noter que cette nature forcément polymorphe du phénomène se répercute sur les prises de position des différentes autorités appelées à se prononcer et à orienter l'opinion publique mondiale. Beaucoup d'entre elles, et pour des raisons diverses et variées, voire opposées, pensent qu'il faut surtout légitimer et encourager cette réalité globale transnationale. En effet, et d'une manière drôle et surprenante, un *tycoon* tel que George Soros, une autorité religieuse telle que le Pape François et un philosophe de la gauche extrême comme Toni Negri se rejoignent dans l'éloge de la migration (*extremes meet*). Cela, peut-être, car les positionnements politiques classiques n'ont plus beaucoup de sens aujourd'hui (Kolakowski, 2017).

Les élites, les nouveaux entraîneurs de foot

Certes, ce petit excursus sur les processus migratoires contemporains peut paraître passablement confus et contradictoire, frisant par moments l'amalgame, à l'image d'ailleurs d'un monde qui devient davantage inharmonieux et cacophonique, comme les photos frappantes des bergers transhumants traversant avec leurs animaux les chantiers de la TAV (Treno Alta Velocità – train haute vitesse) dans la vallée de Susa en Italie le montrent bien (Mercalli et Sasso, 2004).

En effet, la société des transhumants, ceux et celles qui avaient choisi l'élevage et l'accompagnement d'animaux en lieu et place de l'agriculture, était une société profondément ancrée à la terre, au rythme des saisons, en un mot à la nature.

La société fluctuante nécessite par contre une flexibilité ainsi qu'une adaptation permanente, pour pouvoir parvenir à optimiser la production ainsi que la consommation.

Quoi qu'il en soit, cet *Anschluss* de la médecine de la part de l'économie et du *management* que l'on vient de décrire ne fait qu'augmenter le clivage entre les maîtres à penser (dont le système a toujours besoin, pour l'instant) et les acteurs de terrain, les praticiens, véritable cheville ouvrière du système.

Autrement dit, le système a toujours besoin d'une élite de techniciens, une sorte de haute autorité capable de transmettre, avec une modalité rigoureusement *top-down*, les directives de la science à la base, base par ailleurs que l'on souhaite taillable et corvéable à merci (il suffirait d'évoquer la façon dont la question de la formation professionnelle est envisagée dans certains pays européens comme l'Italie).

Ce n'est probablement pas par hasard que l'Angleterre, un pays parmi les premiers au monde en termes de recherche médicale, avec ses revues scientifiques d'envergure, recrute de plus en plus de médecins (et de soignants) à l'étranger, médecins conçus d'ailleurs comme de purs techniciens spécialisés, dans une sorte de *brain drain* de type industriel.

Néanmoins, cette traduction, en pratique cette implémentation d'une vision des choses de type technocratique semble assez problématique en psychiatrie. En effet, l'adoption du modèle gestionnaire entraîne inévitablement des modifications du cadre dans lequel le travail psychiatrique et psychothérapeutique a toujours trouvé son inscription, cadre normalement caractérisé par une stabilité, ainsi que par la présence d'un référentiel commun (social, culturel, idéologique, spirituel, politique parfois) entre le thérapeute et son patient, dans une situation où la primauté de l'intersubjectivité a toujours été hors discussion.

Cette sorte de droit régalien est apparemment mis à mal, probablement fixé, et la survie de la psychiatrie est subordonnée à l'obligation croissante de donner des preuves de sa scientificité.

Quel est le rôle des élites, des nouveaux *executives* de la psychiatrie, ayant le droit d'aller et de venir, dans une situation qui en périphérie ne peut que devenir lourde et facilement conflictuelle (et les exemples se multiplient un peu partout) ?

La psychiatrie (avec son statut de discipline de liaison entre la dimension du naturel et la dimension du culturel, d'après Karl Jaspers, deux dimensions que la culture post-moderne revisite d'une façon très critique) demeure fragile dans son ambivalence vis-à-vis des manipulations que les différents *stakeholders* peuvent essayer. Par exemple, en accédant à la demande de se faire outil précieux pour envisager des questions que l'on ne saurait pas appréhender autrement (il suffira de penser à certains dossiers juridiques ou assécurologiques).

Mais une alternative possible, et voilà peut-être la mission des élites à venir, consiste à défendre et protéger le droit de tout un chacun, soignant ou soigné, droit inclus dans la citoyenneté et dans une vision moderne de la politique de santé mentale, à rester ou à devenir transhumant et à rechercher n'importe où sur la terre (en deçà ou au-delà des itinéraires recommandés par les agences de voyage), ses « *pastures of heaven* ».

Bibliographie

Cocco E. (2007) : Un futuro decisamente incerto : la psicogeriatria tra razionalizzazioni tecnocratiche nella clinica e istanze autonomistiche nell'assistenza. Éditorial, *Psichiatria di Comunità*, 6 : 1-8.

Cocco E. (2017) : *Beyond the organization. Burnout and psychogeriatric work in the globalization era* (E.J.I.D., 11).
https ://www.ejid.name/1091/english/journal-11-17#7

Finkielkraut A. (1979) : *Ralentir : mots-valises !* Paris, Seuil.

Gadamer H.G. (1983) : Über den Zusammenhang von Autorität und kritische Freiheit *Schweizer Archiv für Neurologie, Neurochirurgie und Psychiatrie :* 133 : 11-16.

Gadit A.A.M. (2008) : Migration of Doctors : Should we apply the Index of Happiness ? *Journal of Pakistan Medical Association*, 58 : 342-344.

Goldoni C. (1761) : *Trilogia della villeggiatura*. Padova, Marsilio, 2005.

Greenhill K.M. (2011) : *Weapons of Mass Migration : Forced Displacement, Coercion, and Foreign Policy*. Ithaca. NY, Cornell University Press.

Groethuysen B. (1927) : *Origines de l'esprit bourgeois en France. L'Église et la bourgeoisie*. Paris, Gallimard, 1977.

Hölderlin F. (1797) : L'Errant, *in : Odes, Elégies, Hymnes*. Paris, Gallimard, 1993

Kolakowski L. (2017) : *Comment être socialiste-conservateur-libéral*. Paris, Les Belles Lettres.

La Boétie E. de (1576) : *Discours de la servitude volontaire*. Paris, Le Livre de Poche, 1997.

La Caffinière J.Y. de (2017) : *Chirurgie et Société*. Paris, L'Harmattan.

Leopardi G. (1829) : Canto notturno di un pastore errante dell'Asia, *in : Canti*, Biblioteca Universale Rizzoli, Milano, 1991

Maidika Asana Kailinga J. (2016) : *Le drame migratoire à l'aune du droit cosmopolitique*. Paris, L'Harmattan.

Mc Kinlay J.B., Marceau L.D. (2002) : The end of the golden age of doctoring. *International Journal of Health Services*, 32 : 379-416.

Mercalli L., Sasso C. (2004) : *Le mucche non mangiano cemento*. Torino, Edizioni SMS.

Métraux J.C. (2011) : *La migration comme métaphore*. Paris, La Dispute.

Petit Larousse en couleurs, Librairie Larousse, Paris, 1972.

Rizzi B. (1939) : *La bureaucratisation du monde*. Paris, Les Presses Modernes.

Sennett R. (1998) : *The corrosion of character*. New York/London, W.W. Norton & Company.

Smith A. (1776) : *An Inquiry into the Nature and Causes of the Wealth of Nations,* Book IV, Chap II, p 35. London, W. Strahan & T. Cadell Eds.

Mon aventure dans la vie
Ana Maria Jeanmonod-Tirado

Bercée par les majestueuses vagues de l'Océan Pacifique, j'ai débarqué sur terre au son du tambour et des panderetas, ces sortes de castagnettes, au carnaval de Chiclayo, ville côtière du Pérou, un 14 février dans la chaleur de plomb d'un été.

Mes premiers ressentis furent les odeurs et parfums de ma Pachamama (Terre-Mère) péruvienne, ceux de la canne à sucre, riz, café, tumbo, guaba, chirimoya, lucuma, mamey, …, ces fruits exotiques du nord du Pérou.

Mes amis favoris furent les grillons domestiques du jardin et les muy-muy, ces petits mollusques de la plage toute proche. Les plus merveilleux de mes souvenirs sont ceux de mes parents et mon frère lorsqu'on partageait de délicieux repas avec la nappe blanche brodée par ma maman. Mon papa, par ailleurs grand rêveur, était passionné d'astronomie ; grâce à lui, dès l'âge de cinq ans j'ai découvert les étoiles et les constellations. Ma maman était plus pragmatique, très forte et solide à l'image du Huascaran, le pic le plus haut et majestueux du Pérou. Elle avait un don extraordinaire pour la couture et la broderie et je me rappelle qu'elle pratiquait cet art avec une adresse merveilleuse. Une image m'avait marquée et reste gravée en moi : celle d'une nappe blanche avec deux lettres immenses brodées au centre. Vous lirez plus loin le poème « Nappe blanche » que j'ai tenté d'adapter en français mais qui figure dans ma langue maternelle, car il vient du fond de mes tripes : ma très chère maman appartient en effet à une autre dimension depuis octobre 2015.

Ma vie était simple mais très heureuse, bercée de beaucoup d'amour et de compréhension de mes parents. Passionnée pour la physique et les sciences à l'école, je me suis trouvée, en choisissant la médecine, confrontée à la mort de mon père survenue lorsque j'avais 17 ans ; mon choix s'est orienté par la suite vers la neurologie.

Avec un courage phénoménal, ma maman, une battante, m'a élevée avec sa sœur Tere, par ailleurs ma marraine. Avec le modeste revenu de son travail de secrétaire médicale à l'Hôpital Edgardo Rebagliati Martins, l'hôpital universitaire le plus grand du pays, elle y est parvenue en pratiquant en parallèle la couture, la broderie, le tricot, la cuisine et la pâtisserie pour « mettre un peu plus de beurre dans les épinards ». Quand ma tante et marraine est venue vivre avec nous, ce fut un bonheur total. Ma maman était forte et solide comme l'algarrobo, un arbre millénaire qui se trouve au Nord du Pérou, qui est protégé car en extinction, mais qui représente la force, le courage et en même temps la sagesse.

Tere, ma tante, qui travaillait dans une étude d'avocats, possédait une mémoire prodigieuse. Elle représentait pour moi la paix du monde et, grâce à sa grande curiosité, connaissait l'arbre généalogique de notre famille dans les moindres détails. Moi qui pensais être une pure descendante des Mochicas, je découvrais tout à coup que j'avais aussi pour ancêtres une arrière-grand-mère maternelle d'ascendance irlandaise (O' Kelly, O'Relly), un aïeul italien et plus précisément gênois (Camuzzo) du côté paternel : voilà un mélange intéressant et inédit !

Tout cela m'a inclinée à m'intéresser vivement à l'ethnologie et, en devenant médecin psychiatre, à l'ethnopsychiatrie. Une belle manière aussi de connaître les peuples du monde entier consiste, pour ce qui me concerne, à m'intéresser à leur culture culinaire. Que de merveilles gastronomiques j'ai découvertes, et par ce biais la convivialité et le partage ! Il y a des liens qui se tissent au travers d'un repas. Pour moi, les découvertes et les souvenirs les plus beaux proviennent de mon enfance, car Tita, ma maman, était une championne de la gastronomie péruvienne et de toutes ses régions, toutes ayant leurs spécialités. Avec Tita, même les choses les plus simples devenaient des plats exquis ! Elle avait un don pour la cuisine et plus particulièrement pour celle du nord du pays dont elle était originaire, de Ferreñafe en particulier, région qu'on appelle la terre du double F ; et ce qui caractérise cette région, ce sont justement ces plats délicieux et aussi une belle tradition, une danse qui s'appelle *marinera* : vêtus d'habits typiques de la côte, un homme et une femme se côtoient dans une approche sensuelle et joyeuse qui exprime leur romance. Ma mère, Tita, fut couronnée championne de cette danse pendant sa jeunesse.

Tita et Tere racontaient avec passion les aventures de leur grand-père, Manuel Antonio Mesones Muro, un grand explorateur : ingénieur forestier, il avait découvert l'importance de la rivière Marañon et de ce fait uni la Sierra (Les Andes) avec la Selva (l'Amazonie) ; elles étaient très fières de leur grand-père qui, je me le rappelle clairement, était mentionné dans les livres d'histoire péruvienne, et au nord du pays des avenues portent son nom et des parcs recèlent un monument à son souvenir. De lui ai-je peut-être reçu le goût du voyage, car il était venu en Allemagne pour étudier avant de poursuivre ses aventures au Pérou.

Mon appartenance diverse m'a permis d'être à mon tour une grande exploratrice de la vie dans toute sa splendeur ; le plus intéressant pour mon exploration, c'est de connaître à fond mes semblables. Ma carrière de médecin y a contribué et plus encore avec l'ethnopsychiatrie. Même si je n'ai pas pu voyager dans le monde entier, c'est souvent par la gastronomie et les boissons de chaque pays que j'entre en relation et que je partage avec les gens de toute provenance.

Par exemple, pendant mes deux dernières années d'études de médecine, je suis allée faire d'abord mon service rural dans le Pérou profond et, comme je suis du nord, mes racines et ma Pachamama m'ont ensorcelée : j'ai donc choisi un endroit hyper-pauvre sur le plan matériel et technologique, mais très riche quant à la nature et surtout à l'humilité et la sagesse de ses habitants. J'y ai vécu au quotidien les valeurs que sont le savoir-vivre, le respect pour autrui, le partage, en particulier celui des repas délicieux mais sans sophistication, et surtout la simplicité, le quotidien joyeux et sans complication. Eux sont riches en nature, ils ont une merveilleuse rivière cristalline pour se baigner. La terre, notre pachamama de l'Aquipampa, produit d'une manière généreuse une diversité affolante de légumes et de fruits : d'immenses paltas (avocats), des mangues juteuses comme je n'en ai jamais vu ailleurs dans toute mon existence, ainsi que d'innombrables légumes et fruits. Le lait produit par leurs brebis leur permet de faire eux-mêmes le beurre, le fromage. La viande de chèvre accompagne les merveilleux plats du pays avec du riz et des légumes exotiques comme le loche, un légume qui rassemble à la courge. De grandes plantations irriguées de riz, canne à sucre et cacao bénéficient d'un climat sec et ensoleillé toute l'année : un vrai paradis de la nature. Moi, j'étais allée pour leur enseigner comment bien vivre et ce sont eux qui m'ont montré plein de merveilles et la valeur la plus importante de la vie : la liberté !

Je travaillais comme aide-médecin dans le centre médico-chirurgical avec un très vieux médecin du village ayant une grande expérience de la médecine de campagne et une grande connaissance des gens de l'Aquipampa. Il était aussi un grand ami du chaman de la région, qui avait lui aussi une connaissance inouïe de la botanique et de la faune de la région, des propriétés curatives des plantes et des animaux. Doc Lucho, comme le peuple appelait le médecin, était une figure notable dans le village comme le chaman Don Perico et les vieilles dames du village Dona Raquel et Dona Panchita. A ce moment-là, selon les dires des gens du village, c'était la première fois qu'une jeune femme médecin vivait avec eux : j'avais 26 ans et l'on m'appelait « la Doctorita hippie », petite doctoresse hippie, en raison de ma prédilection pour les jeans. Ce fut une des plus merveilleuses et intéressantes aventures de ma vie.

J'ai aussi choisi, l'année suivante, de travailler dans les bidonvilles de Lima : une aventure frappante, déchirante, avec la misère économique et morale, avec beaucoup de délinquance, mais moi j'étais protégée par ma bonne étoile et les dames du quartier ! Evidemment, on ne peut pas généraliser, mais il y avait là des gens hyper-pauvres mais de bonnes personnes tout à la fois. Leur manière de me remercier était touchante : certaines dames m'apportaient des bananes, des œufs, des légumes, et une fois une dame m'a apporté une poule vivante !

Une autre phase marquante de ma vie fut mon travail comme médecin neurologue dans les orphelinats accueillant les enfants de la rue. J'ai travaillé pour une association franco-péruvienne, et puis j'y ai découvert avec émotion que les mères donnent leur enfant en adoption la plupart du temps en raison de la précarité de la vie qui les conditionne à cela. J'ai pu observer leur énorme douleur et leur souffrance intime au moment de dire adieu à leur enfant, et pour moi ce n'était pas du tout facile de voir et de vivre cette déchirure.

Plus tard, j'ai choisi la neurologie comme spécialité à Lima et, par une série de circonstances, j'ai obtenu des bourses d'études en gagnant des concours pour aller en Suède, à Uppsala et Linköping, puis en Suisse, à Lausanne au CHUV. J'y ai appris et pratiqué tour à tour la neuropathologie, la neurophysiologie, la pédiatrie et la neuropédiatrie. Donc, grâce à ma chère neurologie, j'ai pu connaître l'Europe en allant d'abord en Suède puis, plus tard, venir dans la terre des Helvètes. Deux mondes totalement différents, mais l'essence de l'être humain on la retrouve partout indépendamment de la race, de la géographie, de l'histoire, de la culture et des habitudes. L'ethnologie est passionnante et, actuellement médecin psychiatre, je trouve l'ethnopsychiatrie fascinante !

En Suisse, j'ai connu un monsieur avec d'immenses yeux bleus, passionné par la nature en général et l'ornithologie en particulier. Expert des rapaces, chercheur sur les faucons et chouettes ainsi que sur la migration de toutes les espèces, il est devenu mon mari et deux filles sont nées de cette union : Martine Lupita et Anaïs, aujourd'hui âgées de 26 et 25 ans. J'ai appris beaucoup d'elles pour continuer dans la vie.

Dans ma vie il y a eu aussi de grands orages et même des tsunamis mais, grâce à moi-même et aussi à eux, je suis la femme que je suis et, comme dit Edith Piaf : je ne regrette rien.

Actuellement, je suis près de ma retraite institutionnelle, mais comme je viens d'obtenir le titre de médecin psychiatre et psychothérapeute, je vais ouvrir ma consultation privée avec beaucoup de fierté et ce petit chapitre, je le dédie à ma très chère maman qui vient de me quitter, ainsi qu'à ma tante et marraine, qui ont grandement contribué à me faire réaliser tout cela. Il faut toujours rêver et garder la foi dans ses rêves, même les plus fous !

J'ai composé ce court poème à titre d'hommage spécial pour ces deux femmes battantes, fortes, courageuses, qui m'ont soutenue dans tous les moments de ma vie et m'ont donné l'essentiel : l'amour, l'écoute, la liberté des choix, l'autonomie, la compréhension et la force de relever tous les défis de la vie.

Le souvenir le plus merveilleux, je l'ai dit, c'est le partage à table avec la petite nappe blanche qu'avait brodée ma maman et que je vais vous transmettre en espagnol, mais que je vous traduis en français.

Mantelito blanco

Mantelito blanco
de la humilde mesa
en que compartimos
el pan familiar.
Mantelito blanco
hecho por mi madre
en horas de invierno
de nunca acabar.
Tienen tus dibujos
figuras pequeñas,
avecitas locas
que quieren volar ;
las bordó mi madre

en aquellas noches
que junto a mi cuna
me enseñó a bordar.
Hay dos letras grandes
en el mantelito,
letras veneradas
que he de recordar ;
son las iniciales
de mis dos viejitas
ausentes por siempre,
por siempre jamás.

Petite nappe blanche

Sur notre table humble où nous avions partagé le pain familial quotidiennement, il y avait une nappe blanche que ma maman avait brodée dans les interminables heures d'hiver.

Sur la nappe, ma maman a brodé des petits oiseaux qui semblaient vouloir voler, et puis elle les a brodés à côté de mon lit où elle m'a appris à broder.

Il y a deux grandes lettres brodées au milieu de la nappe blanche et ce sont des lettres mémorables dont je veux me souvenir toute ma vie, car ce sont les initiales de mes deux petites vieilles les plus chéries, absentes pour toujours…

Voilà la synthèse de l'aventure de ma vie et puis, avec une grande émotion, un hommage à ma maman Tita et ma tante Tere, qui ont contribué d'une manière très importante à me donner les ingrédients et puis à mon tour à les élaborer avec du sel, du poivre, des épices, des couleurs diverses, et toujours ma touche personnelle tout au long de cette aventure … qui n'est pas encore finie…

Tita et Tere, je vous aime infiniment, merci pour la liberté … ma liberté et votre amour inconditionnel. A toujours, For ever, Hasta siempre !

Et puis un clin d'œil à GGC qui m'a donné le goût de la psychiatrie, paschi amisga (langage Quechua) : merci, mon amie, et bien sûr ma cheffe !

« La première condition pour qu'un grand rêve se réalise est de savoir rêver, la seconde est d'être persévérant, de garder la foi dans le rêve. »

(Hans Selye, M.D).

La matrice des physiciens, transhumances psychophysiques
Federico Carminati, Giuliana Galli Carminati

Nous avons tous besoin de restaurer notre unité entre corps et esprit divisés et ce processus passe à travers des phases cycliques de division et réunification (c'est tout au moins notre expérience), comme les troupeaux font leurs transhumances d'une saison à l'autre et d'un pâturage à un autre. Dans les arts, les philosophies, les sciences et les religions on voit ce parcours éternel, parfois lent, parfois rapide, parfois continu, parfois discret, qui est l'écho de notre même parcours personnel. Nous sommes tout un avec notre mère, on s'en sépare, on s'y réunit avec l'Œdipe (nous pourrions faire ici l'hypothèse qu'homme et femme sont beaucoup plus semblables qu'on ne le pense), on s'en sépare à nouveau avec l'adolescence et on continue ensuite pas à pas dans le chemin de l'existence jusqu'à la dernière réunion avec notre mère terre. Les images archétypales sont-elles doubles pour nous permettre cet aller et retour ?

Ce chapitre vient d'une contribution personnelle et théorique des auteurs et d'un chercheur et physicien théorique, François Martin, avec qui nous travaillons depuis 2005, en partageant des moments entre Genève, Annecy et Paris. Nous avons publié ensemble et beaucoup discuté… (Galli Carminati et Martin, 2008 ; Martin *et al.*, 2010, 2013).

En ce qui concerne l'histoire de la connaissance humaine, il est largement reconnu que la clé de voûte de la science moderne est cristallisée par l'œuvre de Galilée. Ses deux piliers fondamentaux étaient « l'expérience raisonnée » et l'hypothèse que le livre de l'univers est écrit en langage mathématique.

« La filosofia è scritta in questo grandissimo libro che continuamente ci sta aperto innanzi a gli occhi (io dico l'universo), ma non si può intendere se prima non s'impara a intender la lingua, e conoscer i caratteri, ne' quali è scritto. Egli è scritto in lingua matematica, e i caratteri son triangoli, cerchi, ed altre figure geometriche, senza i quali mezzi è impossibile a intenderne umanamente parola ; senza questi è un aggirarsi vanamente per un oscuro laberinto », « La philosophie est écrite dans ce grand livre qui est constamment ouvert devant nos yeux (je veux dire l'univers), mais il ne peut pas être compris si avant nous n'apprenons pas la langue, et à connaître les caractères avec lesquels il est écrit. Il est écrit en langue mathématique, et les caractères sont des triangles, des cercles et autres figures géométriques, sans lesquels il est humainement impossible de comprendre un mot ; sans eux on va se perdre dans un sombre labyrinthe » (Galileo Galilei, Il Saggiatore, Cap. VI).

Si l'importance de cette révolution est universellement reconnue, en ce qui concerne son sens on pourrait utiliser la remarque du président Mao lorsqu'on lui a posé une question semblable à propos de la Révolution Française : « Il est peut-être trop tôt pour le dire ».

Bien que les historiens de la science se concentrent généralement sur les progrès indéniables que ces deux concepts ont introduits, nous aimerions discuter du prix de cette avancée. En attribuant une langue et une méthode pour l'exploration de l'Univers, Galilée a déclenché, peut-être involontairement, une révolution épistémique qui a éloigné la physique de la métaphysique et peut-être de façon irrémédiable (comme on peut le voir au début du chapitre, nous espérons que non).

Une forte interprétation ontique[27] de l'affirmation de Galilée implique la relation injective entre les mathématiques et la réalité. Par « relation injective », nous entendons une relation qui met en lien un par un les éléments de deux ensembles. Dans notre cas, tout ce qui est réel peut être exprimé en termes mathématiques et est accessible à une « expérience raisonnée ». Galilée ne le dit pas, en effet, mais nous pouvons spéculer que l'inverse n'est pas nécessairement vrai, c'est-à-dire qu'il est concevable qu'avec les mathématiques nous puissions exprimer des concepts qui ne sont pas vrais, comme c'est le cas avec la langue.

La conséquence directe du prédicat de Galilée est que ce qui ne peut être exprimé en termes mathématiques n'appartient pas au livre de l'univers, c'est-à-dire qu'il n'existe pas.

Un problème immédiat avec cette affirmation est que ce que nous entendons par « Mathématiques » est en évolution continue, et donc la définition de la réalité semble dépendre de l'étendue des concepts mathématiques acquis au moment où nous les considérons. Dans cette optique, il est intéressant de noter que nous parlons de

---

[27] Terme philosophique qui se réfère à l'essence de l'existence d'un objet.

découvertes mathématiques et non d'inventions, comme si les mathématiques, tout comme l'Univers lui-même, partageaient une essence ontique, c'est-à-dire que les mathématiques étaient déjà là, comme l'Univers, pour que nous puissions les découvrir plutôt que les inventer.

Mais nous voudrions avancer l'hypothèse supplémentaire que ce que Galilée avait également suggéré avec sa définition était un renoncement à la métaphysique classique, ou plutôt la proposition d'une métaphysique immanente, sinon matérialiste. Tant que nous parlons la langue de l'Univers et que nous pouvons le décrire, nous pouvons aussi bien cesser de nous soucier de sa nature métaphysique. Il n'est pas nécessaire de trouver une explication transcendante : tout est dans le langage mathématique et dans l'épistémologie empiriste de l'expérience raisonnée. Galilée, ici, semble préfigurer Wittgenstein ou Lacan dans l'identification de la langue avec l'objet dont on parle.

La religion et Dieu ne sont pas niés explicitement : ils ne sont simplement plus nécessaires pour comprendre l'Univers. Les implications religieuses et philosophiques étaient telles que l'Église ne pouvait pas les tolérer, et elle a utilisé des affirmations relativement moins importantes, mais beaucoup plus compréhensibles par le public, c'est-à-dire la question de la position centrale du Soleil plutôt que de la Terre, pour faire taire Galilée.

Une interprétation plus faible des prédicats de Galilée pourrait être que le seul accès que nous avons à la réalité passe par l'expérience empirique ordonnée par les mathématiques, alors que nous sommes toujours privés de la connaissance directe de la réalité sous-jacente. Bien que peut-être plus satisfaisante du point de vue intellectuel, cette deuxième interprétation n'améliore pas notre position, car il est de piètre consolation de postuler quelque chose tout en disant que nous n'y avons pas accès.

Cette piètre consolation nous renvoie à notre difficulté de concevoir un monde quantique tout en ayant à disposition des outils de connaissance classiques ; même combat entre conscience et inconscient, lui tellement plus puissant et vaste que notre petit et impuissant libre arbitre.

Les succès de la physique et de la science sont là sous nos yeux, révolution technologique après révolution technologique, de telle sorte qu'il n'y a pas de doute à propos de l'efficacité de l'intuition de Galilée. Cependant, nous avons hérité aussi de la supposition implicite d'une forte dépendance, sinon identité, entre le modèle que nous utilisons pour décrire la réalité et la réalité elle-même. L'immense succès de la physique classique jusqu'à la fin du XIXe siècle a quelque peu poussé cette question dans les coulisses.

Le fait que la nature puisse être décrite adéquatement en supposant l'espace et le temps absolus, la réversibilité du temps, la localité des interactions, l'invariance galiléenne, la commutativité, les approximations linéaires, la continuité et l'indépendance de l'observateur et de l'observé, en quelque sorte nous amènent à croire que ce ne sont pas seulement des caractéristiques de notre modèle, mais qu'elles sont liées aux caractéristiques fondamentales de la nature elle-même.

Cela explique pourquoi la relativité, la physique quantique et le chaos ont été perçus non seulement comme des observations empiriques nous obligeant à modifier notre modèle, mais comme des révolutions épistémiques fondamentales modifiant notre vision de la nature, et aussi notre place même dans la nature.

Avec le recul – toujours si l'on peut avoir du recul pour ce genre de choses à un moment donné – on pourrait dire que, aveuglés par l'éclat de la physique classique, nous avons considéré que nous étions, du moins intellectuellement, « maîtres et possesseurs de la nature ». Une anecdote célèbre rapportée par A.A. Michelson dit tout : « À la fin du XIXe siècle, le professeur de physique de Max Planck lui avait suggéré de prendre des leçons de piano plutôt que de se lancer dans des études de physique, parce qu'il n'y avait rien d'autre à faire en physique que mesurer les constantes de la nature avec quelques décimales en plus » (Lightman, 2005, p. 8). Les découvertes successives de l'inexistence de l'éther, des effets quantiques, du chaos, de la matière noire et de l'énergie noire, pour n'en citer que quelques-unes, ont transformé ce qui semblait un vaste empire en une citadelle entourée par l'obscurité de tous les côtés. Les incursions dans l'obscurité se sont réalisées à un coût épistémologique élevé, en s'obligeant à renoncer à plusieurs concepts « intuitifs » et « naturels ».

Une analyse plus attentive de l'histoire de la physique nous montre cependant que les graines de cette révolution ont été semées il y a bien longtemps, et même depuis le tout début de la révolution galiléenne. Pour réaliser cela, écoutons ce qu'Einstein a eu à dire à propos de la découverte de la relativité restreinte : « Plus je désespérais (*verzweifelte ich*) de découvrir les vraies lois (de la nature) par des efforts constructifs sur la base de faits connus, plus longuement et plus désespérément j'essayais, plus j'en arrivais à la conviction que seule la découverte d'un principe formel universel pouvait nous mener à des résultats assurés » (Einstein, 1999). Cette remarque peut apparaître comme une déviation complète et définitive de l'expérience raisonnée galiléenne, puisque l'empirisme est abandonné en faveur d'une « cause formelle » ou d'un « principe formel » dirigeant la nature qui ne peut être déduit des faits, mais qui, une fois découvert, pourrait éclairer le monde empirique avec un sens nouveau.

Mais en regardant en arrière toutes les « grandes synthèses » précédentes, nous voyons d'autres principes formels ayant été adoptés avec pas ou peu de preuves empiriques. Galilée a postulé le principe d'équivalence, c'est-à-dire la proportionnalité entre l'inertie et la masse gravitationnelle, avec peu de preuves pour étayer son universalité. Ainsi, Newton a postulé l'espace et le temps absolus comme un principe formel, avec peu de preuves à l'appui.

Il est également intéressant de comprendre comment la méthode de récurrence de Newton a pu conduire des siècles plus tard au développement de l'ensemble de Julia, l'une des premières fractales découvertes. Encore plus intéressant, la dynamique newtonienne à trois corps présente un comportement instable qui ne peut être entièrement décrit que dans le cadre de la théorie du chaos. Beaucoup d'idées qui ont conduit à la théorie du chaos ont bien été exprimées dans le fameux papier de Poincaré, où il avait, pour la première fois, décrit un système déterministe chaotique (Poincaré, 1890). Même dans l'Olympe de la mécanique newtonienne, Dionysos, le grand chaotique, se cachait.

Cette évolution de la science a un élément presque platonicien, comme si le progrès venait d'un « principe formel » qui était découvert pour donner un sens à l'expérience empirique. Ce principe formel s'apparentant à une idée platonicienne, Platon dirait qu'il était « rappelé », donnait une explication à une récolte empirique de données ; d'autre part, le besoin de « rappeler » des idées venait bien du fait que des données empiriques avaient pu être récoltées avec une méthodologie qu'on pourrait définir d'aristotélicienne. Ici on retrouve cette oscillation entre monde des idées et monde de la réalité expérimentale, nous sommes en plein dualisme. On peut aussi formuler l'hypothèse qu'il y a une oscillation semblable entre la vision dualiste et la vision moniste de la Réalité, là où l'une aide l'autre à se découvrir.

Depuis la conjecture de Pauli-Jung d'une unité ontologique de l'esprit et de la matière, question formulée il y a près d'un siècle, il y a eu en effet beaucoup d'intérêt à essayer de définir un modèle basé sur les principes de la Mécanique Quantique. En particulier, la Mécanique Quantique semble offrir une possibilité pour combler ce fossé épistémologique : construire un modèle de ce que le philosophe Gerhard Dorn a appelé « Unus Mundus », c'est-à-dire essayer une possible guérison ontologique de la dualité epistémologique de l'Univers (Dorn, 1602).

Popper avait en quelque sorte sanctionné ce processus en donnant à l'expérience empirique le rôle de vérifier ou de falsifier la théorie plutôt que d'être sa seule source, en laissant indéterminé le chemin pour arriver à une théorie (Popper, 1934, 1963). Lorsque la Mécanique Quantique nous a amenés à abandonner les principes jusque-là considérés comme « intuitifs », tels que la commutativité et l'indépendance de l'observateur, cela a été perçu comme un choc, incarné par l'embarras d'Einstein – qui a été pourtant incontestablement l'un des fondateurs de la théorie quantique – k exprimé avec sa célèbre phrase : « Dieu ne joue pas aux dés », ce qui reste encore, par ailleurs, à démontrer.

Mais si ces réactions sont compréhensibles du point de vue de la physique classique (et relativiste), elles semblent pouvoir difficilement se justifier si l'on considère que la physique telle qu'elle se présente aujourd'hui est encore très insuffisante pour expliquer le monde vivant, même si nous avons tous la certitude qu'elle finira par y parvenir, et même en allant plus loin pour arriver à fournir une explication de ce que nous désignons globalement comme Psyché.

La réaction historique à ce fait empirique a été d'argumenter que parce que la physique (telle que nous la comprenons aujourd'hui) est basée sur des principes incompatibles avec ceux de la Psyché, alors les mondes physique et psychique doivent forcément être différents. La faiblesse est encore une fois dans l'identification du modèle avec le modélisé. On oublie que le monde physique n'est pas le modèle que nous utilisons pour le décrire, peu importe à quel point cela fonctionne. Si le modèle ne peut pas être étendu à d'autres éléments de notre expérience empirique, la psyché étant l'un d'eux, nous devrions plutôt reconsidérer le modèle, et ne pas contredire le principe d'Occam « Pluralitas non est ponenda sine necessitate » (Il ne faut pas supposer la pluralité sans nécessité) en supposant (imposant ?) que le monde physique et le monde psychique soient séparés l'un de l'autre.

Dans ce contexte, la Mécanique Quantique a introduit un véritable changement de paradigme épistémique : l'expérience raisonnée nous a obligés à renoncer à certains des Principes Universels si chéris, tels que la nature abélienne[28] du monde et l'indépendance de l'observé par rapport à l'observateur, pour expliquer les preuves empiriques provenant des éléments de base de notre monde physique ; à noter que de la Mécanique Quantique viennent aussi les concepts d'intrication quantique et le paradoxe de l'EPR[29].

Cela a introduit au niveau le plus fondamental de la physique des concepts qui sont monnaie courante dans le monde psychologique et dans les sciences vivantes. Le réductionnisme doit maintenant admettre que tout le monde physique est fondamentalement un système quantique, même si les effets peuvent être estompés dans le monde macroscopique. On peut donc revenir à l'idée qu'il y a une

---

[28] En mathématique l'adjectif « abélien », dérivé du nom du mathématicien norvégien Niels Abel, est employé dans de nombreux domaines. Dans ce contexte nous l'utilisons pour indiquer la nature *commutative* des opérations mathématiques utilisées dans la physique classique. Dans la physique quantique (et relativiste aussi), cette commutativité n'est plus vérifiée, et cela a de profondes conséquences dans la vision du monde qui en dérive.

[29] Une explication complète du concept d'intrication quantique est au-delà du propos de cet écrit. Deux systèmes quantiques sont dits intriqués quand ils forment un seul système dans lequel le comportement d'une partie dépend de celui de l'autre. En particulier, la mesure d'une partie détermine le résultat de la mesure de l'autre composante, en dépit de l'espace et du temps qui les séparent. Cela semble être une action immédiate à distance, ce qui violerait les lois de la physique telles que nous les connaissons. Einstein fut le premier à décrire cette remarquable conséquence de la mécanique quantique, en la définissant comme un paradoxe dans un fameux article écrit avec deux étudiants (Podolsky et Rosen, d'où le nom de *paradoxe EPR* d'après les initiales des trois auteurs) (Einstein, Podolsky et Rosen, 1935).

oscillation entre la Réalité physique et la Réalité psychique, là où l'une aide l'autre à se découvrir.

Même si certains concepts de la Mécanique Quantique – comme le fait qu'une particule peut être en plusieurs lieux en même temps – peuvent bien être contre-intuitifs, au moins si l'on pense à une particule comme à une balle de ping-pong, cette conceptualisation supprime une partie des obstacles à considérer une unité fondamentale, ontique entre Physis et Psyché. Si par exemple on remplace une balle de ping-pong par une « idée », le fait qu'elle soit dans plusieurs lieux en même temps nous semble tout à fait évident, ou au moins acceptable.

Ce développement important a été très clair pour les pionniers de la Mécanique Quantique et de la psychanalyse qui, après des siècles de dualisme ontique, voyaient l'espoir d'une très grande unification entre Physis et Psyché. Les échanges iconiques entre Jung et Pauli ont préparé le terrain pour cette nouvelle discipline que nous appelons maintenant psychophysique (Jung 1951 ; Jung et Pauli, 1952 ; Meier, 1992).

Jung a tracé les origines de ce que nous appelons la psychophysique en allant jusqu'aux travaux des alchimistes et au courant souterrain du Gnosticisme. À la lumière de ce que nous avons dit précédemment, les similitudes attirantes entre la physique quantique et la Psyché ne sont pas un hasard, mais l'expression de leur essence ontique commune. Ce qu'il faut considérer intéressant, voire surprenant, c'est plutôt le fait qu'une grande partie du monde physique, l'Univers de Galilée-Newton-Einstein, a pu être décrite avec une précision étonnante, tout en utilisant les hypothèses classiques, quelque peu simplificatrices.

Le concept d'unité ontique du monde perceptible est souvent exprimé, nous y revenons, en termes utilisés par l'alchimiste Gerhard Dorn dans son travail de 1602, qui postulait l'existence d'une réalité holistique[30] qu'il appelait Unus Mundus, incluant toute la réalité, y compris ce que nous appelons Psyché, avec la Physis. L'Unus Mundus est très probablement non abélien, non local et il est quantique, tout comme la Psyché.

---

[30] Une théorie est holistique quand elle considère son objet de réflexion comme constituant un tout.

Nous savons aussi qu'une partie de la Physis peut être décrite avec une bonne précision par les postulations abéliennes, locales, et les modèles non quantiques, tels que la physique classique et relativiste. Ceux-ci peuvent être considérés comme d'excellentes approximations, de la même manière que la mécanique classique est parfaitement adéquate pour décrire la trajectoire d'un projectile, sans recours à la mécanique relativiste. Quand il faut, par contre, construire des GPS, nous voilà dans le besoin de faire recours à la relativité (qui n'est pas non plus quantique[31]). On peut supposer que cette entité ontique, la psychophysique, est l'endroit où il faut manier des principes formels en dehors de l'espace-temps ordinaire, comme le principe d'exclusion de Pauli et l'intrication quantique. A chaque monde son modèle, plutôt qu'un monde pour un modèle.

Nous savons que nous n'avons pas besoin de ces concepts quantiques dans le vaste sous-royaume de la physique classique et relativiste, mais ils deviennent pertinents en dehors de lui. Une question souvent soulevée est l'intelligibilité de l'Unus Mundus. Nous pensons que cette question appartient à la métaphysique pré-galiléenne.

La Mécanique Quantique nous a rappelé que notre seule façon de savoir est par la perception/sensation médiée par nos sens et par notre psychisme, même quand cela n'est pas intuitif.

L'intuition étant une fonction du même type que la sensation, selon Jung (intuition-sensation d'une part et pensée-sentiment de l'autre), nous voilà dans une drôle de situation. Pour revenir aux balles de ping-pong, on voit bien qu'une balle de ping-pong n'est pas partout, mais qu'une idée peut bien l'être même contre notre gré ! Va-t-on à nouveau se retrouver dans un Univers où les balles de ping-pong ne sont pas des idées ? Quand les balles de ping-pong deviennent très petites, il nous faut les manier comme des idées...

Perçu et apercevant sont inévitablement connectés et, en fin de compte, toute la connaissance empirique du monde est faite via la conjonction de nos facultés de percevoir le monde et les événements qui y ont lieu, soit dans un laboratoire, soit dans notre vie ordinaire.

---

[31] A noter que, par contre, la mécanique quantique est compatible avec les principes de la relativité grâce aux développements théoriques connus sous le terme de « deuxième quantisation ».

Nous percevons certainement plusieurs aspects de l'Unus Mundus et il est donc intelligible dans le sens de Einstein-Popper.

Pour le lecteur au bord de la plage, sans accès à Wikipédia, voici un éclaircissement :

« Karl Popper a alors eu le sentiment que … la théorie d'Einstein lui paraît bien différente (des nouvelles théories récentes). Il est frappé par le fait que, selon Einstein lui-même, sa théorie serait intenable si elle ne parvenait pas à passer certains tests… Karl Popper a pu montrer l'insuffisance de la vérification en matière de science. Sa reformulation de la science comme procédé déductif a donné un fondement logique à son critère de réfutation par l'expérience. Selon Karl Popper, l'observation d'un certain nombre de faits corroborant une théorie ne la confirme pas avec certitude et universellement. C'est un procédé de type inductif et, à ce titre, il se peut toujours qu'à un moment donné, un fait vienne contredire une théorie. Mais surtout, c'est la porte ouverte à la complaisance, car on trouve toujours un certain nombre de faits pour corroborer une théorie, même si elle est fantaisiste. La vérification n'est pas suffisante pour affirmer la validité et la scientificité d'une connaissance. Un savoir vérifiable et vérifié peut être scientifique, mais pas nécessairement. En tant que savoir déductif, il doit être réfutable pour prétendre à la scientificité. »[32]

Nous pouvons formuler des théories au sujet de la psychophysique et utiliser des expériences pour les réfuter. C'est, après tout, la seule forme de connaissance dont nous sommes sûrs. La langue des mathématiques semble encore assez appropriée à cette entreprise et, en ce sens, si nous évitons l'écueil de l'identification du modèle et du modélisé, la conjecture de Galilée semble se maintenir.

Le postulat d'inintelligibilité ne devient nécessaire que si l'on considère le caractère intrinsèque de l'essence ontique de l'Unus Mundus, parce que rien ne peut être dit ou connu sur une entité globale, de la même manière que la contemplation de la véritable essence de Dieu conduit à la théologie négative ou apophatique (par « apophatique », on entend une théorie qui utilise la voie négative, la

---

[32] http ://www.philosciences.com/Pss/philosophie-et-science/methode-scientifique-paradigme-scientifique/112-karl-popper-et-les-criteres-de-la-scientificite

voie de la dénégation pour décrire un sujet ; par exemple la Théologie Apophatique donnait la description de Dieu selon ce qu'il n'est pas).

Le fait que la Mécanique Quantique est la première discipline physique qui a dû aller au-delà des hypothèses de la physique classique et relativiste a suscité un intérêt considérable pour tenter d'utiliser ses concepts et son formalisme pour décrire l'Unus Mundus. C'est probablement tôt pour cela, en dépit de tous les grands esprits qui ont consacré leur attention à ce problème. Il est fort probable qu'une théorie de Galilée-Einstein-Popper pour l'Unus Mundus inclura la Mécanique Quantique comme cas particulier, de la même façon que la physique classique et la physique relativiste sont un cas particulier de la Mécanique Quantique et que la Mécanique Classique est un cas particulier de la Relativité. En ce sens, il est très intéressant d'envisager des travaux récents (Atmanspacher, 2016) qui essayent de définir une Mécanique Quantique plus faible/moins exigeante qui pourrait être une meilleure base pour décrire la Psyché.

L'intuition derrière cette tentative est que des conditions moins strictes peuvent conduire à une théorie plus générale. Si cet effort est intéressant, car toute réflexion sur les hypothèses de notre modèle du monde sont en soi utiles, cependant, si nous regardons l'histoire de la physique, des percées réelles viennent, pour reprendre encore les mots d'Einstein, de « la découverte d'un principe formel universel ». La généralisation de la mécanique classique est venue de l'introduction d'un « autre absolu » (la vitesse de la lumière). En ce sens, le nom de « relativité » a été une erreur épistémologique, car cette théorie introduit un absolu en plus et non pas une relativisation par rapport à la relativité galiléenne.

La généralisation de la physique classique au monde quantique est également arrivée au prix de l'introduction de principes plus formels tels que la non-commutativité des opérateurs associés, le principe d'incertitude de Heisenberg et les principes d'exclusion de Pauli. On peut s'attendre à ce que seule la découverte de nouveaux principes puisse conduire à une théorie englobant plus d'aspects de notre réalité, de façon analogue à ce qui s'est passé pour la relativité avec l'introduction de l'universalité de la vitesse de la lumière, pour la relativité générale avec l'extension des principes d'équivalence, et pour la Mécanique Quantique avec la non-commutativité des opérateurs et la quantification des grandeurs physiques.

À la lumière de la discussion précédente, nous pensons qu'un principe universel formel qui n'a pas encore exprimé tout son potentiel est la conjecture de Pauli-Jung, c'est-à-dire l'unité ontique essentielle de l'esprit et de la matière, malgré la dichotomie épistémique évidente et indéniable entre les deux. Pour une discussion fascinante à ce sujet, voir Atmanspacher (2016).

Depuis les conversations séminales entre Pauli et Jung (Jung et Pauli, 1952 ; Meier, 1992), il y a eu plusieurs tentatives de formalisation d'une possible description physique de la Psyché basée sur les principes de la mécanique quantique. Un examen serait en dehors du cadre de ce chapitre, mais un très bon aperçu peut être trouvé dans Atmanspacher et Primas (2009). Dans notre récent article (Galli Carminati *et al.*, 2017), nous présentons un modèle très simple de l'interaction entre Physis (φύσις) et Psyche (ψυχή).

En effet, une attention particulière a été consacrée ces dernières années à la notion de qubit. Intuitivement, la notion de qubit peut être comprise en imaginant note bien-aimée balle de ping-pong qui tourne sur elle-même, réduite à une dimension microscopique. Dans ce cas, l'axe de rotation ne peut qu'assumer deux directions dans l'espace, « en haut » ou « en bas ». C'est l'essence de ce que nous appelons quantisation.

Un qubit est le système quantique le plus simple possible, dont les états sont décrits par un espace Hilbert[33] bidimensionnel. Un qubit porte un seul bit d'information selon son orientation par rapport à une direction privilégiée. Les qubits sont les éléments conceptuels de la théorie de l'Information Quantique et, dans le monde physique, ils décrivent une particule de spin $1/2$.

Comme nous l'avons fait dans les publications précédentes (Galli Carminati et Martin, 2008 ; Martin, Carminati et Galli Carminati, 2010, 2013), nous considérerons un espace abstrait de vecteurs d'information quantique (qubits), chacun portant un seul bit d'information.

Bien que tout système de physique macroscopique raisonnable nécessite un grand nombre de bits d'information pour le décrire, un système à deux qbuits est intéressant, car tout circuit logique quantique à plusieurs qubits peut être construit à partir d'opérations

---

[33] Ensemble d'entités mathématiques abstraites qui sont associées aux états d'un système quantique et qui le décrivent.

sur un ou deux qubits (Barenco *et al.*, 1995 ; Deutsch, Barenco et Ekert, 1995 ; DiVincenzo, 1995 ; Loyd, 1995).

Dans notre très simple modèle, nous avons décrit une combinaison de deux qubits, qu'on suppose représenter l'un la Physis et l'autre la Psyché. L'évolution de ce système est régie par un opérateur quantique (Hamiltonienne[34]) que nous avons décomposé en quatre composantes. Les deux premières, appelées composantes locales, régissent l'évolution séparée de la Physis et de la Psyché. Les quatre *valeurs propres* de chacune de ces deux Hamiltoniennes, exprimant la fréquence d'oscillation caractéristique des états, sont *dégénérées*, c'est-à-dire qu'elles n'assument que deux valeurs sur les quatre possibles. Cela est compréhensible de façon qualitative puisque chacune de ces deux Hamiltoniennes n'opère que sur une moitié de l'espace de Hilbert .

De plus, nous avons identifié deux Hamiltoniennes d'« interaction » : une (H_{Ine}) qui préserve l'état de non-intrication entre Physis et Psyché et une (H_{Ie}) qui, opérant sur un état non intriqué, le transforme en un état où Physis et Psyché sont intriquées.

La première Hamiltonienne d'interaction H_{ine}, c'est-à-dire l'Hamiltonienne qui préserve l'état de non-intrication, a deux valeurs propres *dégénérées* de signe opposé et de la même grandeur. Pour chacune de ces valeurs propres, il est possible de déterminer deux états non intriqués, indépendants l'un de l'autre. Les états correspondant à différentes valeurs propres sont évidemment indépendants.

La deuxième Hamiltonienne d'interaction, H_{Ie}, c'est-à-dire celle qui transforme deux états non intriqués en deux état intriqués, a quatre valeurs propres différentes, deux paires de même magnitude et de signe opposé, et ses états sont des états complètement intriqués.

Dans notre modèle, cela signifie que Physis et Psyché peuvent évoluer séparément sans interaction l'une avec l'autre grâce à leurs Hamiltoniennes « locales ». Dans le cas d'un couple de qubits, chacun a deux fréquences (une pour chacune des deux valeurs propres dégénérées) d'évolution. Cela peut être considéré comme la description du fonctionnement du monde physique et de l'activité intérieure de notre Psyché quand ils n'interagissent pas. Cela est cohérent avec le dualisme perçu entre Physis et Psyché et nous

---

[34] Opérateur mathématique qui décrit l'évolution d'un système physique avec le temps.

pouvons considérer qu'il décrit les lois qui s'appliquent uniquement à Physis ou à Psyché. Ces fréquences d'évolution sont liées à Chronos (Κρόνος), le moment où les événements se produisent et que nous percevons comme le temps qui passe. Nous percevons ce temps comme composé d'un passé et d'un avenir séparés par une *intuition du maintenant* que nous appelons présent. Physis et Psyché peuvent évoluer à des rythmes différents, ce qui correspond bien à l'expérience quotidienne d'un temps « psychique » et d'un temps « physique » différents.

Mais de plus, les états non intriqués de Physis et Psyché peuvent évoluer et interagir via H_{Ine} en maintenant leur état de non-intrication. Les valeurs propres de l'Hamiltonienne correspondante sont opposées, c'est-à-dire qu'elles décrivent une évolution temporelle symétrique. Les états correspondants sont indépendants. Cela peut être considéré comme exprimant l'évolution commune de Physis et de Psyché. C'est la pulsation cosmique de l'Unus Mundus. Le temps coule dans les deux sens avec la même pulsation, puisque l'Unus Mundus est intemporel et éternel, mais en même temps plein d'activité. Les valeurs propres sont dégénérées, ce qui suggère le monde des archétypes, qui ont une nature double : la mère et la mort, *senex* et *puer*, le rebis (la créature homme-femme), etc. Ces derniers sont intemporels (c'est pourquoi parfois on dit qu'« il n'y a pas de temps dans l'Unus Mundus ») et cela s'exprime par la symétrie temporelle d'H_{Ine}. Ils sont doubles, en tant que couples d'états indépendants correspondant à la même valeur propre. Les archétypes sont des combinaisons de Psyché et de Physis et évoluent intemporellement, sans générer de synchronicité, comme états purs. Cette image holistique est contraire à la vue platonicienne, qui est essentiellement dualiste, et elle renforce la vision des archétypes comme éléments de construction de l'Unus Mundus dans son intégralité, sans distinction entre Physis et Psyché.

Il est tentant ici d'approfondir notre discussion en considérant que si cela était la seule Hamiltonienne gouvernant l'Unus Mundus, il y aurait une « pulsation », mais pas d'intrication, ce qui annulerait toute possibilité de mesure et de perception. Dans un certain sens, cela pourrait être l'essence ontique insaisissable de l'Unus Mundus supposée par Atmanspacher (2016). Dans cet état, le temps n'aurait aucune connexion possible avec un « observateur ». C'est le temps d'Aïon (Αιών), sur lequel Jung a écrit un essai (Jung, 1951), le temps circulaire et éternel de l'univers considéré par le philosophe français Gilles Deleuze comme le contraire de Chronos. C'est le temps de l'instant pur, qui ne cesse pas de se diviser en passé et en avenir illimités : « Toute la ligne de l'Aïon est parcourue par l'instant, qui ne cesse de se déplacer sur elle et manque toujours à sa propre place » (Deleuze, 1969, p. 76). Si l'instant d'Aïon « manque toujours à sa propre place », c'est parce que Aïon est un devenir pur, non identifiable, indétectable, où le temps cesse de se diviser en avant et après et s'écoule sans pouvoir être mesuré. Cet « instant éternel » est le temps propre de l'Unus Mundus. Peut-être que dans l'Unus Mundus l'espace aussi « manque toujours à sa propre place » et que lui aussi « s'écoule », non identifiable et indétectable. En ce sens, nous pouvons dire que l'espace et le temps n'existent pas dans l'Unus Mundus dans le sens où ils existent, où nous les percevons, dans notre monde.

Néanmoins, cette image seule ne serait pas complète, pour deux raisons. Tout d'abord, malgré leur double nature, les deux composants des archétypes ne sont pas indiscernables. Donc il doit y avoir une interaction qui les sépare, d'une manière similaire à celle où les états de spin[35] d'électrons sont séparés par les interactions qui révèlent la *structure fine* des atomes.

C'est là le rôle de H_{Ie}. Ici, toute dégénération est supprimée et Physis et Psyché sont intriquées. Les états de cette Hamiltonienne sont des états à intrication maximale. Cela est la source de l'intrication et de la synchronicité et introduit ce que les Grecs ont appelé le « moment suprême », le temps de Kairos ($\varkappa\alpha\iota\varrho\acute{o}\varsigma$) dans l'évolution combinée de Physis et de Psyché. Kaïros est le moment de la corrélation acausale identifiée par Jung, lorsque les archétypes « émergent » dans le monde perceptible. C'est le temps de l'opportunité qui transcende et combine Chronos et Aïon. Grâce à H_{Ie}, la synchronicité est introduite dans l'Unus Mundus, car des paires d'événements physiques et psychiques sont significativement corrélées. Chaque fois qu'une interaction H_{Ie} se produit, un état intriqué est créé qui, lorsqu'il est « mesuré » (c'est-à-dire perçu) par le sujet, crée une correspondance significative entre un état psychique et

---

[35] Propriété liée à la rotation d'une particule élémentaire sur soi-même.

un état physique, en ce sens que la « mesure » (perception) de l'un des deux affecte l'état de l'autre. C'est l'essence du scarabée de Jung[36].

La quantité de synchronicité dans le monde dépend de la quantité d'intrication initiale et de l'ampleur du composant H_{Ie} dans le H total à un moment donné, qui régénère la synchronicité. Cela dépend à son tour de l'état initial dans lequel l'Univers a été préparé par le Big Bang et de la dépendance possible de H du temps (et de l'espace ?). C'est également fonction de l'ampleur relative des composants de H_{Ine} et H_{Ie}. La question ici est de nature philosophique. Si la synchronicité est un événement rare, nous pouvons postuler que la grandeur de H_{Ie} est faible par rapport à H_{Ine}, et que les interactions non synchrones et non intriquées agissent comme fond contre lequel la synchronicité est perçue comme spéciale et se distingue. L'enchevêtrement initial créé par le Big Bang est alors progressivement éliminé par la décohérence et l'observation et seulement peu de nouvelle synchronicité est créée.

Si, au contraire, la grandeur relative de H_{Ie} est importante, la synchronicité est continuellement recréée et omniprésente, toujours présente partout. Dans ce cas, seule notre perception de la synchronicité serait limitée.

Mais il y a une autre question fondamentale que nous devrions considérer dans ce contexte. Le composant psychique de l'Unus Mundus est-il invariant, présent depuis le Big Bang, ou se développe-t-il avec l'apparence et le développement de la conscience ?

Nous avons exposé le modèle le plus simple possible de l'interaction Physis-Psyché comme produit de deux espaces de

---

[36] « Une jeune patiente eut à un moment décisif du traitement un rêve dans lequel elle recevait en cadeau un scarabée doré. Pendant qu'elle me rapportait le rêve, j'étais assis le dos à la fenêtre fermée. Tout à coup, j'entendis derrière moi un bruit, comme si l'on frappait légèrement à la fenêtre. Je me retournai et vis qu'un insecte, en volant, heurtait la fenêtre à l'extérieur. J'ouvris la fenêtre et capturai l'insecte au vol. Il offrait la plus étroite analogie que l'on puisse trouver à notre latitude avec le scarabée doré. C'était un hanneton scarabéide, Cetonia Aurata, qui s'était manifestement amené, contre toutes ses habitudes, à pénétrer dans une pièce obscure juste à ce moment. Je dois dire tout de suite qu'un tel cas ne s'est jamais produit pour moi, ni avant ni après, de même que le rêve de ma patiente est demeuré unique dans mon expérience. » (Jung, 1954)

Hilbert, chacun avec un qubit unique. L'analyse de l'Hamiltonienne qui régit l'évolution de ce système nous a conduits à des résultats suggestifs sur les relations entre Physis et Psyché.

Le modèle semble offrir une description simple des archétypes en tant qu'éléments dégénérés et toutes les valeurs propres sont des couples opposés, comme si le temps pouvait couler dans les deux sens, d'une façon que nous pourrions qualifier de circulaire. Tout cela est très suggestif de la nature fondamentale de l'Unus Mundus, comme il a été décrit par G. Dorn il y a quelques siècles. Il n'est pas sûr que ce modèle puisse fournir plus de détails ou que des conclusions plus quantitatives puissent être dérivées, mais nous pensons que les résultats obtenus apportent une contribution à cet intéressant sujet.

Cependant, nous ne sommes qu'au début du chemin. On peut s'attendre à ce que, à chaque nouvelle découverte d'un principe universel, qui unifie la connaissance du monde, une plus grande classe de phénomènes soit expliquée et devienne complémentaire, et peut-être incompatible, avec des descriptions de la réalité, telles que la relativité générale et le Mécanique Quantique d'aujourd'hui, en suivant le chemin de la Mécanique Classique dans le passé. Cela peut être vu comme une série épistémique qui elle-même, si elle s'avère convergente, constituerait une définition ontique intrinsèque de l'Unus Mundus.

Cette discussion, sur le chemin de notre transhumance psychophysique, ne prétend pas introduire un nouveau principe universel, mais nous avons jugé important de partager les idées ci-dessus pour placer notre travail autour des relations entre Physique et Psychique dans un cadre plus large et dans un contexte plus ouvert.

Notre but reste donc celui de partager nos ignorances, car c'est seulement du creuset alchimique, l'athanor, avec calme et patience, que peut sortir encore une fois la pierre philosophale, qui ne transforme pas la matière en or mais augmente, à travers le partage, l'amour et la connaissance.

Bibliographie

Atmanspacher H. (2016) : Non-commutative Structures from Quantum Physics to Consciousness Studies. DOI : 10.1007/978-3-319-43573-2 8.

Atmanspacher H., Primas H. (2009) : *Recasting Reality*. Proceedings of the Conference on "Wolfgang Pauli's Philosophical Ideas and Contemporary Science", May 20-25, 2007, Monte Verita, Ascona, Switzerland, Springer-Verlag.

Barenco A. *et al.* (1995) : Elementary gates for quantum computation, *Phys. Rev. A* 52 : 3457.

Deleuze G. (1969) : *Logique du sens*. Paris, Les Editions de Minuit.

Deutsch D., Barenco A., Ekert A. (1995) : Universality in Quantum Computation. *Proc. R. Soc. Lond.* A 449 : 669.

DiVincenzo D.P. (1995) : Two-bit gates are universal for quantum computation. *Phys. Rev. A* 51 : 1015-

Dorn G. (1602) : « Clavis totius philosophiae chemisticae per quam potissima philosophorum dicta reserantur », *in* : Zetzner L. (ed.) : *Theatrum Chemicum*. Oberursel et Strasbourg.

Einstein A. (1999) : *Autobiographical Notes*. Chicago, Open Court, Centennial Edition.

Einstein A., Podolsky B., Rosen N. (1935) : Can Quantum-Mechanical Description of Physical Reality be Considered Complete ? *Physical Review,* 47 (10) : 777–780.

Galli Carminati G., Martin F. (2008) : Quantum Mechanics and the Psyche. *Physics of Particles and Nuclei,* 39 : 560-577.

Galli Carminati G., Martin F., Carminati F. (2017) : A very simple quantum model of Mind and Matter. *NeuroQuantology.* 15(2) : 186-199.

Jung C.G. (1951) : Aïon : Researches into the Phenomenology of the Self, *in* : *Collected Works of C. G. Jung*, Volume 9 (Part 2), Princeton, N.J., Princeton University Press, 1969.

Jung C.G. (1954) : *Synchronicité et Paracelsica*. Paris, Albin Michel, 1988.

Jung C.G., Pauli W. (1952) : *Natureklärung und Psyche*. Zurich, Rascher. En anglais : *The Interpretation of Nature and the Psyche*. New York, Pantheon, translated by P. Silz, 1955.

Lightman A. P. (2005) : *The discoveries : great breakthroughs in twentieth-century science, including the original papers*. Toronto, Alfred A. Knopf.

Lloyd S. (1995) : Almost Any Quantum Logic Gate is Universal. *Phys. Rev. Lett.* 75 : 346-349.

Martin F., Carminati F., Galli Carminati G. (2010) : Quantum Information, oscillations and the Psyche. *Physics of Particles and Nuclei*, 41(3) : 425-451.

Martin F., Carminati F., Galli Carminati G. (2013) : Quantum Information Theory Applied to Unconscious and Consciousness. *NeuroQuantology*, 11(1) : 16-33.

Meier C.A. (Ed.) (1992) : *Atom and Archetype : The Pauli/Jung Letters 1932-1958*. Princeton, Princeton University Press, 2014 ; traduction française : *Correspondance 1932-1958*. Paris, Albin Michel, 2000.

Poincaré H. (1890) : *Problème des trois corps et les équations de la dynamique*. Mémoire couronné du prix de S. M. le Roi Oscar II. *Acta Mathematica*, Vol. 13, 1890.

Popper K. (1934) : *Logic der Forschung*. Wien, Springer. Traduction française : *Logique de la découverte scientifique*. Paris, Payot, 1973.

Popper K. (1963) : *Conjectures et réfutations*. Paris, Payot, 1985.

Lectures conseillées (en ordre de parution)

Galli Carminati G. (1996) : Symétrie et deuil. Pour une psychothérapie de la toute-puissance. *Psychothérapies*, 16(3) : 151 154.

Galli Carminati G. (1997) : La physique peut-elle nous fournir de nouveaux modèles pour une psychothérapie des psychoses ? *Psychothérapies*, 17(3) : 155-159.

Baaquie B.E., Martin F.(2005) : Quantum Psyche – Quantum Field Theory of the Human Psyche. *NeuroQuantology*, 3(1) : 7-42.

Galli Carminati G. (2006) : Temps maudit, temps tolérable. *Psychothérapies*, 26(3) : 127-133.

Galli Carminati G., Carminati F. (2006) : The mechanism of mourning : an anti-entropic mechanism. *NeuroQuantology*, 4(2) : 186-197 (http ://www.neuroquantology.com).

Martin F., Galli Carminati G. (2007) : Synchronicity, Quantum Mechanics, and Psyche, talk given at the Conference on « Wolfgang Pauli's Philosophical Ideas and Contemporary

Science », May 20-25, 2007, Monte Verita, Ascona, Switzerland ; published in *Recasting Reality*, pp. 227-243. Wien, Springer-Verlag, 2009.

Martin F., Carminati F., Galli Carminati G. (2009) : Synchronicity, Quantum Information and the Psyche. *Journal of Cosmology*, 3 : 580-589.

Galli Carminati G., Carminati F. (2012) : Le mécanisme de deuil : systèmes à « digues » et systèmes à « petites celles ». *Action & Pensée*, 59 : 133-148.

Galli Carminati G., Lehotkay R., Martin F., Carminati F. (2013) : An Hypothesis about Jung's Collective Unconscious and Animal-assisted Therapy. *NeuroQuantology*, 11(3) : 451-465.

Trojaola Zapirain B., Carminati F., Gonzalez Torres M.A., Gonzalez de Mendivil E., Fouassier C., Gex-Fabry M., Martin F., Labarere J., Demongeot J., Lorincz E.N., Galli Carminati G. (2014) : Group unconscious common orientation : exploratory study at the Basque Foundation for the Investigation of Mental Health group training for therapists. *NeuroQuantology*, 12(1) : 139-150.

Galli Carminati G., Carminati F. (2014) : Temps et Psychanalyse, Chronos, kaïros… et les bêtes. *Le temps, Science, Art, Phisolophie*, 2 : 41-45.

Demongeot J., Galli Carminati G., Carminati F., Rachdi M. (2015) : Stochastic monotony signature and biomedical applications. *Comptes rendus, Biologies*, 338(2) : 777-783.

Trojaola Zapirain B., Carminati F., Gonzalez Torres M.A., Gonzalez de Mendivil E., Fouassier C., Martin F., Labarere J., Demongeot J., Lorincz E.N., Galli Carminati G. (2015) : Addendum on Entropy to the Exploratory Study on Group Unconscious at the Basque Foundation for the Investigation of Mental Health Group Training for Therapists. *NeuroQuantology*, 13(1) : 49-56.

Galli Carminati G., Carminati F. (2015) : « Entre agressivité et créativité, l'inextricable noeud groupal ». Présentation IIPB Symposium, novembre 2015, Genève, *Actes du Symposium « Action et Pensée »*, 63 : 61-84.

La ballade du scribe ou 65.000 heures d'écoute et d'écritures coréflexives (première partie)
Jean-Marc Gauthier

Humeurs et transhumances baladeuses en soixante-cinq mille heures
d'écoute et d'écritures réflexives à but thérapeutique

Le Scribe

Prologue : Laure et lai

Gautier dansait devant Laure, en pourpoint et culotte de maille, sur
une plage du débarquement.

Louis le Grand et Alfred le Petit, on a de l'honneur chez les porte-
flingues, n'avaient pas admis le 5 peu glorieux que Laure, jeune
institutrice, avait infligé aux copies jumelles de leurs chers petits. Ils
l'avaient menacée.

En contraste de cette dramaturgie débutante, la place Carnot
s'alanguit à la fenêtre. La statue de la République et les grands arbres
lui donnent un faux air de sous-préfecture et le jaillissement de ses
fontaines, préludes au parvis de la Gare de Perrache, ne la réveillera
pas aujourd'hui.

Laure n'est pas allée au commissariat. Elle est là devant moi,
fragile et bouleversée, dans un fauteuil cuirnoirtubalu semblable au
mien, et je la crois. Depuis mes années d'internat, je crois, par
principe et sans réflexion théorique préalable, tout ce qu'on me dit et
même ce qu'on ne me dit pas et que je crois parfois entendre derrière
les silences des mots. Plus tard, quand j'aurai de la bouteille, et peut-
être moins de frissons sur la chair des mots, j'en parlerai, avec

l'outrecuidance du philosophe non patenté, comme d'une approche phénoménologique.

Mon fidèle stylo noir Mont Blanc commence déjà sa balade graphique sur la première page blanche du dossier en chemise colorée posé sur mes genoux croisés. Si la magie opère, ce dossier, au début banal support à retenir des informations, pourra générer une ballade aux parfums d'écriture, une histoire toujours renouvelée et toujours inachevée à se raconter, à se jouer et à se partager à deux au fil de la psychothérapie. Je serai sur place, en face à face, le scribe, le copiste, l'écrivain, le calligraphe, le notificateur secrétaire et même le versificateur de ces histoires, mais le narrateur pourra reprendre ces différents rôles, sur place ou ailleurs, au gré de notre commune inspiration et de notre souhait commun de soulagement d'une souffrance psychique agressive.

Vos tourments, gueux, princes et princesses,
Qu'un écrit les caresse,
Qu'une écoute les pense
Et que vos mots les dansent.

* * *

Une plaine bleue au bord d'un lys...

— « Mais, la psychothérapie, c'est bien apprendre à se servir d'un kaléidoscope, non ? », lui dit une patiente à brûle-pourpoint. Il repense au tube doré qui ravissait son œil d'enfant en figures cristallines colorées et changeantes. Il n'en saura jamais bien le mécanisme intime, mais, comme pour la psychothérapie, il se dit que c'est peut-être aussi bien comme ça... Et ils discutent ensemble de fragments de pensée non symbolisables !

— Les rails argent, entre tablature et côtés, tranchent aux angles du bureau moderne en bois noir. Un côté du bureau est occupé par une lampe Pantella en forme de sein opalescent, l'autre s'orne d'une sculpture ovoïde en terre ocre représentant une femme accroupie et les bras enroulés autour de la tête. Il ne voit que les rails, ce jeune homme porteur de trisomie 21 venu en thérapie suite à des terreurs nocturnes. Ah, les rails, les rails ? !..., s'interroge-t-il rêveusement. Marco sort de la bibliothèque un livre traitant des trains spéciaux, petit train des cimes, Orient Express, Transsibérien... et ils partent ensemble en voyages extraordinaires.

– Il avait d'abord pensé mener la psychothérapie « du nuage au nouage », quand il était encore sérieusement et sagement diagnosticien. Une patiente lui avait dit : « Je voudrais que ma psychothérapie soit une ballade scénique, mais avec deux ailes, comme ça vous pourrez plus facilement m'envoler ! Envolez-moi presque jusqu'au ciel si vous le pouvez, mais évitons-nous quand même les déboires brûlants d'Icare ! »

Il se demanda alors s'il ne serait pas tout autant thérapeutique de s'élancer « de nouages pesants en nuages légers » plutôt que de chercher à lier, dans une tentative prématurée de diagnostic, les dits encore balbutiants de certains patients.

– Il faudrait quitter ces terres désolées. Changer d'humus. Trouver de nouvelles ressources sur les terres du haut et, après cette cueillette de petits bonheurs, redescendre chez soi apaisé. Mais moi, je suis sans cesse en transhumances vaines entre mes vals devenus stériles et mes hauteurs insuffisamment nourrissantes. Un vrai paysage fractal !

Il avait bien lu et entendu des collègues intégrer ces fractales dans une recherche générale sur les conditions par lesquelles la mécanique quantique pourrait enfin être une source de compréhension de ce fichu humain qui opposait sa redoutable complexité aux chercheurs et thérapeutes de tous bords, mais il se savait, lui le thérapeute, incapable d'en assurer une quelconque formulation mathématico-psychologique. En renfort de l'écrit accueillant, le dessin d'un paysage vallonné vint avec point d'interrogation se dessiner en marge.

– La pointe de votre stylo, là, elle me pense et elle me castre tout à la fois ! Il est désespérément silencieux, votre stylo, au lieu que le vrai scribe, avec son écriture navette en boustrophéron, il offre aux oreilles des partenaires le crissement caractéristique et rassurant de son calame.

La prochaine fois, je vais noter moi aussi ce que nous nous disons, comme ça nous serons plus à égalité, peut-être plus bruyants, et j'espère bien que, moi, je m'en trouverai mieux.

– Quel drôle d'oiseau vous faites ! Secrétaire ou serpentaire, c'est le même oiseau qui écrit nos mots et qui dévore nos serpents. Que nos mots soient cassants ou malléables, vous les enserrez devant moi tout écrits dans les pages du dossier avec vos serre-pans fluides et ils nous en apparaissent progressivement détoxiqués et prêts à repartir pour de nouvelles aventures. De là à ce que vous vous repaissiez des serpents tordus que je balade dans mon imagination, il n'y a qu'un pas de brousse que je ne vais pas hésiter à franchir. Bah, s'il faut en passer par là, j'y consens, mais nous devrons alors distinguer ensemble les bons et les mauvais reptiles et sans trop nous appesantir sur nos dinosaures comme ont tenté de le faire avec moi certains psychanalystes !

— Pour moi, l'écriture incarnée, dans la psychothérapie, c'est vraiment le top. Mais vous avez, vous, là en face de moi, un regard trop inquisiteur et on ne sait jamais jusqu'où vont vos pouvoirs et si vous lisez derrière les pensées, les gestes et les attitudes pendant que vous écrivez.

Marco se remémore subitement l'oncle Jean. L'oncle Jean avait été clown. Pendant que sa sœur, la mémée Porte, qui l'avait recueilli quasiment clochard, se faisait tirer juste à côté d'eux son sang trop riche par des sangsues affamées juste sorties du bocal, il déjeunait avec l'enfant et lui apprenait doctement à alterner les paroles et les bouchées alimentaires : « Parler en mangeant, c'est scientifique, il y faut vraiment de la technique, mon garçon, sinon tu mâches tes mots et tu discutes tes aliments ! » L'enfant devenu adulte et soignant s'en était souvenu. Il écoutait, il parlait, il écrivait, et mâchait en pensée, se remémorant la fabuleuse et dérisoire « méthode Oncle Jean » pour faire plusieurs choses à la fois tout en s'essayant à n'en gâcher aucune.

— Ouf ! Après des années de souffrances et d'espoirs vains, de petits soulagements suivis d'arrêts puis de retours presque honteux vers vous, je me suis enfin retrouvée avec un moi-même acceptable à ce stade de la psychothérapie. Je respire, je batifole, je vis, quoi, et je me sens maintenant comme une plaine bleue au bord d'un lys…

— Eh, tu nous bassines avec tes psychothérapies ! Et les médicaments, tu en fais quoi ?

On eût pu, à le voir proposer si souvent un abord psychothérapique lors des premiers entretiens, le croire rebelle aux abords médicamenteux. Il n'en était rien. Il connaissait bien et utilisait facilement si besoin les prescriptions médicamenteuses aptes à soulager rapidement les souffrances psychiques intenses des patients qui venaient le consulter. Mais, même en les pensant complémentaires, ces prescriptions d'urgence lui apparaîtront presque toujours secondaires par rapport à la rencontre psychothérapeutique avec un patient. Quant aux prescriptions médicamenteuses au long cours, surtout celles inchangées depuis des mois, voire des années, prônées par certains confrères, elles n'allaient jamais lui fournir la preuve de leur efficacité en termes de soulagement durable de la souffrance endurée par les patients.

Cette bal(l)ade d'écritures, de parlers, et d'écoutes coréflexives à but thérapeutique se déroulera sur un exercice clinique d'environ 65000 heures. Après le premier modèle d'un psychiatre écoutant qui n'écrivait que dans sa tête ce que des gens errant dans la leur voulaient bien lui en faire entendre, il avait choisi, lui, de noter sur le moment et non pas après la séance ce qui se disait, se tramait, s'affrontait, se diluait, se reprenait dans ces échanges en face à face régulièrement renouvelés dans le temps de la thérapie. Au fil des rencontres, patients et thérapeute avaient pu se rendre compte que les écritures de leurs paroles ou de leurs silences avaient été des révélateurs efficients de ce qui pouvait constituer le fond de la souffrance psychique qui venait se dire là, et, souvent bien trop lentement au goût des protagonistes, s'y soulager progressivement.

* * *

Notes d'un psychiatre en chemins

Les chemins de l'exercice public

Le chemin oublié des vignes, le coquin, et le santard contestataire

L'hôpital psychiatrique mythique du Vinatier, l'ancien « chemin des vignes », celui dont les Lyonnais menaçaient facilement les gosses trop turbulents, les adultes récalcitrants ou les vieillards en début de démence, m'accueille d'abord comme externe puis comme stagiaire de dernière année de médecine. Je croise là une éleveuse de drominisses (ndt : dromadaire plus génisse) venue spécialement pour trouver sous les vignes « l'herbe de désert », et qui était très régulièrement visitée par sa famille d'agriculteurs éleveurs. On y rencontre beaucoup plus fréquemment cependant des malades internés oubliés à vie que des malades visités. Dès mon externat, et sans aucun pouvoir réel, j'annonce au téléphone aux familles connues de ces oubliés que je les lâcherai dans la nature si elles ne viennent pas les visiter ! C'était quelque temps après les revendications de mai 68 et, élève officier médecin, j'étais déjà pris dans une résistance à l'armée, qui, de m'avoir payé mes études, s'arrogeait une tutelle sur ma vie que je jugeais, dans ma fougue de jeune homme, inacceptable.

Les familles d'internés, souvent plus évanescentes que revendicatives, ne pouvaient certes pas être assimilables à la force coercitive de certains galonnés bornés que j'avais dû côtoyer, mais elles représentaient peut-être pour moi une autre forme d'aliénation encore plus pernicieuse, celle de décider en toute bonne conscience de qui devait être ou non abandonné derrière les hauts murs.

C'est une brindille, cette blonde infirmière aux cheveux courts ! Elle porte sous sa blouse blanche un corsage noir et un pantalon blanc. Nous nous aimantons lors des réunions et lors des soins auprès des malades. Elle est mariée, mais... Après le bal du service, où nous avons d'abord été les partenaires dansants de plusieurs personnes hospitalisées, puis où nous nous sommes aussi approchés langoureusement, nous nous échapperons une première fois en voiture dans les Monts d'Or dont l'herbe propice saura nous accueillir d'autres fois par la suite. Son mari l'apprend et se met avec sa voiture en travers d'une rue de l'hôpital, façon western, pour coincer ma voiture sur le départ. Confrontation tendue, mais qui sera reprise, à son invitation pressante, à trois chez eux et beaucoup plus calmement. Fin provisoire de l'histoire. Quelques années après, je suis marié, elle a quitté son mari, elle vient frapper à ma porte et je l'éconduis, confus et un peu coupable.

Après mes études secondaires chez les enfants de troupe à Aix-en-Provence, non par choix, mais parce qu'un fils d'ouvrier avait peu de chances de rester aux études s'il ne trouvait pas une institution pour le prendre en charge, j'avais échappé à Saint-Cyr-Coëtquidan, haut lieu breton de formation des officiers de l'armée de terre, autant par ma faible appétence pour la chose militaire que par mes capacités réduites en mathématiques. Cependant, toujours pour trouver un financement pérenne à mes études, et après un redoublement de la propédeutique aux études de médecine dans le civil, je signais, en début de première année de médecine, un engagement à l'Ecole du Service de Santé Militaire à Lyon pour y effectuer la suite de mes études médicales et, à l'issue, servir pour six ans comme officier médecin. Deux ans avant la fin des études, après quatre années passées comme « santard » et quelques défilés commémoratifs du 14 juillet ou du 11 novembre en « Pinder », la tenue d'apparat avec bicorne et épée, je pose ma démission. Une lettre est envoyée par voie hiérarchique au Ministre, expliquant comment et pourquoi je suis devenu antimilitariste, et proposant soit de rembourser par paiement échelonné le coût de mes études, soit de passer dans le corps des médecins de santé publique. Cette lettre n'obtint pour toute réponse officielle pendant un an que des convocations à répétition pour des simulacres de procès à l'Ecole du Service de Santé des Armées. Les gradés responsables me reprochent de ne pas avoir la reconnaissance du ventre et de vouloir aller pantoufler dans le privé. J'explique encore et toujours que je ne veux pas être militaire pour des raisons éthiques et non pas mercantiles et qu'en plus, j'avais signé, encore tout jeune homme, pour un contrat de six ans après la fin des études et non pas de dix ans comme il est maintenant stipulé dans le nouveau contrat. Après un emprisonnement de trois mois au motif de mon refus de rejoindre mon corps d'affectation, et un aller-retour éclair en train en Allemagne menottes aux poignets entre deux gendarmes pour m'y emmener de force, je commence une grève de la faim relayée par la presse et, après passage dans un hôpital militaire, où je continue ma grève, j'obtiens enfin d'être rayé des effectifs des médecins aspirants. On me renvoie en Allemagne, cette fois pour y accomplir mon service militaire pour un an comme simple soldat, mais, en cours de service, le colonel consent quand même à m'accorder une permission pour aller passer à Lyon mon concours d'internat des hôpitaux psychiatriques.

Pour l'heure, je lis ostensiblement, dans le Véhicule blindé de Transport de Troupe lancé à vive allure, « La révolte contre le père » de Gérard Mendel. Nous allons au combat simulé dans le cadre des grandes manœuvres. En sautant de l'engin pour l'attaque, l'esprit encore tout pris par ma lecture provocatrice, je me foule la cheville. Je suis indisponible pour la suite, selon le médecin militaire consulté, mais le gradé responsable ne voudra rien entendre et je continuerai en claudiquant les autres simulations de combat, tout en demandant encore une fois, faussement ingénu, pourquoi les adversaires devaient toujours être « les rouges »…

Les chemins des soins sur les monts : Saint-Cyr-au-Mont-d'Or et le Beaujolais.

Pour ma première année d'internat, je choisirai le Centre Psychothérapique de Saint-Cyr au-Mont-d'Or, sa réputation d'innovations thérapeutiques et ses promesses d'ouverture sur le secteur géographique d'au-delà les murs.

Les soins sur le secteur ! ? On en avait rêvé et puis voici déjà venue la possibilité de quitter l'hôpital, « d'aller sur le secteur ». C'est le Beaujolais qui déploie ses tentations vallonnées, agrestes et vinicoles, à 50 kilomètres de l'hôpital. C'est bien loin mais, après l'espoir initial vite déçu de nouvelles formes de soins aux malades mentaux dans l'enceinte de l'hôpital, mon désir sera grand d'en sortir rapidement, d'autant que la situation institutionnelle demeure troublée après l'éviction arbitraire du médecin-chef du service qui, pour avoir permis à une psychiatrie différente de se faire jour, menaçait l'ordre asilaire. Dépressions et désenchantements des infirmiers, cassés net dans leurs élans vers de nouvelles formes de soins, pressions administratives en vue de rétablir l'ordre, ce fut d'abord par opposition à cet hôpital tout neuf que nous, les deux internes, l'un déjà roué et capé, l'autre tout juste intronisé, fîmes nos premières expériences sectorielles. Mademoiselle Beaudiscours, la bien nommée assistante sociale en chef d'une ville au milieu des vignes, nous avait encouragés en nous prêtant à intervalles réguliers une partie de son dispensaire social pour des consultations sur place. Une relation nouvelle, plus égalitaire et débarrassée des pesanteurs institutionnelles reprises au vieil asile par le néo « Centre psychothérapique », va pouvoir alors s'instaurer avec les patients consultants.

Les soins hospitaliers doivent cependant continuer, avec leurs déceptions, leurs drames et heureusement parfois leurs réussites soignantes :

– Jean-Baptiste a 19 ans et une gueule d'ange quand il arrive, candide, fragile, pas fou pour un sou, au Centre Psychothérapique, après avoir cassé des meubles à son domicile dans une crise de colère. Tout le monde a envie de s'occuper de cet encore adolescent qui va sans doute sortir rapidement du service d'adultes où nous l'accueillons. Une embauche prévue au Parc de la Tête d'Or n'ayant pas eu lieu, Hortense, une infirmière qui l'a pris en soins avec moi, et qui a elle-même quelques difficultés avec son propre fils, lui trouve, par l'intermédiaire d'un de ses amis, une place dans une roseraie, avec logement sur place. C'est à lui de jouer maintenant ! Cependant, au premier jour de sa prise de fonction, Jean-Baptiste reste enfermé dans sa chambre. Nous nous rendons sur place avec l'ami qui a trouvé ce travail et dont on apprendra par la suite que des relations homosexuelles se sont développées entre Jean-Baptiste et lui. Après discussions, le chef du personnel accepte qu'il ne commence que le lendemain et Jean-Baptiste promet. Mais le lendemain, l'Hôpital Général Édouard Herriot téléphone qu'il vient d'être hospitalisé à la suite d'une tentative de suicide avec les quelques comprimés d'anxiolytiques non sédatifs que je lui avais laissés. Nous décidons alors de le reprendre à Saint-Cyr et d'intensifier la prise en soin psychothérapique avec moi. Au cours de cette psychothérapie sera évoquée son histoire singulière émaillée de ruptures et d'abandons. Son père lui préfère sa sœur plus intelligente et, avec deux ans de retard scolaire, il est l'objet de moqueries de la part de ses camarades d'école. Son grand-père maternel le protège, mais il décède brutalement d'un cancer de la gorge et ses parents le placent, de 8 à 14 ans, en internat. Là, il fugue régulièrement, les gendarmes lui courent après et les punitions pleuvent, sans résultats notables. Des bagarres éclatent et le marginalisent. Il revient alors chez ses parents, qui vont bientôt se séparer après que son père ait menacé sa mère d'une arme à feu. Il choisit d'habiter avec sa mère et déménage avec elle de la région parisienne jusque chez sa grand-mère à Villefranche-sur-Saône. Un mois après, son père se suicide en laissant une lettre dans laquelle il le rend responsable de sa mort. Jean-Baptiste, bouleversé, part dans un foyer qu'il décrira comme « complètement débile », puis passe trois mois dans une communauté dirigée par un pasteur, avant de revenir au foyer qui l'enverra à l'hôpital psychiatrique du Vinatier pour une cure de sommeil. Là, il tente de se suicider avant d'être dirigé sur le Centre Psychothérapique de St-Cyr, qui correspond, pour les hospitalisations, à son secteur d'habitation. La suite sera celle de l'ange déchu. Après des échecs répétés pour reprendre un travail, il restera à St-Cyr, en en refusant toujours la discipline et en déclenchant régulièrement des bagarres qui lassent ses soignants. La psychothérapie avec moi patine. Un nouveau médecin-chef, à poigne et éloigné des conceptions psychodynamiques qui ont prévalu jusqu'alors dans le service, arrive. Il ne supporte pas ce trublion qui sera muté, dans la consternation générale, dans une Unité pour Malades Difficiles d'une autre région, ces anciens « services de force » qui auront bien souvent eu comme fonction de masquer les naufrages thérapeutiques mal assumés. Fermez le ban !

– Bouche à bouche. Je suis appelé comme interne de garde mais il est déjà trop tard et je ne connais pas encore, pas plus que tous les professionnels présents qui ont assisté directement à l'écroulement, la manœuvre de compression thoracique qui aurait peut-être permis un sauvetage d'urgence de cette patiente. On ne comprendra d'ailleurs que plus tard qu'il s'est agi d'une fausse route alimentaire pour cette grande malade dont le service n'a jamais pu adoucir les souffrances provoquées par le délire. Après sa mort, l'active psychologue stagiaire, qui n'a que peu connu la patiente, réunit tout le monde, mais tous ou presque se taisent, écrasés par une culpabilité qui ne se dira pas.

Note ajoutée bien plus tard : Après la mort de la patiente de Saint-Cyr, je n'aurai connu, parmi ma nombreuse patientèle, chance ou semblant d'efficacité thérapeutique, que deux morts provoquées, et par suicide toutes les deux, ce qui est déjà bien trop. Mais cette première confrontation à la mort d'une patiente, pourtant surmédicamentée, et qui ne m'était pas directement imputable, restera cependant comme une expérience douloureuse d'échec thérapeutique irrémédiable auprès d'une personne touchée par la psychose et qui ne révélera pas, par sa mort dramatique, ce qu'il aurait convenu de faire pour l'aider à vivre.

– Nous mettons en place dans l'hôpital un groupe thérapeutique pour les gros buveurs chroniques et souvent délirants qui ont déjà tout essayé. Et ça marche plutôt bien, ce groupe ! Il y a de l'écoute, de l'entraide et des essais de compréhension. Un patient en ressortira apparemment complètement transformé et abstinent, sans que nous ayons pu toutefois vérifier après sa sortie la solidité de cette guérison somme toute inespérée.

Mais la situation hospitalière se dégrade encore un peu plus en pleine canicule. Le médecin-chef qui vient d'arriver dénonce surtout, devant les internes atterrés, une toile d'araignée qui fait tache dans l'angle d'un mur. Une interne rudoyée d'un autre pavillon se suicide. Dix infirmiers diplômés démissionnent ou se font muter, et je n'ai bientôt plus que le désir de finir au plus vite mon temps d'internat dans cet hôpital.

Promesses des chemins viennois et bouleversements des chemins personnels

Je choisis l'hôpital général de Vienne pour ma deuxième année d'internat. Ce n'était pas la Vienne oppressante du film « Le troisième homme », ni celle, matricielle pour les psys de cette époque, du 19 Berggasse, mais une charmante petite ville déjà presque provençale à quelques kilomètres de Lyon. Là, le plus jeune médecin-chef de France avait obtenu de diriger un petit service de psychiatrie de quinze lits, situé dans l'hôpital général, assisté par trois internes, un pour chaque secteur géographique desservi et un pour le service. Là, les patients semblaient respecter, même dans leur délire, les consignes du « silence hôpital », ce qui permettait au service d'être bien toléré dans cet hôpital général flambant neuf que la Vienne romaine, et maintenant jazzy par son festival, avait érigé sur ses collines. Là, surtout, on pouvait développer la « psychiatrie de secteur » et je ne m'en privais pas.

Deux « dispensaires » bien différents accueillaient les patients hors les murs :

– A Vienne, rue Juiverie, rien n'indique sur la rue un Centre Médico-Psychologique. Il faut monter l'escalier tortueux et franchir la porte palière du deuxième étage pour être certain, grâce aux indications d'une plaque plastifiée, qu'on ne s'est pas trompé. Il y a une salle d'attente minuscule et, au fond, une grande pièce tapissée en vert, au beau plancher rustique, meublée seulement d'une table basse et de fauteuils profonds, et qui est le lieu de consultations le plus habituel. On y trouve aussi une cuisine où trône bizarrement un divan, qui n'a cependant rien d'analytique comme certains patients s'en étaient émus, mais qui peut servir éventuellement pour des injections de médicaments psychotropes retard. Le reste des pièces de ce vieil appartement cossu est réservé d'une part à un bureau opérationnel (secrétariat, réception, réunions), d'autre part à l'usage de la pédopsychiatrie.

– A Saint-Quentin-Fallavier se trouve un vaste centre social tout neuf, à deux étages, clair, aéré, situé à côté de l'école primaire et à quelques mètres du centre du bourg inclus dans le périmètre de la ville nouvelle de l'Isle-d'Abeau. Plusieurs pièces y sont réservées à la psychiatrie. Une grande pièce sert de salle d'attente commune à tous les services du centre et de bureau à la secrétaire hôtesse d'accueil. Les consultants de psychiatrie ne se distinguent pas a priori des autres personnes fréquentant le centre, de même qu'il est impossible de distinguer les soignants de psychiatrie des autres personnels.

L'expérience de Vienne, dont je fis le sujet de ma thèse de médecine, fut projet et début de réalisation d'une aventure soignante située presque entièrement hors les murs du vieil asile. Il m'a finalement semblé que la formule qui y fut employée : équipe de secteur autonome en relation avec un petit service de psychiatrie inclus dans l'hôpital général, était, parmi les multiples possibilités de fonctionnement d'un secteur psychiatrique public à cette époque, une de celles qui permettaient le mieux de répondre à la demande de soins spécialisés de la population d'un secteur géographique situé hors d'une ville universitaire.

Le début de ma troisième année d'internat fut un nouveau passage au Centre Psychothérapique de Saint-Cyr-au-Mont-d'Or, maintenant bien normalisé, mais cette fois dans un service pour enfants. Retourner dans cet hôpital, que j'avais presque fui un an auparavant, représentait-il un désir de revanche ou une tendance quasi masochiste ? J'y créerai avec d'autres un groupe de soins pour des enfants d'âges et de pathologies différents et venant de plusieurs services, dans lequel les histoires, la musique et la relaxation occuperont une place de choix. J'en ferai le sujet de mon mémoire de spécialisation en psychiatrie.

Ma vie personnelle connaît des remous. Au début de notre aventure conjugale, une piste de transhumance, abrupte et crevassée par les orages, serpente depuis la rivière à sec dans un paysage de pierres sèches et de rares bosquets de feuillus. Nous nous étions mariés, en hissant là-haut, dans ce village perdu de Haute-Provence, tant bien que mal rebâti par une bande de jeunes délurés dont je faisais partie, les familles, les copains, un prêtre défroqué et un accordéoniste bohème.

Les petits bonheurs allaient succéder aux petits bonheurs, les sautes d'humeur aux sautes d'humeur, et les illusions aux déceptions. Un an et demi après la naissance de notre fille, ma femme a une aventure de plusieurs mois avec un clown breton itinérant. Je l'apprends, marri, lors de vacances en Périgord. Plus tard, alors qu'elle a filé pour le week-end avec l'artiste séducteur, nous gardons les enfants avec sa meilleure amie dans leur maison de Saint-Cyr-au-Mont-d'Or. Le mari de l'amie, un de mes condisciples d'études médicales, est parti à un colloque à Paris. Délaissés temporairement par nos conjoints et les enfants couchés, nous nous découvrons plus qu'amis et commençons une liaison d'abord tenue secrète et qui sera découverte alors que nous passons tous les quatre des vacances dans une maison de rêve qu'on nous a prêtée à Saint-Tropez. Notre couple ne résistera plus très longtemps à ces chassés-croisés partenariaux à la mode post-soixante-huitarde de l'époque !

Une collègue me dit alors qu'une place de médecin-chef qui ne trouve pas preneur est vacante à Feurs, une ville du Département de la Loire, pour desservir un secteur psychiatrique de 70 000 habitants, sans aucun lit d'hospitalisation spécialisée sur place. Un beau défi !

Je vais démissionner officiellement de l'internat et y courir malgré l'éloignement.

La psychiatrie sur les chemins entre champs et petite ville

Une équipe composée seulement de sept personnes dans une maison en pierres de taille grises d'Auvergne donnant sur une rue tranquille à deux pas du centre bourg... On la baptise, en référence à ce qui existe déjà à Roanne, Centre de Traitements Ambulatoires, en abrégé CTA. Des vélos passent ; les étangs cernent la ville et une ligne de chemin de fer propice aux suicides la traverse. La Loire est un peu à l'écart vers les abattoirs et ses rives sont laissées en friche. Une grosse usine sidérurgique et une usine de mécanique drainent la population rurale. Un hôpital général avec services de médecine générale et gastro-entérologie, de cardiologie, de chirurgie générale et pour encore quelques années une maternité, assurent les soins de proximité des personnes nécessitant une hospitalisation. Les « psys » investissent les services hospitaliers, surtout celui de médecine générale, pour des consultations à la demande des autres soignants et pour visiter des malades avec troubles psychopathologiques qui ont nécessité, sur prescription spécialisée, une hospitalisation temporaire. Nous constatons, surpris quand même, que les malades somatiques et les malades psychiatriques vont fréquemment s'entraider et, après un temps d'apprivoisement, les échanges et les découvertes entre équipes de soins généraux et équipe psy ne manquent pas.

Il n'y a pas vraiment confusion des rôles dans l'équipe psy, mais les façons de faire y sont moins imprégnées de hiérarchie que celles existant dans les équipes de soins somatiques et cela peut créer parfois des situations embarrassantes. Ainsi, la secrétaire de l'équipe psy, tour de contrôle du CTA, ira, sans me consulter, contester au chef de service de médecine le bien-fondé d'un traitement psychotrope qu'il a lui-même prescrit à un de nos patients. Je devrai alors intervenir pour explications réciproques, mais tout sera finalement compris et accepté.

Tout se sait dans la petite ville. Je promène ma silhouette chevelue le soir par les ruelles et je me fais rapidement repérer. Je suis redevenu célibataire. Une fois sur deux, en fin de semaine, je vais chercher ma fille à Lyon pour une bal(l)ade foréziennne. Ensemble, et en plein œdipe, nous jouons aux mots qui peuvent dériver du son per, et ces trouvailles communes serviront de matrice pour mes futurs aphorismes destinés, je ne le sais pas encore, à illustrer de façon plaisante les catégories psychopathologiques. Je surenchérissais ainsi maladroitement à la vague, très diversement appréciée, des contrepèteries lacaniennes, encore vivaces à l'époque dans les discours sur la psychiatrie. Le chef de service de médecine, tout esclaffé, n'ira-t-il d'ailleurs pas me resservir, lors de l'explication avec la secrétaire contestatrice du CTA, le fameux « je per/sévère » de Lacan refondant son école ?

Je m'ennuie un peu le soir et commence à fréquenter la Maison des Jeunes et de la Culture où je prends des cours de photo. La photographe qui les anime deviendra une amie. J'y prend aussi des cours de rock avec une prof rockette, modèle de poche, qui fait danser tout le monde en produisant elle-même une technique impeccable et une présentation artistique que tous lui envient. Plus tard viendront les cours de théâtre. La troupe monte « Six personnages en quête d'auteur » et Pirandello s'en agitera probablement dans sa tombe. Viendra aussi l'animation du ciné-club. Il n'y a pas grand monde habituellement lors des séances malgré une programmation de qualité, mais la salle sera bien comble quand sera projeté le film de Nagisha Oshima « L'empire des sens », et la discussion qui s'ensuivra, avec ses interrogations torrides sur la sexualité, sera des plus animées…

Une très belle femme en habits rouges et bottes à talons aiguilles franchit régulièrement la porte du Centre de Traitements Ambulatoires, le CTA. Nous avons déjà beaucoup parlé et beaucoup écrit sur sa vie tourmentée quand elle m'invite à déjeuner au Chapeau Rouge, un célèbre restaurant forézien, et j'accepte. Je sais bien que je joue avec le feu et que cela va encore donner du grain à moudre aux voisins qui suggèrent malicieusement que le CTA est peut-être bien une maison de passes et de tolérance, mais je me pense déjà suffisamment professionnel pour ne pas succomber, même hors séances, à ses charmes. Le repas sera bon et très convivial. Ses suites n'emprunteront pas le chemin redouté et perverti de l'abus de position de pouvoir que la judiciarisation avait imposé à l'exercice médical et éducatif. Je me demanderai cependant encore longtemps si ce repas, transgressif en termes de neutralité bienveillante du thérapeute, avait été vraiment un élément facilitateur du processus psychothérapique, mais en tout cas, aucun élément ne viendra l'infirmer dans le suivi ultérieur. Aux voisins graveleux, je répondrai que le CTA est peut-être bien une maison de passes et sûrement de tolérance, mais pas dans le sens où ils semblent l'entendre. Maison close si vous le voulez pour la confidentialité, mais toutes les fleurs n'en sont pas ouvertes et les chauds lapins ne s'y rassemblent pas à la tombée de la nuit. Pour la tolérance, je leur préciserai, et je le redirai lors d'un passage informatif sur la psychiatrie dans une école d'enseignement secondaire, que ce qui caractérise le mieux notre approche psychothérapeutique locale, c'est justement la tolérance. « On y entend quand même souvent rire, dans cette maison ! », insinueront encore les détracteurs. Au Directeur de l'Action Sanitaire et Sociale, qui m'avait convoqué suite à une plainte de la famille d'un patient qui avait assimilé ces rires à des moqueries, je dirai qu'effectivement, au CTA, on rit beaucoup, non pas pour se moquer, mais pour dédramatiser des situations très lourdes et contribuer ainsi à réduire le nombre des hospitalisations.

Parfois, cependant, ça rit safran. Larissa, sari harissa, rit. Larry, triste haridelle, rit d'elle incongrue dans ce paysage rural. Cela suffit, ils sont tous les deux dans mon bureau, en cris, crissements, décriements, je les écoute pour les comprendre et tenter de les soulager, et j'écris leurs cris à la recherche d'un sens écrit salvateur.

Les Visites A Domicile, les VAD, étaient alors une des tendances soignantes fortes en psychiatrie publique de secteur, presque un mot et un geste magiques pour aller débusquer les serpents que les patients en souffrance avaient couvés dans leurs cocons-domiciles. L'équipe de Feurs en fit beaucoup, généralement à deux personnes de l'équipe :

– Ils vont chez le sorcier du village voisin voir sa femme porcelaine. Lui, guérisseur, rebouteux, est utilisé autant que redouté par les villageois. Elle, déjà âgée, est blanche et lisse sans aucune expression, quasiment mutique, et son mari a répété quand ils sont venus en consultation au CTA : « Regardez, elle n'a pas une ride, elle est restée comme un bébé ! ». On l'a dite mélancolique, mais ce diagnostic reste bien difficile à confirmer. Il nous a appelé car il est inquiet devant les souhaits de mort qu'elle a exprimés, elle qui ne dit pourtant jamais rien, et nous allons peut-être devoir l'hospitaliser. La décision d'hospitalisation dans le service de médecine local sera finalement prise au domicile et, une fois installée à l'hôpital, elle demandera « la piqûre qui tue ». Je prescrirai alors à une infirmière, en espérant un paradoxal sursaut vital, de lui faire une piqûre avec du sérum physiologique injectable. De suite après, apparemment soulagée, elle pourra dire : « Vous auriez quand même pu attendre !... ». Puis viendront le traitement classique de la crise de mélancolie, les perfusions d'antidépresseurs accompagnées d'un soutien régulier au lit de la patiente d'une personne de l'équipe, et, le soulagement persistant obtenu, la sortie de l'hôpital, avec reprise des VAD alternées avec les consultations au CTA.

– Il nous attend chez lui. Il a déjà fait sous lui, lui qui n'est pas habituellement incontinent, et nous pensons d'abord qu'il nous provoque en nous « emmerdant » littéralement. Son problème, nous le savons tous les trois, c'est l'alcool. Nous l'avons quand même plusieurs fois accompagné au café de son village pour rester en contact avec lui et comme il le demandait en négociations préliminaires à toute visite. Nous prenions soin pourtant de commander pour nous des boissons non alcoolisées... Aujourd'hui, il est d'accord pour faire un point somatique en service de médecine et nous l'y adressons pour une courte hospitalisation. Les examens hospitaliers ne confirmeront pas la dégradation somatique redoutée. Il sortira de l'hôpital assez rapidement et nous reprendrons les VAD sans effets notables sur sa consommation d'alcool, mais, nous le constatons autant que nous l'espérons, sans augmentation de sa désocialisation.

– Papa, est-ce que tu me donnes la permission de leur taper dessus ? demande le géant au seuil de la porte de leur ferme. La mère est morte et les deux hommes sont restés sur cette terre à cultiver, située à l'écart de tout. Le père amène son fils, diagnostiqué schizophrène, en consultation au CTA et, en alternance, nous nous déplaçons chez eux. Une grande croix est là en permanence sur le mur du fond de la vaste pièce glacée. Il n'y pas eu d'accueil pour cette fois, nous reviendrons.

– L'ex-femme du garde-chasse va sur sa cinquantaine quand nous la rencontrons avec Jean. Les autorités de la petite ville et le médecin généraliste l'ont convaincue de faire appel à nous comme ils ne savent plus trop quoi faire en face des propos délirants et surtout revendicatifs qu'elle tient par les rues... Nous découvrons une femme affable qui nous offre d'abord le café avant de nous expliquer sa version de l'histoire. Depuis leur divorce, les maffias ont envahi les rues. Le médecin, le maire et le curé sont de mèche et elle envisage de changer de religion en allant voir l'évêque, le pasteur et l'imam, « de faire à la fois sens contraire et semblant dimanche ». Une écoute attentive et renouvelée et une proposition acceptée de traitement psychotrope, mêlant antidépresseurs et neuroleptiques à doses filées, suffiront pour que le délire s'enkyste et devienne plus supportable à tous. Quand je serai installé à Lyon, elle continuera à venir me voir, en reprenant comme sans y toucher les mêmes thèmes délirants, et elle m'offrira une Bible, que j'accepterai avec gratitude, lors de l'arrêt définitif des consultations.

Peu soumise aux contrôles administratifs, libre d'innover dans le soin et animée du désir de répondre sur place ou à domicile à toutes les formes de demandes, l'équipe de Feurs tourne à plein régime et peut même servir à l'occasion de vitrine à une certaine idée de la sectorisation psychiatrique. Mais au retour nocturne d'un Congrès de l'association « Psychiatrie de secteur à l'hôpital général » à Briançon, Jean, ancien prêtre, infirmier chaleureux, exemplaire et apprécié de tous, se tue en voiture au petit matin, en allant percuter un platane dans la grande ligne droite avant Feurs. L'équipe si dynamique et si soudée des débuts ne s'en remettra jamais vraiment...

On ne pouvait plus rester à l'écart des exigences administratives. Il fallut d'abord négocier avec l'hôpital psychiatrique dont nous dépendions officiellement à Lyon un passage de référence avec l'hôpital général local dans lequel venait d'arriver une nouvelle directrice qui entendait, pour asseoir son autorité, remanier à sa manière l'organisation préexistante et notamment mettre au pas cette équipe psychiatrique peut-être un peu trop folâtre...

– Je comprends bien, Madame la Directrice, que ce serait de bonne rationalisation économique, mais, non merci, je ne veux pas pour les hospitalisations à venir des malades du secteur d'une « Unité Spécialisée Normalisée », ce gros cube en béton aux interminables couloirs peints de couleurs vives qui suscitent l'angoisse avant même d'être empruntés. Qui plus est, vous envisagez son érection en dehors du cœur vivant de l'hôpital et près du cimetière, pour des personnes qui redoutent souvent une mort violente et imminente. Ce sera sans moi si le projet doit persister.

Je ne suis pas officiellement médecin-chef, mais seulement attaché faisant fonction. Je vais essayer sans succès de passer à Paris le concours d'assistant des hôpitaux psychiatriques pour plus de légitimité, mais j'échouerai chaque fois à quelques points du but. Limite de compétence ou excès de singularité, je ne le saurai jamais et préférerai ne pas approfondir cette question. En tout cas, faute de diplôme adéquat, je vais devoir céder la place, et même cohabiter quelque temps avec un nouveau responsable dont les manières de concevoir le soin sectoriel ne seront pas compatibles avec celles de l'équipe de soins et avec les miennes, ce qui me contraindra à envisager une autre orientation et à tenter alors l'installation en libéral.

Les chemins, hélas le plus souvent restés parallèles aux autres chemins soignants, de l'exercice médico-social

Parallèlement à mon début d'installation en libéral, je chercherai à poursuivre un travail institutionnel et, une place de psychiatre se libérant dans la Loire, à l'Institut Médico-Educatif (IME) de Saint-Cyr-les-Vignes (encore un St-Cyr et encore des vignes !), je vais aller proposer mes services au directeur de cette institution.

J'avais été sensibilisé aux détresses de ces personnes dites déficientes mentales, d'abord à l'Hôpital Psychiatrique du Vinatier où existaient des services appelés horriblement de « défectologie », puis au Centre Psychothérapique de St-Cyr-au-Mont-d'Or où ces personnes étaient plus dispersées dans l'ensemble des services, ensuite par la psychologue du Centre de Traitements Ambulatoires de Feurs qui travaillait déjà dans les institutions médico-sociales locales. J'avais reçu en consultation quelques-unes de ces personnes souffrant de débilité mentale que je préfèrerai appeler par la suite, suivant le modèle en vigueur, personnes en situation de handicap mental, puis, suivant mes propres conceptions et observations, personnes avec troubles des intelligences, tout en précisant bien que les intelligences étaient pour moi une des fonctions primordiales du psychisme. Cela justifiait, me semblait-il, l'intervention d'un psychiatre quand les intelligences étaient dérangées et encore plus quand ce dérangement s'associait à d'autres troubles du psychisme.

J'allais intervenir au fil du temps dans plusieurs des institutions médico-sociales de la Loire, qui n'en manque pas, en sus de mon travail dans mes cabinets successifs d'exercice libéral. Pour ces diverses activités de clinicien et de consultant, je me rendrai dans la Loire, pour la journée, une fois par semaine, pendant vingt-six ans.

L'IME (Institut Médico-Educatif) de St-Cyr-les-Vignes est une solide maison bourgeoise dans le haut du village, avec des ajouts architecturaux modernes plus fonctionnels. En arrivant, je dis d'emblée au directeur que je souhaite travailler avec les familles, et soigner, autant que faire se peut et avec les éducateurs, les troubles mentaux de ces personnes handicapées. Je suis entouré d'une petite équipe comprenant un médecin généraliste et une psychologue, eux aussi à temps très partiel, et une infirmière à temps plein.

De l'autre côté de la route campagnarde, les ateliers d'un petit CAT (Centre d'Aide par le Travail) accueillent des adultes hébergés dans les mêmes bâtiments que l'IME. Les deux structures, IME et CAT, sont placées sous l'autorité du même directeur, présent depuis l'ouverture et jouant le rôle d'un « pater familias », tandis que l'infirmière, également présente depuis l'ouverture, y sert de régulatrice et peut être parfois de ce fait en butte aux désirs d'innovation et d'autonomie des éducateurs. Les personnels des services généraux, et notamment l'homme d'entretien, jouent un rôle actif auprès des personnes accueillies dont certaines, enfants, adolescents ou adultes, peuvent être encore présentes 365 jours par an.

A l'étroit dans ses locaux, le CAT allait bientôt déménager dans la ville voisine de Feurs, celle-là même où j'avais été responsable du secteur de psychiatrie publique, et troquer sa production principale de pavés autobloquants en ciment contre une production de palettes en bois. Avec le déménagement du CAT, il avait fallu penser un nouvel hébergement sur place pour les personnes accueillies. Un foyer, qui avait d'abord été un foyer de travailleurs turcs émigrés, devint la nouvelle résidence des travailleurs handicapés, à l'exception de ceux très touchés par la maladie mentale qui avaient été regroupés dans une section dite spécialisée adultes, et qui restaient, eux, hébergés au troisième étage de l'IME, à 15 kilomètres de là. Certains de ces travailleurs, grands délirants, et plutôt rassérénés par le travail, supportaient assez mal ce transfert quotidien et des solutions d'accompagnement rassurantes durent être trouvées, parfois des arrêts de travail prescrits, devant cet effroi paralysant lié au déplacement. Quant à moi, je fis pendant des années, le jeudi, la navette entre les trois structures, souvent porteur de messages des uns pour les autres et aussi colporteur des dernières nouvelles. Il fallait parfois rassurer les grands sur le fait que le nid de leur enfance existait toujours et permettre aux petits de rêver à leurs futures possibilités chez les grands, dont beaucoup avaient été leurs compagnons d'internat auparavant.

La section spécialisée de l'IME avait accueilli d'abord des adolescents très déficitaires avant d'accueillir des adolescents diagnostiqués autistes et de s'ouvrir aux nouvelles techniques de remédiation type TEACCH. Ces nouvelles techniques allaient bientôt nécessiter une séparation, puis une concurrence pas toujours bienvenue entre la partie hébergement dite « internat » et la partie dite « section de jour » plus technique. Je n'étais pas toujours d'accord avec les orientations très rééducatives de la section de jour qui oubliaient parfois les ressentis émotionnels, mais nous arrivâmes à un modus vivendi qui sut cantonner les grandes crises auxquelles nous étions parfois confrontés dans des limites acceptables tant pour les personnes accueillies que pour les éducateurs et les soignants.

Pour ces personnes handicapées par des troubles de leurs intelligences, et touchées de surcroît par l'autisme ou par des maladies mentales au long cours elles-mêmes handicapantes, je n'ai jamais pu ou su obtenir un travail partenarial suivi, d'abord avec l'équipe de soins psychiatriques que j'avais pourtant dirigée quelques années auparavant, mais aussi avec d'autres équipes dans lesquelles je n'avais pas été intervenant. Cette impuissance à faire se rencontrer et coopérer des formes de soins, pas si éloignées que cela dans leur matérialité, restera comme un des grands échecs de ma vie professionnelle et contribuera à me faire choisir, pour mes activités formatrices à propos du handicap mental, une position clairement plus centrée sur une complémentarité indispensable entre soins éducatifs et soins sanitaires. L'adoption, en France, du concept de handicap psychique, nécessaire à la prise en compte des difficultés quotidiennes rencontrées par les personnes atteintes d'une maladie mentale au long cours, ne facilitera pas, comme on aurait pu le souhaiter, cette coopération entre secteur sanitaire et secteur médico-social, mais constituera souvent au contraire un frein à cette collaboration, en stigmatisant les personnes initialement touchées par des troubles des intelligences comme n'étant pas véritablement soignables au plan psychique.

Peut-être que le lieu qui permettra le mieux cette coopération tant recherchée avec d'autres formes d'approche des personnes en souffrance mentale fut constitué pour moi par le SESSAD (Service d'Education, de Services et de Soins à Domicile) que nous ouvrirons à Montbrison. Ce SESSAD, qui accueillait des enfants et adolescents de 6 à 20 ans, se déclarera, au début de son fonctionnement, comme pouvant accueillir, en plus des enfants présentant des troubles mentaux divers, des enfants touchés par l'autisme. Cette coopération attendue entre services n'aura cependant pas vraiment lieu avec les services sanitaires, mais essentiellement avec les personnels de l'Education Nationale qui nous faciliteront le suivi en nous permettant par exemple d'aller chercher les enfants à l'école pendant les temps de classe et de les ramener après consultation en faisant le lien nécessaire avec le professeur des écoles. Nous invitions bien entendu ces professeurs ainsi que toutes les personnes concernées dans des réunions régulières qui faisaient le point sur les accompagnements en cours.

Lors d'une interview, je définirai le SESSAD de l'Alauda, nom local de l'alouette, comme étant là « pour huiler là où ça grince ». De fait, avec nos partenaires, enfants, familles comme institutions, nous cherchions à trouver une solution là où les troubles des uns engendraient des réactions des autres pouvant majorer les troubles des premiers dans un cercle potentiellement sans fin que nous nous efforcions d'interrompre, mais pas toujours avec succès. Le SESSAD saura néanmoins trouver son utilité et sa reconnaissance dans l'éventail des réponses qui pouvaient être proposées à ces enfants et adolescents en difficulté mentale.

Le temps et les chemins de l'exercice libéral

Les chemins de traverse de Caluire entre psychiatrie publique et psychiatrie libérale

Lors de ma première installation en libéral, j'avais fait graver sur la plaque de cuivre en dessous de mon nom précédé du titre de docteur, « Psychiatrie, psychothérapies ». Psychiatrie, ça, « mes maîtres », comme on le dit doctement, me l'avaient appris dans les règles de l'art. Psychothérapies, au pluriel, ça, personne ne me l'avait jamais appris, mais mes transhumances en psychiatrie publique, mes curiosités, mes lectures personnelles et différents stages en divers domaines thérapeutiques m'avaient fait sentir l'impérieuse nécessité de ne concevoir l'abord psychothérapique que pensé au pluriel et loin des querelles de chapelle.

En cabinet, le suivi en face à face une demi-heure toutes les semaines pour la plupart des patients, et pour certains pendant des années, ne différera pas beaucoup de mon exercice public, si ce n'est par la pratique du paiement à l'acte dont les frais seront entièrement remboursés à une majorité de patients par la Sécurité Sociale et les compléments mutualistes. Mais les visites à domicile, héritage de l'exercice public, en particulier forézien, ne vont perdurer qu'un temps avant de s'arrêter complètement quand je prendrai un cabinet en centre-ville de Lyon.

Restait, non vraiment élaborée, la question de la psychanalyse, pour beaucoup à l'époque la seule à mériter le nom de psychothérapie, voire à mériter le nom d'approche clinique du patient perturbé en esprit. Je n'ai jamais senti le besoin d'effectuer une cure personnelle, et mes conflits avec diverses formes d'autorité ne m'incitaient pas à aller m'allonger sur un divan pour me confier à une autre autorité, fût-elle bienveillante, pour ensuite passer par les fourches caudines de divers contrôles afin d'être pleinement labellisé. Seule la curiosité aurait peut-être pu me pousser à entreprendre ces différentes démarches, mais je n'en ai jamais vraiment trouvé le temps ou l'occasion. Dans mon exercice public, à Feurs, je disais déjà, mais sans vraiment l'argumenter, que la psychanalyse était un merveilleux outil de compréhension des souffrances psychiques mais un bien piètre outil soignant. « Oh là là, que de défenses psychiques chez ce thérapeute ! », ne manqueront pas de dire certains psychanalystes bien établis en leurs certitudes. Comment ne pas effectivement s'en poser au moins l'interrogation, mais sans pour autant s'en empêcher de dormir et en considérant que les défenses psychiques ne sont pas forcément signe de rigidité psychologique, mais qu'elles permettent au thérapeute, quand il n'est pas lui-même en souffrance, de mieux s'ouvrir, en toute sécurité pourrait-on dire, aux souffrances potentiellement angoissantes de l'autre qui sollicite son aide.

J'ai toujours prévenu les patients qui en faisaient la demande que ce que je leur proposais pouvait être une « psychothérapie d'inspiration psychanalytique », mais que je n'étais pas psychanalyste et que ce que nous allions éprouver ensemble, dans un but de soulagement de leur souffrance psychique, n'était pas une psychanalyse. Ils ont cependant été nombreux à parler du travail que nous faisions, le plus souvent dans un dispositif en face à face, comme de leur psychanalyse, malgré mes dénégations réitérées. Quant aux confrères, et notamment ceux du Groupement des Psychiatres Libéraux Rhône-Alpes (GPLR) que nous allions créer à quelques-uns après ma troisième installation et dont je fus longtemps le vice-président, ils savaient bien que je n'étais pas psychanalyste, mais ils me rangeaient pour certains comme un sympathisant actif de cette approche et pour d'autres comme un partisan d'une approche éclectique dans les soins. Selon moi, comme je l'avais expliqué dans une de nos réunions, ce terme d'éclectisme était d'ailleurs ce qui me définissait au mieux dans ma démarche soignante, mais aussi ce qui me semblait le plus apte à répondre aux demandes variées qui nous étaient adressées.

A dater de cette première installation, beaucoup de patients vont continuer une psychothérapie avec moi pendant de nombreuses années. Si je peux encore parfois me demander s'il était vraiment pertinent qu'un suivi psychothérapique dure aussi longtemps, j'ai souvent constaté, pour certains patients poussés vers la sortie, qu'un nombre non négligeable décompensaient de nouveau leur pathologie psychique à cette occasion et alors qu'ils paraissaient sinon guéris, du moins grandement soulagés. Etaient-ils finalement dépendants du psychothérapeute comme on le dirait de patients sous addictions ? Etais-je moi-même dépendant d'eux ? La seule petite certitude est qu'en termes de prévention, ces soins au long cours semblaient bénéfiques aux patients, et qu'en termes économiques, une prévention qui évite le recours à une institution de soins à prix de journée fréquemment élevé est toujours moins coûteuse pour la Sécurité Sociale et in fine pour la société.

A Caluire, les Monts du Lyonnais s'invitaient au balcon côté appartement et salle d'attente, mais c'est du côté cour, au calme, que j'avais installé mon bureau de consultation. Il était décoré avec soin. Outre mes goûts personnels, je m'étais souvenu des remarques acerbes des personnels de l'hôpital de Feurs se moquant du bureau spartiate du psychiatre qui m'avait succédé comme responsable et je ne souhaitais pas donner aux patients l'idée d'une sèche neutralité invariante du décor contenant de nos rencontres. La salle d'attente fut elle aussi ornée de tableaux modernes glanés dans une arthotèque et régulièrement changés. L'appartement privé était dans les mêmes locaux que le cabinet médical et l'ensemble était loué. Cette disposition, qui avait ses avantages, se rendre au travail presque en pantoufles, et ses inconvénients, ne pas observer suffisamment de distance entre vie privée et vie professionnelle, n'était pas une copie des vieilles traditions lyonnaises qui faisaient se jouxter en silence, chez les grands patrons de médecine aussi bien que chez les médecins de quartier, cabinet privé et appartement plaisant, mais elle avait été dictée par des considérations d'ordre pratique, vu ma situation financière du moment après l'arrêt du confort financier du salariat, et avant la constitution d'une clientèle privée suffisamment rémunératrice.

Les chemins psychothérapiques à l'étroit dans un large espace collectif

Le hasard me fit rencontrer de nouveau, lors d'une soirée au Théâtre National Populaire où on jouait le « Mahabarata » de Peter Brook, celle qui allait devenir ma deuxième épouse et, un an auparavant, la mère de mon deuxième enfant. Nous nous étions un peu fréquentés, quelque vingt ans plus tôt, lors de nos premières années de faculté, puis perdus de vue et les retrouvailles furent émouvantes. Nous voulions habiter ensemble dans son appartement du centre-ville et, par commodité, il me fallait changer l'adresse de mon cabinet. Un cabinet collectif, situé à vingt minutes à pied de notre domicile, me fut proposé par un collègue cardiologue que j'avais connu interne à l'hôpital général de Feurs et qui venait d'acheter les murs de cette structure située au rez-de-chaussée et au demi-étage d'un immeuble cossu.

J'y étais à l'étroit, comme les autres praticiens, outre le cardiologue propriétaire des murs, une généraliste, un endocrinologue, un dermatologue et un chirurgien plasticien, mais la variété des spécialités proposées sur place était bien en accord avec ma conception d'un accueil éventuellement pluridisciplinaire des patients en souffrance.

J'avais surtout craint d'y perdre mon âme de praticien de fibre plutôt sociale en passant d'une banlieue de classes moyennes à grands immeubles aux maisons aisées du centre-ville. Il n'en fut rien, car la population accueillie dans ce nouveau cabinet proviendra autant du quartier bourgeois d'Ainay que du quartier paupérisé et à la réputation un peu trouble situé derrière les voûtes de la Gare de Perrache.

Les chemins psychothérapiques dans l'aisance d'un chez soi

Juste l'allée d'à côté, au troisième étage, une gynécologue quittait son cabinet et je m'y installai pour me sentir moins à l'étroit sous les hauts plafonds, et pouvoir aménager un décor d'accueil des patients moins étriqué.

Un autre psychiatre, psychanalyste patenté et intervenant aussi dans une clinique à vocation psychothérapique, était déjà installé au deuxième étage, et nous allions, pendant vingt-trois ans, en fonction des premières demandes ou des besoins des patients, nous les adresser réciproquement et, parfois, compléter nos réponses cliniques en voyant le même patient avec une approche et des rythmes de consultations différents.

J'achèterai quelque temps après les murs de mon cabinet en prévoyant un remboursement sur vingt ans. Dans ce dernier cabinet, je vais continuer à écouter et à écrire les dits des patients et les miens dans le but de soulager leurs souffrances psychiques.

Sauf nous-mêmes, l'un pour l'autre, patient et thérapeute, il n'y a pas ici de miroir, mais les éléments du décor y ont été choisis pour leurs reflets symboligènes :

– La chaise longue-divan en cuir noir Le Corbusier, repérée en vitrine à Berne, et acquise à Lyon, bien avant qu'elle n'orne la page de couverture d'une collection de livres de psychanalyse, pour rappeler qu'ici, en fauteuil ou en divan, ou même debout en marchant, on s'allonge !

– La bibliothèque remplie de statuettes des cinq continents et de livres traitant de psychiatrie, de médecine ou d'arts, pour rappeler qu'ici on voyage !

– Et, aux murs, des tableaux colorés abstraits ou figuratifs, reproductions de Léonor Fini, de Zao Wou Ki, de Cézanne, et même du Freud rouge à la fleur d'Adami, pour suggérer qu'ici on s'invite à la réflexion sensible !

Les transhumances géographiques comme psychiques des patients et du thérapeute vont se poursuivre :

– Cette femme, africaine d'origine, est diplômée en psychologie sociale. Elle est mariée à un cadre français qui doit voyager pour raisons professionnelles et avec qui elle avait eu deux enfants, quand je la rencontre une première fois pour un suivi psychothérapique. Pour le traitement médicamenteux, elle est et restera suivie par un autre psychiatre d'un Centre Médico-Psychologique (CMP) public.

Elle et son mari s'étaient connus en Afrique où il était en coopération. Ils avaient séjourné à Londres, où son mari avait eu une liaison avec une Italienne, puis à Istanbul, avant de revenir sur Lyon où elle développe une érotomanie centrée sur un médecin généraliste qui a soigné son père venu spécialement d'Afrique pour bilan suite à une dépression. Elle pense divorcer, avant d'accompagner son mari, avec leurs deux enfants, en déplacement professionnel à Shanghai. Là, elle s'imagine que son mari va la tuer et noyer les deux enfants dans la baignoire. Elle prévient la police et elle demande son rapatriement au Consulat, qui le lui refuse. Ils vont alors voir un vieux médecin chinois qui lui donne des poudres à vertus curatives mais, au retour, elle s'allonge nue dans la rue et c'est un camerounais parlant chinois qui fait le lien avec les services d'urgence chinois.

« Je me disais dans ma tête que les chinois ne voulaient pas que je sois mariée à un blanc et que, si je restais, ils feraient sauter la bombe. J'ai même vu un avion dans la rue et je pensais que c'était mon ami médecin qui venait me sauver. Après, j'ai beaucoup écrit et dessiné des personnes psychotiques éclatées avec le corps d'un côté du monde et la tête de l'autre.

Nous sommes finalement rapatriés par Europe Assistance sur Paris, je reste une semaine à Sainte-Anne, puis un mois au Vinatier quand nous rentrons sur Lyon et après je suis suivie tous les quinze jours en Centre Médico-Psychologique où nous allons avec mon mari. Puis je fais un séjour dans mon pays d'origine en Afrique et, là, je fais une dépression. On me donne des antidépresseurs que je renforce en allant voir un sorcier tradipraticien qui m'a bien aidée. Retour sur Lyon, le médecin du CMP me presse de faire une psychothérapie et me voilà ! »

Cette psychothérapie va durer quinze ans, interrompue dans son déroulement régulier par un séjour de deux ans à Varsovie, dont l'opportunité avait été mûrement posée par tous les protagonistes et qui ne déclenchera finalement aucune des crises redoutées. La psychothérapie reprendra à son retour, toujours associée en relative harmonie avec les interventions médicamenteuses et de guidance du psychiatre du CMP et avec celles du tradipraticien qu'elle consultait régulièrement quand elle allait voir ses parents au pays... Son mari « toujours fidèle » fait le lien éventuel. Elle trouve un travail dans une école. Les phases d'exaltation, marquées par des prodromes spécifiques qui nous font tous dresser l'oreille, succèdent aux phases d'inhibition dépressives, mais sans jamais prendre le caractère dramatique et torturant qu'elles avaient pu prendre auparavant. « D'année en année, ça va quand même mieux pour moi et je ne suis plus obligée de faire le grand écart pour passer d'une humeur à l'autre ! »

– Cette autre patiente se présente comme en mal-être permanent et elle l'est effectivement :

« Je suis une errante de la psychanalyse, mais la psychothérapie n'a pas de prise sur moi. »

On comprendra, au fil de la psychothérapie, qu'elle avait eu une position rebelle dans une famille conventionnelle et rigide. Quand elle s'est mariée, les relations avec son mari ont été passionnées et brutales avant qu'ils ne se séparent et elle lui en garde une haine inextinguible. Maintenant, elle vit seule, travaille comme assistante d'un élu, mais ne semble pas pouvoir supporter les contraintes et les exigences de diplomatie liées à son travail. Un travail à mi-temps lui est proposé avant qu'une invalidité ne soit envisagée, à son grand désappointement et à sa grande fureur. Les épisodes dépressifs, avec tentatives de suicide et hospitalisations itératives, succèdent aux épisodes d'exaltation qui n'apportent pas le soulagement espéré. Elle « s'envoie dormir » en usant et abusant de somnifères. Une mise sous antidépresseurs s'avère bientôt nécessaire, sans beaucoup d'effets probants sur sa psychopathologie.

Le suivi psychothérapique connaît de sa part des ruptures brutales avec des mises en accusation cinglantes de mes compétences professionnelles et des reprises dévorantes. Je maintiens avec effort une attitude de neutralité de moins en moins bienveillante.

Le contrat de paiement des soins à l'acte est souvent bafoué et, quand elle sera enfin reconnue comme relevant de la CMU (Couverture Médicale Universelle), c'est moi et non elle qui devrai remplir les papiers nécessaires à mon remboursement tiers payant pour qu'elle consente enfin à les signer.

« Je maintiendrai », disait la curieuse devise de l'internat militaire où j'ai passé une partie de ma jeunesse. C'est dans des moments thérapeutiques comme celui-là que je comprends enfin la portée d'engagement de cette devise.

– Ça y est, ils sont bien là, tous les deux ensemble, mes derniers patients ! Je clos aujourd'hui mon exercice clinique en cabinet pour cause de retraite. Son accouchement à elle s'est bien passé, tout va bien, et ils viennent me présenter leur nouveau-né. Lui, je le connais depuis ses quinze ans, quand il est devenu orphelin à la suite du suicide de son père gendarme et que sa vie psychique en a été bouleversée. Il en a maintenant trente, s'épanouit dans son travail de directeur des publicités d'un grand journal et s'apprête non sans appréhension à devenir père. Elle, je ne l'ai rencontrée que pendant sa grossesse, comme ils me demandaient d'intervenir suite aux difficultés psychiques qu'elle avait connues à cette occasion. J'avais souhaité que sa mère à elle intervienne aussi. « La mère de l'enfant redevient l'enfant de sa mère », disait l'aphorisme de P.C. Racamier à propos de la grossesse, et je les avais reçus tous les trois en consultation pour un peu de guidance, moi qui n'en avais guère fait jusque-là dans mon exercice clinique. Leurs remerciements sont très chaleureux, nous sommes contents les uns des autres, et je peux tirer le rideau clinique sur un dernier petit bonheur…

Gautier quitta son pourpoint et sa culotte de mailles, posa son stylo noir qui brillait d'une lueur apaisée sur le bureau de bois noir, descendit l'escalier, traversa la place Carnot, et se dirigea en sifflotant vers son domicile…

Les diagnostics nous sauveront-ils de ces racontars qui ne disent rien en en montrant trop ?

Vous le saurez peut-être en lisant le prochain épisode où ils seront mis en scène comme une rêverie herméneutique qui les disputera à la rigueur épistémologique.

La ballade du scribe ou 65.000 heures d'écoute et d'écritures coréflexives (deuxième partie)
Jean-Marc Gauthier

Une mise en scène pour des diagnostics ? Mais vous n'y pensez pas !
Eh bien si !

Prologue à la deuxième partie

Dans la suite de l'effervescence soixante-huitarde, Gautier sans Savoir avait accompagné Godefroy du Brouillon à la croisade contre des diagnostics erronés de suffisance. Il s'était même fait traiter péremptoirement de sociatre par un collègue confit en psychanalyse, qui lui-même pourfendait avec hauteur tous les diagnostiqueurs précoces. Mais ces croisés de différents horizons ne savaient pas encore qu'ils se battaient déjà contre des moulins. Les anciens diagnostics nosographiques seront remplacés, au panthéon des idées reçues, par des collectes de signes qui, rassemblés dans un manuel dit scientifique, engendreront de nouvelles appellations plus conformes aux intérêts des industries pharmaceutiques et à ceux de certains soignants adeptes du « tous sages et moi tranquille avec mes arbres décisionnels préétablis ».

Au fil de ses transhumances géographiques et psychiques, à Lyon, à Bron, à Saint-Cyr-au-Mont-d'Or, à Vienne, à Feurs, à Caluire, à Saint-Cyr-les-Vignes, puis de nouveau à Lyon, les patients avec lesquels il échangera seront entendus, parlés, et beaucoup écrits. Au cours de cette ballade thérapeutique, ils seront éventuellement diagnostiqués à leur demande ou, et toujours avec leur assentiment, à la demande d'autorités ayant à en connaître. Plus tard, il formulera aussi des diagnostics pour les apprenants de ses activités de formateur. Mais, même encore tout récemment et bien qu'il sache que cette catégorisation pouvait être jugée déjà ringarde et insuffisamment opérante pour des consommateurs modernes de soins, il répartira encore ces diagnostics en névroses, psychoses et états-limites.

La mise en scène qui en sera proposée ci-après se référera d'abord aux dires cliniques écrits des patients rencontrés, mais aussi à ses élaborations personnelles et à différents corpus théoriques.

Névroses en scènes

Le travestissemoi tourna le coin de la rue et les névroses entrèrent en scène. L'un des acteurs portait sur une bannière une inscription en forme de mystérieux aphorisme qui semblait promettre le bonheur à ceux qui seraient capables de transitions psychiques :

Qui perd pair, père, paire père-mère et mère, l'impair repaire enfin repère si l'amère mère le per/met.

(Ndt : On suppose peut-être ici que pour pouvoir approcher le Graal unique de l'esprit content et ainsi quitter les images névrotiques pour un mieux-être, il faudrait renoncer à différents modèles pour devenir soi-même, un être à la fois radicalement différent et radicalement semblable aux autres êtres humains. Ce paradoxe ne suffirait pas si un des deux parents, ici la mère, plus par commodité aphoristique que par réalité clinique, ne mettait pas l'autre parent dans son discours et dans sa pensée).

L'hystérie, reine longtemps incontestée que de méchants savants autoproclamés s'étaient ingéniés à mettre en pièces, marchait en tête. Elle était représentée par différents acteurs encore tout empêtrés de leur corps sexué.

L'une dit, avec un geste cisaillant du tranchant de la main sur son cou :

– Ça me coupe le quiqui, oui, là, sur ma gorge, j'en vagis de douleur et de plaisir, et mon fils, lui, il dit qu'il a les boules en montrant son cou ! J'ai cru comprendre, au cours de mes études de médecine, que les anciens parlaient de migration utérine étouffante et qu'Hippocrate lui-même considérait les humeurs utérines altérées par leur vagabondage comme une source d'hystérie.

Un autre, grand jeune homme ouvert à la vie, lui répond :

– Quand je dirige ma troupe de théâtre, je suis un comédien metteur en scène, mais ma femme, elle cherche s'il y a bien un homme qui est en moi, elle va vérifier chez son ex, le macho, et moi je voudrais bien savoir enfin ce que c'est vraiment que d'être un homme !

Une troisième, d'apparence pin-up, ajoute :

– Moi, la prof de français, je suis une petite minette avec des côtés très masculins et je mets de l'or partout dans ma merde sans parvenir à m'en sentir femme pour autant !

Un homme en situation de handicap mental prend alors la parole :

– Tu nous dis que nous, les handicapés, on pourrait aussi faire l'amour pour se faire plaisir et mieux se comprendre et pas seulement pour avoir des enfants. Ma fiancée, ici au foyer, je ne sais même pas ce qu'elle veut. Qu'est-ce qu'il faut que je lui fasse ? Elle ne veut pas que je l'embrasse. C'est venu tout seul, cette affaire !

C'est lui qui aidait sa voisine de scène, traductrice de son métier, une valide, comme il disait, à transcrire des textes administratifs compliqués dans la langue innovante du Facile A Lire et à Comprendre (FALC). Elle lui fit écho :

– Moi, je suis bien une traductrice, mais je ne sais pas traduire l'amour en sexe et je fais tintin depuis longtemps. Tous les hommes de ma famille sont absents aux moments critiques. La mécanique masculine ne marche vraiment pas avec moi, et pas plus avec d'autres femmes, il me semble !

L'hystérie, jamais à court de nouveautés, avait su aussi se glisser dans d'autres contextes psychopathologiques que les névroses. Mais, exilée alors dans un coin sombre, elle maugréait d'y être encore moins reconnue aujourd'hui par les metteurs en diagnostics que ses sœurs névrotiques. Elle avait pu notamment aller colorer de ses interrogations sur le pourquoi et les conséquences de la différence des sexes la problématique binaire de certains états-limites, ou bien venir poser son ombre bisexuelle dans certains délires avec ou sans troubles des intelligences.

Une femme parla depuis son refuge en coin de scène :

– A 53 ans, divorcée, et après des tentatives de suicide à répétition, j'ai travaillé dans une taverne en tant que « femme toutes mains ». Je n'ai jamais aimé les rapports sexuels, je me dévoue ! Pour que ça aille avec un homme, il faut que ce soit tout frais. J'ai toujours aimé plaire mais j'aime plus le charme que l'acte... Que mon mari, bisexuel, aille avec des hommes ne me gênait pas. Mon oncle, il a dit à ma fille que ma mère était « une chaude ». Elle ne m'a jamais aimée, ma mère, toujours avec ses deux fils, les autres peuvent crever ! Je rêve souvent que je dois me marier avec mon père alcoolique. Mes « crises » sont en rapport avec mes règles, des céphalées migraineuses et des sifflements, et je me tatoue des croix sur le corps avec un couteau sans savoir pourquoi !...

Un résident d'un foyer pour personnes handicapées adultes précisa :

– Tu sais bien que je ne suis pas beaucoup intelligent, mais c'est là qu'est le lait quand je suce mon zizi et après je suis plein dans mon ventre. On m'a pris dans un pantalon plus fille que garçon !

Et une patiente du cabinet de réfléchir tout haut :

– Et je me demande si je n'aimerais pas mieux baiser avec des extraterrestres qu'avec papa qui est très étrange… Ma mère voulait un garçon ; comme je n'avais pas de pénis, je me suis fait une queue derrière comme le diable… J'étais un peu jalouse de mon frère parce qu'il avait un zizi et je pensais que, moi, on me l'avait enlevé, coup classique de Freud !… Mais je peux être à la fois un homme et une femme engendrant avec sa queue ce que bon lui semble dans une frénésie sexuelle qui concerne à la fois une adulte femme et un enfant mâle. Alors, ces hystériques névrosées des beaux quartiers, vous pensez si je m'en balance !

Les phobies, qui, dès leur entrée en scène, se méfiaient par avance de ce qui pouvait y être tapi à les épier, suivaient de près leur copine hystérie. Elles aussi ne savaient pas trop quoi faire de leur corps trop visible aux regards concupiscents, mais au moins avaient-elles réussi à en contenir la charge érotique derrière des postures qui n'apparaissaient pas comme menaçantes pour le corps social compatissant :

L'une commence :

– Je hais les serpents, les scorpions, les cafards, les araignées, toutes ces bêtes rampantes qui ne nous ressemblent pas et peuvent nous piquer, nous salir ou troubler notre intimité.

Une autre se souvient :

– J'avais 13 ans. Nous étions tout chauds des vacances. Il n'y avait plus de place. Papa m'avait installée seule à l'avant de l'avion à côté d'un gentil monsieur. Les muscles de mon bras ont fourmillé puis se sont complètement durcis et je me suis presque évanouie. Je n'ai jamais repris l'avion depuis, pourtant, à plus de 30 ans maintenant et avec mon travail de vidéaste, je suis souvent sollicitée pour aller de plus en plus loin. Je me méfie même des autres transports en commun, j'évite tous les tunnels en voiture, je ne prends jamais le métro, et je ne supporte pas les pièces fermées, même quand j'y suis avec ma compagne qui pourtant, en d'autres fois, a pu me servir de ce qu'on appelle un objet contraphobique.

Un homme dit alors :

— Je voudrais bien comme les autres pouvoir me balader dans les grands magasins, mais ça me serre trop. Pas question pour moi d'aller faire un exposé devant un auditoire. Ça m'est arrivé une fois. J'ai rougi de partout, oui, oui, de partout, et j'ai même dû m'arrêter.

Et un quatrième acteur de s'écrier :

— Quand je sors en ville, je dois raser les murs pour qu'on ne me voie pas trop. Si je me montrais trop, on pourrait bien penser que je fais le trottoir !

La névrose obsessionnelle fermait la marche, réticente encore à quitter une place assiégée qu'il lui fallait défendre avec acharnement pour ne pas se laisser gagner par la déliquescence qui guettait toute vie aventureuse. « L'homme est un être-pour-la-mort », disait la sombre prédiction heidegerienne. Elle ne le savait que trop bien et combattait les pensées pernicieuses et désorganisatrices par des rituels compliqués qui l'assuraient, pour un temps seulement, d'une relative tranquillité.

Un homme au regard décidé avoue :

— Il m'arrive de penser cul dans un lieu de culte ! Alors, je dois croiser les doigts, deux doigts, surtout pas trois, et réciter quatre fois une prière que je me suis créée moi-même. Si je ne le faisais pas, je craindrais trop d'être foudroyé par une vengeance divine !

Un autre, figé dans une démarche contestataire, poursuit :

— J'accumule, j'accumule ! Et j'ai la possibilité par tout ce que j'accumule de croire que ma vie a existé ! C'est toujours la dernière trace qui me comble. Allez, donnez-moi encore un carton pour notre prochain rendez-vous ! Je les ai déjà tous, mais il me le faut pour ne pas risquer de me sentir oublié et déjà mort !

Une femme, à la vêture bourgeoise, confie :

— La trace, c'est sale, alors j'ai toujours un chiffon à la main et il faut que tout soit rangé et que pas une goutte ne traîne. Ma maison est un musée, rien n'y bouge, rien ne s'y transforme, et j'en suis l'épousseteur en chef. Le dictateur, à l'intérieur de moi, me dit qu'il ne faut pas que je parte avant que tout soit rangé. Mais comme j'ai un autre travail à la banque et que tout ça prend du temps le matin, mon employeur qui me voit arriver en retard commence à me menacer de licenciement.

Une autre femme résume à sa manière ce que ses compagnons d'infortune avaient formulé :

– Dans un cauchemar récent, que je peux bien appliquer à ma vie tout entière, ma sœur meurt, mais elle n'est pas tout à fait morte, elle bouge un bras et on l'enterre quand même ! C'est dur de ne jamais savoir si on est mort ou vivant et de se voir tous les jours aller vers la réponse !

Les acteurs-névroses se retirèrent tous dans un coin de la scène et une ridelle rouge, dont dépassaient leurs pieds, épanouis, fourchus pour quelques-uns, racornis de douleur rédemptrice pour la plupart, vint les dissimuler.

Psychoses en tumultes

Alors, un lourd rideau de brocart blanc s'abattit sur le devant de la scène. Quand il se releva, tempêtes, typhons, cyclones se déchaînèrent et les esquifs de la naumachie, installés à la hâte, furent vite tous bondés au risque de couler... Un trou noir absorbait tout dans son néant. Il n'y avait plus de coins, plus d'espaces, juste un vide infini qui se réduisait à des proportions dérisoires.

Les psychoses avaient catastrophé d'un ailleurs inquiétant leur entrée en scène.

Sur un panneau aux lettres déformées par le brouillard, on pouvait cependant encore lire :

« S'il appert que le père dû demeure perdu pour la mère mer/veilleuse, lors, sans père y mettre, à merci, trop erre, opère, sonne personne. »

(Ndt : Il ne fallait certes pas voir dans cet aphorisme une charge supplémentaire contre une mère déjà meurtrie par cet étrange enfant et qui n'en pouvait mais. Cependant, il était suggéré par cette tournure qu'il était périlleux pour l'esprit de s'enfermer à deux dans un miroir narcissique ignorant de la nécessité du tiers pour éviter une fusion dommageable).

Elles étaient bien les représentantes de la folie, ces psychoses, et c'est finalement pour elles, pour tenter de les comprendre, de les traiter, et peut-être même de s'en protéger, que la plupart des psychiatres avaient entrepris de si longues études ! Parfois, les personnes qui en étaient atteintes connaissaient le diagnostic et en souffraient encore plus et, d'autres fois, le délire recouvrait de sa sombre indifférence à soi leurs divagations, si facilement qualifiées d'insensées par ceux qui ne se risquaient pas à en chercher un sens.

Schizophrénies

Les schizophrénies d'aujourd'hui avaient absorbé en diagnostic les autres formes de psychoses et semblaient presque être seules en piste :

– Elle, elle s'exprime dans le silence du cabinet qui a été figuré par quelques éléments de décor sur le devant de la scène. Elle est diplômée d'une école des Beaux-Arts, elle est accompagnée d'hallucinations colorées, et elle peint des tableaux inquiétants. Là, elle montre d'abord au thérapeute le dernier tableau qu'elle vient de peindre avant de montrer son ventre et ses plis graisseux :

– Il faut bien brûler les graisses et c'est mon père qu'on vient de brûler au crématorium. Je ne sais pas quelle partie de moi a brûlé avec lui. Une partie de moi ne l'aimait pas, mais une autre partie de moi est bien sa fille. Je peux maintenant le faire figurer dans mes tableaux, et même dans celui de la femme-mots commencé après sa mort, mais je ne sais pas quelle partie du tableau en voudra et ce que je pourrai en exposer ! Ma mère, la folle, elle n'a jamais dû l'aimer, mon père !

– Lui succède « la femme aux schtroumpfs », qui va ouvrir la fenêtre pour chasser les miasmes laissées par le patient précédent et qui change sa chaise pour une autre chaise noire moins imprégnée des fesses de son prédécesseur. Marco aiguise déjà sa plume :

– Mais vous ne le voyez donc pas, ce petit bonhomme qui tourne autour de vous et qui sent mauvais ?

– Non, moi, je ne le vois pas ce bonhomme, mais je ne doute pas que, vous, vous puissiez le voir.

[Elle va dans la bibliothèque prendre la statue de la déesse égyptienne Ouadjet]

– Moi, je suis Néfertiti, mais aussi Horus, le dieu à tête de faucon…

– Vous vous souvenez qu'Horus n'a pu voir le jour que parce que sa mère Isis est allée rassembler les morceaux de son époux Osiris dispersés par son frère Seth…

– Vous m'embrouillez avec vos morceaux d'Horus à rassembler, laissez-moi finir de parler ! Ce serait moins pénible de se faire couper en morceaux plutôt que d'apprendre à être moi-même. La force unificatrice des morceaux, ce serait le bisou de la putain, c'est installer un serpent dans le vagin et l'anus…

– La parcellisation du corps amènerait-elle une reproduction par scissiparité ?…

– Non, c'est s'incorporer la divinité. Je suis la névrose du corps morcelé, ce grand corps qui traverse les gens incarne les enfants qui naîtraient…

– Mais ce corps déique morcelé entre tous ses enfants ne pourrait-il pas être une métaphore pour un ressenti de morcellement individuel ?

Marco se souvient bien à cet instant qu'un éminent confrère lui a affirmé qu'il ne fallait jamais faire d'interprétation avec des psychotiques. Mais a-t-on vraiment jamais su ce qui était pertinent dans une psychothérapie de personne psychotique ?

On apprend vite qu'aucune personne avec psychose n'est semblable à une autre et que ce n'est que la façon particulière dont on s'y prend avec une personne particulière qui peut éventuellement être source de mieux-être. Telle requiert avant tout des médicaments psychotropes, avec ou sans hospitalisation en milieu spécialisé, une autre une écoute attentive, une autre encore une reprise de ses difficultés dans la réalité sociale, une réhabilitation psychosociale, comme on dirait maintenant. Et le plus souvent, il faudra combiner plusieurs approches pour obtenir un résultat qui, cependant, demeurera souvent aléatoire.

– La scène a tourné, flash-back, il est en visite à domicile, dans l'exercice public forézien :

Une maison isolée en limite de ville. Il va la voir encore une fois, et seul cette fois, en visite à domicile, et elle lui balance une énorme claque. Il ne bronche pas mais ne tend pas pour autant l'autre joue. Présence massive, mais non agressive, avec les personnes psychotiques menaçantes, comme il aime à le rappeler. Après avoir épuisé de son délire le service local de médecine où l'équipe du Centre de Traitement Ambulatoire (CTA) avait tenté de la suivre, elle avait dû être hospitalisée dans une clinique cossue de la région roannaise et avait eu à subir là une cure de Sakel, sans que notre avis en fût demandé. Nous sommes allés la voir et avons échangé devant elle avec les responsables thérapeutiques de cette clinique sur les bienfaits attendus de ces comas insuliniques, thérapeutique de choc que nous n'avions évidemment nous-mêmes jamais pratiquée.

Après la gifle, ils installent de part et d'autre du canapé un silence prolongé, puis il se risque :

— Vos parents vont bientôt arriver. J'aimerais que vous me disiez pourquoi vous m'avez giflé avant leur arrivée.

Le silence se prolonge encore, puis :

— Je ne sais pas ! Vous m'énervez, partez !

— Nous avons rendez-vous vendredi au CTA. N'oubliez pas ! [Dialogue plat, vide, où il a cependant tenté d'introduire une double référence au tiers, tiers parental avec l'évocation des parents, tiers spatio-temporel avec le rendez-vous au CTA, peu de choses...].

Il part et elle le raccompagne jusqu'à la porte.

Post scriptum : Elle reviendra au CTA et un retour à une humeur calme sera progressivement obtenu. Le suivi continuera, émaillé de rémissions importantes, en termes de souffrance et d'expressions délirantes manifestes, mais aussi de rechutes bruyantes. La claque d'aujourd'hui n'a pas été, comme on pouvait le craindre, le prélude à une reprise délirante et inaugurera même une période de relative sédation. Effet de décharge cathartique du passage à l'acte ?

— Un autre acteur évoque la manipulation d'un démiurge malveillant :

— Il m'est apparu que le théâtre de la vie était dirigé par un metteur en scène odieux, quand j'avais des voix ! Une entité qui jouait un jeu malsain avec les gens. Il mélangeait les voix du positif et du négatif et je pensais qu'un tribunal satanique me jugeait. A l'Hôpital Psychiatrique, attaché et me débattant, quelque chose me disait qu'il fallait aller plus loin, une autre me disait qu'il fallait me calmer et je ne savais pas quelle voix écouter ! J'en suivais une, j'en perdais le fil, je glissais, je suivais l'autre et j'avais peur d'être guetté par la folie à ne pas savoir que choisir, tiraillé par le doute.

Alors, mes yeux ont été attirés par une affiche sur laquelle était marqué : schizophrénie !

— Une femme, enfin, dernière actrice choisie pour illustrer brièvement les variantes possibles des schizophrénies, situe sa crise psychotique dans une situation spécifique :

— On m'a dit que c'était une psychose puerpérale. Pendant ma grossesse, je parlais à Dieu, j'entendais une voix démultipliée et très puissante et je voyais les couleurs, tous sens ouverts, comme jamais je ne les avais vues.

Alors je me prenais pour Shiva, gardienne de l'ordre du monde, et je ne pouvais pas sortir de mon état avant d'avoir trouvé quelqu'un digne de me remplacer. A d'autres moments, j'appelais les esprits pour venir m'aider car j'avais envie de me suicider en me plongeant dans un trou noir.

Je voulais avoir un enfant conçu sur le Nil, sans savoir pourquoi. Maintenant, je sais que je voulais un Moïse, un meneur d'hommes ! Mais ce fut une fille et j'avais peur qu'elle soit autiste. Je vois bien maintenant qu'elle est maligne et qu'elle réfléchit comme un beau diable !...

Psychose maniaco-dépressive... Un court dialogue sur scène entre thérapeutes

– Bon, d'accord, tu sais bien que ça n'existe plus, ce diagnostic, qu'il n'y a plus guère de thérapeutes pour parler de crise de folie maniaque, ni même de crise de mélancolie, et que quand ces crises alternent, on préfère parler de « troubles bipolaires » ou parfois de simple cyclothymie. Mais comment rendre compte de la disparition progressive de ces célèbres entités ?

– Peut-être que depuis la mise à disposition des médecins généralistes de médicaments psychotropes efficaces pour la prévention, la personne en crise maniaque n'a pas le temps de tout bouffer avant de se retrouver en milieu spécialisé, et peut-être que la personne en crise mélancolique, qui souffrait le martyre avec sa culpabilité exacerbée et se suicidait sans se rater devant tant d'indignité, est prise en soins beaucoup plus tôt, mais franchement, je ne m'explique pas vraiment ce changement de vocabulaire.

– Bon, dans les deux cas, tu n'attends pas et tu te proposes d'hospitaliser et de donner les médicaments qui permettent d'apaiser la crise, mais qu'est-ce que tu peux faire entre les crises ? Est-ce que les médicaments suffisent au patient et au thérapeute même après la crise, ou bien est-ce que tu imagines un complément de suivi thérapeutique ?

– Je n'imagine même pas que tu puisses comme ça me poser cette question quand tu sais bien que les médicaments psychotropes ne sont rien sans le suivi psychothérapeutique qui leur donne surcroît d'efficacité et souplesse d'utilisation.

Paranoïas

– Une femme de 36 ans entre en scène. Elle vient consulter pour poursuivre une psychothérapie commencée avec un psychiatre de renom d'une autre région. Elle avait eu une relation amoureuse dans cette région avec un homme marié, qui était mort en montagne dans des circonstances mal élucidées d'accident ou de suicide. Depuis, la famille de cet homme, avec l'aide de la mafia locale dont il devait faire partie, la poursuit de sa vindicte. Même après son changement de région, les appels téléphoniques de nuit comme de jour, l'accusant d'être « une putain assassine », perdurent sans qu'elle puisse distinguer, dit-elle, ce qui revient à la paranoïa et ce qu'il en est de la réalité. Au décours de la psychothérapie, qui va durer deux ans, elle précise que cet homme avait eu devant elle des attitudes équivoques avec ses deux filles de 6 et 4 ans et qu'elle était allée dénoncer ces attitudes à sa femme légitime, mère des fillettes, avant de rompre avec lui. Elle ajoute que, dans presque tous ses emplois, elle a craint des attitudes de séduction de la part de ses différents employeurs ou de ses collègues et que, à partir de l'histoire initiale traumatisante, se sont constituées des chaînes de persécuteurs. La femme de l'homme décédé s'est alors mise en contact par vengeance avec son entourage présent et même avec le patient qui l'avait adressée au thérapeute et avec lequel elle avait eu une brève liaison amoureuse. Elle ne parle pas de cette dernière liaison amoureuse, qui ne sera révélée que par la suite au thérapeute par le patient adresseur. Mais elle revendique de relier tous les faits entre eux « sans que l'intellect descende dans le cœur » et le thérapeute n'échappe pas à cette méfiance généralisée. Plus le temps passe, plus elle doute de plus en plus véhémentement de la solidité de son secret professionnel et elle lui reproche surtout de tout noter. Devant sa réticence à pouvoir continuer à lui faire confiance, la psychothérapie est arrêtée de concert. Cinq ans après la fin de la thérapie, elle exige, « selon la loi », communication de son dossier et, onze ans après, demande au thérapeute par téléphone d'arrêter de l'importuner elle et sa famille (avec laquelle il n'a bien entendu jamais été en contact)… « Le paranoïaque ne guérit pas, il désarme seulement parfois », dit un aphorisme professionnel célèbre. La psychothérapie, si elle n'obtient pas la guérison, pourrait néanmoins permettre de favoriser parfois ce désarmement et donc de soulager un temps la souffrance souvent vive de la personne atteinte de paranoïa.

– Une autre femme, professeur des écoles, 40 ans, suivie pendant quinze ans et qui ne pourra pas conserver son poste, lui succède :

– Mon père et son frère avaient soustrait de l'essence dans des stocks de l'armée pendant la guerre, mais il y a eu une explosion, mon oncle est mort, mon père a été gravement brûlé et sa famille l'a rendu responsable de la mort de son frère.

Puis, jeune femme, alors que j'étais serveuse dans un club de vacances, on a versé de la drogue dans le thé de mon amie lingère. Elle voyait des trains lui arriver dessus, et j'ai été soupçonnée.

Et, depuis que j'ai trompé mon mari avec le voisin, le réseau de la brigade des mœurs m'a repérée sur Minitel et le mari d'une collègue, qui faisait partie de cette brigade, a lu mon courrier électronique. Même quand je me suis déconnectée du réseau, la surveillance a continué et s'est même renforcée et vous risquez vous aussi d'être surveillé. La CIA a appris les manipulations mentales à distance et je pense que je dois attribuer mes migraines à quelque chose de ce genre. En fait, ce policier qui me persécute utilise une technologie avancée qu'on ne trouve que dans l'armée, et les responsables militaires, qui s'en sont aperçus, veulent me faire taire pour que je ne divulgue pas des secrets d'Etat. Ils vont même jusqu'à mettre ma famille en danger en organisant des faux accidents pour faire pression sur moi.

Etats-limites entre deux mondes

Ils arrivent sur scène, en seigneurs déchus, et portent une pancarte divisée en deux parties bien distinctes séparées par un blanc et sur laquelle, en s'essayant à rassembler les deux parties, on pouvait deviner écrit :

« *Que ce père de l'entre-deux se repère dans l'antre d'eux, lors se perd le pervers et perdure le père vert.* »

(Ndt : La théorie, appuyée sur la clinique, voudrait que les états-limites clivent leurs images parentales et ne puissent pas concevoir leurs parents unis dans un acte d'amour dont ils pourraient être issus. Pour éviter de glisser sur une pente perverse, l'individu devrait pouvoir se figurer comme capable d'explorer l'entre-deux, en particulier celui de l'antre parentale où le père vert, évoqué à la fin de l'aphorisme, serait perçu comme encore désirant).

Une femme, 42 ans, secrétaire intermittente, déçue du pavillon de banlieue et en crise conjugale chronique, commence :

– J'ai le cul entre deux chaises, une fesse pour la vie, une fesse pour la mort, et, au milieu, rien, aucun appui, comme un déséquilibre en attendant la mort qui sera aussi un déséquilibre. Déjà, ado, je me faisais ma petite ordalie : je jouais avec la mort en avalant des substances toxiques.

Un homme, 52 ans, de formation universitaire, artiste sculpteur méconnu, sans aucun travail ni revenu en dehors des aides publiques, continue :

– C'est quand je suis le passeur de formes, de traits ou de couleurs que je suis alors vraiment vivant, c'est toujours cette idée de l'entre-deux, la cause et l'effet cohabitent, c'est le début et la fin, les mêmes choses en miroir, mais moi je n'arrive ni à passer ni à transmettre. Il faudrait pouvoir se tenir dans l'entre-deux, c'est ma recherche artistique prioritaire, mais ce n'est pas une position confortable, on est toujours tiré soit d'un côté, soit de l'autre.

Avec ma dernière petite amie, jeune étudiante déjà partie de ma vie, j'avais 25 ans, je recommençais une nouvelle année entre rêve et délire dans un temps suspendu. Mais elles m'abandonnent toutes et, dès le début, je le redoute ! Même mon prof de thèse m'a abandonné et vous aussi, un jour, vous allez m'abandonner !

En plus, je me méfie de vous car, même si maintenant vous êtes en exercice libéral, vous êtes aux avant-postes de l'institution que je ne supporte pas.

Un autre homme, à qui il n'arrive que des histoires sordides et qui est souvent en butte aux rigueurs de la loi, poursuit :

– Mes parents, c'est le mariage de la carpe et du lapin ! Toute ma vie est placée sous le signe du doute et de l'indécision entre deux choses contraires, comme une sexualité mal fagotée entre deux images parentales contrastées. Je n'arrive jamais à les accepter comme un couple, je suis soit avec l'un, soit avec l'autre.

Entre en scène « Le voyageur périnéal », suivi pendant vingt ans, au cabinet. Il a maintenant 50 ans, touche l'Allocation aux Adultes Handicapés (AAH), ne travaille plus depuis longtemps, se passionne pour les ouvrages de psychanalyse, et appuie encore son discours sur son concept de « sexe portatif » entre avant et arrière anatomiques. Il explique :

– J'avance avec un anus béant mais je serre les fesses actuellement, pour essayer de passer dans une économie génitale et refouler la libido anale, et ça marche et ma libido s'en trouve mieux. Je crains toujours d'être pris pour un homosexuel et sodomisé et j'entends des voix me héler et me persécuter à ce sujet, surtout quand je vois des gros bras à la terrasse des cafés lorgner mes fesses rondes... Oui, il faut arriver à déterminer le sens du passage par cet orifice anal, défécation ou sodomie, ne pas rester dans l'entre-deux. Quand je m'enfonçais des objets dans le rectum, en fumant des pétards, je laissais venir les mouches sur mon sexe et ça créait une vulnérabilité source d'hallucinations. C'est le va-et-vient entre loi et transgression qui est invivable et cette entrée-par-la-sortie impliquait tout un imaginaire honteux...

– Il y a chez moi le fétichisme de la femme membrée qui serait ainsi fermée et ne renverrait pas, par l'ouverture de son vagin, à la béance de l'orifice anal et à l'anneau rectal, bague de fiançailles d'avec le diable. Le « Lolito » n'a pas besoin de Lolita. C'est un être complet, à la fois gracile, féminin et possesseur de pénis, mais sans pulsion sexuelle, un vrai cristal de roche, à caresser mais surtout pas à pénétrer comme dans les journaux...

– Et puis, Moïse a bien traversé la mer(e) rouge. Pourquoi devrais-je rester, moi, sur une rive au lieu de m'épanouir du bon côté ? Le passage de la mère rouge, rougie du sang des règles ou de l'accouchement, ne peut se faire qu'en passant par le père inné, de l'anal vers le phallique puis vers le génital enfin bisexué. Il faudrait parvenir à une libido génitale onctueuse avec retour éventuel vers la protection et la dépendance maternelle lors des phases de décompensation hallucinatoire...

– Mais est-ce que vous savez que les biologistes nous disent que la distance ano-génitale est en constante diminution chez les garçons, comme un inéluctable indice de féminisation ? J'avais bien raison de penser qu'avec mes fesses rebondies qui poussaient l'anus vers l'avant, on pouvait me prendre pour une fille et qu'il me fallait psychologiquement entreprendre rapidement le voyage périnéal dont je vous ai parlé !

Un autre patient, homme d'entretien en institution médico-sociale quand il ne doit pas arrêter son travail pour cause de ressenti d'impuissance généralisée, conclut ce passage sur scène des dits états-limites par une appréciation terrible :

— Il n'y a que lorsque je suis nommé que je retrouve « l'esprit intrusif » vers l'autre, sinon, c'est le vide. Déjà, enfant, je me mettais en apnée psychologique. Je n'ai jamais vraiment vécu. En fait, je suis mort le jour où je suis né !

* * *

Au terme de cet essai de mise en écriture de quelques-uns des chemins explorés, force nous aura été de constater que, tout au long de nos périples soignants, le rangement et la mise en scène par diagnostics ne nous auront pas beaucoup servi pour soigner les personnes atteintes de troubles psychopathologiques. Bien d'autres chemins d'approche auront pu heureusement être empruntés.

Le bonheur inatteignable, celui d'avoir pu soulager tout le monde, en se gardant pur sur un tranchant de la lame et fidèle aux dogmes sur son autre tranchant, se résolut en une succession de petits bonheurs obtenus par des mieux-être imparfaits des patients comme du thérapeute, eux qui avaient su ensemble, par des glissements progressifs de leurs compréhensions, se balader en terres hostiles pour en faire reverdir le paysage…

Face à une lourde et immuable machine biologique, que certains auraient voulu leur imposer comme unique paradigme à toute intervention sur l'esprit troublé en folie ou en intelligence, ils avaient imaginé une ballade de dires, d'écrits et de réflexions, capable, selon eux, de titiller les neurones dans un sens favorable à la résolution des troubles psychopathologiques.

Matière cérébrale en réflexions ou réflexions en la matière cérébrale, quelques chercheurs biologistes avaient confirmé leurs prémonitions en allant explorer les neurones miroirs et la toujours surprenante plasticité cérébrale…

De quoi avoir encore foi en l'avenir !

* * *

Epilogue

Cinq ans après la fin de ses interventions cliniques en cabinet et en institutions, Marco savoure une fin de repas dans un restaurant chinois du Chinatown de Vancouver. Des gâteaux secs sont offerts par la maison, avec à l'intérieur du gâteau un souhait en forme de petit bonheur écrit sur une mince bande de papier : « Qu'amour et réflexion vous guident dans vos pérégrinations ».

Beau programme pour de nouvelles transhumances...

Un grand merci à tous ces patients qui m'ont rejoint autant que je les ai rejoints pour que nous allions, malgré leurs pathologies, vers un mieux-être, et que nous élaborions et écrivions ensemble, au fil des psychothérapies, les compréhensions et transhumances psychiques sources de ce mieux-être.

L'âme, l'art et l'argent dans tous leurs états ?
Violaine Knecht

... ou comment se fait-il que l'âme, qui n'existe pas, l'art, qui ne sert à rien, et l'argent, qui ne fait pas le bonheur, soient au centre des questionnements humains

L'âme, l'art et l'argent sont ici considérés comme trois espaces dans lesquels nous vivons depuis bien longtemps, espaces entrelacés qui nous créent et que nous créons. Toujours fascinée par ces trois paysages, j'ai eu envie d'approfondir mon exploration en m'interrogeant davantage sur ce point : pourquoi dit-on aujourd'hui que l'âme n'existe pas, que l'art ne sert à rien et que l'argent ne fait pas le bonheur alors que justement l'âme, l'art et l'argent font de nous ce que nous sommes ? Aussi me suis-je laissée inspirer, pour amplifier ma réflexion et mes hypothèses, par des approches très éclectiques, comme celles de Bernard Stiegler[37], de

---

[37] Bernard Stiegler est un philosophe politicien. Il est auteur de plusieurs ouvrages, dont *Dans la disruption, comment ne pas devenir fou ? Les liens qui libèrent* (2016). Il a créé au sein du Centre Georges Pompidou l'IRI (Institut de Recherche et d'Innovation) pour anticiper, accompagner et analyser les mutations des pratiques culturelles permises par les technologies numériques, et pour contribuer parfois à les faire émerger. Il est également fondateur et président de Ars Industrialis, association internationale pour une politique industrielle des technologies de l'esprit. Il est également initiateur d'un projet (2017-2027) d'expérimentation inédit et ambitieux : faire de « plaine commune » – communauté d'agglomérations qui réunit neuf villes de Seine-Saint-Denis – un « territoire apprenant contributif », un laboratoire pour une innovation sociale ouvrant les voies vers une nouvelle macro-économie où, avec les habitants, industriels, financiers, universités, artistes, administrations et responsables politiques locaux travaillent de concert à cette réinvention politico-économique. http ://theconversation.com/conversation-avec-bernard-stiegler-faire-de-plaine-commune-en-seine-saint-denis-le-premier-territoire-contributif-de-france-65931 – consulté le 10 juin 2017.

Donald W. Winnicott[38], de James Hillman[39] et de Ilana Reiss-Schimmel[40]. Le style se veut très libre et mon approche personnelle. Je ne cherche pas à démontrer une chose ou une autre, mais à interroger notre monde en m'aventurant plus avant dans la nature de l'âme, de l'art et de l'argent.

Introduction imagée

C'est raide et j'avance lentement sur un petit chemin de terre en regardant distraitement mes pieds, absorbée que je suis par mes pensées. Soudain, je lève la tête et suis comme nez à nez avec deux immenses falaises qui se dressent devant moi et que je n'avais pas vues arriver ! J'ai un instant de vertige et mon cœur se met à battre plus vite. Je vois le chemin s'enfiler dans l'ombre, quelques pierres roulent, il n'y a personne, je frissonne. Je reprends ma marche. Ce frisson se dissipe au fur et à mesure que l'inconnu fantasmé se révèle autre. Je suis étonnée de voir que le chemin trouve toujours assez de place pour serpenter entre ces deux murs abrupts. Puis, l'endorphine s'en mêlant, mes pieds gravissent tandis que ma tête reprend son indépendance. Mes pensées se baladent aussi, sans bride, j'aime ce sentiment quand je marche, ou quand je peins.

Mon grand-oncle écrivait : « Un puits vu d'en bas devient une tour », comme pour exprimer que nous, en tant que sujet, avons la possibilité de transformer la réalité en l'interprétant. Le fond du puits

---

[38] Donald Woods Winnicott était un pédiatre, psychiatre et psychanalyste britannique. Je me suis particulièrement inspirée de son dernier ouvrage : *Jeu et réalité. L'espace potentiel* (1971).

[39] James Hillman est un psychologue et analyste américain, influencé par la pensée de Carl Gustav Jung, et qui a conceptualisé la notion de « psychologie archétypale ».
https ://fr.wikipedia.org/wiki/James_Hillman – consulté le 12 juin 2017. C'est avec Mathieu Langlais, psychologue, que j'ai découvert le travail de cet auteur. Ses intérêts professionnels gravitent autour du travail avec les rêves, les images et les films, et du traitement interdisciplinaire des maladies somatiques.
https ://mathieulanglais.com/bio/ - consulté le 12 juin 2017.

[40] Ilana Reiss-Schimmel, « La fonction symbolique de l'argent » (2008), article trouvé grâce à http ://www.cairn.info/revue-dialogue-2008-3-page-7.htm et consulté en dernier le 12 juin 2017

semble en effet n'offrir que peu d'espoir de s'en sortir, alors qu'une tour est faite pour attirer le regard vers le haut et nous inviter à y monter. A l'époque, cette vision du puits en tour m'avait aidée. L'impression de gravir l'intérieur d'une tour entre ces deux falaises, alors que mes pas sont rythmés par de hautes marches en pierre, réveille sans doute ce vieux souvenir. Derrière cette image se cache l'autre, celle qui habite réellement mon esprit à ce moment-là, celle d'une tour qui, vue d'en haut, peut ressembler à un puits !

Je me sens autant attirée par le sommet qui se détache en cisaillant le ciel bleu de sa crête nette que par la richesse de la verdure que j'aperçois dans l'ombre et que j'ai quittée depuis un bon moment. J'ai besoin de ce sentiment d'élévation, de m'approcher du dénudé, du froid, du vide, du silence, du vent, de la solitude, de me sentir petite dans le cosmos, et j'ai autant besoin du plein de la terre humide, de son mystère, de sa faune, de ses odeurs, de ses peurs, de sa brume, du bruit de la vie, de sa chaleur et de me sentir matière et corps.

N'est-ce pas mon esprit qui est en haut et mon âme en bas ?

Et qu'est-ce que cet entre-deux, ce nulle part qui me permet d'observer et le bas et le haut sans y être ? Ce peut être la raison, c'est-à-dire la faculté de penser et d'imaginer ce moment d'objectivité de l'esprit, à distance du corps et qui exigerait pourtant une profonde conscience subjective de l'âme. Ce peut être aussi le lieu du cœur, cet espace qui se situe entre la tête et le ventre. Cœur et raison peuvent-ils être ensemble dans ce lieu médian, qui n'est que passage, observation et intuition furtive ?

L'âme et l'esprit, une verticalité

L'esprit, le « spirit », le souffle ou « pneuma », soit le mouvement de l'air, nous attirent vers le ciel. Ce spirituel est une quête vers un allègement des sensations du corps, dans lequel s'inscrivent les passions et les nécessités relatives à la condition humaine. Ce peut être aussi une envie de voler, d'être dans l'insouciance, de ressentir une lumineuse clarté et de se sentir un peu fou de cette apesanteur.

L'âme, de « psyché », souffle de vie, ce qui nous anime, est synonyme de psychique et regroupe toutes les activités, tous les mouvements conscients et inconscients de l'être.

L'être vit dans l'âme qui, elle, aspirerait à s'unir à l'esprit. L'âme est comparable à un lieu rempli d'images qui se forment et se déforment, dans lequel nous vivons notre vie quotidienne, corps et âme. Ce lieu n'est pas un lieu que nous avons choisi, mais c'est un lieu qui nous a choisi. Ce paysage interne dans lequel nous évoluons est, pour rester dans son domaine qui est celui de l'imaginal, comme peuplé de créatures issues tant de nos histoires personnelles que d'histoires bien plus anciennes remontant jusqu'aux mythes fondateurs. L'âme plonge dans les profondeurs de la vie et ne cesse d'y insuffler son germe, graine du cycle de la vie et de la mort. Le lieu de l'âme n'est pas un coin tranquille, c'est un microcosme dans lequel se déploie l'immensité des relations perplexes qu'entretiennent la vie et la mort.

« Toutes choses sont déterminées par des images psychiques, y compris nos conceptions de l'esprit. Et toutes choses se présentent à la conscience à travers un certain point de vue divin. Notre vision imite un dieu ou un autre. (…) En chaque point de vue, dans chaque position il y a un dieu » (Hillmann, 2004, p. 212).

Cette perspective permet de considérer, dans toutes les situations de vie, qu'un jeu divin nous traverse et nous invite à explorer cette dimension imaginale et symbolique de la réalité.

Ces espaces, « vallées de l'âme » et « cimes de l'esprit » (*ibid.*, p. 210), représentent un lieu de tension verticale où l'imagination produit des images spontanées grâce auxquelles nous pouvons accéder à la connaissance de notre réalité psychique. « Tout processus psychique est une image et un produit de l'imagination » (Jung, cité par Hillmann, 2004, p. 195).

L'âme serait comme un pays en creux, composé d'images imaginées spontanément, voire sauvagement, pour la plupart de façon inconsciente, et qui guideraient nos pas tout au long de notre parcours sur terre, qu'on le veuille ou non !

L'être évolue dans et entre ces deux pôles. En haut l'esprit, qui est léger, lumineux, je dirais sans état d'âme, et en bas l'âme, qui est plus lourde, tapie dans l'ombre du sous-bois, et qui rit, souffre, chante et pleure. La voix d'en haut est un appel au vide, au détachement, à s'incliner devant l'immensité, la grandeur de la création et l'intemporalité. Celle d'en bas est un chant aux sonorités les plus diverses et inattendues. Elle est spontanée, emplie de surprises qui chatouillent, caressent ou torturent le corps. Elle offre une lecture, ou une écoute dérisoire de la noirceur et de la beauté de la réalité. Expression de la vie et de la mort, notre être habite le langage de l'âme.

Images et figures, un savoir inconnu

Ces images, organisées de façon singulière, reflètent tout notre savoir sur le monde. La plus grande partie de ce savoir est inconscient et est généré par la mémoire mais toutes les images qui se présentent à nous, dans les rêves par exemple ou grâce à l'art, augmentent notre conscience d'un savoir sur nous-même. Je mets ici en relation rêve et art dans le sens où l'art, activité diurne et a priori consciente, s'adresse au monde par le même canal que le rêve s'adresse au rêveur, à savoir par un langage imaginal ou figural détourné. Il surprend et nous interpelle, cherchant à déranger notre ignorance et nos sens.

Ces images n'ont pas d'origine volontaire, elles nous sont données. Elles se présentent et ont leur propre vie au sein de nos processus mentaux. Nous n'en avons que rarement conscience. La nécessité de ces images nous dépasse. Elles agissent notre corps et notre pensée. Quand elles nous apparaissent, leur interprétation est souvent malaisée. Soit nous les accueillons, curieux, comme source de savoir, prêt à détourner notre sens logique et rationnel, soit nous les refusons en les considérant comme simple affabulation pas très sérieuse de notre esprit. Nous n'avons en effet pas appris que jouer avec ces images aux sensations diverses pourrait nous enseigner un savoir-vivre.

L' « ars », un instinct créateur

L'art, pour moi, est né de cette constante activité imaginale du psychisme et de l'esprit. Ce don, associé à la liberté que la station debout a donné à nos mains, à la libération de notre organe vocal ainsi qu'à notre besoin de vivre en groupe, met le corps en capacité de création. De mon point de vue, c'est par l'art, ou l'« ars », du latin habileté, technique, méthode, savoir, que la conscience humaine est venue à l'homme et que l'homme s'est alors inscrit dans le monde autrement que l'animal. On peut d'ailleurs considérer que le premier « objet d'art » de l'homme, c'est son propre corps, comme principal outil de son devenir.

Considérons un instant le temps où l'animal non encore humain crée le premier « objet » (il s'agirait d'une pierre, devenue outil tranchant très rudimentaire, créée par le choc, sans doute d'abord hasardeux puis volontaire, avec d'autres cailloux). Il semble que cela nous fasse remonter le temps d'environ 2,5 millions d'années ! Cet hominidé, né nu, est très vulnérable et il y a nécessité de transformation. Sa survie, dans la genèse de cet homme, dépend de la production de ces outils, que ce soit pour la chasse, le travail, la guerre ou son développement physique et psychique. L'intuition, l'expérience, le jeu, l'observation vont l'entraîner vers cette créativité évolutive endo-somatique[41] et exo-somatique[42] très lente qui durera plusieurs millions d'années avant de se déchaîner.

Cet « ars », cette sorte de pensée active des mains et du corps, se serait transmis par imitation puis par voie orale, et non plus par instinct, créant ainsi des sortes de pré-cultures. Une lente évolution biologique et physiologique se produit alors. Le cerveau et le corps se transforment et il semble que pendant ce temps (des millions d'années), les inventions stagnent. On observe que la taille du cerveau et l'organisation générale de tous nos organes internes ne change presque plus depuis 200.000 ans. Et ce serait depuis ce moment que les « organes externalisés », eux, deviennent de plus en plus nombreux et diversifiés.

L'impact de l'homme moderne sur l'écosystème de la terre aujourd'hui est de plus en plus significatif. Ces objets inanimés et non vivants sont devenus vitaux, d'où les termes d'« organes » externes ou d'« exo-somatisations » proposé par Stiegler et d'autres penseurs. Tous ces organes externes et les interactions multiples et variées qu'ils permettent sont à l'origine de la façon dont le « vivre homme » s'invente et évolue. Ces organes externes, dont le langage et l'écriture font partie, ces techniques ou technologies témoignent de la dimension originellement collective de l'humanité. Ces inventions ne sont pas l'œuvre d'un seul, mais bien d'une collectivité et basées sur des compétences partagées, des contributions mutuelles, et surtout sur des besoins similaires et sans doute aussi des intuitions semblables. Ces organes artificiels viennent s'entrelacer avec les systèmes sociaux de même qu'avec nos systèmes psychosomatiques. L'individu naît dans et avec le collectif sans s'y fondre. Bernard Stiegler[43] nous invite à considérer le processus d'individuation comme étant un « processus de trans-individuation », à savoir un processus se

---

[41] Qui est dans le corps.

[42] Qui prolonge le corps à l'extérieur.

[43] https ://www.youtube.com/watch ?v=2yNyTB976Z0 PHITECO B. Stiegler « Penser la technique dans la disruption. Eléments pour une néganthropologie » – consulté le 12 juin 2017

situant à trois niveaux : l'individuation psychique, l'individuation technique et l'individuation collective. Chaque individu, dans son évolution psychique, serait mis en question, directement ou indirectement, consciemment ou inconsciemment, par son rapport à la technique et par son rapport à la collectivité.

L'investissement de l'animal non humain dans « l'objet monde », comme « objet » de satisfaction total, est transféré sur ces « objets créés ». Ils représentent en effet ce par quoi le pré-homme trouve à satisfaire en partie ses besoins. Puis ces « objets » contribueront à créer et définir d'autres besoins, voire à créer des envies et à révéler dans cette pulsion créative des restes instinctuels qui font de nous des êtres désireux. Ces organes externes habitent aujourd'hui avec nous, sur la terre, sous l'eau et dans l'espace, et sont même en nombre bien supérieur à nous.

Cet inventeur que nous sommes fait aussi de nous un producteur né. Est-ce l'homme qui fait le produit ou le contraire ? A mon avis, il y a un va-et-vient constant entre l'homme et sa production. L'un crée l'autre et l'autre crée l'un. Au fil du temps, l'interdépendance des organes internes et externes en devient d'autant plus profonde et complexe. La technique force à penser, à inventer, à faire (sauf si c'est elle qui assujettit l'homme[44]). Toute création fait preuve d'un incroyable « ars » de faire et de penser, d'intuitions, d'imagination et reflète autant notre sagesse que notre folie. Il y a comme une négociation qui s'instaure entre le vivant et le non-vivant, l'individuel et le collectif, autour desquels vont se définir différentes organisations sociales, culturelles, artistiques, politiques et économiques.

La création artistique, une thérapie

Au sein de toute cette foisonnante inventivité, il y a un type de productions qui attire davantage mon attention, ce sont les productions dites « œuvre d'art », dont l'existence est établie depuis plusieurs milliers d'années. Pour moi, ces objets particuliers pourraient être nés d'une pratique autorégulatrice et thérapeutique, émanant d'une nécessité de l'âme.

---

[44] A chaque révolution, industrielle ou technologique, le risque de voir l'homme devenir objet de la machine plutôt que le contraire est présent. Le développement des systèmes techniques est aujourd'hui tellement rapide que les systèmes sociaux et juridiques n'arrivent plus à s'y ajuster.

Je ne vais pas m'intéresser à l'individu artiste, mais à l'humanité artiste, et me demander comment l'existence d'« œuvres d'art » tout au long de l'évolution de l'homme révèle son histoire, c'est-à-dire comment l'existence d'un type d'« ars » particulier installe un espace qui raconte la mémoire de l'homme, sa vie ordinaire tout en lui donnant un caractère extraordinaire. Ce sont ces œuvres particulières (tangibles ou pas) et leurs caractères extraordinaires que j'essaie de différencier des autres et que je considère comme « œuvres d'art ». Il semble qu'elles soient aussi inutiles qu'essentielles, attachées tant au monde domestique qu'au monde sacré[45].

Depuis ces premiers temps, les « œuvres d'art » ont mis en évidence les capacités inouïes que les hommes ont mises au point pour faire vivre la matière et surprendre l'être dans ses sombres ou lumineux recoins. L'art parle autant avec l'âme qu'avec l'esprit. Il témoigne même de la vie de l'esprit en proie avec les vallées de l'âme. Il met en évidence ce mouvement vertical ascendant et descendant sur lequel l'humain essaie de surfer en équilibre.

L'intention des premiers gestes picturaux, des premiers sons musicaux, des premiers pas de danse peut se comprendre d'une part comme le fruit de l'exploration de l'immensité du champ des possibles ouvert grâce à la station debout, et à toute la mobilité que celle-ci engendre (corps, mains et bouche), et d'autre part comme le fruit d'un besoin et d'un désir humains de tisser avec l'environnement et ses semblables une relation d'intimité (amour ou haine), de reconnaître des sortes de moments clés qu'il est nécessaire de voir, de présenter à nouveau, de re-présenter pour les reconnaître et les faire exister, voire de les répéter ou de les ritualiser pour intégrer les transformations de cette humanité en processus.

L'œuvre d'art, son rôle

Je fais l'hypothèse qu'au travers de la pratique des « œuvres d'art » (créateurs et spectateurs), apparues au milieu des autres expériences

---

[45] La notion de sacré et de profane n'est pas approfondie ici. De façon générale, j'entends par sacré ce qui est relié à une forme d'entité non palpable, incompréhensible, source d'énergie, de force, de ressourcement, d'impuissance et de craintes. Le sacré joue avec ce qui permet d'instaurer des règles pour une communauté ou pour un individu et ce qui permet de les transgresser. Le sacré est autant trace de l'histoire que vivant, donc créateur, dans le processus de notre évolution.

créatives et guidées par d'autres nécessités, l'homme tente de s'affranchir de sa mère/monde. Il invente un espace potentiel et transitionnel et découvre d'une part son appartenance inséparable à son environnement réel, et d'autre part l'inconnu et la solitude de son être séparé, psychique, individué et mu par des forces incontrôlables. Comme le dit Paul Klee, « l'art ne reproduit pas le visible, il rend visible ». C'est comme si, pour que la réalité du monde devienne visible, l'homme avait dû inventer l'œuvre d'art. Mais c'est sans réelle conscience que l'œuvre d'art est née, sans réelle conscience du pourquoi elle naissait. Elle est advenue par nécessité, par intuition, par impulsion, par jeu et comme premier mouvement de mise à distance, d'expérience de l'entre-deux, du plongeon dans les vallées de l'âme comme dans celui des cimes de l'esprit. L'art révèle à l'homme la dimension potentiellement symbolique de la réalité.

Les « œuvres d'art » pourraient être comparées à l'objet transitionnel du concept winnicottien[46] grâce auquel le processus d'appréhension de la réalité peut être « mis en scène » symboliquement. L'homme invente, imagine, conçoit et joue cette lente prise de conscience des limites du dedans et du dehors. Il ne fait plus UN avec le monde. Pour Winnicott, le jeu spontané est un tout. Le simple fait de jouer est psychothérapeutique. Il y aurait une sorte de corrélation intime entre devenir homme, devenir humain, c'est-à-dire un et plusieurs, et être en situation de jeu avec ces créations transitionnelles, matérielles ou immatérielles, et avec les autres. L'humanité se sépare de sa « bonne » mère/monde en y créant une sorte de tiers : l'« œuvre d'art » au travers de laquelle l'homme joue l'absence, le vide en même temps que sa capacité d'exister. Jouer, pour Winnicott, est ce qui fait que la vie vaut la peine d'être vécue. Dans l'aire intermédiaire qui soutient le jeu, la réalité n'est plus une contrainte, mais est adaptée et réinventée à l'infini, en fonction des besoins internes liés à l'émancipation.

En proie aux images du pays de l'âme, l'homme crée et joue avec la réalité du dedans et du dehors. C'est ce jeu qui donnerait à l'homme son sentiment d'exister. On peut imaginer qu'avant d'être éduqués moralement, les premiers hommes étaient directement en

---

[46]Il faut entendre la notion de jeu comme celle de sa traduction anglaise par « Play » et non par « Game ». Le fait de jouer (playing) est une invention, un acte créateur, alors que les jeux (Game) de type société ou éducatifs sont comme des exercices plaisants.

connexion avec leurs images internes, surgissant tant de l'âme et de l'esprit que des événements vécus, seul ou en groupe. Peut-être même que la magie des sorciers, les oracles et les miracles des prophètes ont émané de cette liberté imaginale débridée.

Winnicott nous dit également que si l'enfant devait constamment s'adapter à son environnement, au détriment du développement de sa propre capacité à se vivre distinct des autres, le sentiment d'être soi, renforcé justement par les jeux symboliques (autour des sentiments pulsionnels, de peur et de dépendance), ce sentiment serait entravé. L'environnement serait alors jugé comme dangereux, intrusif et l'enfant devrait développer des moyens de défense pour s'en protéger. Ne serions-nous pas proche de cette situation, c'est-à-dire de devoir nous protéger du monde dont nous peinons à intégrer l'évolution et qui nous fait peur ?

Entre verticalité et horizontalité

L'existence d'œuvres d'art est un jeu sur différents niveaux. C'est comme si elle révélait une naissance, celle de la conscience d'une réalité multiple et parallèle. D'un côté notre émancipation horizontale, notre lente appropriation de notre désillusion par la mise en scène d'un acte de création, et de l'autre côté notre appartenance verticale, où désirs du corps et de l'esprit sont toujours en tension, par un langage symbolique ou métaphorique. L'art joue sur tous les plans, il expérimente l'insoumis et le soumis comme une expérience vitale, s'illusionnant peut-être de sa puissance, mais permettant aussi de concevoir l'homme. La mise en acte de l'œuvre est une élaboration de la pensée qui ouvre un chemin inédit vers une création de soi.

Les « artistes » agissent au nom du groupe. Créer ces « objets symboliques et transitionnels » est vital pour le groupe, ce sont des expériences du groupe, exprimées par certains, pour le groupe, comme autant de reflets des mouvements internes du groupe et des individus. Ces œuvres attestent de la nécessité du collectif pour l'homme. L'art en tant qu'œuvre est tout ce que l'homme laisse se libérer en lui pour affronter puis interpréter la réalité. Il développe ainsi son savoir sur les choses de la vie, de même que son désir d'en savoir plus. Il y a comme un redressement, celui de l'homme, et une chute, celle de l'indistinction animal/monde.

L'art, une initiation

Dire que les œuvres d'art reflètent le goût inné de l'humanité pour le beau et son désir d'expression de sa dimension sensible est une vision anthropocentrique. Pour moi, cette vision de l'art est restrictive et dangereuse, car elle détourne l'art de son rôle.

L'homme, en se laissant guider, saisir et agir par ce jeu de l'art et de l'imaginal, ce jeu qui rend essentielle une activité a priori inutile, a développé sa dimension sensible. Il découvre sa condition humaine, sa réalité psychique, sa conception du sacré, sa capacité à penser, à s'interroger, à conceptualiser. L'essentiel dans l'art est caché par son apparente inutilité. Le langage de l'art demande un effort de retournement. Comme certains seraient tentés de minimiser l'importance de la fonction des rêves, d'autres seraient tentés de minimiser l'importance de la fonction de l'art. Les animaux rêvent, les animaux humains rêvent et créent[47].

En même temps que l'art fait émerger les dimensions sensibles de l'homme, il développe et reflète ses capacités à désirer et espérer un vivre augmenté, c'est-à-dire plus consistant, plus savoureux et plus spirituel. L'art agit comme un véritable rituel de transformation.

C'est parce que ces « objets créés » sont affectivement chargés et qu'ils ont permis que se développe une conscience de notre « dimension sensible », que les notions de beau, laid, démesuré, sensuel, mélodieux, atonal, répugnant, minimal, angoissant, terrible, invraisemblable, absurde, dément, simple, tordu, sublime… ont trouvé à se dire puis à s'écrire.

Un autre « ars », l'argent

L'argent est également une invention géniale et particulière au milieu de toutes les autres inventions. Elle propose une médiation entre l'homme et tous ses « objets », internes/externes, ses produits matériels ou non, et les autres. Cette médiation relie toutes les productions humaines entre elles, toutes ces productions avec tous les hommes, avec leurs activités, leurs pensées, leurs rêves, leur santé,

---

[47]Certains me diront que les animaux créent aussi (les nids des oiseaux, les barrages des castors, les fourmilières, etc.). Ces créations exo-somatiques zoologiques font partie de la dimension instinctuelle de l'espèce. L'oiseau sait faire un nid. Il y a eu peu d'évolution de ces pratiques depuis le début de ces espèces. L'homme s'avère être vraiment né avec un manque notoire à ce niveau.

leurs désirs et avec tous les systèmes, politiques, sociaux, sanitaires, économiques, spirituels, éducatifs, par des liens de plus en plus complexes, visibles et invisibles.

Sur cette médiation vont se définir la valeur des choses, puis les rapports sociaux, les contrats, l'économie, la politique... D'ailleurs, il aura fallu plusieurs millénaires pour que l'humanité soit capable de symbolisation et de relativité temporelle suffisante pour accorder du crédit à cette forme monétaire comme représentation d'une chose, d'un produit à acheter ou à vendre, d'un service, d'un travail. L'argent est indubitablement une invention nécessaire qui a fait naître l'espoir d'une plus grande égalité et d'une plus grande liberté. Mais depuis l'origine, l'homme tisse une relation symbolique et affective avec l'argent. Cet objet se voit investi d'un pouvoir, celui d'avoir, de posséder, puis de mesurer la valeur des hommes de façon quantitative et, de cette manière, le pouvoir de résoudre certains conflits internes. Cette matière d'échange est capable de nourrir autant de folie et de passion que de haine et de violence.

Serait-ce, comme le propose la psychanalyste Ilana Reiss-Schimmel (2008), lié au fait que l'argent entretiendrait un lien étroit avec la matière fécale considérée comme première production et première monnaie d'échange ? Comme si notre relation à l'argent était inconsciemment liée à l'acte d'amour qui est celui du donner et du recevoir ? Je trouve intéressant de considérer ici cette conception psychanalytique[48] du lien entre l'argent et la matière fécale. Cette dernière, comme tiers, préfigurerait ce que deviendra l'objet-argent, à savoir le signe d'une relation d'échange doublée d'un sens symbolique lié à l'acte du donner et du recevoir. Et cet acte n'est-il pas celui de l'amour ? Serait-ce de là que naîtrait notre propension à projeter sur l'argent les traces inconscientes de ces premières expériences d'échanges et de le doter de pouvoirs thérapeutiques qu'il n'a pas ?

En tout cas, en devenant aujourd'hui une fin en soi, l'argent a largement dépassé sa fonction première. L'argent n'a pas de verticalité. Le développement de soi, les désirs, les fantasmes, la vie, la mort, l'âme, tout est aujourd'hui exploité pour satisfaire une organisation où tout doit se traduire en programme, en chiffres, en

---

[48]Ilana Reiss-Schimmel, « La fonction symbolique de l'argent ».
Article trouvé grâce à http ://www.cairn.info/revue-dialogue-2008-3-page-7.htm et consulté en dernier le 12 juin 2017

profits, en normalité et en concurrence. L'argent, ou le sentiment de toute-puissance qu'il véhicule, remonte des tréfonds de l'âme, comme un monstre, et réanime, dirait-on, une forme d'agressivité animale, de lutte antidépressive capable d'écraser d'autres figures de l'inconscient. Un monstre peut en cacher un autre !

Pour illustrer ce que représente l'argent et la consommation folle qu'il engendre aujourd'hui dans ce processus de trans-individuation de l'humanité, je serais tentée de dire naïvement que l'enfant-humanité a délaissé tous ses autres jeux pour s'obstiner sur celui-ci, pourquoi ? Pour que l'argent lui procure la satisfaction de tout. Mais peut-être aussi pour éloigner la peur de la vérité, la peur de notre impuissance, de notre petitesse dans le cours des choses, et l'insupportable fragilité du sens de la vie. Peut-être que l'humain, et aujourd'hui davantage encore, a peur de son processus de trans-individuation et qu'il trouve dans l'argent un fac-similé de liberté et de reconnaissance qui lui semble plus facile... mais à quel prix ?

L'argent ne peut pas jouer le rôle d'objet « transitionnel », même si son statut d'intermédiaire le laisse penser. Parce qu'il n'est pas un vrai objet. Il est relié à tous les autres. C'est d'ailleurs ce qui lui confère cette illusion d'existence propre. C'est un objet qui n'en est pas un, il en a l'apparence mais n'existe que pour représenter une chose qu'il n'est pas mais qui, elle, cette chose, peut être tout. Jouer avec cet objet n'est pas un jeu libre ou symbolique, c'est un jeu diabolique dans le sens que c'est un jeu trompeur et c'est un jeu qui rompt la fragilité de la conscience que l'humanité est en train de se construire au sujet de la réalité du monde qui l'entoure et des dimensions invisibles qui l'englobent. L'argent ressemble plutôt à un jeu de société avec des règles et un mode d'emploi qui détourne l'être de sa quête vers sa liberté de se vivre distinct des autres. Et aujourd'hui, ces règles deviennent de plus en plus obscures et changeantes. Dans l'âme, l'argent excite fantasmes, confusion, amour, bonheur et toute-puissance. La dépendance au jeu avec ce produit dénaturé rend sourd et aveugle. Comme toute drogue, il empêche toute lucidité et toute solidarité. L'argent, lui, se croit libre et affranchi de toute dépendance et de toute loi, ce qui est originellement faux. Il n'est qu'une monnaie d'échange.

Et Ilana Reiss-Schimmel de conclure son article ainsi :

« Il reste que notre époque assiste plutôt à une forme d'emballement maniaque qui conduit les individus à se jeter sur l'avoir pour se donner consistance, pour s'imaginer omnipotents. Pour le psychanalyste il s'agit d'une régression, l'expression d'un déficit identitaire, lié probablement aux effets pervers d'une autonomie trop angoissante. On assiste sans doute à une pathologie générée par la liberté… » (p.13).

Cette idée de pathologie générée par la liberté et une autonomie trop angoissante rejoint bien ce qui caractérise notre époque. Ilana Reiss-Schimmel parle d'autonomie trop angoissante, comme si cette autonomie, cette liberté assumée s'avérait trop exigeante, trop ardue, comme si la découverte de cette autonomie ne correspondait pas à la promesse de paradis que la liberté permettait de souhaiter, d'espérer, de fantasmer. L'argent, que je relie à la consommation inconsciente qu'il permet, transforme ce désir de liberté en illusion de bonheur et de puissance.

Le flou artistique, une époque en transformation

Il semble y avoir beaucoup de confusion entre œuvre d'art, produit de consommation, produit commercial et spéculatif, objet de marketing, objet technique ou objet de relation. Aussi jugeons-nous facilement : ceci est de l'art, cela ne l'est pas. L'art d'aujourd'hui, celui que l'on dit contemporain, semble s'intéresser davantage à sa valeur marchande, technologique, ou à sa portée médiatique qu'à sa valeur symbolique. Mais peut-on dire que ce n'est pas de l'art ? Il est sans doute le reflet de cette époque sans époque, de cette époque transitoire dans laquelle nous vivons, qui se cherche en se fuyant. Qu'on le dise ou non, il y a un sentiment de fin qui émerge de certains groupes sociaux, avec le sentiment qu'on fonce droit dans le mur, qu'il faut absolument opérer un tournant, que plus rien ne fonctionne, que le vrai devient faux et réciproquement, que nous sommes manipulés et que de plus en plus d'individus se demandent s'ils existent vraiment, ce que la vie leur réserve et si cette vie vaut la peine d'être vécue.

Tout changement déstabilise l'individu psychique et collectif et le rôle de l'art est essentiel pour permettre un lien à l'invisible. Aujourd'hui, l'art semble menacé par le déni de tout désir de verticalité qui caractérise ce début de XXIe siècle. La mondialisation est horizontale et n'a que faire de l'âme. L'esprit, elle peut encore l'apprivoiser par la pensée et le mental, mais l'âme est indomptable, la notion même d'inconscient dérange le projet de l'homme de tout matérialiser. L'art a pour mission de nous maintenir dans cette capacité à remodeler la réalité selon nos besoins internes, techniques, individuels et groupaux. L'âme n'a rien d'horizontal. Elle est profonde, humble, grave et aime rire de tout et de rien parce qu'elle nous sait, à tout jamais, maître de rien.

Notre époque en recherche d'elle-même offre-t-elle suffisamment de repères et de sécurité pour que nous puissions faire l'expérience, par le jeu de l'art, de ce sentiment de perte d'identité, de l'angoisse qui l'accompagne et de la confusion paradoxalement pleine de promesses qu'elle génère ? Comment préserver, dans cette urgence de survie, la dimension verticale de la tension entre l'âme et l'esprit ? L'environnement risque-t-il de substituer à l'homme sa capacité à créer pour l'adapter et le soumettre, sans état d'âme, à des comportements standards, et … numérisables, computationnels ? Sera-t-il obligé d'opter pour des actes de séparation démonstratifs et impulsifs qui soulagent, mais qui aliènent par leur inefficacité et leur nécessité de répétition ? Cette anti-créativité est un enferment dans la répétition et génère suicides, maltraitances, maladies psychiques et mentales, violences, drogues, tueries, dictatures, guerres…, comme toujours ! Qu'y a-t-il de si différent aujourd'hui ?

Pour la première fois dans l'histoire, la technologie met entre les mains de tous, petits et grands, des appareils extrêmement performants, multifonctionnels, faciles d'utilisation, qu'on dirait intelligents, parfois plus que nous, hyper-rapides, mais dont nous ignorons presque tout de leur fonctionnement et de leur réelle activité invisible. Et même si on le sait, comment résister ? Qui ment à qui ?

L'art ne peut rester indifférent à cette révolution numérique et cherche à se positionner vis-à-vis de ces technologies. Comment juger ce qui est de l'art ou ce qui ne l'est pas, puisque l'homme vit et crée par nécessité ? On peut se demander aussi qui en réalité crée ces œuvres contemporaines : l'individu psychique, l'individu collectif ou l'individu technique ? Ou encore, est-ce le travail de l'âme, celui de l'esprit, ou celui du vide ?

Quelques œuvres, vers un art qui sert l'âme :

Œuvre de Andreas Gysin et Sidi Vanetti, février 2016[49]. Art cinétique.

Cette œuvre peut représenter le potentiel nécessaire à notre bifurcation, à savoir un arrêt nécessaire. Ce n'est a priori pas avec cette intention que ces deux artistes tessinois l'ont réalisée en 2016. D'abord, on dirait un panneau de gare pour signaler les horaires des trains aux voyageurs. C'est en effet ce qu'il était en gare de Zurich jusqu'en 2015. « Gysin et Vanetti l'ont réinitialisé pour le transformer en tableau mouvant. Les noms des villes et les heures de départ tournent en jouant sur les rythmes, et sur le bruit des plaques d'information qui défilent en faisant clac-clac »[50].

Cet immense tableau de sept tonnes me raconte le bruit de tous ces rêves qui, à peine éclos, sont remplacés par d'autres, et qui pour finir ne nous mènent nulle part, si ce n'est devant un grand mur bleu qui nous promet tout sans rien nous donner. Nous voilà contraint de ne croire en rien. Il y a comme un grand vide et mille raisons de déprimer ou de disjoncter. Il y a une illusion de vie, tout bouge et fait du bruit, mais rien ne se passe, on tourne en rond comme ces plaques d'informations.

---

[49] http ://www.railweb.ch/wp-content/uploads/2016/02/DSC5453.jpg consulté le 29 mai 2017

[50] https ://www.letemps.ch/culture/2016/02/12/art-digital-entre-musee consulté le 29 mai 2017

Cette prise de conscience collective et qui s'exprime dans de nombreux domaines est une opportunité vers de nouveaux choix. A nous tous de saisir ce « mur du temps » comme un choc nécessaire.

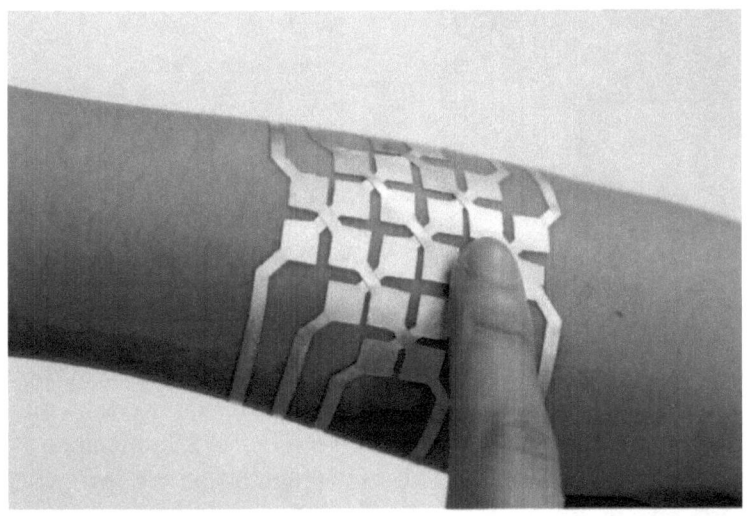

Tatouages intellingents temporaires elaborés par Microsoft et le MIT.

Voilà une technologie élaborée par Microsoft et le MIT. Il est question de « tatouages intelligents temporaires »[51]. A y regarder de plus près, il s'agit en fait d'un autocollant intelligent. Mais cela peut aussi faire penser à un bijou, alors que c'est un appareil de dialogue avec des interfaces que l'on colle à la peau... Et la peau, n'est-ce pas justement cette frontière entre l'intérieur et l'extérieur ? L'homme est-il prêt à donner sa peau à la technique ?

Cet exemple est sans commune mesure avec ce que les transhumanistes[52] sont en train d'élaborer pour vaincre la mort en créant l'homme « plus » (H+). Cela reste très expérimental et hypothétique, mais cette organisation reçoit des millions dont une partie vient de toutes nos petites activités innocentes sur internet.

---

[51]http ://www.presse-citron.net/duoskin-des-tatouages-intelligents-pour-bientot/ consulté le 29 mai 2017

[52]https ://nigeekninerd.com/2016/10/31/le-transhumanisme/ consulté le 29 mai 2017

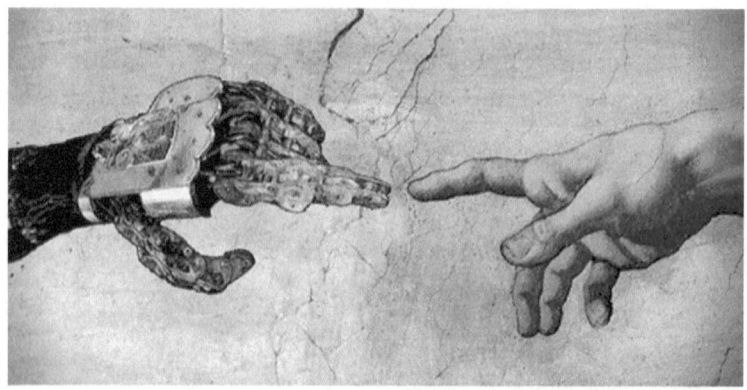

Ce n'est plus à l'extérieur que l'homme « somatise » des organes, mais à l'intérieur qu'il est prêt à « technologiser ». L'objectif est de dépasser l'homme par la science, d'en faire une sorte de surhomme, pas celui qui se surpasse lui-même, mais celui qui devient une sur-machine, une machine animée de notre vivance. L'humanité a besoin de rentrer chez soi-même. Le transhumanisme en propose une version en internalisant des technologies dans nos systèmes somatiques. Cette folie n'est que le délire de quelques toxicomanes de l'innovation, mais ce sont des spéculateurs… Qui, en nous, nos gestes ont-ils libéré : le fou ou le sage, le singe ou le surhomme ?

Dès le moment où le corps est en jeu, et que nous ne sommes pas dans le domaine du soin ou de la recherche, est-ce de l'art ? L'homme s'implique affectivement, il se met en œuvre, corps et âme. Serait-ce sa manière de revenir à lui ?

ORLAN, *artiste française.*

ORLAN [53] est une artiste française de l'art corporel qui s'engage personnellement dans son art en utilisant son propre corps. Elle a subi neuf chirurgies esthétiques et s'est fait implanter des pommettes sur les tempes. Elle interroge le corps féminin et sa beauté. Voici ce qu'elle dit dans un article paru dans le Monde en 2004[54] :

« Les nouvelles technologies et les manipulations génétiques vont influencer énormément le statut du corps dans notre société, et changer notre éthique, notre médecine, nos moyens et manières de guérir. Nous sommes en train de vivre une époque charnière. Et nous ne sommes sûrement pas prêts, moralement et physiquement, à aborder les problèmes que cela va poser. »

Je crois que l'art existe surtout là où on ne l'attend pas et cela depuis toujours. Il nous dépasse, se fait passer pour autre chose et continue sa quête, avec l'humain, dans sa voie d'élaboration. Peut-être que l'art dans ce sens revient à parler de l'instinct. L'humanité crée par instinct, ce que Jung appelle aussi « compulsion de nécessité ».

Notre habitude de consommation extrême, presque compulsive, ressemble au déni du toxicomane qui ne veut pas qu'il soit dit qu'il est complètement assujetti au produit (alcool et autres substances). Ce déni initie une nouvelle ère d'esclavagisme. Nous refusons de voir combien la situation est aujourd'hui alarmante et combien il est vrai que l'évolution des technologies, cette révolution numérique, nous projette dans une nouvelle époque. Cela se passe à une telle vitesse que nous n'avons pas le temps de réflexion nécessaire, donc pas la capacité d'intégrer les changements que cela entraîne sur le plan individuel, social, politique, économique, artistique, scientifique, ni d'anticiper quoi que ce soit. Le fait accompli nous oblige à réagir plutôt qu'à agir, avec toutes les dérives et les courts-circuits que cela peut entraîner. L'accès à la connaissance nous est ôté. Même ceux qui sont en plein dans ce système technologisé à l'extrême disent

---

[53] http ://www.telerama.fr/sortir/entre-chirurgie-esthetique-art-contemporain-la-folie-orlan-en-cinq-oeuvres-bien barrees,131345.php consulté le 29 mai 2017

[54] http ://www.lemonde.fr/vous/article/2004/03/22/orlan-artiste-mon-corps-est-devenu-un-lieu-public-de-debat_357850_3238.html consulté le 29 mai 2017

combien ils sont dépassés[55]. Personnellement, je n'ai rien contre la technologie et son évolution, je critique la non-reconnaissance des dérives qu'entraîne l'accélération non maîtrisée des phénomènes de technologisation et la scandaleuse manipulation qu'on nous demande d'accepter au nom de la nécessité des marchés, soit-disant pour notre plus grand bonheur !...

Stiegler parle de disruption pour décrire notre époque : il s'agit d'une rupture qui occasionne un véritable chaos, doublé de vides juridiques, et qui, d'un certain point de vue, offre une opportunité de bifurcation, d'inventer autre chose, mais d'un autre peut servir de terrain à une prise de pouvoir totalitaire qui profite du chaos pour imposer ses lois.

D'autres parlent de « nihilisme total » pour caractériser notre époque qui se cherche et dans laquelle le désir semble absent. L'homme, le plus souvent, consomme ce qu'on lui dit qu'il désire. Désirer ne signifie pas avoir. Désirer, c'est avant tout rêver, imaginer et créer.

Pour mener une existence libre, nous dit Heidegger (cité par Gontier, 2005, p. 30), c'est la liberté en l'homme qui doit elle-même se libérer. Cette liberté en l'homme doit se libérer de qui ? Peut-être a-t-elle comme quête de se risquer dans les vallées de l'âme, de prendre le chemin géographique de la dépression, d'aller à la rencontre de celui qui l'enchaîne, d'en connaître les intentions, les armes et les faiblesses et de négocier son chemin d'ascension.

Notre humanité a besoin de symbolique pour « jeter ensemble » les morceaux éparpillés et renouer des liens avec son âme et son esprit. Etre objectif, n'est-ce pas être au plus près de notre inconscience ?

Nos cultures ont peur du pouvoir de l'imagination et de l'inconscient et forgent une haine des images de l'âme car celles-ci sont indomptables et imprévisibles, amies de l'anormalité et de

---

[55] Alan Greenspan est un économiste américain. Il fut président de la Réserve Fédérale, la banque centrale des Etats-Unis, de 1987 à 2006. A la suite de la crise des « subprime », ayant à s'expliquer devant le Congrès le 23 octobre 2008, il reconnaît publiquement que son système, consistant à faire du marché libre le meilleur moyen d'organiser l'économie, était en fait faillible. Greenspan déclare également avoir été dépassé par les technologies d'automatisation des marchés financiers.
https ://fr.wikipedia.org/wiki/Alan_Greenspan consulté le 12 juin 2017

l'infirmité, proches des désordres de l'homme que l'homme tend désespérément à vouloir effacer et nier.

En se coupant du rôle et de la nécessité d'être de notre monde imaginal, de notre âme, de notre inconscient, au nom de la rationalité, d'une certaine science et d'un monde idéal, sans défaut, ne sommes-nous pas en train de nous couper les ailes ? Et dans cette époque de transition, que nous dit l'art de notre désir de vivre ou de mourir ?

Yves Dana, 287 Résurgence des pierres, détail, 2005[56]

Il y a dans cette « résurgence de pierres » de Yves Dana un tressaillement d'âme, une porte ouverte d'exploration vers la solidité de la pierre comme métaphore de notre solidité, dressée vers

[56]http ://www.yvesdana.ch/fr/galeries-sculptures/sculptures-monumentales, consulté le 29 mai 2017

l'immatériel. Une résurgence est quelque chose qui resurgit, qui revient à notre vue, à notre mémoire. On dirait une ligne sensible et lourde en même temps, que nous connaissons mais que nous avions oubliée. Un rappel que de cette lourdeur émerge la légèreté d'une graine. Yves Dana fait resurgir cette graine et questionne notre époque. Il nous offre un objet de pratique thérapeutique, dans le sens que cette œuvre nous invite – c'est mon sentiment – à réapprendre à voir, à vivre et à mourir.

« Des plus modestes aux plus monumentales, les sculptures d'Yves Dana ne semblent pas vraiment faites pour nous, Humains de ce début de millénaire »[57].

« Je ne peins pas l'être, je peins le passage », écrit Montaigne (1580). Peut-être que le temps du passage et de la lenteur que nécessite le voyage dans les vallées et dans les cimes ne nous dit plus rien, à nous, Humains du XXIe siècle, dont la course est devenue le mode de vie. Ce temps de passage demande le temps d'un arrêt, un instant pour se dévêtir et se savoir nu, une opportunité de sortir du temps, d'aller dans l'ombre et la moiteur d'en bas et la lumière et le froid d'en haut. L'âme et l'esprit ne peuvent pas vivre séparément sans nous disloquer. Nous sommes en eux.

Détournement de l'art

L'humanité actuellement a de la peine à se reconnaître comme une petite chose dans ce grand tout qui l'englobe. La folie de la toute-puissance est bien là. Tout ce qui est ressenti comme mauvais est projeté sur l'extérieur, l'autre, le monde, les machines, le système… et les passages à l'acte sont nombreux. L'investissement dans l'objet de consommation est trop important. L'homme est tellement sorti de lui-même que même l'art peine à jouer son rôle.

Quand on parle d'âme aujourd'hui, dans la plupart des regards s'allume un point d'interrogation ou un air agacé, car un grand nombre de personnes semblent s'accommoder de la mort de Dieu et de celle des dieux. Cet univers n'est bon que pour les naïfs ou les rêveurs. La notion d'inconscient semble être passée dans l'histoire et toute question relative à la mémoire, à l'histoire, à la rêverie semble incompatible avec le rythme qui s'impose partout. L'âme, comme la résurgence des pierres, ne semble plus faite pour nous. Le spirituel est même récupéré par une tendance à

---

[57] https ://www.letemps.ch/culture/2015/04/07/yves-dana-murmure-eternite-trente-cinq-ans consulté le 27 mai 2017.

prétendre que l'esprit peut oublier l'âme, qu'il peut s'en détacher, la faire taire, que l'esprit peut tout, avec un peu de pratique et de volonté.

On dirait que le psychisme devient l'ennemi général. Moins on pense par soi-même, moins on ressent, mieux on se porte. Il y a confusion entre liberté d'être et liberté d'avoir. Un nombre incommensurable d'images extérieures envahissent et court-circuitent celles qui pourraient émaner des profondeurs. Quelle place leur laisse-t-on ? Notre époque est celle du remplissage. Une certaine forme d'art s'est mise au service de la consommation à outrance, purement et simplement basée sur le calcul, la norme, la dépendance et l'aliénation. Elle s'est fait acheter et détourner. L'art n'est pas un divertissement et l'art ne s'achète pas.

Touches de craintes

J'ai beaucoup parlé de nécessité. On peut se demander par quelle nécessité l'homme se noie-t-il dans tant de technologies, dans tant d'illusions, qui donc l'invite à cette course acharnée, à ce « chacun pour soi », à ce déploiement de haine, à cette confusion, à ce refus d'âme, à ce désir d'élévation sans pensée, à ce manque de projet collectif, à cette politique du même, à ce détournement de l'essentiel, à ce mépris du monde... Est-ce le monde qui veut ça ? Dieu, l'univers ? Est-il nécessaire que l'espèce humaine s'autodétruise et s'entretue pour préserver le mystère de la vie ?

Conclusion

La vie sur terre était une des improbabilités les plus certaines, et pourtant la folie de la vie a fait son miracle ! L'apparition de l'homme n'est qu'un minuscule scoop parmi tant d'autres dans l'histoire de la vie ! N'est-il pas primordial de nous en souvenir et de nous concevoir, nous, toute jeune humanité, dans ce miracle, humblement et avec joie ? L'essentiel n'est-il pas de nous savoir tous fous, improbables, mais bien vivants, minuscules, sombres, magnifiques, capables de petits bonheurs, mais impuissants ?

L'âme travaille l'être en rêves, en craintes de vivre et de mourir, en lutte et en dérision, en défaillances délicieuses, en défiant la réalité par l'imaginal, en donnant au disgracieux sa vertu de nous engager loin des illusions, en acceptant que notre être soit animé de désirs et d'humeurs irrationnels pour le pire et pour le meilleur. L'âme est le plus sauvage des paysages que nous habitons et n'a ni âge, ni temps. Elle nous guide incognito !

L'âme et son époux spirituel fournissent à l'art sa matière. L'art offre à l'homme un terrain de jeu vital et expérimental pour honorer les figures surnaturelles qui demandent à l'être. Il est une mise en œuvre, une esquisse, une abstraction, un façonnage, une idée, un projet, un passage obligé vers l'intégration des différents mouvements de l'évolution. L'art est une liberté qui se libère et n'a d'autre utilité que d'être nécessaire aux processus d'individuation psychique, technique et collective.

L'argent, comme rapport à la possession, au donné, au recevoir et à l'amour, peut trouver une juste place s'il ne mesure ni le bonheur, ni la valeur de l'homme, ni uniquement la valeur de son activité. Il est nécessaire à l'existence et tout le monde mérite d'en avoir pour oser une autonomie nourrie de sécurité.

Bibliographie

Gontier Th. (2005) : *Heidegger et la question de l'humanisme : faits, concepts, débat.* Paris, PUF.

Hillman J., Argaud E. (2004) : *La trahison et autres essais.* Paris, Payot.

Montaigne M. (1580) : *Essais III, 2, « Du repentir ».* Paris, PUF, 2005.

Reiss-Schimmel I. (2008) : La fonction symbolique de l'argent. *Dialogue*, <u>181</u>(3) : 7-14.

Stiegler B. (2016) : *Dans la disruption, comment ne pas devenir fou ?* Paris, Editions Les liens qui libèrent.

Winnicott D.W. (1971) : *Jeu et réalité. L'espace potentiel.* Paris, Gallimard, 1975.

De la responsabilité du cadre au développement personnel
Frédéric Glauser

Préambule

J'étais assis ce samedi après-midi-là dans une brasserie et j'attendais mon ami Max qui devait me rejoindre pour partager un moment d'amitié dans un cadre chaleureux et propice aux conversations. Mais comme il était en retard et qu'il se faisait désirer, je me suis décidé à commander une bonne bière artisanale, histoire de patienter jusqu'à son arrivée tout en lisant en diagonale un quotidien à disposition sur le comptoir.

Au bout d'une vingtaine de minutes, je le vois enfin entrer et me chercher du regard, je lui fais signe et le voilà qui s'assied à ma table après avoir échangé une bonne poignée de mains. La discussion débute sur des échanges anodins, mais je sens que mon ami souhaite aborder un sujet plus personnel. Après un peu d'hésitation il se lance enfin. A ce moment-là, je n'imaginais pas à quel point son récit allait me captiver. Pour le rendre le plus authentique possible, j'ai préféré lui donner la parole.

Voici donc en substance l'histoire qu'il m'a racontée et que j'ai retranscrite fidèlement ci-dessous.

Les responsabilités du cadre

Cela fait déjà quelques années qu'on se connaît, Maurice, nous avons eu de beaux moments de partage et de complicité. Mais quelque chose m'empêchait d'aborder des sujets plus sérieux, notamment au niveau de ma vie professionnelle. Eh bien aujourd'hui je me sens prêt, si cela ne te dérange pas, à me mettre à table en quelque sorte ! C'est que ma trajectoire et mes expériences de vie ont façonné l'homme qui est en face de toi.

Après ma scolarité obligatoire, j'ai fait un stage dans une institution socio-éducative et j'ai découvert un monde fascinant et très intéressant. Aussi ai-je pris la décision de faire une formation dans le domaine de l'éducation spécialisée et de financer mes études en faisant de temps en temps des veilles. A l'issue de mes études, j'ai commencé à travailler avec enthousiasme comme professionnel formé dans un autre établissement du canton. L'accompagnement des personnes résidentes s'est révélé riche d'échanges et de partage. L'ambiance dans l'équipe et la collaboration avec les collègues étaient à mes yeux exemplaires et contribuaient grandement à nous donner un excellent moral. C'est vrai que la dynamique et la solidarité vécues durant ces premières années ont largement contribué à mon bien-être et à ma motivation restée entière.

C'est aussi pour cette raison que, lors du départ de notre responsable d'équipe, j'ai postulé pour reprendre le flambeau. Quand j'ai su que le poste m'était attribué, j'ai ressenti beaucoup de fierté et aussi un sentiment de responsabilité pour ce nouveau défi.

Il m'a fallu quelque temps pour me roder dans mon nouveau mandat : apprendre à diriger l'équipe, animer les colloques, superviser les projets éducatifs des résidents, organiser et faire un certain nombre de tâches administratives, en particulier planifier les horaires. Cette dernière s'est d'ailleurs révélée compliquée et difficile à faire passer auprès de mes collègues. C'est que l'organisation du temps touche beaucoup les personnes, les enjeux sont multiples et les intérêts sont souvent divergents et pour tout dire inconciliables. Il faut alors expliquer, négocier, faire appel au sens des responsabilités de chacun, avec un résultat finalement mitigé, pour ne pas dire médiocre. Néanmoins, la dynamique est restée globalement satisfaisante, voire bonne, et cela m'a encouragé à persévérer, convaincu que tout problème rencontré avait sa solution, pour autant qu'on veuille bien se donner la peine de la chercher dans un esprit positif.

A un moment donné, une collègue très appréciée pour son professionnalisme et son objectivité a annoncé son départ, nouvelle qui a été perçue comme un coup de tonnerre dans le ciel bleu. J'ai alors senti que l'équipe était perturbée et, durant les semaines qui ont suivi, l'ambiance générale est devenue moins légère, le climat plus morose, avec en filigrane une forme de pessimisme larvé. Mais ce n'est qu'après le départ effectif de Mélanie que les difficultés sont devenues plus tangibles et difficiles à gérer. Il y a eu tout d'abord l'engagement d'un nouveau collègue, qui n'a malheureusement pas fait l'unanimité au sein du groupe des anciens. Cela a généré des tensions entre ceux qui souhaitaient lui laisser du temps pour s'intégrer à l'équipe et ceux qui ont très vite manifesté l'intention de le voir partir. A l'issue des trois mois d'essai et de la confirmation de son engagement, ce clivage s'est encore renforcé et l'équipe s'est retrouvée scindée en deux clans, malgré mes efforts pour parvenir à un consensus minimum et assurer un climat de travail serein et constructif. A l'évidence, l'équilibre merveilleux que nous avions connu jusque-là s'était volatilisé, une nouvelle ère venait de commencer, avec quelques nuages à l'horizon. Pour moi, mon mandat de responsable s'en est trouvé plus lourd à porter et mon moral en a pris un coup. Cela ne m'a pas empêché de continuer à assumer mes tâches avec efficacité, même si le dynamisme stimulant que j'avais connu avait clairement disparu, suscitant en moi une nostalgie pour ce « paradis perdu ».

Quelques mois plus tard, nous apprenons que nous allons devoir accueillir une nouvelle personne résidente, sans dotation supplémentaire, quand bien même sa fiche de signalement indiquait de sérieux problèmes de comportement. Ce pavé dans la mare a été très mal vécu par les membres de l'équipe, ce qui a encore accru les tensions et le manque de motivation de certains collègues. Dans les rencontres de réseau auxquelles nous étions conviés, j'ai tenté d'expliquer que l'accueil de cette personne dans ces conditions ne pouvait que rendre notre tâche plus difficile dans l'accompagnement des résidents. Nous avons alors reçu quelques garanties verbales de moyens supplémentaires qui pourraient nous être octroyés lors de la prochaine négociation de budget, pour autant que les services de l'Etat se montrent compréhensifs. Et par un beau matin d'été nous l'avons accueilli avec tout le professionnalisme qui se doit afin de faciliter son intégration dans ce nouveau cadre institutionnel. Très vite, les problèmes de comportement d'Ivan ont posé problème, et j'ai fait des démarches auprès de ma hiérarchie afin de trouver des solutions adaptées à ses besoins, mais aussi pour éviter que l'équipe ne s'épuise. Sans entrer dans les détails, mes tentatives se sont révélées peu fructueuses et nous avons donc dû faire face sans réel soutien supplémentaire.

C'est à ce moment-là qu'est apparu un nouveau phénomène inquiétant : l'absentéisme. D'abord très discrètement, puis de manière de plus en plus visible et importante. Les échanges que j'ai eus avec mes supérieurs n'ont, à ma grande déception, pas donné les résultats escomptés, notamment dans la prise en compte des besoins de l'équipe. Cela n'a pas été facile à expliquer à mes collègues, qui m'ont bien fait sentir qu'ils s'attendaient à bien mieux de ma part. J'ai donc dû côtoyer des professionnels démotivés, sans illusions quand à leurs conditions de travail. Et bien sûr, l'absentéisme a continué à prendre de l'ampleur.

A cette époque, j'ai commencé à ressentir non seulement de la désillusion, mais aussi de la frustration pour ce que je vivais avec mon équipe. Cela a nourri en moi un sentiment d'insatisfaction. J'ai donc commencé à regarder de temps en temps les annonces pour des postes dans d'autres institutions du canton ainsi qu'en Suisse Romande. Je n'étais pas pressé de partir et n'avais pas pris de décision dans ce sens, mais j'avais besoin de prendre un peu de distance avec ce que je vivais dans mon activité professionnelle. Quelques mois ont passé sans amélioration notable et le moral en berne de mes collègues me touchait de plus en plus. J'ai commencé à explorer de manière plus systématique les journaux ainsi que les sites spécialisés dans les offres d'emploi. Puis j'ai envoyé un premier dossier de candidature pour un poste de cadre, en me disant : « Qui ne tente rien n'a rien ». La réponse que j'ai reçue a été encourageante, mais à la fin du compte cela n'a pas abouti à une embauche. Par contre, j'ai senti au fond de moi le besoin de me relancer professionnellement et la cadence d'envoi de mes dossiers de candidature s'est sérieusement accélérée. Une opportunité s'est présentée pour un poste de cadre intermédiaire et de coordination dans une institution romande. Cette fois-ci, mes démarches ont abouti et j'ai été engagé au début de l'été.

Tu te demandes sûrement si ce nouveau défi professionnel a répondu à mes attentes. Disons que dans un premier temps, la découverte de nouvelles responsabilités et d'une catégorie de résidents dont je ne m'étais encore jamais occupé par le passé a stimulé ma motivation. La dimension RH de mon poste m'a tout de suite beaucoup plu, notamment les rencontres avec les candidats stagiaires ou les civilistes. Les échanges humains que j'ai eus m'ont apporté plein de satisfaction et m'ont permis de connaître des personnes intéressantes et attachantes. Cela a été d'un grand enrichissement pour moi et c'est quelque chose que j'ai gardé précieusement dans ma mémoire. Parmi les défis à relever, il y a eu la recherche d'un nouvel équilibre et le besoin de prendre ma place tout en ménageant « la chèvre et le chou ». J'ai donc appris à me positionner dans des situations difficiles tout en développant mes compétences de négociateur. Mais je tiens à le souligner, l'élan était vraiment porteur et m'a poussé à aller de l'avant. Cela m'a fait mûrir, en particulier dans la prise de conscience de la complexité des situations professionnelles. J'ai ainsi développé un certain sens de la relativité en prenant du recul par rapport au vécu émotionnel des collègues du terrain. Les difficultés d'accompagnement de certains résidents m'ont aussi permis de promouvoir des solutions innovantes et de solliciter les personnes ressources pour obtenir les moyens nécessaires à leur mise en œuvre. J'ai dépensé une grande énergie dans ces moments-là, mais cela en valait la peine compte tenu des résultats obtenus.

En outre, il était important à mes yeux de continuer à me former dans mon domaine, raison pour laquelle je me suis attelé à une formation en direction d'institution. Sans entrer dans les détails, cette formation post-grade a été l'occasion de fréquenter des collègues cadres d'autres institutions et d'échanger sur nos vécus et nos pratiques, notamment dans des présentations en plénière. La plupart de mes camarades avaient des postes de direction et leurs avis respectifs ont beaucoup compté pour moi dans le regard que je portais alors sur certains aspects de mon travail. Au moment de terminer ma formation, j'ai ressenti de la joie, mais aussi une certaine fierté, conscient d'avoir de nouveaux outils en main pour encore progresser dans mes compétences professionnelles. En plus de cela, j'ai eu des propositions de postes de cadres de direction dans différentes institutions. L'une d'entre elles en particulier a attiré mon attention et je me suis décidé à tenter ma chance. Quelle n'a pas été ma surprise quand j'ai reçu la réponse positive ! Mes vœux étaient comblés et ma motivation au zénith ! J'ai annoncé mon départ à mon employeur et l'ai préparé pendant les dernières semaines de mon mandat. J'ai aussi pris conscience que mes collègues m'appréciaient sincèrement : les témoignages reçus ont été gratifiants et m'ont beaucoup touché. Cela m'a rendu la séparation plus légère, avec le sentiment du devoir accompli.

C'est donc avec beaucoup d'énergie que j'ai débuté à ce poste de cadre de direction. Je partais de l'idée que l'accroissement de mes responsabilités et de mes prérogatives me permettrait d'être encore plus efficient dans la mise en place de projets ambitieux. D'ailleurs, la Direction m'a demandé rapidement de créer une nouvelle structure pour les personnes vieillissantes. Ce que j'ai piloté et réalisé dans un temps record, qui m'a d'ailleurs valu les critiques de quelques collaborateurs dérangés dans leurs routines. En fait, il ne s'agissait pas seulement de la créer, mais de réorganiser l'équipe de manière à ce qu'elle devienne pluriprofessionnelle, en intégrant des collaborateurs de l'éducation spécialisée et des soins. Vu à distance, cela paraît être une évidence. Eh bien dans la réalité, il n'en était rien. J'ai eu de grosses difficultés à faire passer ce changement auprès d'une partie des personnes du terrain, qui ont tout fait pour freiner et retarder le projet. Heureusement pour moi, d'autres ont bien compris les enjeux et la nécessité de s'adapter aux besoins changeants des résidents, notamment en termes de santé et de soins. Au moment de l'inauguration, j'ai alors ressenti un mélange de sentiments : la satisfaction, le soulagement, l'inquiétude, les interrogations pour la suite, l'intuition d'une période à venir plus difficile.

Cependant, mon enthousiasme et ma motivation restaient intacts. J'étais donc toujours prêt à élaborer d'autres projets selon la feuille de route de la Direction, mais aussi en prenant l'initiative de proposer des changements visant à rendre la structure plus efficace et plus adéquate au niveau de sa mission. En particulier, créer une structure spécifique et décentralisée pour l'accueil de jeunes adultes dans un cadre propice à l'élargissement de leur autonomie et à l'acquisition de nouvelles compétences. Très rapidement, j'ai pris conscience qu'un tel projet allait susciter des résistances importantes et qu'il ne serait pas facile à réaliser. Pour faciliter sa mise sur pied, je me suis adressé à la Direction pour avoir un peu plus de moyens à disposition. Mais j'ai très vite déchanté avec pour résultat une opposition renforcée et des collaborateurs démotivés. Il m'a donc fallu beaucoup d'énergie pour le faire avancer dans une ambiance plombée. En plus, je sentais que certains de mes collègues de l'équipe de Direction ne voyaient pas ce projet d'un très bon œil, sans pour autant aborder la question avec moi. Et quand j'en parlais, je sentais un manque d'intérêt évident de leur part et ils passaient rapidement à autre chose. Le plus important à mes yeux était que je puisse réaliser concrètement la structure innovante pour les jeunes de mon secteur. Après moult péripéties, l'inauguration a pu avoir lieu, et cela m'a fait un très grand plaisir de voir la joie des jeunes de prendre leurs nouveaux quartiers et d'investir leur lieu de vie. De leur côté, mes collègues se sont mis aux abonnés absents, j'ai alors eu la confirmation de leur désintérêt. Peu de temps après, lors d'une rencontre avec le Directeur, j'ai été pris à partie par mes collègues de l'hébergement qui mettaient en cause l'utilité de la nouvelle structure. Pire, ils m'ont fait le reproche de ne pas leur en avoir parlé et que dans le fonds je les mettais devant le fait accompli. Il ne m'a pas été difficile de démontrer le bien-fondé de cette réalisation et je leur ai rappelé que j'avais abordé la question au colloque de direction, tout en m'étonnant de leur silence.

Sans m'en rendre compte dans l'instant présent, je venais d'entrer dans une zone météorologique agitée. Ces signes annonciateurs n'étaient en fait que les prémisses de la tempête à venir. Les escarmouches sont devenues de plus en plus nombreuses en comité, mais la plupart du temps je répondais en expliquant ou en rectifiant les dires de mes collègues, dans l'idée de calmer le jeu. Mais j'ai dû faire le constat de l'inefficacité de ma stratégie, ce qui m'a rendu perplexe et inquiet. J'ai fini par apprendre qu'ils étaient plusieurs à avoir envisagé un projet du même type dans leurs secteurs respectifs. Loin de se réjouir du succès de ma structure pilote, ils en ont pris ombrage et me l'ont bien fait sentir. Dans les mois qui ont suivi, leur hostilité s'est renforcée, m'obligeant à être plus prudent et sur mes gardes. Ce harcèlement m'a mis dans une situation délicate et mon moral a commencé à baisser imperceptiblement. Je me sentais démuni et ne savais pas trop comment m'y prendre pour inverser la tendance. J'ai bien essayé de discuter avec l'un ou l'autre en aparté, mais sans réel succès. Mon sentiment de solitude s'en est trouvé renforcé, même si j'avais de très bons contacts avec des collègues d'autres secteurs.

Un jour, j'ai pris la défense d'une collaboratrice qui avait été accusée à tort par un éducateur travaillant pour un de mes collègues. Ce dernier est allé se plaindre à la Direction et j'ai été convoqué. Sommé de m'expliquer, j'ai été sidéré de constater que mes arguments objectifs étaient balayés et absolument pas pris en compte. Après toute une série de péripéties, l'affaire s'est finalement terminée en queue de poisson. Je suis resté avec le sentiment désagréable de ne pas avoir pu faire éclater la vérité et d'avoir été épinglé à tort avec l'aval de la Direction. Je ne tiens pas à te décrire dans le détail la dynamique négative que j'ai subie pendant cette période, qui m'a paru bien longue et douloureuse. J'ai eu l'impression que quoi que je fasse, quoi que je dise, je me retrouvais de plus en plus démuni, voire impuissant à changer le cours des choses. Malgré tout, j'ai fait front jusqu'au bout, mais je sentais bien que mes forces déclinaient, j'étais à plat comme une pile qu'on aurait vidée de son énergie et je me faisais de plus en plus de souci pour la suite.

J'ai donc décidé d'avoir recours à une aide extérieure, en l'occurrence un coach. Fallait-il demander le soutien financier de l'institution ou non ? J'ai répondu par la négative à cette question, car je voulais garder mon indépendance dans cette démarche personnelle et sauvegarder mon libre arbitre. J'ai ainsi pu décrire ce qui m'arrivait et mettre un mot sur la dégradation de mes conditions de travail, à savoir le mobbing. Bizarrement, j'étais réticent à utiliser ce mot alors que tout m'indiquait que je subissais ce type de harcèlement. Heureusement, les séances de coaching m'ont aidé à prendre de la distance et à réfléchir à de nouvelles stratégies pour pouvoir m'en sortir. A ce moment-là, j'ai fait des démarches pour trouver un autre poste comparable dans un établissement socio-éducatif du même canton. Mon bagage professionnel pouvait me laisser espérer un engagement dans un délai raisonnable. Finalement, après un processus mené jusqu'au bout, j'ai fini par échouer sur le fil : j'étais certes déçu, mais suffisamment confiant pour entreprendre d'autres démarches visant à relancer ma carrière.

C'est alors qu'un autre événement est venu encore changer la donne. Il s'agissait en l'occurrence de la décision du Directeur de procéder à une restructuration de l'équipe de direction. Assez rapidement, les lignes directrices de ce changement ont été communiquées, à savoir restreindre le nombre de membres de l'équipe de direction et donner beaucoup plus de pouvoir à l'un d'entre nous au détriment des autres. Cela signifiait à terme le départ programmé de plusieurs d'entre nous ou la rétrogradation hiérarchique. Cette perspective n'était pas rassurante et laissait augurer des jours encore plus difficiles. J'ai réalisé que le temps pressait et qu'il me fallait reprendre mes investigations pour trouver un nouveau poste. Mais voilà, les postes à responsabilité ne sont pas si nombreux sur le marché et surtout les places vacantes se présentent au compte-goutte. Du coup, je me suis senti davantage précarisé et d'une certaine manière pris dans une course contre la montre, source de stress supplémentaire par rapport à ce que je vivais déjà. Etonnamment, cette vision quasi cauchemardesque ne m'a pas empêché de continuer à me battre, mais je ne me faisais plus beaucoup d'illusions sur l'issue de cette « bataille » où les forces en présence m'étaient par trop défavorables.

Les mois ont passé sans que je trouve de solution de remplacement, je me suis alors retrouvé dans la ligne de mire de mon collègue choisi par la Direction pour chapeauter l'ensemble de l'hébergement et qui cherchait à l'évidence à régler ses comptes avec moi. Il ne manquait plus qu'un bon prétexte pour nouer la gerbe. Ce qui fut fait par le biais d'accusations fumeuses et en grande partie anonymes qui me valurent une convocation par la Direction. Lors de cette entrevue mémorable, j'ai été amené à constater qu'il n'y avait plus de place pour moi dans cet établissement. Il ne restait plus qu'à négocier mon départ de manière à partir la tête haute. J'ai ainsi obtenu une sorte de « divorce à l'amiable ». Mes dernières semaines ont été bien chargées et m'ont réservé quelques bonnes surprises, notamment des témoignages de reconnaissance et d'amitié qui m'ont fait chaud au cœur. C'est là aussi où j'ai pris conscience de tout ce que les séances de coaching m'apportaient : sérénité, calme, confiance en mon avenir malgré l'adversité et les conditions de mon départ.

Le développement personnel

Durant les mois qui ont suivi, j'ai effectué des démarches pour trouver un poste hiérarchiquement comparable tout en continuant mes séances de coaching. Ces dernières m'ont permis de passer plus facilement le cap et de faire mon deuil, en quelque sorte. Puis, dans un deuxième temps, j'ai pu enfin me concentrer sur la suite que je souhaitais donner à ma carrière professionnelle, explorer les possibles ainsi que réfléchir à l'essentiel, notamment mes valeurs. Au bout d'un certain temps, j'ai dû me rendre à l'évidence qu'il ne serait pas facile, compte tenu de mon âge, de trouver un poste à responsabilité. Cela m'a amené à me poser la question de savoir si cette quête était aussi primordiale ou s'il n'était pas temps d'envisager un tournant dans ma carrière et de voir ma situation sous un autre angle en lien avec la qualité de vie. D'autre part, les expériences vécues comme responsable hiérarchique m'avaient laissé sceptique et sans illusions quant à la possibilité d'amener une dynamique constructive dans les changements et les projets. A mes yeux, il y avait maintenant beaucoup trop d'obstacles et de contraintes à tous les niveaux pour les réaliser dans de bonnes conditions. Difficile alors de garder le feu sacré et d'être une locomotive dans ce domaine.

Ayant fait tout un cheminement réflexif dans le cadre du coaching, j'ai fini par boucler la boucle et mettre un terme à cette démarche, à charge pour moi de continuer sur la lancée, de manière indépendante et responsable. J'avais maintenant acquis la conviction qu'il était essentiel de mieux prendre soin de moi en ne me laissant plus jamais happer par une spirale professionnelle destructrice. Mais aussi la nécessité de privilégier mes vrais besoins d'être humain, de changer mes priorités pour promouvoir la qualité de ma vie privée en lien avec les membres de ma famille ainsi que mes proches. C'est-à-dire avoir plus de disponibilité et de présence pour mon épouse et nos enfants de manière à retrouver une vraie joie de vivre.

Cependant, j'étais aussi conscient qu'une vie harmonieuse passe par la recherche d'un équilibre entre vie professionnelle et vie privée. Si j'étais au clair avec la deuxième, je ne pouvais pas en dire autant de l'aspect professionnel. N'ayant pas de perspective de retrouver rapidement un travail salarié, j'ai commencé à envisager sérieusement une formation en lien avec le développement personnel. De façon assez naturelle, je me sentais enclin à me former dans le coaching, dans la mesure où cette approche m'avait permis de ne pas sombrer lorsque j'avais eu cette longue période de mobbing. En plus, grâce à elle, j'ai pu faire un bon travail de recentrage et de réflexion sur moi-même. J'ai donc cherché les informations sur les différentes possibilités de formation dans ce domaine. J'ai finalement jeté mon dévolu sur une filière prenant en compte toutes les dimensions qui caractérisent l'être humain, que ce soit au niveau physique, émotionnel, intellectuel et spirituel. A mes yeux, cette approche globale devait répondre à mon besoin de comprendre les mécanismes complexes de la nature humaine et de ne pas être dans une démarche uniquement théorique et technique basée sur la recherche de la performance. Au moment de commencer les cours, je n'avais toujours pas retrouvé de travail et j'étais bien content d'avoir à faire à nouveau quelque chose de stimulant et de motivant. Je me suis d'ailleurs senti tout de suite à l'aise dans les échanges avec mes camarades, ainsi que dans les exercices pratiques. Cela a eu une influence positive notamment au niveau de mes attitudes. Il est vrai que la réflexion sur les valeurs et sur les règles déontologiques a permis de poser un cadre dans lequel chacun a pu se reconnaître. En particulier le respect, la confidentialité, la confiance mutuelle, l'écoute et la présence à l'autre.

Ma formation était déjà bien entamée quand j'ai été engagé comme responsable d'une petite structure dans une institution de la région. Cela m'a conforté dans ma conviction que tout vient à point pour qui sait attendre. Je me retrouvais enfin dans une dynamique positive alliant activité rémunérée et formation dans le développement personnel. Pour moi, il y avait de la résilience dans mon parcours de vie et en particulier dans ce que j'avais surmonté durant ces dernières années. J'avais l'impression de sortir enfin du tunnel et d'être enfin à la lumière.

Depuis lors, je me suis retrouvé avec un emploi du temps bien chargé quoique stimulant et constructif. A chaque étape de la formation, j'ai acquis non seulement de nouvelles compétences, mais aussi une meilleure connaissance de moi-même et d'autrui. L'approfondissement des techniques, notamment de communication, m'a également permis de progresser dans la relation à l'autre, condition sine qua non pour établir la confiance et créer l'alliance indispensable qui sous-tend le processus de coaching. De nombreux exercices pratiques ont jalonné la formation, ce qui s'est avéré fort utile pour l'intégration de la matière et pour la prise de conscience de la distance qui sépare toujours la théorie de la pratique.

Pour accélérer encore cette intégration pratique et pour développer notre autonomie par rapport aux formateurs, nous avons commencé à faire des coachings extérieurs par petits groupes d'étudiants. Ce rodage m'a été d'une aide précieuse pour passer à l'étape suivante : l'organisation de séances avec des personnes extérieures à la formation, d'abord avec des proches, voire des membres de la famille, puis avec des personnes rencontrées de manière aléatoire mais qui manifestaient un intérêt pour être des « cobayes ». Je dois dire que cette période a été passionnante même si elle n'a pas été facile ni de tout repos. C'était le prix à payer pour acquérir la fluidité et l'aisance dans le processus de coaching : des expériences parfois compliquées, voire des échecs porteurs d'améliorations et donc indispensables pour progresser au long cours. L'apprentissage aussi de la persévérance. Bref, je vois mieux aujourd'hui tout le chemin parcouru depuis le premier jour, avec les moments de doute, de joie, de frustration, de satisfaction et d'impatience, et la liste n'est pas exhaustive !

Heureusement, je n'étais pas seul pour faire ce parcours, j'ai été accompagné par les formateurs et, grâce à leur présence, j'ai pu parcourir cet itinéraire dans la bienveillance et le soutien ciblé. Mes camarades d'études ont aussi joué un grand rôle : les échanges, les partages, les moments de rencontre, tout cela m'a beaucoup enrichi dans mes apprentissages et en tant qu'être humain.

Pour boucler la boucle, il y a eu tout le travail de certification, avec différents travaux à rendre, des examens à passer et remplir toutes les conditions requises pour l'obtention du précieux sésame. Le tout étalé sur plusieurs mois. Pour moi, cela a été un bon exercice de rigueur et d'organisation, d'autant plus que je le faisais en parallèle avec mon emploi à plein temps. Sur le moment, il y a eu des épisodes de lassitude et de fatigue, mais j'ai malgré tout tenu le cap et je suis maintenant heureux d'avoir persévéré et d'être arrivé au but.

Cette première étape réalisée, il me reste maintenant à continuer sur ce chemin qui m'a amené à explorer les ressources infinies du développement personnel au sens large. Tout en poursuivant mon travail en institution, je cherche à trouver maintenant un nouvel équilibre qui me permettrait d'approfondir cette connaissance de l'humain, si importante à mes yeux pour s'épanouir et réussir véritablement sa vie.

Ce changement de paradigme est d'autant plus présent que j'arrive bientôt à l'âge de la retraite, carrefour à la fois important et difficile à négocier. Néanmoins, je suis aujourd'hui convaincu que cette échéance prochaine est une opportunité supplémentaire de pouvoir continuer sur ma lancée, de poursuivre en quelque sorte mon pèlerinage terrestre en mettant mes priorités dans ce qui est vraiment essentiel, en faisant fi notamment du carriérisme et du matérialisme.

Epilogue

Je m'arrête là, Maurice, cela fait plusieurs heures que tu m'écoutes et j'ai l'impression de t'inonder, voire de t'envahir avec mon histoire. Je me suis certes un peu emballé, pris dans mon vécu et mes ressentis. Mais pour te faire comprendre ma trajectoire, il fallait que je te parle de ce qui m'a profondément marqué. En plus, comme tu es mon ami de longue date, j'avais aussi très envie de partager tout ça avec toi, tout en apportant en quelque sorte un témoignage sur la possibilité pour chacun d'infléchir le cours de son existence, surtout quand on est dans l'impasse ou la souffrance. C'est donc en définitive un message d'espoir et d'optimisme que je tiens à délivrer. Je suis convaincu que chaque être humain a une grande capacité de résilience et que les circonstances de la vie lui donnent l'occasion de l'utiliser et de la développer. Il faut juste ne pas la laisser passer quand elle se présente à nous, car à l'image des comètes elle ne revient pas souvent et cela peut hélas avoir des conséquences dramatiques.

Trêve de discours, dis-moi maintenant, Maurice, ce que tu en penses, et je compte sur ta franchise !

* * *

Max, j'aimerais pour commencer, te remercier chaleureusement pour ton témoignage sur ton vécu personnel. Je sais que ce n'est jamais facile d'aborder ce genre de question, même si on en parle à quelqu'un de proche, ce qui est notre cas. Je te rassure tout de suite : ton récit m'a effectivement captivé et a fait apparaître des résonances en moi. Ce que tu racontes s'inscrit dans notre condition humaine avec tous les défis qu'elle comporte, notamment la recherche de sens.

Ce que tu viens de me confier représente selon moi une sorte d'odyssée intérieure, pleine de péripéties et de moments forts. Cela va peut-être te surprendre, mais je pense sincèrement que ton récit pourrait intéresser beaucoup de monde, car il est exemplaire à plus d'un titre. Et ce serait dommage de ne pas le rendre accessible à un public élargi.

Il se trouve que je suis actuellement associé à la rédaction d'un livre collectif auquel je dois apporter ma contribution. Jusqu'à ce jour, j'étais en panne d'imagination et en attente d'un déclic. Eh bien, j'ai le sentiment qu'il vient de se produire et je souhaite te faire la proposition suivante : serais-tu d'accord que je prenne ton récit et que j'en fasse un témoignage écrit dans le cadre de cette publication dont je viens de te parler ? Tu n'as pas besoin de me répondre tout de suite, tu peux y réfléchir et me redire prochainement quelle est ta décision à ce sujet.

* * *

Mon ami Max m'avait écouté attentivement et il commença par garder le silence. Au bout d'un moment, il prit la parole et me dit avec une voix ferme et un peu solennelle qu'il était d'accord avec ma proposition et qu'il me faisait confiance. Je le vis alors hésiter, puis il ajouta qu'il souhaitait pouvoir le lire avant que je l'envoie à l'éditeur. Tout content de sa réponse positive, je n'ai eu aucune difficulté à accéder à sa demande, je vis alors son visage se détendre et un sourire apparaître.

Avant de nous séparer, nous nous sommes longuement serré la main, conscients que notre amitié venait encore de se renforcer, dans l'estime réciproque et la reconnaissance partagée. Mais déterminés aussi à nous revoir plus souvent.

L'apprentissage du bonheur avec le Yoga : efficacité sur les troubles du comportement
Kothuri Srim Rao et Maddirala Vijaya Rama Raju

Introduction

Les adolescents sont les futurs citoyens d'un pays et il est impératif d'aborder systématiquement leurs besoins (Manpower Profile, 1996). Selon le World Health Report (2001), l'adolescence est marquée par une forte agitation dans les sphères émotionnelle et comportementale. L'OMS définit l'adolescence comme la période de la vie entre les âges de 10 et 19 ans. L'adolescent lutte pour développer son individualité tout en se conformant aux normes sociales. L'urbanisation et la modernisation rapides les ont exposés à des changements dans la société. L'échec qui s'ensuit dans la structure familiale, un contrôle excessif ou minimal troublent l'adolescent et le rendent spécialement vulnérable aux modèles mal adaptés de pensée et de comportement. L'état d'adulte bien portant dépend de la bonne résolution de ces problèmes émotionnels et comportementaux. Marchant sur cette corde raide, beaucoup d'adolescents parviennent normalement à l'âge adulte. Tous les adolescents ne peuvent pas avoir la chance de recevoir un soutien social idéal pour rendre cette transition confortable. Certains développent des modèles mal adaptés dans leur profil émotionnel et comportemental. Pour l'avenir de l'individu, cela présage maladie, dépression, délinquance et suicide à côté d'autres problèmes.

La Constitution Indienne (1950) affirmait que tous les garçons et filles jusqu'à l'âge de 14 ans devaient aller à l'école. L'adolescence peut être catégorisée en deux parties : première adolescence et adolescence tardive. La première adolescence (entre 10 et 15 ans) est un moment de nombreux changements physiques, mentaux, émotionnels et sociaux. Durant cette période, les adolescents ont besoin d'une attention spéciale, car ils traversent un processus complexe de changements émotionnels, physiques et sociaux. A ce moment, ne pas parvenir à s'ajuster à ces changements conduit à des problèmes de santé mentale. Tant les filles que les garçons sont susceptibles de souffrir de ces problèmes mais, pour les filles adolescentes, ils se combinent avec des facteurs sociétaux. Malheureusement, le système de santé n'a pas pris en compte de façon adéquate ces besoins des adolescents.

Il est surprenant de noter qu'il n'y a que peu d'études sur les problèmes des garçons adolescents en Inde. Beaucoup d'inspections épidémiologiques des enfants et adolescents allant à l'école ont rapporté une variation large (20-33 %) dans la prévalence de problèmes psychosociaux (Anita *et al.*, 2003).

Les problèmes émotionnels et comportementaux des élèves dans les écoles sont des programmes très bien mis en relief pour la recherche en éducation en général et la psychologie en particulier. En dépit de nombreuses tentatives des psychologues de comprendre et de connaître la sévérité des problèmes émotionnels et comportementaux des écoliers, le problème n'est pas complètement saisi. Peu d'études ont été menées pour mettre en relief ces différents difficultés. Ce thème est devenu un souci majeur pour les psychologues, car ils trouvent difficile de s'y attaquer (Kapur, 1997).

Malavika Kapur (1995) a observé que l'incidence de problèmes comportementaux s'élève jusqu'à 10 à 15 %, importance considérable au vu des dizaines de milliers d'élèves fréquentant les écoles dans chaque ville. D'autres études épidémiologiques reflètent la même observation. En considérant ces études, on a le sentiment que les problèmes comportementaux chez les écoliers sont en augmentation jour après jour.

Des chercheurs ont pensé que les adolescents sont en train d'expérimenter des sentiments émotionnels d'un niveau élevé en comparaison avec les adultes (Verma et Larson, 1999). Les femmes interrogées rapportent plus de problèmes émotionnels en comparaison avec leurs homologues masculins (Abdinasir et Raju, 2009). Les autorités dans le domaine soulignent que les adolescents sont plus émotifs que les adultes et manifestent aussi plus d'extrêmes émotionnels que les adultes (Bradburn, 1969 ; Campbell, 1981 ; Diener *et al.*, 1985 ; Verma et Larson, 1999). Raju *et al.* (2004) ont trouvé que les élèves des écoles privées montrent plus d'absentéisme scolaire et d'arrivées tardives à l'école que les élèves des écoles gouvernementales.

Généralement, les problèmes comportementaux rencontrés chez les enfants à l'école peuvent être catégorisés en problèmes émotionnels, problèmes de conduite et problèmes spécifiques des élèves des lycées.

Problèmes émotionnels

Parmi les problèmes émotionnels, on note l'anxiété, une peur excessive, une phobie, une sensitivité extrême, une timidité farouche, une difficulté à garder des amis, un retrait social, tristesse, dépression, rêverie diurne, ongles rongés, pouce sucé, compulsion, jalousie, refus de l'école, saleté, facteurs émotionnels et maladie physique. Chez les élèves des lycées, on ne rencontre pas tous ces problèmes émotionnels, mais dans quelques cas on peut voir des symptômes émotionnels inhabituels. Achenbach (1991) fait la liste d'éléments de comportement disruptif ou de comportements inappropriés dans une salle de classe, qui sont les suivants : bruits étranges de bourdonnement, disputes, échec à finir les choses commencées, comportement imitant le sexe opposé, défiance, recul, hyperactivité, irritabilité, agitation nerveuse, rêverie diurne, destruction des choses personnelles ou de celles des autres, participation à des bagarres, ongles rongés, anxiété, endormissement à l'école, comportement maladroit, refus de parler, passage à l'acte, cris perçants, obstination, morosité, bouderie, jurons, langage obscène, dépassement et comportement de repli sur soi-même. Les résultats de l'étude de Ommen, Kapur et Sarmukaddam (1987) ont montré que les enfants classés comme hyperactifs dans le dispositif de l'école montraient également une supériorité par rapport aux cas cliniques dans leur niveau de fonctionnement intellectuel, dans la perception et l'organisation, une meilleure mémoire pour les stimuli visuels et auditifs, ils pouvaient se montrer moins impulsifs et avaient une maturité sociale plus élevée. Ces enfants hyperactifs dans le dispositif scolaire étaient aussi supérieurs dans leurs performances à certains tests, comparés à leurs homologues normaux. Une étude de Dhavale (1994) a évalué les écoliers. Chez 73.06 % des enfants, des problèmes tels que l'énurésie, le retard mental, les problèmes de comportement et l'hyperactivité ont été identifiés. Les enfants hyperactifs dans le dispositif scolaire étaient supérieurs dans leurs performances à certains tests, comparés à leurs homologues normaux.

Rao (1978) a rapporté un taux de prévalence global de 19.6 %, c'est-à-dire que 84 cas ont été trouvés perturbés (29 filles et 55 garçons). 47 avaient une dépression mineure, 21 avaient des symptômes d'anxiété, 80 avaient des maux de tête psychogéniques, 7 avaient des vertiges, une incapacité à se concentrer et des douleurs et des maux vagues, et un garçon était schizophrène. Les internes étaient significativement plus perturbés que les externes, 8 adolescents étaient mentionnés avoir besoin d'une aide psychiatrique. Cette étude rapportait que la performance scolaire et la morbidité psychiatrique étaient inversement proportionnelles.

Interventions

La Modification du Comportement et le module Yoga sont des thérapies alternatives pour gérer les problèmes émotionnels et comportementaux parmi les écoliers adolescents.

La Modification du Comportement

La Modification du Comportement est l'utilisation de techniques de changement de comportement empiriquement démontrées pour augmenter ou diminuer la fréquence de comportements, telles que changer les comportements d'un individu et ses réactions aux stimuli à travers un renforcement positif ou négatif du comportement adaptatif et/ou la réduction d'un comportement à travers son extinction, punition et/ou satiété. Edward Thorndike (1911) semble avoir été le premier à employer le terme « Modification du Comportement ». Son article « Provisional laws of acquired behavior or learning » fait un fréquent usage du terme « Comportement en train de se modifier ». Selon une recherche datant des années 1940 et 1950, le terme a été utilisé par le groupe de recherche de Joseph Wolpe (1969). La tradition expérimentale en psychologie clinique l'emploie pour se référer à des techniques thérapeutiques dérivées de la recherche empirique. Elle en est depuis venue à se référer principalement à des techniques visant à augmenter le comportement adaptatif à travers la disparition (avec récompense) ou la punition (avec accent mis sur la première). Deux termes apparentés sont « behavior therapy » et « applied behavior analysis » : « thérapie du comportement » et « analyse appliquée au comportement ». Soulignant les racines empiriques de la Modification du Comportement, certains auteurs considèrent qu'elle est plus étendue et englobe les deux autres catégories de méthodes de changement de comportement. Depuis que des techniques dérivées de la psychologie du comportement tendent à être considérées comme les plus efficaces pour modifier le comportement, beaucoup de praticiens prennent en considération la Modification du Comportement avec la thérapie du comportement et appliquent l'analyse du comportement qu'on trouve dans le behaviorisme. Alors que la Modification du

Comportement englobe l'analyse du comportement appliquée et typiquement utilise les interventions basées sur les mêmes principes comportementaux, beaucoup de modificateurs du comportement qui ne sont pas des analystes du comportement appliqué ont tendance à utiliser des ensembles d'interventions et ne procèdent pas à une estimation fonctionnelle avant d'intervenir.

Les programmes de Modification du Comportement forment le noyau de nombreux programmes de facilité de traitements résidentiels. Ils ont montré une réussite en réduisant le récidivisme chez des adolescents ayant des problèmes de conduite et des délinquants. La Modification du Comportement ou la thérapie et le conseil sont efficaces pour des individus qui demandent un traitement pour un certain changement de comportement, ils se basent sur des principes tels qu'un renforcement, le façonnage et l'extinction, le fait que le comportement est appris et peut donc être désappris ou reconditionné. La Thérapie Comportementale et le conseil se concentrent sur le « ici et maintenant » sans se focaliser sur le passé pour trouver un motif pour le comportement.

Les interventions comportementales, telles que les indications de programmes de renforcement comme le « contingency contracting » (un accord formel entre thérapeute et patient concernant certaines actions des deux) et le « response cost » (une technique qui diminue le renforcement pour des comportements disruptifs) sont communément utilisées avec ces enfants et se sont montrées efficaces en améliorant le comportement dans la salle de classe (Barkley, 1990). Les enfants ayant des problèmes émotionnels et comportementaux répondent souvent bien à ces interventions parce qu'elles donnent un résultat fréquent, immédiat et y associent un renforcement secondaire puissant.

La thérapie par le Yoga

Le Yoga est une alternative qui promet d'être une intervention pour une variété de difficultés sociales, émotionnelles, comportementales et scolaires (Nardo et Reynolds, 2002).

Il a un rôle important à jouer dans le traitement des problèmes émotionnels et comportementaux. Les techniques de yoga comme Pawanmuktasna, Suryanamaskar ou Sun Salutation, Anulom-Vilom Pranayam et Shavasana, touchent le corps, les organes internes, les glandes endocrines, le cerveau, l'esprit et autres facteurs concernant le complexe corps-esprit. Avec une pratique régulière de yoga, les adolescents ayant des problèmes émotionnels et comportementaux peuvent gérer et développer une plus grande conscience de leur corps.

Méthodologie

Objectifs de l'étude

- Examiner les problèmes émotionnels et comportementaux des élèves adolescents.
- Découvrir la différence significative entre les problèmes émotionnels et comportementaux parmi les élèves adolescents avec quelques variables démographiques comme le genre et l'âge.
- Evaluer l'efficacité des modules de Modification du Comportement et du Yoga Asana pour réussir à réduire les problèmes émotionnels et comportementaux chez les adolescents.

Hypothèses

- Il y aura des différences significatives dans les variables démographiques comme le genre et l'âge chez les adolescents avec problèmes émotionnels et comportementaux.
- La Modification du Comportement développée et le module Yoga Asana seraient efficaces pour affronter ou réduire les problèmes émotionnels et comportementaux chez les élèves adolescents.

Echantillon

L'échantillon dans ce but a consisté en 47 adolescents (garçons = 22 ; filles = 25) collectés depuis le Sree Konaseema Specialites Hospital, Amalapuram, East Godavari district de Andhra Pradesh.

Critères d'inclusion : En Phase I, des adolescents des classes de la 6ème à la 10ème sont inclus dans l'étude. Et en Phase III, des adolescents nouvellement diagnostiqués avec des problèmes émotionnels et comportementaux seront inclus.

Critères d'exclusion : Enfants, jeunes adultes, personnes d'âge moyen et vieillards ont été exclus de l'étude. Des adolescents avec des conditions de co-morbidité telles que déficience d'apprentissage, stress scolaire, motivation scolaire et réussite scolaire ont aussi été exclus de l'étude.

Outils

On a utilisé le « Youth Self Report » développé par Achenbach (2001). L'instrument évalue les problèmes émotionnels et comportementaux d'adolescents entre 11 et 18 ans. Les items du syndrome YSR sont : déprimé-anxieux, déprimé-replié sur soi-même, plaintes somatiques et problèmes sociaux. Il y a 112 items dans cette mesure auto-rapportée. La fiabilité test/pré-test indiquée pour les comptes de problèmes intériorisés, extériorisés et totaux de l'instrument sont respectivement de 0.80, 0.89 et 0.87. La fiabilité cohérente (coefficient alpha) de ces comptes est respectivement de 0.90, 0.90 et 0.95. La validité du contenu des items YSR a été appuyée par la recherche et les résultats. On a trouvé que les items du YSR diffèrent significativement (p<0.01) entre les sujets « referred » et « non-referred » (ayant ou non un signalement clinique) avec des caractéristiques démographiques semblables (Achenbach et Rescorla, 2003).

But de l'étude

Cette étude a suivi une approche de recherche quantitative et utilise des techniques de but de recherche descriptives et pré-test/post-test pour atteindre son but.

Variables démographiques

Les variables démographiques ou institutionnelles inclues dans la présente étude sont le Genre et l'Âge. Le genre consiste en garçons et filles, et l'âge consiste en deux groupes, 11-13 ans et 14-15 ans.

Procédure

La présente étude a consisté en 3 phases. Dans la phase I, l'autorisation a été obtenue de l'hôpital. Après avoir demandé la permission des autorités concernées de l'hôpital, les sujets ou clients ont été informés et on leur a expliqué le but de l'étude. Les chercheurs ont donné les instructions avec soin sur la manière de remplir le questionnaire. Ils ont demandé de lire les instructions soigneusement, de donner des réponses authentiques après avoir lu chacun des items et de sélectionner les réponses comme « Zéro » indiquant « non vrai », « 1 » indiquant « un peu », et « 2 » indiquant « très vrai ». On a prié les élèves de ne répondre qu'à une seule option pour chaque item. On leur a appris aussi à répondre à tous les items sans erreur. Ils ont également été informés que les réponses seraient gardées hautement confidentielles et utilisées uniquement pour le but de la recherche. L'instrument a été administré. Partout où des doutes ont été soulevés, le chercheur donnait des explications aux participants.

Dans la Phase II, basée sur les résultats des données de la Phase I, l'intervention de la Modification du Comportement et du Yoga Asana a été établie. La Modification du Comportement a pris 21 séances de 25 minutes. Le Yoga a duré sept semaines, chaque séance prenant 45 minutes. La Modification du Comportement et le module Yoga ont été tous deux administrés au groupe expérimental. Dans la Modification du Comportement ont été utilisées les techniques comme modelage, renforcement et extinction. Dans le module Yoga, Pawanmuktasna, Suryanamaskar ou Sun Salutation, Anulom-Vilom Pranayam et Shavasana ont été employés pour le groupe. Ces séances avaient lieu au cours des heures de la soirée. Dans la Phase III, l'efficacité de l'intervention de la Modification du Comportement et du Yoga a été testée sur le groupe expérimental. Peu après la fin de l'intervention d'une durée de sept semaines, un post-test sur les problèmes émotionnels et comportementaux des rapports « Youth Self Report » (auto-évaluation du jeune sujet) (11-18 ans) a été conduit.

Analyse statistique

Après avoir été enregistrées, les réponses recueillies ont été mises dans un tableau, analysées et interprétées en utilisant SPSS (Windows-16) by Mean, Standard Deviation, t-test and Paired Sample t-test (t-test des échantillons appariés).

Résultats et discussion

Tableau 1 : Problèmes Emotionnels et Comportementaux selon le genre

Sub-scale	Age	N	Moyenne	Déviation Standard	Valeur-t
Anxiété-Dépression	Garçons	22	11.86	1.98	1.38
	Filles	25	10.84	2.93	
Retrait-Dépression	Garçons	22	5.09	1.82	.105
	Filles	25	5.16	2.56	
Plaintes somatiques	Garçons	22	9.59	2.77	1.35
	Filles	25	10.52	1.92	
Problèmes sociaux	Garçons	22	8.92	2.86	.858
	Filles	25	8.24	2.52	

** $p < 0.01$ niveau significatif, * $p < 0.05$ niveau significatif

Tableau 1 : Les résultats montrent qu'il n'y a pas de différence significative entre les genres avec anxiété-dépression, retrait-dépression, plaintes somatiques et problèmes sociaux dans le groupe expérimental. Cela signifie que tant les garçons que les filles font les mêmes expériences dans les dimensions ci-dessus dans le groupe expérimental.

Selon Abdinasir et Raju (2009), les résultats indiquent que les sujets masculins ont des problèmes émotionnels significativement plus élevés que les sujets féminins, alors que les sujets féminins ont des scores significativement plus élevés dans les problèmes comportementaux. Les résultats d'une autre étude, de Kapi et Veltsista (2007), montrent que les filles grecques ont des scores significativement plus bas que les filles de Finlande sur les échelles de plaintes somatiques. Les principales différences marquées dans cette comparaison étaient le niveau d'anxiété et de dépression plus élevé chez les Grecques que chez les Finnoises, et le niveau de problèmes exprimés plus élevé chez les filles finnoises que chez les garçons. Les standards culturels pourraient jouer un rôle important pour expliquer ces différences. Au contraire, Woo (2007) a trouvé que les garçons obtiennent des scores significativement plus élevés dans les problèmes sociaux.

Tableau 2 - Problèmes Émotionnels et Comportementaux liés à l'Âge

Sous-scales	Age	N	Moyenne	Déviation standard	t-value
Anxieté-Dépression	11-13	27	11.15	2.58	.529
	14-15	20	11.55	2.58	
Retrait-Dépression	11-13	27	5.07	2.34	.190
	14-15	20	5.20	2.12	
Plaintes Somatiques	11-13	27	9.41	2.52	2.39*
	14-15	20	11.00	1.86	
Problèmes sociaux	11-13	27	8.26	2.46	.878
	14-15	20	8.95	2.93	
	14-15	20	14.40	2.48	

** $p < 0.01$ niveau significatif, *$p < 0.05$ niveau significatif

Tableau 2 : Les résultats montrent une différence significative selon l'âge pour les plaintes somatiques dans le groupe expérimental. Il n'y a pas de différence significative entre l'âge et anxiété-dépression, retrait-dépression, problèmes sociaux dans le groupe expérimental. Cela signifie que les tranches d'âge 11-13 ans et 14-15 ans ont fait les mêmes expériences dans les dimensions ci-dessus dans le groupe expérimental. Dans le domaine des plaintes somatiques, le score moyen (m = 11.00) de la tranche d'âge 14-15 ans est ressenti être plus élevé que le score moyen (m = 9.41) de la tranche d'âge 11-13 ans dans le groupe expérimental. La valeur-« t » est (t = -2.39), ce qui est significatif. Selon Abdinasir et Raju (2009), les résultats indiquent que les élèves adolescents d'âge moyen ont des problèmes émotionnels significativement plus élevés que les adolescents plus jeunes (p < 0.01). Dans une autre étude, Ramesh Kumar Mishra (2005) a trouvé que les garçons thaï (56 %) ont des scores plus élevés que les garçons indiens (54.40 %) et les filles indiennes (45.60 %) plus que les filles thaï. Dans le même groupe d'âge (15 ans) correspondant au niveau « 9th standard » (niveau scolaire secondaire en Inde) et au niveau thaï de l'école secondaire, une différence significative entre garçons et filles dans le groupe expérimental a été rapportée après le pré-test chez les adolescents indiens. Dans une autre étude, Liu (2001) conclut que les problèmes comportementaux et émotionnels tendent à augmenter avec l'âge et se groupent chez les mêmes individus.

Tableau 3 : Résultats sur les différences significatives entre pré-test/post-test sur l'anxiété et la dépression

Variables	Moyenne		Déviation standard		t-value
Anxiété-dépression	Pré-test	Post-test	Pré-test	Post-test	12.95**
	11.32	4.36	2.55	2.29	

** p < 0.01 niveau Significatif

Tableau 3 : Les résultats montrent qu'il y a une différence significative entre pré-test et post-test sur l'anxiété-dépression. Dans le pré-test pour le domaine de l'anxiété-dépression, le score moyen (m = 11.32, std = 2.55) est plus élevé comparé au test suivant par le score moyen (m = 4.36, std = 2.29) du post-test. Et la t-valeur est (t = 12.95), ce qui est hautement significatif, (p < 0.01). Cela signifie que des interventions comme la Modification du Comportement et le module Yoga étaient effectivement actives pour réduire ou gérer l'anxiété-dépression.

Selon Munoz-Solomando *et al.* (2008), les résultats montraient que la meilleure évidence d'efficacité pour la thérapie comportementale concerne le traitement des enfants et adolescents présentant un trouble d'anxiété généralisée, dépression, trouble obsessif-compulsif et trouble de stress post-traumatique. Nous ne trouvons aucune évidence – ou alors insuffisante – pour déterminer si la thérapie cognitive comportementale est utile pour le traitement du comportement antisocial, des troubles psychotique et apparentés, des troubles alimentaires, du mauvais usage de substances et du comportement auto-nocif.

Tableau 4 : Résultats sur la différence significative entre pré-test/post-test sur le retrait-dépression

Variables	Moyenne		Déviation standard		Valeur t
Retrait - Dépression	Pré-test	Post-test	Pré-test	Post-test	11.05**
	5.13	2.53	2.22	1.67	

** p < 0.01. niveau significatif

Tableau 4 : Les résultats montrent qu'il y a une différence significative entre pré-test et post-test dans le retrait-dépression. Dans le pré-test, pour le domaine du retrait-dépression le score moyen (m = 5.13, std = 2.53) est plus élevé si on le compare aux tests suivants par le score moyen (m = 2.22, std = 1.67) du post-test, et la Valeur-t est (t = 11.05), ce qui est hautement significatif (p < 0.01). Cela signifie que des interventions comme la Modification du Comportement et le module Yoga ont été efficaces pour réduire ou gérer le retrait-dépression.

Tableau 5 : Résultats sur la différence significative entre pré-test et post-test sur les plaintes somatiques

Variables	Moyenne		Standard Déviation		Valeur t
Plaintes somatiques	Pré-test	Post-test	Pré-test	Post-test	15.44**
	10.09	4.85	2.38	1.27	

** p < 0.01 niveau significatif

Tableau 5 : Les résultats montrent une différence significative entre pré-test et post-test sur les plaintes somatiques. Dans le pré-test, le domaine de retrait-dépression, le score moyen (m = 10.09, std = 2.38) est plus élevé si on le compare aux tests suivants par score moyen (m = 4.85, std = 1.27) du post-test, et la valeur t est (t = 15.44) qui est hautement significative (p < 0.01). Cela signifie que des interventions comme la Modification du Comportement et le module Yoga ont été efficaces pour réduire ou gérer les plaintes somatiques.

Tableau 6 : Résultats sur la différence significative entre pré-test et post-test sur les problèmes sociaux

Variables	Moyenne		Déviation Standard		Valeur t
Problèmes sociaux	Pré-test	Post-test	Pré-test	Post-test	12.35**
	8.55	3.91	2.66	1.32	

** p < 0.01 niveau significatif

Tableau 6 : Les résultats montrent la différence significative entre pré-test et post-test sur les problèmes sociaux. Dans le pré-test, le score moyen (m = 8.55, std = 2.66) est plus élevé comparé au score suivant par moyenne (m = 3.91, std = 1.32) du post-test, et la valeur t est (t = 12.35), ce qui est hautement significatif (p < 0.01). Cela signifie que des interventions comme la Modification du Comportement et le module Yoga ont été efficaces pour réduire ou gérer les problèmes sociaux.

Selon Atezaz Saeed *et al.* (2010), les résultats montraient que le Yoga est une intervention efficace pour le traitement de l'anxiété et de la dépression. Dans une autre étude, de Javnbakht *et al.* (2009), les résultats indiquent que la prévalence moyenne de la dépression dans le groupe expérimental avant et après l'intervention Yoga était respectivement de 12.82+/-7.9 et 10.79+/-6.03, une diminution statistiquement non significative (p = 0.13). Cependant, quand le groupe expérimental était comparé au groupe contrôle, les femmes qui participaient aux classes de yoga montraient une diminution significative dans l'état d'anxiété (p = 0.03) et les traits anxieux (p < 0.001). Les résultats des changements du programme Yoga dans l'état d'anxiété après l'intervention n'étaient pas significativement différents entre les deux groupes (p = 0.243), alors que les changements après l'intervention étaient significativement différents entre les deux groupes (p = 0.002) pour le trait de caractère d'anxiété chez les adolescents. Dans une autre étude, Telles *et al.* (2012) affirment que les résultats montrent une baisse significative de l'état d'anxiété (p < 0.001), de la somatisation du stress (p < 0.01), une qualité de vie améliorée en rapport avec la santé (p < 0.01), la qualité du sommeil auto-évaluée (p < 0.01), et une baisse de l'inconfort dû à l'hyperpnée (p<0.001). Aucun autre changement n'intervenait dans le groupe contrôle. Cette étude suggère qu'un bref programme de Yoga peut être bénéfique dans la baisse de l'anxiété, la somatisation du stress et l'inconfort, améliorant la qualité de vie et la qualité du sommeil auto-évaluées.

L'article de A. L. Forfylow (2011), basé sur un examen d'études publiées de 2003 à 2010, aborde la recherche empirique sur le yoga comme une intervention clinique efficace, complémentaire pour l'anxiété et la dépression. Dans une autre étude, de E. Rahimi et S. Bavaqar (2010), les résultats montrent globalement une différence significative de l'anxiété et de la dépression entre les groupes expérimentaux pré-test et post-test. Le test anxiété et dépression entre le groupe expérimental et le groupe de contrôle à p<0.05 montrait également une différence significative. La discussion autour des découvertes amenées par ces études donne des suggestions pour les chercheurs et la future recherche. Le yoga paraît donc être une intervention clinique efficace pour l'anxiété et la dépression.

Selon des travaux récents (Butzer *et al*, 2017 ; Khalsa *et al.*, 2016), les résultats indiquaient que les deux groupes yoga montraient une tendance vers moins de stress de performance lors d'exécutions musicales et significativement moins de tension anxieuse générale, dépression et colère à la fin du programme, en comparaison avec les contrôles, mais ne montraient pas de changement dans PRMDs (Playing-Related Musculoskeletal Disorders – Désordres ostéo-musculaires liés à l'exécution musicale), le stress ou le sommeil. Des résultats similaires dans les deux groupes yoga, en dépit de différences psychosociales dans leurs interventions, suggèrent que les techniques de Yoga et de méditation elles-mêmes peuvent être intervenues dans les estimations. Nos résultats suggèrent que les techniques de yoga et de méditation peuvent réduire l'apparition de l'anxiété et du trouble de l'humeur chez de jeunes musiciens professionnels. Selon N. Gupta *et al.* (2006), le but de l'étude était d'examiner l'impact à court terme d'une intervention d'ensemble mais brève basée sur le Yoga, sur le style de vie, sur les niveaux d'anxiété chez les sujets normaux et malades. L'étude était le résultat d'une recherche opérationnelle menée dans la Integral Health Clinic (IHC) au Département de Physiologie du All India Institute of Medical Sciences. L'intervention consistait en *Asana*, *Pranayama*, techniques de relaxation, soutien du groupe, conseil individualisé, et des lectures et des films sur la philosophie du Yoga, sa place dans la vie quotidienne, la méditation, la gestion du stress, la nutrition et la connaissance au sujet de la maladie. Les résultats des mesures étaient les scores d'anxiété, pris au premier et au dernier jour du cours. Ces scores d'anxiété, à la fois l'état et le trait d'anxiété, étaient significativement réduits.

Toutes les études ci-dessus suggèrent que les modules Yoga et Modification du Comportement ont agi efficacement sur la baisse de l'anxiété, la somatisation du stress et du malaise, l'amélioration de la qualité de vie liée à la santé et de la qualité du sommeil auto-évaluées.

Conclusion

La présente étude a été menée pour identifier l'efficacité de la Modification du Comportement et du module Yoga Asana pour gérer les problèmes émotionnels et comportementaux parmi les élèves adolescents. Les résultats ont observé que les deux ont agi efficacement sur l'anxiété-dépression, le retrait-dépression, les plaintes somatiques et les problèmes sociaux chez les élèves adolescents.

Recommandation

Un suivi régulier du groupe expérimental est un critère important, leur comportement étant surveillé par les parents, les enseignants, le psychologue et la personne individuelle à intervalles réguliers.

Le Yoga est un art ancien indigène traditionnel, et donc le rôle du Yoga et son impact seraient bien utilisés dans les institutions éducationnelles et auprès des parents, de préférence avec le soutien d'un thérapeute formé au Yoga.

Une prise en soin ciblée peut soutenir les adolescents en difficulté à retrouver une meilleures qualité de vie et les aider à l'apprentissage du bonheur dans leur future existence d'adulte.

Bibliographie

Abdinasir A., Raju M.V.R. (2009) : Mental health problems of adolescents ; the case of students in Addis Ababa city, Ethiopia, *in* : *Health Psychology and Counselling* (Edited Book), Discovery Publishing House PVT.LTD, New Delhi, pp. 3-14.

Achenbach T.M. (1991) : *Integrative guide for the CBCL/4-18, YSR and TRF profiles*. Burlington, Department of Psychiatry, University of Vermont.

Achenbach T. M.(2001) : *Youth Self-Report 11-18*. ASEBA, University of Vermont.

Achenbach T.M., Rescorla L.A. (2003) : *Manual for the ASEBA adult forms & profiles*. Burlington, University of Vermont, Research Center for Children, Youth, and Families.

Anita, Gaur D.R., Vohra A.K., Subash S., Khurana H. (2003) : Prevalence of psychiatric morbidity among 6 to 14 years old children. *Indian Journal Community Medicine*, 28 : 133-137.

Atezaz Saeed S., Antonacci D.J., Bloch R.M. (2010) : The Brody School of Medicine at East Carolina University, Greenville, North Carolina. *Am. Fam. Physician*, 81(8) : 981-986.

Barkley R.A. (1990) : *Attention Deficit Hyperactivity Disorder : A Handbook for Diagnosis and Treatment*. New York, Guilford Press.

Bradburn N.M.(1969) : *The structure of psychological well-being*. Chicago, Aldine.

Butzer B., LoRusso A., Shin S.H., Khalsa S.B. (2017) : Evaluation of Yoga for Preventing Adolescent Substance Use Risk Factors in a Middle School Setting : A Preliminary Group-Randomized Controlled Trial. *J. Youth Adolesc. Mar*, 46(3) : 603-632. doi : 10.1007/s10964-016-0513-3. Epub 2016 May 31.

Campbell A. (1981) : *The Sense of Well-Being in America*. New York, McGraw-Hill.

Dhavale H.S. (1994) : Initiating school mental health, Health for the Millions. Special issue on *Mental Health*, 1 : 20, 4, 17-18.

Diener E., Emmons R. A., Larsen R. J., Griffin S. (1985) : The Satisfaction with Life Scale. *Journal of Personality Assessment*, 49 : 71-75.

Forfylow A.L. (2011) Integrating Yoga with Psychotherapy : A Complementary Treatment for Anxiety and Depression. Intégrer le yoga avec la psychotherapie : Un traitement complémentaire pour l'anxiété et la depression. *Can J. Counseling and Psychotherapy*, 45(2) : 132–150.

Gupta N., Khera S., Vempati R.P., Sharma R., Bijlani R. L. (2006) : Effects of Yoga based Life Style Intervention on State and Trait Anxiety. *Indian Journal of Physiology Pharmacology*, 50 : 41-47.

Javnbakht M., Kenari, R.H., Ghasemi M. (2009) : Effects of Yoga on Depression and Anxiety of Women. Complement Therapies. *Clinical Practice*, 15 :102-104.

Kapi A., Veltsista A. (2007) : Comparison Self-Reported Emotional and Behavioral Problems in Adolescents from Greece and Finland. *Acta Pediatrics*, 96(8) : 1174-1179. (www.ncbi.nlm.nih.gov).

Kapur M. (1995) : *Mental Health in Indians Children*. New Delhi, Sage Publications.

Kapur M. (1997) : *Mental Health in Indians Schools*. New Delhi, Sage publications.

Khalsa S.B., Butzer B. (2016) : Yoga in school settings : a research review. *Ann N Y Acad Sci.* Jun ; 1373(1) :45-55. doi : 10.1111/nyas.13025. Epub 2016 Feb 25.

Khosla M. (2013) : *The Indian Constitution*. New Delhi, Oxford University Press.

Liu X. (2001) : Behavioral and Emotional Problems in Chinese Adolescents : Parent and Teacher Child Reports. *Journal of American Academy of Child and Adolescents Psychiatry*, 40(7) : 828-836.

Manpower Profile India, Institute of Applied Manpower Research (1996) : *Yearbook 1996*, IV Edition. New Delhi, Manak Publication.

Munoz-Solomando A., Kendall T., Whittington C.J. (2008) : Cognitive and Behavioral Therapy for Child and Adolescents. *Curr. Opin. Psychiatry*, 21(4) : 3332-3337.

Nardo A. C., Reynolds C. (2002) : *Social, Emotional, Behavioral and Cognitive Benefits of Yoga for Children : A Non-Traditional Role for School Psychologist to Consider.* Paper Presented at Annual Meeting of the National Association of School Psychologists, Chicago, IL.

Ommen A., Kapur M., Sarmukaddam S. (1987) : Psychological Deficits Associated with Hyperactive Syndrome. *NIMHANS Journal,* 5 : 109-113.

Rahimi E., Bavaqar S. (2010) : Effect of Yoga On Anxiety and Depression in Women. *British Journal of Sport and Medicine,* 44 : 68-69.

Raju M.V.R., Prasad B.B., Ramana K.V. (2004) : Behavioral Problems Among Government High School Students. *Social Science International,* 20(2) : 110-115.

Ramesh Kumar Mishra (2005) : Review of "Creating Effective Programs for Students with Emotional Behavioral Disorder, Inter-Disciplinary Approaches for Adding Meaning and Hope to Behavior Change Intervention". *Reading Matrix,* 5(2). (www.readingmatrix-com).

Rao K.S. (1978) : An Indian perspective on the challenges in global health financing. *Health Econ. Policy Law.* 2017 Apr ; 12 (2) :113-116. doi : 10.1017/S1744133116000384.

Telles S., Nilkamal S., Arti Y., Acharya B. (2012) : Effects of Yoga on different aspects of Mental Health. *Indian Journal of Physiology Pharmacology,* 56 : 245-254.

Thorndike E. (1911) : Provisional laws of acquired behavior or learning, *in : Animal Intelligence.* New York, The McMillian Company.

Verma S., Larson R. (1999) : Are Adolescents more emotional ? A study of the daily emotions of middle class Indians Adolescents. *Psychology and Developing Societies,* 11(2) : 179-194.

Wolpe J. (1969) : *Pratique de la thérapie comportementale.* Paris, Masson, 1975.

Woo B.S.C. (2007) : Emotional and Behavioral Problems in Singaporean Children Based on Parent, Teacher and Child Reports. *Singapore Medical Journal,* 48(12) : 1100-1106.

World Health Report (2001) : Mental Health : *New understanding, new hope.* Geneva, WHO.

Bibliographie complémentaire

Achenbach T.M., Edelbrock C.S. (1979) : The Child Behavioral Profile II : Boys aged 12 - 16 and girls aged 6 - 16. *Journal of Consulting and Clinical Psychology,* 47 : 223 - 233.

American Psychiatric Association (APA) (1994) : *Diagnostic and Statistical Manual of Mental Disorders (DSM-IV).* 4th ed. Washington, D.C, American Psychiatric Press.

American Psychiatric Association (APA) (2000) : *Diagnostic and statistical manual of mental disorders (DSM4-TR).* 4th ed. Text revision. Washington, DC : APA.

Bandura, A. (1973) : *A Social Learning Analysis.* Englewood Cliffs, N.J., Prentice-Hall.

Beach S. R. H. (1996) : Depression : Theoretical explanations, *in* : Magill F.N : *International encyclopedia of psychology.* London, Salem Press Inc.

Bhola P., Kapur M. (2000) : Prevalence of emotional disturbance in Indian adolescent girls. *Indian Journal of Clinical Psychology,* 27(2) : 217-222.

Biederman J., Kwon A., Aleardi M., Chouinard V., Marino T., Cole H., Mick E., Faraone S. (2005) : Absence of gender effects on attention deficit hyperactivity disorder : findings in non-referred subjects. *American Journal of Psychiatry,* 162 : 1083-1089.

Bongers L.I., Koot M.H., Verhulst C.F. (2003) : The normative development of child and adolescent problem behavior. *Journal of Abnormal Psychology,* 112 : 179-192.

Brosnan B. (1987) : *Yoga for handicapped people.* London, Souvenir Press.

Cloward R. A., Olin L. (1960) : *Delinquency and opportunity : A theory of delinquent gangs.* New York, Free Press.

Deepak K. K. (2013) : Yogic intervention for mental disorders. *Indian Journal of Psychiatry,* 55(3) : 5340–5343.

Hermens D.F., Kohn M.R., Clarke S.D., Gordon E., Williams L.M. (2005) : Sex differences in adolescent ADHD : findings from concurrent EEG and EDA. Top of Form. *Clinical Neurophysiology*, 116(6) : 1455-1463.

Pillai A., Patel V., Cardozo P., Goodman R., Weiss H.A. (1992) : Non-traditional lifestyles and prevalence of mental disorders in adolescents in Goa, India. *The British Journal of Psychiatry*, 192(1) : 45-51.

Les patients en greffe de moelle osseuse : leur vécu psychologique
Christine Vuille Bozoyan

Introduction

Lors de ma pratique clinique de spécialisation en psychothérapie au Service de Psychiatrie de Liaison et d'Intervention de Crise des Hôpitaux Universitaires de Genève, j'ai participé au soutien psychologique de 47 patients atteints de maladies nécessitant une greffe de la moelle osseuse ou une transplantation de cellules hématopoïétiques. Cette expérience m'a donné l'occasion d'explorer le vécu psychologique de ces patients, et elle est à l'origine de la présente réflexion clinique.

Pour chaque étape du parcours de soin (pré-hospitalisation, isolette, post-hospitalisation), nous avons relevé les constantes dans le vécu physique, psychique, relationnel, dans le sens de la greffe, et commenté la spécificité de l'accompagnement psycho-clinique. Notre démarche est partie de quatre interrogations :

1) Comment les patients vivent-ils leur situation entre espoir de vie et risque de mort ?
2) Comment intègrent-ils l'irruption brutale de l'annonce de la maladie ?
3) Quel sens donnent-ils à cette rupture dans leur histoire ?
4) Comment vivent-ils la maladie, les soins, les traumatismes et changements qui en découlent ? (Raimbault et Cludy, 1985).

Par vécu psychologique, nous comprenons ce que les personnes expriment de leurs émotions, leur imaginaire, leurs pensées, leurs sentiments, leur ressenti, les rêves qu'elles font. Nous proposons des éléments quantitatifs (statistiques, tests) et qualitatifs (entretiens).

Le protocole psycho-clinique vise à dépister une éventuelle psychopathologie, voire à orienter vers le psychiatre, à évaluer l'adhésion au traitement physique et à proposer un suivi psychologique.

Etapes du suivi psycho-clinique

L'entretien de pré-hospitalisation, situé à la fin des trois journées d'examens, permet le diagnostic sur la base de l'entretien et des tests (personnalité, anxiété et dépression, qualité de vie). En isolette, le soutien est à la carte. Après l'hospitalisation, deux entretiens en ambulatoire, un mois et quatre mois après, placés conjointement avec un rendez-vous en hématologie, réalisés éventuellement par téléphone. Nous proposons les mêmes tests qu'au début, afin de mesurer l'écart.

Le premier entretien de pré-hospitalisation est obligatoire pour tous, posant le diagnostic comme nécessaire et normal. Les entretiens des autres étapes sont proposés systématiquement, mais respectent la demande, voire le refus éventuel de suivi.

1. Le vécu psychique

Pré-hospitalisation, « les soignants comme dieux et la greffe comme miracle ».

« Avec les médecins, on fait équipe » (un patient). La plupart des patients expriment une confiance totale envers les médecins, sauf trois, plus ambivalents. Dans la décision de greffe, cette « confiance dans le médecin et la croyance dans la greffe comme facteur curatif sont déterminantes » (Poloméni et Rio, 2010). La greffe est vécue comme magique, porteuse de l'Espérance que Pandore veille à ne pas laisser échapper en refermant de suite la boîte (Ascher et Jouet, 2004).

« Je ne croyais pas que c'était de moi qu'il s'agissait » (une patiente). « L'annonce de la maladie provoque un choc traumatique » (Triffaux *et al.*, 2002), « donnant l'impression d'une surréalité » (Ascher et Jouet, 2004). « Le cancer vient interrompre le continuum de la vie, entraînant des ruptures. Le corps, auparavant silencieux, se fait bruyant avec la menace de perte » (Krenz *et al.*, 2009). Une patiente nous dit : « Le week-end avant l'annonce, me voyant en montagne, un parent était étonné de ma forme ». Réconfortant du point de vue de l'image corporelle, angoissant car la maladie n'est pas visible. Les patients évoquent tous qu'ils n'ont pas le choix (apparente absence d'hésitation, pouvant faire taire l'ambivalence). Il y a déni, défense, pour ne pas imploser psychiquement par rapport à l'angoisse de mort. « L'enchaînement brutal et précipité des événements menant à l'hospitalisation enfonce les défenses. La mise en isolement avec le début du traitement est quasi immédiate » (Raimbault et Cludy, 1985). Certains patients rapportent comment ils se sont accrochés au concret de la vie et ont voulu prendre le temps pour intégrer la nouvelle situation, résistant à l'urgence médicale : parler aux enfants, s'acheter des pantoufles... Gestes de mise à distance dans une situation hautement anxiogène. Pour d'autres, ce temps peut être hautement anxiogène. Pour d'autres encore, il y aurait l'envie de se soigner avant et autrement, afin d'éviter la greffe. « Informations comprises intellectuellement mais non intégrées » (*ibid.*), surtout pour ceux dont c'est la première maladie grave. Les patients parlent de la maladie avec recul. Une patiente dit avoir été soulagée par le diagnostic et le traitement proposé. L'annonce de la maladie plutôt que de ne pas savoir. « Questions prégnantes du sens de la vie imposant des réaménagements dans la vie nécessaires pour affronter » (Krenz *et al.*, 2009).

Isolette, « nursing désagréable, inconfort »

Les patients se sentent protégés de l'extérieur, couvés (Poloméni, 2011), avec un aspect régressif entretenu par les soins continus. Sous un autre angle, la « perte de contrôle » (Soussain et Amiel-Lebigre, 1992) peut être difficile à supporter, voire la « dépendance aux soins » (*ibid.*). Certains patients ont besoin de structurer les journées, pour reprendre le contrôle et le contact avec leur réalité : skype, mails, programme de musique. Avec l'hospitalisation et le début du traitement, les auteurs insistent sur la « sidération psychique chez les patients » (*ibid.*). L'état psychique évolue parallèlement à l'état physique (*ibid.*). Il y a une « peur obsédante des microbes induite par les précautions des soignants » (*ibid.*).

Il y a un besoin de concrétiser les symboles : photos (sur un pan de mur, sur la table de nuit, des enfants, du frère donneur), images et statues religieuses (signes de leur croyance ou symbole religieux universel, statuette de Bouddha).

Post-hospitalisation. « Les soignants somatiques, communs mortels ne sachant pas quand la maladie partira »

Il serait attendu du médecin qu'il prédise quand aura lieu la guérison. Cette étape est considérée par certains patients comme la plus éprouvante, notamment parce que ces patients sont déçus, voire en colère de ne pas se sentir guéris, avec un « sentiment de vulnérabilité du corps et une crainte de la rechute » (Soussain et Amiel-Lebigre, 1992). Par « protection du patient » et des soignants, il y a « dans la procédure de consentement éclairé une sous-estimation des risques encourus » (Triffaux *et al.*, 2002). Il s'agit pour les patients de faire le deuil de la continuité et de modérer leur espoir de reprendre la vie comme avant. Ils vivent l'« après-coup » (Soussain et Amiel-Lebigre, 1992) avec des réminiscences. « Une prise de sang et trois heures après au CHUV, dont 1h30 de trajet, un an après je réalise », dit une patiente. Les patients vivent un sentiment d'abandon, y compris des soignants. « Ils se sentent lâchés après s'être sentis couvés par les soignants » (Poloméni, 2011). Certains patients rencontrés en post-hospitalisation reprennent le travail partiellement. D'autres se sentent « fatigués ou changés dans leur image corporelle » (Aspert-Houbballah *et al.*, 2011). L'humour est volontiers utilisé pour « affirmer l'invulnérabilité d'un narcissisme à l'épreuve de toute souffrance traumatique » (Ascher et Jouet, 2004), pour évoquer l'image corporelle changée, en particulier venant des cheveux, de la peau, des muscles fondus. Une grande majorité des patients rapportent que leur rythme de vie est moins bon, ou encore évoquent des troubles subjectifs « de la concentration et de la mémoire » (Soussain et Amiel-Lebigre, 1992). Ils évoquent aussi un changement de caractère, lié à une nouvelle échelle de valeurs qu'ils jugent meilleure. Ils relèvent l'impression de vivre « plus consciemment » (*ibid.*).

2. Le sens de la greffe

« La greffe est vécue comme le lien vital à l'autre représenté par la moëlle saine du donneur » (Ascher et Jouet, 2004), ainsi que « sur un axe primitif bon-pas bon » (Soussain et Amiel-Lebigre, 1992). Dans le cadre d'un don apparenté en provenance de la fratrie, « si les relations sont bonnes, la greffe est imaginée bonne » pour le receveur (*ibid.*), qui ressent une gratitude. Dans le cas d'un don anonyme, même sentiment de gratitude (*ibid.*). Dans le cas de moins bonnes relations avec le donneur apparenté, « le sentiment de dette (mauvaise entente avec le donneur) et de culpabilité l'emporte » (*ibid.*).

Avant la greffe, les patients sont dans une attente confiante du greffon. S'il y a une inquiétude, elle est dans la peur de prendre les caractéristiques du donneur anonyme, donc inconnu. L'ambivalence par rapport à la décision est rarement ou pas du tout exprimée à cette étape.

Nombreux fantasmes, stimulation de l'imaginaire

L'obligation d'anonymat, assortie des deux uniques informations, le pays et le genre, stimule l'imaginaire. Un patient plaisante sur le féminin et le sens de la fête importés en lui par une donneuse brésilienne.

Le jour de la greffe est vécu avec des différences individuelles fortes : moment spirituel pour certains, transfert d'une banale poche de sang pour d'autres. La période de greffe est exprimée « en termes positifs, en émotions, plutôt qu'en discours factuels. Il y a peu d'élaboration ou d'intellectualisation, les rêves sont intenses » (Soussain et Amiel-Lebigre, 1992).

Après la greffe, les patients attendent la sortie avec impatience, frénésie, comme si la sortie signifiait la guérison. En cas de complication, il y a « un désespoir à sortir du traitement et un sentiment de dépendance pénible » (*ibid.*). Comme un jour sans fin, dit un patient. Un rêve : « un veau pris dans les barbelés, dans lequel le patient se heurte dans sa confrontation avec la liberté. »

La première sortie, avant-goût de la post-hospitalisation, est décevante, avec une thymie triste, une fatigue importante. Un rêve : « James Bond très actif, tout-puissant physiquement, me poursuivant », raconte un jeune patient.

La perspective de la sortie rend les patients euphoriques et remplis d'espoir quant à la vie post-greffe. Ils sont dans un état d'esprit de gratitude envers le monde médical. Les bonnes résolutions s'expriment. Il y a le besoin de marquer ce moment par un rituel. Un patient va chercher une Harley Davidson achetée avant l'hospitalisation. Des patients veulent adhérer à la ligue contre le cancer et transforment en engagement la lutte contre leur cancer.

Lors du retour à domicile, la greffe est à cette étape intégrée physiquement et psychiquement. Représentation psychique de ce qui se passe physiquement, teintée d'humour : « J'ai appris que l'ADN du sang a changé et est différent de l'ADN de la peau, qui est resté le même. Ça me permet de passer à travers les mailles ! », dit un patient.

3. Le vécu physique

En pré-hospitalisation, la plupart des patients évoquent le sentiment que le corps les trompe, leur maladie étant invisible. Ils disent ne pas avoir de fatigue particulière. La maladie est difficile à se représenter, car touchant le sang qui est un élément liquide, allant partout. D'où ambivalence de ressenti : en positif la non-modification de l'image corporelle, et en négatif l'aspect insidieux. La maladie peut aussi être très visible, voire « spectaculaire », dit un patient en montrant sur son

Smartphone les hématomes sur ses membres, comme des stigmates venant d'il ne sait où, comme quelque chose d'irréel.

Deux tiers des patients indiquent n'avoir jamais été malades, certains n'avoir jamais été voir de médecin. La maladie est détectée par l'entourage proche. Un tiers des patients disent avoir eu précédemment des problèmes de santé graves, nécessitant des traitements lourds (cancers sein-foie-rein, sclérose). Certains réactivent des souvenirs antérieurs pénibles. D'autres tirent de l'expérience qu'ils ont de maladies antérieures la croyance que de celle-ci aussi ils sortiront vivants et que si la greffe marche, elle emportera les anciennes maladies.

En isolette, la plupart des patients sont dans l'« ici et maintenant » du corps soumis aux soins. Nursing qui provoque un mal-être physique, d'un côté une forte régression, de l'autre côté une absence de douceur, des soins invasifs. En cas de complications, « j'ai l'impression d'avoir puisé dans mes réserves, de ne jamais défatiguer même avec le sommeil », dit un patient. Tous les échanges tournent autour des résultats sanguins : « Je suis comme dans un rapport Homme-Machine », dit un autre patient. Les patients évoquent l'image du corps et la perte des cheveux, faisant ainsi savoir qu'ils ne veulent pas trop être vus par des visiteurs moins proches.

Il y a modification du goût, plaintes autour de l'alimentation, interruption du sommeil par le bruit de l'isolement et les soins de nuit. « Insupportable, ça me fait penser aux soins intensifs », remarque un patient.

En post-hospitalisation, s'il y a eu absence de complications, 25 % des patients rencontrés sont satisfaits de leur état. Pour les patients se sentant bien, le corps est absent du discours dans les entretiens de post-hospitalisation. On laisse loin le corps comme pour l'oublier. Pour les autres, est rapporté l'épuisement total, le mal-être pire qu'avant. Il y a frustration par rapport aux précautions mises dans la distance affective avec les amis afin d'éloigner toute contamination possible. Une patiente relève au premier entretien cette frustration de ne pas faire la bise aux copines, par précaution. Au deuxième entretien de post-hospitalisation, elle a adapté sa prise de risque.

4. Le vécu relationnel

En pré-hospitalisation est rapporté un « décalage entre un entourage qui s'inquiète quand la patiente est confiante et inversement » (une patiente), vécu comme incommunicabilité avec ses proches dans des états extrêmes, mais aussi comme un avantage pour faire face (une autre patiente). Les rapports relationnels sont chamboulés, tout comme la place du patient dans la famille, renforcés positivement quand les relations sont bonnes : « un mari en or » (une patiente).

Pour les jeunes, la maladie implique d'interrompre des études à peine commencées et de retrouver la dépendance d'avec les parents dont ils voulaient se défaire (Poloméni, 2011). Les jeunes évoquent la séparation d'avec leurs amis bien portants (un patient).

Pour les patients jeunes dont la mère est donneuse, ils peuvent être tiraillés entre leur gratitude et le projet interrompu de mettre à distance une mère jugée trop pressante.

Les patients expriment des préoccupations par rapport au futur proche : l'isolette, la séparation des enfants, la culpabilité d'imposer ce fardeau à la famille. L'isolette inquiète certains ayant tendance à la claustrophobie. L'isolette est aussi attendue positivement pour se reposer et élaborer en toute quiétude : enveloppe protectrice pour se recréer.

En isolette, plusieurs évoquent être davantage dans les émotions, avec une sensibilité augmentée dans les liens d'amour, d'amitié. Recevoir le premier SMS avec tel contenu de son meilleur ami (un patient). La greffe, c'est « la présence de l'autre en soi et le rôle de l'autre dans la constitution du Soi » (Ascher et Jouet, 2004) pouvant renvoyer aux liens de sang d'origine. La maladie met à nu la vérité des liens de sang. Deux jeunes patients, contactés par leur « père absent », réalisent dans un retrait des projections la limitation de sa faculté de paternité.

Le souhait de préserver l'image corporelle abaisse le désir de visites. Visites trop fréquentes, le patient exprime son envie d'être seul pour se retrouver ; trop rares, le patient se sent abandonné.

« Envol brisé chez les jeunes » (Poloméni, 2011), les relations amoureuses, parfois naissantes, sont menacées par l'irruption de la maladie. Séparation forcée du travail, la situation professionnelle est suspendue, parfois en pleine réalisation ou changement récent.

En post-hospitalisation, le « décalage » (Raimbault et Cludy, 1985) avec les proches est à nouveau évoqué. Le lien au donneur apparenté est renforcé et la solidarité réalisée après-coup. « Quand il a su que j'étais malade, mon frère donneur s'est rasé le crâne. » Elle lui a dit : « Tu me sauves la vie ». Un souvenir émouvant : ils ont chanté ensemble « Mistral gagnant » devant un public (une patiente).

Situation exceptionnelle justifie comportements et paroles exceptionnels. Dans la confrontation avec la mort, certains patients vont oser exprimer leur agressivité et affirmer leurs limites. « Remettre les pendules à l'heure » (un patient).

Les moins de 25 ans, après l'hospitalisation, « sont affectés par le changement corporel dans l'image et l'estime de soi et se sentent en décalage par rapport au groupe de pairs. Par rapport aux parents, ils se sentent trop couvés ou lâchés. Ils craignent de ne pas être capables de vivre normalement. Ils subissent en silence des troubles et sont gênés d'en parler aux soignants, les sentant moins disponibles et ayant peur d'être stigmatisés dans un statut de rescapé. Ils se sentent dans un temps suspendu entre « un passé irrécupérable et un avenir incertain » (Poloméni, 2011).

5. L'accompagnement psychologique

Pré-hospitalisation

Étant donné que les patients sont dans une « situation extrême, une crise » (Ascher et Jouet, 2004) assortie d'angoisse de mort, voire de détresse – contraints à la greffe cadeau de la vie et pouvant mourir de ses complications – leur détresse est considérée comme « normale ». Selon notre observation, l'annonce de la maladie n'entraîne pas de problème psychiatrique majeur. Seule une minorité demande de l'aide à la psychologue pour des problèmes d'angoisse, de pensées négatives ou de manque de confiance dans les médecins.

La psychologue est attendue par l'équipe et par le patient. L'entretien, placé à la fin d'examens où le corps-objet est scruté, permet de remettre le sujet au centre. Le patient est dans un épisode de bilan de vie en accéléré, avec un important besoin de parler.

Questions d'entretien

Le protocole psycho-clinique est présenté au patient comme faisant partie intégrante des soins, non lié à une pathologie psychique supposée, et comme un espace de « parole personnelle "hors protocole" » (Ascher et Jouet, 2004). Le cadre est précisé dans sa souplesse. Les patients sont invités à élaborer sur leur vécu lié à l'annonce de la maladie, la perspective des soins et les remaniements qui y sont liés dans leur vie sociale et familiale, l'entrée en isolette, leurs craintes par rapport à la séparation des proches. Les questions de l'anamnèse sont propres à encourager le récit de vie. Deux questions liées au sens sont posées : « Y a-t-il eu un événement difficile dans votre vie ? Quel sens donnez-vous à ce qui vous arrive ? » Nous précisons à ce moment que la maladie n'a pas de sens, mais qu'eux peuvent donner du sens à cet épisode de leur vie. La fin de l'entretien se conclut sur un retour quant à l'état psychologique du patient et aux ressources éventuelles à apporter. Il y a retour à l'équipe selon indication.

Nous avons observé trois types de réactions de patients autour de la question du sens :

- Les rationnels ne trouvent pas de sens, « c'est statistique, c'est tombé sur eux et ça aurait pu tomber sur quelqu'un d'autre ». Ils positivent en montant au pinacle la médecine suisse. « Mon métier m'a appris à m'adapter, je vais m'adapter. Même aux soins intensifs, c'est encore toi le chef » (un patient). Le patient compte sur un Moi fort.
- Les mystiques considèrent cet épisode de leur vie comme un passage pour résoudre des problématiques personnelles, pour s'incarner davantage, avec le fantasme lié à la greffe de se nettoyer du négatif. « Mon sang va être changé. Après avoir nettoyé mon psychisme par une psychanalyse, je vais nettoyer mon corps, évoquant un conflit avec des parents toxiques » (une patiente).
- Les sceptiques doutent de la greffe, jusqu'au point de non-retour. Ils souhaiteraient que les médecins composent avec un traitement alternatif, médecine douce en parallèle.

En isolette, 77 % des patients demandent clairement un suivi (4 à 20 entretiens). 23 % n'en souhaitent pas et sont suivis néanmoins avec un à trois entretiens.

« L'acceptation comme l'appropriation de la greffe n'est pas évidente » (Triffaux *et al.*, 2002). « Elle réactive des peurs archaïques (fantasmes de vampirisme, craintes du chimérisme, exacerbation de la rivalité fraternelle), au risque de faire vaciller les assises du sentiment identitaire de soi » (*ibid.*).

Un corps très malade avec le besoin de parler et d'apprivoiser le corps

Concernant le cadre, la limitation dans la durée du séjour en isolette peut être investie comme un moment pour soi, permettant d'aborder des problématiques jusque-là tues. Une patiente demande un soutien par rapport à ses pensées automatiques négatives invalidantes. Avant de quitter l'isolette, la patiente dira les avoir apprivoisées. Espace à la fois très confiné, et très ouvert et envahi : entretiens entrecoupés par les soins. Importance de l'ici et maintenant : clôturer à chaque entretien, séance sans lendemain.

Thèmes d'entretien

Ils concernent d'abord le corps (fatigue, alimentation, sommeil, greffe). La fatigue fait varier l'élaboration psychique. Quand le corps prend le dessus, celle-ci devient secondaire. Ensuite sont concernés les liens de couple malmenés par l'irruption de la maladie, les problèmes liés au travail (burn out, fatigue excessive ou surinvestissement dans un travail précédent), les liens familiaux : l'inadéquation de la relation entre le patient et sa famille par rapport à la maladie.

Les femmes mères d'enfants très jeunes pleurent la séparation d'avec eux ou la problématisent. Sachant que l'enfant est une greffe naturelle, nous faisons l'hypothèse que le changement de sang par la greffe amplifie leur inquiétude vis-à-vis de leur enfant, qui pourrait ne pas les reconnaître comme mères. Une autre minorité, inquiète de l'après-hospitalisation qui rendra plus accrus leurs problèmes matériels liés au logement ou à des ressources matérielles diminuées, sont suivis aussi par l'assistante sociale de l'hôpital. En préparation de la sortie, la psychologue s'assure de l'existence d'un réseau soutenant et de relais de suivi psychologique post-hospitalier. A la demande, la famille proche aidante a obtenu un soutien psychologique.

En post-hospitalisation apparaît généralement un état dépressif. Le suivi psychologique peut prendre alors le relais du médical. Il s'agit pour les patients de vivre l'aventure de la vie avec réalisme, avec le besoin chez eux de s'approprier le relais de leur guérison et de faire un travail de séparation. Le suivi psycho-clinique peut les aider à favoriser leurs capacités d'adaptation. Notamment, l'acceptation par le patient de cette autre partie de lui-même, inconnue, jugée faible. Un patient, homme entreprenant et engagé socialement, se sent en post-hospitalisation dans le négatif de ce qu'il a été : isolement par peur de la contamination, fatigue et manque de concentration liés à un état dépressif réactionnel. Il a peu à peu éliminé son inquiétude par rapport à sa santé, accepté de ne rien faire, avec une certaine désolation non dénuée d'humour. Il a repris ensuite le travail progressivement. « Maintenant, je me sens souple par rapport à ce qui peut arriver dans la vie » (une patiente). Reprendre le continuum différemment en ayant conscience des pertes (handicaps physiques, image corporelle) et des gains (la souplesse et la sagesse de vie). Se sentant plus passifs dans leur guérison, ils ne parviennent pas à apprécier cette autonomie nouvelle les obligeant à des réaménagements avec leur entourage, ressenti comme éloigné de leur vécu. « Tu prends ma place trois semaines » (une patiente). Le schéma corporel interne est très précis. Dans cette pathologie, il n'y a pas de cicatrice ; la cicatrice évoquée dans les séquelles est interne.

La greffe concerne « la zone transitionnelle entre le Moi et le non-Moi » (Ascher et Jouet, 2004). C'est aussi ce qui est élaboré dans la relation entre le patient et la psychologue. La thérapie narrative est particulièrement adaptée. Il s'agit pour les patients d'inscrire la greffe dans leur histoire de vie. « Ricoeur fait de la narration le moyen privilégié du maintien de l'identité au travers du temps » (Krenz *et al.*, 2009). Les thèmes de prise en charge rencontrés concernent le réaménagement de la vie.

6. Messages clés

- Rencontre avec la menace de mort et vécu psychologique intensifié et profond.
- Paradoxe d'un corps plus « malade » après le traitement.
- Prise de conscience que la vie dépend de la relation à l'autre, « l'autre en soi ».
- Sentiment d'identité à redéfinir : on n'est pas unique, on peut être composé de morceaux d'autrui.
- Suivi thérapeutique : cadre régulier, mais sur mesure. Tentation côté suivi psychologique d'accompagner le déni du patient pour l'accompagner dans la vie.
- Importance de la narration dans le suivi psycho-clinique : inscrire la rupture de la greffe dans la continuité de l'histoire de vie individuelle.
- L'avant-coup de la greffe lié à l'annonce et l'après-coup sont des périodes très favorables à la subjectivation de l'événement (Ascher et Jouet, 2004).

7. Conclusion

Pour une sortie éclairée

A l'hôpital, les patients sont pris en charge, objets d'attention. Comme pour les greffes d'organes, c'est la post-hospitalisation qui est l'étape la plus difficile. La sortie est souvent angoissante, ils vivent un sentiment d'abandon des soignants et une mauvaise compréhension de leur état de la part de leur entourage. Une formation à la post-hospitalisation serait nécessaire pour tous les patients et les proches aidants. Le suivi psychologique prendrait d'autant mieux sa place en complément de cette formation.

Bibliographie

Ascher J., Jouet J.P. (2004) : *La greffe entre biologie et psychanalyse*. Paris, PUF.

Aspert-Houbballah A., Taëb O., Moro M.R. (2011) : Conséquences psychologiques et syndrome post-traumatique lors d'une greffe de cellules souches hématopoïétiques. *Psycho-Oncologie*, 5 :191-196.

HUG - Hôpitaux Universitaires de Genève (2012) : *Information au futur greffé de cellules souches hématopoïétiques*. Unité de transplantation de cellules souches hématopoïétiques.

Krenz S., Rousselle I., Guex P., Stiefel P. (2009) : Suivi du patient oncologique, garant de la permanence de soi. *Revue Médicale Suisse*, 492(5) : 360-363.

Poloméni A. (2011) : L'expérience de la maladie et des traitements chez les adolescents et jeunes adultes atteints d'hémopathies malignes. *Bulletin du Cancer*, 98(10) : 1193-1200.

Poloméni A., Rio B. (2010) : Facteurs psychosociaux : impact sur l'indication de greffe de moelle osseuse. *Psycho-Oncolologie*, 4 : 244-249.

Raimbault E., Cludy L. (1985) : *Leucémies aiguës et greffes de moelle osseuse : aspects psychologiques et éthiques*. Neuilly-sur-Seine, Centre de Recherche sur la Culture Technique.

Soussain C., Amiel-Lebigre F.A. (1992) : Troubles psychologiques rencontrés pendant la période postgreffe de moelle osseuse. *Bulletin du Cancer*, 79(12) : 1135-1148.

Triffaux J.M., Maurette J.L., Dozot J.P., Bertrand J. (2002) : Troubles psychiques liés aux greffes d'organes. *Encycl. Méd. Chir.*, 37-670-A60. Paris, Elsevier, 10 p.

À propos de la collaboration entre une psychiatre et un interniste
Christian Winckler

> « Il est assez stérile d'étiqueter les gens
> et de les presser dans des catégories ».
> *Carl Gustav Jung*

Ce jeune homme a passé quatre mois à l'Hôpital de Prangins, d'où il nous est transféré avec un traitement neuroleptique, en plus du traitement anti-épileptique.

La parole est inexistante. Il se laisse difficilement approcher. D'après les éducateurs, il a une force considérable. Il dort bien la nuit. Le personnel qui s'occupait de lui à Prangins me signale qu'il est agressif envers les autres. Il serait aussi agressif envers le matériel, il peut détruire des choses, déchirer ses habits et hurler pendant longtemps. Il est très autonome, capable de manger tout seul ainsi que pour aller aux toilettes.

Rapport psychiatrique d'entrée du 13.03.1990 :
Monsieur L. P., né en 1969, résident au Département Hébergement Socio-Éducatif (DHSE), de l'Institution de Lavigny (IL).

Décembre 2013 :

Ça sent bon le pain qui vient de sortir du four à bois, nous arrivons à l'atelier boulangerie auquel Monsieur P. participe depuis plus de quinze ans avec plusieurs résidents de l'Institution de Lavigny. Je m'assieds à son côté, avec le four à bois de l'autre côté. Il fait chaud, mais c'est l'hiver, donc c'est agréable, Giuliana Galli Carminati s'assied de l'autre côté du résident.

Laurent ne fait pas son âge, il n'a pas les cheveux gris, il a de beaux yeux bleus, il est d'une constitution plutôt forte, il a comme habitude de faire des mouvements latéraux et en même temps un peu en diagonale avec sa tête. Il accompagne ses mouvements de tête par des frottements de ses mains. Il s'exprime sans utiliser la parole, avec son regard et aussi par des gestes, il est très démonstratif, il crie souvent pour s'exprimer quand il est heureux et aussi quand il est contrarié. Plus on le connaît, mieux on le comprend. Ce qu'il faut retenir avant tout, c'est que Laurent est très attachant. Quand il est apaisé, cela fait plaisir de s'asseoir à ses côtés. Je garde l'impression que depuis quelques années il est plutôt calme. Quand il ne souhaite pas être dérangé, il ferme les yeux. Il comprend bien ce qu'on lui demande et il peut suivre des consignes simples. Le résident que j'ai rencontré à la fin de 2012 ne ressemblait pas vraiment à la personne décrite ci-dessus, dans le rapport psychiatrique, lors de son arrivée pour la deuxième fois de sa vie, près d'un quart de siècle en arrière, dans l'Institution de Lavigny. Dans différents moments de notre vie où nous sommes confrontés à un grand stress, nous pouvons tous réagir d'une façon plus ou moins violente, mais chez certaines personnes qui ne parviennent pas à s'exprimer verbalement et ne peuvent pas comprendre ce qui leur arrive, leur réaction sera forcément plus violente que celle de la moyenne.

Voici l'histoire de quelqu'un qui, comme la plupart d'entre nous, n'aime pas aller chez le dentiste, sauf qu'il ne peut pas le dire, raison pour laquelle il fait comme il peut pour s'opposer.

Au début de l'année 2012, Laurent avait été adressé à la Polyclinique Médico-Universitaire (PMU) de Lausanne pour un traitement dentaire. A ce moment-là, il n'avait pas voulu descendre du bus de l'Institution qui le transportait, aucun moyen n'a réussi à le convaincre, le traitement n'a pas pu être effectué. Mon prédécesseur, qui était son médecin traitant à l'époque, avait téléphoné pour solliciter du médecin-dentiste de bien vouloir essayer d'examiner le résident dans le bus, mais sa demande n'a pas eu de suite.

En juillet 2012, j'ai repris la responsabilité médicale du DHSE en tant que médecin interniste général, cela en attendant la retraite (environ une année) d'un confrère qui m'avait proposé de reprendre un autre poste au sein de l'Institution.

La première fois qu'on m'a sollicité pour évaluer ce résident, c'était à cause d'une toux ; je suis allé l'ausculter sur son lieu de vie, car il refusait de se déplacer à mon cabinet. Suivant le conseil qu'on m'avait donné, je suis allé le voir le matin pendant son bain car, apparemment, c'était le seul moment où il se laissait examiner. L'éducateur présent lui a annoncé mon arrivée. Quand je suis entré dans la salle de bains, Laurent était calme et heureux dans la baignoire. On remarque toute de suite qu'il aime beaucoup l'eau, il a gardé ce côté enfant qui joue dans la baignoire. Je suis resté derrière lui pour observer son état général et pour pouvoir éventuellement l'entendre tousser. Tant que je restais à distance, cela allait, mais au moment où je me suis rapproché de lui et où j'ai essayé d'ausculter ses poumons en posant mon stéthoscope sur son dos, Laurent a commencé à crier tellement fort que j'ai eu mal à la tête pendant deux jours par la suite. Voilà ma première rencontre avec lui. Cette rencontre était plutôt décourageante pour moi. J'avais déjà été confronté à plusieurs reprises à des patients agités, voire agressifs, ce qui n'était pas le cas de Laurent. Il s'agissait ici d'un adulte de plus de 40 ans et 80 kg qui se comportait comme un petit enfant face à un inconnu.

Sachez que je ne porte pas de blouse blanche depuis que je travaille à Lavigny, une grande partie des résidents ne l'aiment pas, donc il a fallu s'en débarrasser. Depuis, j'ai pris l'habitude et je ne l'utilise que pour aller voir des patients sur le département hospitalier. Je suis plus à l'aise sans ma blouse à présent et je confirme que l'habit ne fait pas le moine. J'ai l'impression que tous mes patients, qu'ils soient internes ou externes à l'Institution, apprécient le fait que je ne porte pas de blouse. Cela met les gens plus à l'aise, probablement, l'effet stressant de la blouse blanche étant bien connu.

Il est vrai qu'avec du recul et suite à l'expérience que je vais raconter, il me paraît maintenant assez évident que la forme décrite ci-dessus n'était pas la meilleure pour aborder Laurent. Ou n'importe quelle autre personne qui présente un comportement compatible avec des troubles du spectre autistique (TSA).

Après une quinzaine d'années en milieu hospitalier et ambulatoire sans rapport avec la déficience intellectuelle (auparavant handicap mental) quand on me demandait d'examiner quelqu'un, je ne me posais pas trop de questions. Après m'être présenté, j'adressais au patient des questions pouvant m'orienter dans le diagnostic (anamnèse), puis je donnais les explications pertinentes au cas, ensuite on procédait à l'examen physique, aussi nécessaire pour arriver au diagnostic, suivant la situation.

Pour moi, l'important était surtout d'accomplir la tâche pour laquelle j'avais été engagé, c'est-à-dire m'occuper de la santé somatique des résidents du DHSE. En milieu hospitalier, si une mesure de contention s'avérait nécessaire, par exemple pour pouvoir effectuer un traitement, après évaluation des risques et bénéfices pour le patient, je la prescrivais, car il me paraissait évident que la santé somatique primait, de même pour prescrire une prémédication sédative permettant ensuite qu'un examen ou une prise en charge dentaire puisse avoir lieu, par exemple.

Dans le milieu de la déficience intellectuelle, cette façon de procéder n'est pas toujours possible, voire suffisante. Avec l'expérience, on arrive à mieux s'adapter, heureusement. C'est juste une question de prendre plus de temps et surtout d'avoir plus de patience envers nos patients. Pour ceux qui, comme moi, croient que nous sommes sur cette terre pour apprendre, toute occasion doit être bonne. L'expérience qui nous occupe, et aussi bien d'autres, ont changé ma façon d'aborder et m'ont aussi aidé à comprendre les personnes avec ou sans déficience intellectuelle. C'est pour cette raison que je souhaite partager avec vous ce chapitre. Si vous est en train de lire ce livre et notamment ce chapitre, il se peut que vous soyez déjà familier avec la réalité de la déficience intellectuelle, et par conséquence vous n'avez pas besoin de connaître mon expérience, mais il se peut aussi que cette lecture change votre façon de voir les médecins.

En ce qui me concerne, je sais maintenant, que c'est moi qui ai appris de Laurent et pas le contraire. Cela a été possible grâce au fait de travailler en interdisciplinarité, d'abord en binôme avec la psychiatre de Laurent suite à la proposition de cette dernière. Proposition qui est à l'origine de mon écriture de ce chapitre et que je détaillerai plus loin. Giuliana, ayant une plus longue expérience que moi dans le milieu de la déficience intellectuelle, est une experte confirmée dans ce domaine et surtout dans la prise en charge des personnes avec TSA. Elle a su me transmettre une partie de ses connaissances en la matière. Je profite de cet espace pour la remercier doublement, car elle m'a aussi donné l'occasion de vous raconter cet épisode de ma vie professionnelle.

Depuis cette expérience, qui fut pour moi très enrichissante, la façon dont j'aborde tous mes patients a changé pour le mieux et il en résulte un mutuel bénéfice.

Pour revenir à l'importance du travail interdisciplinaire, je suis convaincu que rien de ce qui a été accompli dans ce cas n'aurait été possible sans l'intervention des différents corps de métiers qui accompagnent les résidents d'une Institution. Donc nous devrions plutôt parler de multidisciplinarité, car il s'agit ici de la collaboration entre plusieurs équipes interdisciplinaires que je nommerai par la suite.

S'il y a bien des personnes qui passent plus de temps que d'autres avec un résident, dans ce cas, Laurent, l'intervention de tout un chacun est primordiale pour arriver à bon port. Oui, car nous sommes tous dans le même bateau. Notre navire s'appelle ici DHSE et fait partie de la flotte IL. Ce navire n'est pas le seul dans l'Océan de la déficience intellectuelle.

Les éducateurs sont ceux qui partagent le plus de leur temps avec les résidents, ils les accompagnent dans leur quotidien, dans leur lieu de vie et à l'extérieur. Ils les connaissent mieux que nous tous, sauf dans certains cas pour la famille, y compris Laurent pour qui sa mère est bien présente. Il est aussi bien connu des services de l'animation appelés ADP (Activités du Développement Personnel). Notamment l'atelier boulangerie est un exemple d'une des différentes activités proposées par l'animation. J'en profite ici pour remercier aussi Evelyne et Claude, qui animaient l'atelier boulangerie, pour m'avoir accepté, soutenu et aidé pendant toute la durée de cette démarche auprès de Laurent, qu'ils connaissent particulièrement bien aussi.

Ne sachant pas si vous êtes familier avec un établissement socio-éducatif, je me permets ici de vous donner quelques détails.

Dans les ateliers protégés, on a des MSP (maîtres socio-professionnels) qui aident les résidents dans leur travail, que ce soit en atelier industriel ou artisanal.

Il y a aussi les APA (professionnels en activités physiques adaptées), qui s'occupent de faire suivre aux résidents des activités physiques adaptées selon leur degré de handicap.

Avec tous aussi un même niveau d'importance il y a : les employés de maison, tout le personnel de la restauration, les transporteurs, les secrétaires, les assistants, les aumôniers, un cabinet dentaire ainsi que l'équipe médico-thérapeutique avec des infirmières, physiothérapeutes, ergothérapeutes, neuropsychologues, une pédicure et aussi les bénévoles. Si j'ai oublié quelqu'un, je m'excuse d'avance.

Dans le cas qui nous occupe, nous étions plusieurs à devoir intervenir mais surtout à devoir nous coordonner.

La définition d'interdisciplinarité pourrait être simplifiée comme le fait de travailler en équipe, en faisant au mieux son propre travail mais surtout en respectant celui de l'autre, avec le résident au centre de nos occupations, dans notre cas. Dans le milieu médical, on travaille toujours en interdisciplinarité, de même dans le milieu socio-éducatif. Probablement cela est valable pour tous les milieux, dans différentes mesures. Quand nous tirons tous sur la même corde, nous pouvons faire beaucoup de choses qui seraient parfois impossibles autrement.

J'aimerai profiter de cet espace pour pouvoir encore m'étendre un peu sur ce sujet, en espérant qu'il sera aussi de votre intérêt. Aujourd'hui, pour moi, l'interdisciplinarité est synonyme d'esprit d'équipe. Depuis quelque temps, j'avais en tête l'idée d'évoquer l'importance de l'esprit d'équipe dans l'interdisciplinarité et c'est en regardant récemment un match de basket où l'un de mes enfants jouait que le sujet m'est apparu plus clair.

Dans tous les sports d'équipe c'est pareil, évidemment, je vous laisse choisir celui de votre préférence. Je suis sûr que vous arriverez aux mêmes conclusions que moi. Il y a souvent des joueurs qui veulent absolument tout faire par eux-mêmes, ils prennent le ballon depuis leur terrain et essaient d'arriver jusqu'au terrain adverse pour marquer des points, ces joueurs-ci ont de la peine à passer la balle. Même si certains très doués arrivent jusqu'au but, ceux qui ne passent pas le ballon à un camarade finissent tôt ou tard par le perdre. Par contre, ceux qui savent faire des passes et les font au bon moment, c'est-à-dire avant de perdre le ballon, en s'appuyant sur les autres membres de leur équipe, font souvent gagner l'équipe, même si ce ne sont pas toujours eux qui marquent les points.

En définitive, il s'agit de savoir lâcher prise (le ballon) et de faire confiance aux autres, sans chercher la reconnaissance individuelle mais en mettant en avant l'esprit d'équipe. Si on gagne, c'est toute l'équipe qui a réussi, et si on perd, c'est aussi à l'équipe en entier de partager le chagrin. Un chagrin partagé est moins lourd, donc même dans des conditions adverses il vaut mieux partager.

Il n'y a pas trop de secrets dans cette analogie que j'essaie de faire entre l'esprit que doit avoir une équipe sportive et le travail interdisciplinaire accompli par une équipe socio-éducative, voire multidisciplinaire pour nous.

Je sais que cette analogie n'est pas très originale, mais je vous signale qu'il s'agit plutôt d'un rappel et je vous remercie pour votre compréhension.

Dans ce cas particulier, nous étions plusieurs personnes à devoir mener chacune une tâche particulière avec un but commun, qui était de réussir à faire suivre par Laurent des soins dentaires.

Pour résumer la situation, voici une belle citation d'Helen Keller : « Seuls, nous pouvons faire si peu ; ensemble, nous pouvons faire beaucoup. » Cette expérience me paraît aussi un bon exemple de travail en interdisciplinarité.

Laurent ayant réussi à mettre des équipes multidisciplinaires à l'épreuve, nous étions tous confrontés à la même situation (équipe éducative, animateurs, maîtres socio-professionnels, dentiste, infirmières, médecins, etc.).

Comme je l'ai déjà mentionné, ce sont les éducateurs qui accompagnent le résident en essayant que ce dernier devienne le plus autonome possible dans un milieu adapté à ses besoins. Souvent c'est la situation qui génère le handicap. Ensuite, il y a les autres corps de métiers qui ont aussi toute leur place dans cette situation. Nous avons tous besoin les uns des autres pour pouvoir relever le défi. Dans ce cas, Laurent représente toutes et tous les résidents d'un établissement socio-éducatif.

Je suis conscient qu'il ne s'agit pas ici d'un cas isolé et unique. J'essaie juste d'attirer votre attention pendant un court laps de temps pour vous faire connaître une autre réalité. Il vous appartient d'en tirer vos propres conclusions. Mon point de vue n'étant que le mien, je comprends si vous en avez un autre.

Quelque temps après que je sois allé voir Laurent pendant son bain, il a présenté une infection de la sphère buccale, qu'on a mise en évidence après évaluation demandée par l'équipe éducative qui accompagne Laurent, car les éducateurs ont remarqué que ce dernier refusait de manger. J'ai dû instaurer un traitement antibiotique empirique car, encore une fois, l'essai de prise en charge par un dentiste s'est soldé par un échec. Laurent, à nouveau, ne s'est pas laissé examiner par l'équipe des soins dentaires de l'Institution ni n'a voulu descendre du véhicule qui le transportait à la polyclinique dentaire de la PMU à Lausanne. Cela malgré qu'il avait reçu un traitement sédatif au préalable, mais qui n'a malheureusement pas été efficace. Médicaments donnés avec l'accord de sa mère, qui est toujours sa représentante légale. J'en profite maintenant pour vous informer que sa mère a donné son accord pour la publication de ce chapitre et je l'en remercie.

À cause de son refus, Laurent n'avait pas bénéficié depuis quelques années d'une évaluation dentaire. Face à cette situation, le responsable du secteur socio-éducatif où réside Laurent a fait appel au comité d'éthique de l'Institution de Lavigny pour leur demander un avis, le but étant de répondre à la question : comment faire pour bien faire dans un cas où nous croyons ne pas pouvoir éviter de prodiguer des soins sous contrainte.

Un colloque a été organisé à ce sujet en présence de la médecin-dentiste de l'Institution, du responsable du secteur socio-éducatif, d'un représentant du comité d'éthique de l'Institution, de la Dresse Giuliana Galli Carminati, psychiatre, et moi-même.

L'idée était surtout de réunir différents avis d'une partie des intervenants et que l'on puisse se mettre d'accord pour décider jusqu'où nous pouvions aller dans nos démarches. Cela en respectant l'autodétermination de Laurent.

Une situation comme celle ici décrite ne peut en aucun cas être vue sous l'angle de la négligence ou de la non-assistance à personne en danger : il s'agit plutôt d'un cas extrêmement difficile qui met des équipes multidisciplinaires et le système en échec malgré tous les efforts consentis dans le respect et pour le mieux-être de la personne concernée.

Il est difficile à mes yeux de savoir où mettre la limite quant à la question de l'autodétermination chez les personnes qui n'ont pas la capacité de discernement. Comment sait-on jusqu'où on peut aller ?

Pour les enfants c'est pareil, ce sont leurs parents qui décident à leur place, croyant toujours faire ce qui est mieux pour eux ; même si on peut avoir tort on croit souvent avoir raison, voilà le piège face auquel nous nous trouvions dans ce cas et encore parfois face à d'autres situations.

Si on prend différents corps de métiers, chacun aura son propre avis et malgré tout tous pourraient avoir raison selon leur point de vue. Car par exemple, prenons quatre personnes qui abordent une montagne par quatre endroits différents. Chacun d'eux proposera un parcours différent pour arriver à la cime, donc ils pourraient être en désaccord les uns avec les autres, mais les quatre pourraient avoir raison. Tout est souvent une question de point de vue dans la vie.

Laisser quelqu'un se mettre en danger de mort pour une infection dentaire non traitée n'est pas acceptable. Il est évident que Laurent ne comprend pas et ne peut donc pas mesurer les conséquences d'une infection non traitée. Nous, de notre côté, ne sommes pas à sa place et ne pouvons pas non plus savoir quelles sont les vraies raisons qui le poussent à refuser cette prise en charge. S'agit-il simplement de la peur de l'inconnu, renforcée par un comportement compatible avec des TSA ? Est-ce une conséquence de la maltraitance dont Laurent a souffert dans son passé à cause des différentes circonstances de sa vie ? Cette peur est-elle due au fait d'avoir vécu presque toute sa vie dans divers établissements socio-éducatifs ?

Pour essayer de répondre à ces questions, j'ai repris l'ancien dossier médical de Laurent depuis son plus jeune âge et j'ai aussi pris contact avec sa mère pour lui demander des précisions. Selon une lettre de sortie du Service de Pédiatrie de l'Hôpital Cantonal Universitaire de Lausanne datant de 1972, où Laurent avait séjourné une quinzaine de jours pour investigations, les diagnostics retenus lors de sa sortie étaient : Débilité mentale et Epilepsie généralisée. Les médecins en charge à l'époque signalent un contact avec une rubéole au cinquième mois de grossesse. Accouchement à terme, en céphalique (la tête en avant = position normale), poids à la naissance 3,290 kg, période néonatale sans particularité, il n'y a aucun signe de fœtopathie rubéolique. Sur le plan du développement psychomoteur, il s'est tenu assis seul à 9 mois et a marché à 15 mois. A l'âge de 3 ans et 1 mois, il ne parle toujours pas. Une surdité a été exclue par un audiogramme lors de cette hospitalisation.

Laurent a présenté une première crise d'épilepsie à l'âge de 7 mois ; ceci trois semaines après la vaccination antivariolique. Au moment de la crise il présentait de la fièvre à cause d'une otite.

Laurent a subi plusieurs examens para-cliniques plus ou moins invasifs à ce moment-là et aussi par la suite, diverses prises de sang, ponctions lombaires et j'en passe. En lisant son historique médical, on peut très bien comprendre qu'il soit très réticent quand il doit subir toutes sortes de soins.

Je précise que je ne mets pas du tout en cause l'indication aux examens que Laurent a dû subir aux différents moments de sa vie, je fais seulement allusion ici à leurs conséquences pour lui sur le plan psychologique, mais je sais que ces examens et leurs conséquences peuvent souvent s'avérer inévitables, malheureusement. Ces conséquences ne sont pas évidentes parfois jusqu'à plusieurs années plus tard, comme c'est le cas pour Laurent selon mon point de vue.

Suite aux complications de l'épilepsie après l'hospitalisation susmentionnée, Laurent a dû être placé pour une première fois à l'Institution de Lavigny où il est resté seulement quelques mois car ensuite, selon le souhait de sa mère, il a été transféré à la Clinique Bethesda à Tshugg où il est resté environ trois mois avant de rentrer à la maison. Dès l'âge de 6 ans, Laurent a été accueilli à la Fondation Perceval à St-Prex pour suivre une formation scolaire spéciale. Après une quinzaine d'années à Perceval, cet établissement n'accueillant pas d'adultes à l'époque, un placement à la Fondation Beaulieu de Montricher a suivi. Le transfert s'est mal déroulé, Laurent, agité, aurait commis quelques dégâts dans sa chambre. Le directeur de l'établissement a alors décidé que la place de Laurent n'était pas là-bas, il a pris divers contacts en vue d'un autre placement. Sans succès. Il a alors tenté de le placer à l'Hôpital de Nyon, qui l'a refusé. Il a ensuite pris contact avec l'Hôpital Psychiatrique de Prangins, qui l'a admis temporairement. Après un séjour de plusieurs mois à Prangins, une place s'est libérée à Lavigny où il habite depuis mars 1990. Selon ce qui est noté dans son dossier médical et aussi confirmé par les informations que sa mère m'a données, ce serait la seule et unique fois de sa vie où Laurent a été hospitalisé en milieu psychiatrique. Toujours selon les dires de sa mère, lors de son séjour à Prangins il ne supportait pas l'enfermement, raison pour laquelle il est resté agité aussi quand il était là-bas. Toutefois, l'étiquette de troubles du comportement avec auto- et hétéro-agression lui est restée collée jusqu'à présent… D'où la citation de Carl Jung que j'ai notée au début de ce chapitre. Cette phrase pourrait aussi s'appliquer au terme de TSA, car ce terme, étant plus large, pourrait parfois aussi être mal appliqué. N'ayant pas les compétences me permettant de m'étendre sur ce sujet, je ne le ferai pas.

Pour revenir au sujet qui nous occupe, quoi qu'il en soit nous étions obligés de prendre une décision à la place de Laurent, sa mère ainsi que l'équipe éducative qui l'accompagne au quotidien sont les personnes les mieux placées pour ce faire, je crois. Cette décision est prise selon les valeurs et croyances du temps et le lieu où la personne en question habite.

Si nous ne faisons rien pour lui éviter ainsi un stress majeur, sa vie sera mise en danger. Si on lui donne une sédation trop forte, il pourra aussi être mis en danger.

Pour pouvoir lui prodiguer des soins sous anesthésie générals, il faut un plateau technique qui dépasse le nôtre. Le MEOPA (gaz hilarant) n'est pas non plus la panacée car, expérience faite à quelques reprises, il faut que la personne accepte de garder le masque, et ce médicament n'est pas toujours efficace, sa puissance étant comparable à celle d'une benzodiazépine, médicament auquel Laurent est résistant.

Après avoir pesé les pour et les contre sur tous les plans, c'est-à-dire : médical, éthique, humain, socio-éducatif, et avec l'accord de tous les intervenants, la décision a été prise pour Laurent. Le traitement dentaire devait avoir lieu dans les meilleures conditions possibles.

Le traitement antibiotique prescrit que j'ai mentionné auparavant a été efficace et nous a donné du temps pour pouvoir prodiguer des soins sans faire plus de mal que de bien à Laurent. Il est plutôt peu collaborant pour les soins de bouche, car il se sent probablement envahi lors de ces derniers. A cause de cela il n'avait pas subi de contrôle dentaire depuis des années, avec comme complication quelques infections, traitées toujours empiriquement. Dans ce contexte, des soins dentaires sous narcose s'imposaient, le grand bémol étant, comme je l'ai dit auparavant, que Laurent refusait de se laisser examiner, mais aussi de descendre du transport qui le menait à l'hôpital. Il aime beaucoup faire des promenades en voiture, mais souvent il refuse de descendre.

Lors du colloque multidisciplinaire dont j'ai déjà fait mention, Giuliana a proposé une approche conjointe du résident à entreprendre par elle-même, sa psychiatre, et par moi, donc l'interniste étant son médecin traitant. L'idée proposée consistait à rendre visite ensemble à Laurent le jeudi pendant trente minutes à l'atelier boulangerie lors de leur pause, le but étant de mieux connaître Laurent et nous faire connaître par lui pour qu'il me permette par exemple de l'examiner correctement.

Lors de notre arrivée pour la première fois dans l'atelier boulangerie, j'ai été touché de voir un groupe de résidents – qui sont eux aussi tous mes patients, atteints d'une déficience intellectuelle sévère – participer à cette activité avec autant d'enthousiasme et de dévouement.

Laurent et ses camarades d'atelier aident à faire différentes sortes de pain, le premier jeudi du mois est consacré à un délicieux pain complet aux olives noires qui est la star de l'atelier boulangerie. Son succès est tel qu'il faut s'inscrire au préalable pour en avoir et il y a une longue liste d'attente. Autrement, il y a la fameuse Cucciole qui est aussi excellente grâce à un brin de safran qui lui donne sa belle couleur jaune, et enfin ils font aussi différentes sortes de pain aux grains. Cette activité est possible grâce aux personnes travaillant dans l'Institution qui accompagnent les résidents dans leur vie de tous les jours, comme je l'ai déjà signalé ci-dessus.

Le fait d'avoir eu l'occasion de rendre visite régulièrement aux ateliers pendant près de deux ans a changé ma façon de voir les personnes vivant en Institution. Je reviendrai par la suite sur ce point.

Quand nous avons commencé, avec Giuliana, à rendre visite à Laurent dans l'atelier boulangerie, nous parlions entre nous au début en essayant de l'intégrer dans la conversation, même si lui ne parlait pas. Nous avons rapidement remarqué qu'il savait très bien que nous parlions de lui et, après quelques visites, il savait aussi que nous étions là pour lui et il nous attendait avec impatience, selon les dires des moniteurs de l'atelier.

Au cours des visites hebdomadaires, le temps nous a permis de mieux communiquer avec lui, malgré le manque de parole. Par la suite, Laurent était toujours content de nous voir et il devenait très démonstratif lors de notre arrivée. Il nous offre un joli sourire, quand il est content de nous voir, il porte les mains vers son visage en les serrant contre sa joue et il pousse un cri de joie qui semble venir tout droit de son cœur. Il peut communiquer aussi avec les mains.

Dans l'atelier boulangerie, nous arrivions toujours lors de la pause, Laurent et ses camarades aiment beaucoup le café et le pain avec du fromage.

Après la pause pendant que la pâte pour le pain est en train de lever, un des résidents aide à nettoyer la table, chacun d'entre eux à son tour pose les tasses dans le plateau.

Quand je vais lui rendre visite sur son lieu de vie, il a son fauteuil à lui au salon, il est souvent assis dessus, il aime bien manger du chocolat (comme la plupart d'entre nous).

Non seulement nos résidents peuvent faire plus que ce que l'on croit, mais ils ont en général un plus grande cœur que le nôtre, car leur cœur est ouvert, ils ne se posent pas autant de questions que nous. Ils ne font pas de différence suivant d'où on vient, ou si l'on a un accent, peu importe quelles sont la couleur de notre peau ou nos croyances, par exemple. Ils aiment ou ils n'aiment pas, mais cela sans faire de distinctions, car ils n'ont pas de préjugés. J'irai jusqu'à dire que la plupart des personnes avec une déficience intellectuelle sont au-delà du bien et du mal.

Dans notre société, la déficience intellectuelle est toujours vue comme un fait négatif. Si l'on analyse l'essence de l'être humain, on peut conclure que plus simple on est, plus on est heureux. Qu'on entende ici le terme « simple » comme synonyme de détaché des choses matérielles, y compris les différents titres et diplômes que l'on peut avoir obtenus.

C'est une des raisons pour lesquelles je suis resté travailler sur le site de Lavigny bien que je sois venu au début seulement pour une année, il y a bientôt cinq ans de cela. Je suis resté ici parce que Laurent, ainsi que tous les autres résidents du département socio-éducatif, m'ont appris une autre façon de regarder l'univers et la vie. La société que nous avons créée pour nous satisfaire nous pousse, avec notre complicité, à la consommation et à l'accumulation, avec souvent comme résultat le gaspillage.

Les résidents de l'Institution sont heureux avec ce qu'ils ont, même si pour certains cela pourrait paraître peu. Par exemple, ils aiment leur travail, même si leur rémunération monétaire peut nous sembler basse. Ils ne travaillent pas pour l'argent, mais pour le plaisir. De même pour toutes les activités auxquelles ils participent, ils les font avec ou pour le plaisir, autrement dit, ils refusent de faire ce qui ne leur plaît pas. Voilà pour moi un exemple de sagesse. Même si certains pourraient voir là de l'infantilisme.

Pour conclure cette réflexion, je reproduis une anecdote de Carl Gustav Jung qui permet de mieux résumer mon point de vue. Lors d'un voyage que ce dernier a effectué dans les années trente du siècle passé au Nouveau Mexique, il a rendu visite à des Indiens connus sous le nom de Pueblo à Taos. Il s'est lié d'amitié et surtout il y a eu un mutuel respect avec un des chefs de leur nation, nommé Ochwian Biano. Lors d'une conversation, le chef indien avait dit à Jung que les Blancs étaient fous parce qu'ils prétendaient penser avec la tête et qu'il n'y a que les fous pour penser ainsi. Le psychiatre suisse, très surpris par cette affirmation, a demandé au chef de lui dire avec quoi il pense, lui. Et le chef indien de répondre qu'il pense avec le cœur.

Laurent et tous les résidents que je connais, ici à Lavigny ou dans d'autres institutions, réfléchissent plus avec le cœur qu'avec la tête, selon mes constats. Actuellement, je vois ce fait comme un bénéfice.

Pour reprendre l'histoire de Laurent et de sa prise en charge dentaire, Giuliana et moi avons continué les visites hebdomadaires à l'atelier boulangerie, de la façon la plus régulière possible. Nous avons même eu l'occasion de partager une visite en compagnie de la maman de Laurent. Nous avons tous toujours eu beaucoup de plaisir lors de ces rencontres.

L'atmosphère devenant de plus en plus amicale avec le temps, Laurent est devenu plus familier avec nous, j'ai aussi fait quelques sorties à pied avec lui depuis son groupe. Il aime beaucoup se promener. Une fois, il m'a accompagné jusqu'à mon cabinet, puis nous sommes allés sonner au cabinet dentaire. Dès que Mme Butera, notre médecin dentiste, a ouvert la porte avec sa blouse blanche, Laurent est parti en courant vers son groupe.

Du côté éducatif, l'équipe éducative a fait un énorme travail pendant de nombreux mois, pour préparer Laurent à la visite dentaire.

J'ai repris le sujet avec son co-référent éducatif, qui connaît Laurent depuis cinq ans. Tout d'abord les éducateurs ont fait des colloques d'équipe pour développer une stratégie permettant le bon déroulement du transport et de la prise en charge hospitalière de Laurent. J'avais aussi participé à un colloque avec eux où l'on s'est concertés. Giuliana a aussi soutenu l'équipe éducative. Ils ont transporté plusieurs fois Laurent à l'endroit où il devait être pris en charge pour lui montrer les lieux, chaque fois il ne voulait pas descendre du bus. Ils ont utilisé des photos pour qu'il devienne familier avec ce qui allait se passer. Finalement, comme on a décidé que pour Laurent la meilleure (voire la seule) façon serait de le transporter en ambulance, couché sur un brancard, ils ont utilisé aussi des pictogrammes pour l'ambulance, le brancard, etc. La veille, ils lui ont expliqué de cette façon tout ce qui allait se passer le lendemain. Le jour J, sa référente éducative, Audrey, et Thierry son co-référent, le responsable du secteur socio-éducatif, l'équipe infirmière et moi-même sommes arrivés plus tôt (eux plus que moi).

Laurent a reçu une prémédication sédative prescrite par son nouveau psychiatre, qui a remplacé Giuliana après son départ de l'Institution. Cette prémédication a servi pour qu'il soit plus détendu mais pas endormi.

Ce sont ses éducateurs référents qui l'ont accompagné ce jour-là dans l'ambulance, puis au lieu de la prise en charge et pendant toute la durée du traitement. Cette façon de procéder a permis que le traitement puisse avoir lieu. Enfin, je pense que c'est la concertation de diverses personnes faisant partie des différents métiers qui a marché et a permis la réussite.

Nous avons tous eu un vrai esprit d'équipe et sûrement Laurent l'a senti et compris. Il a aussi joué le jeu avec nous.

Selon son co-référent, le fait d'avoir pu accompagner Laurent de façon à lui faire comprendre que tout allait bien se passer lui a transmis une sérénité qui lui a permis de passer ce cap dans de bonnes conditions. Il disait aussi que les personnes avec des troubles du spectre autistique ont besoin d'un accompagnement calme et serein, mais avec en même temps une fermeté leur permettant de se sentir en sécurité. Il pense qu'une partie du passé troublé chez Laurent est surtout dû au regard de l'autre envers lui. C'est-à-dire que si nous l'abordons de façon craintive, il va le ressentir et lui aussi deviendra craintif, donc agité. Les soins dentaires sous narcose ont pu finalement avoir lieu et se sont très bien déroulés.

J'ai enfin appris que si parfois on prend plus de temps au début d'une situation pour la préparer correctement, par la suite on peut récupérer ce temps investi au début. On peut surtout dire que si on arrive à obtenir un résultat positif, le temps qu'on a pris pour y parvenir ne devrait pas être le paramètre le plus important. Surtout que par la suite on peut aussi appliquer ce qu'on a appris ici pour mieux affronter d'autres situations.

« Cela semble toujours impossible, jusqu'à ce que ce soit fait », disait Nelson Mandela.

Extrait de la conclusion du rapport de la consultation de contrôle de l'épilepsie en Neurologie du 09.12.2016

Sur le plan général, l'évolution est tout à fait favorable avec un patient qui a accepté de venir à la consultation, interagit, sourit, et se laisse partiellement examiner. Ceci coïncide avec d'une part un net allégement de la médication, ainsi qu'avec des mesures d'accompagnement éducatives qui semblent également porter leurs fruits.

Nager ensemble : une splendide expérience. Tentative pragmatique parent-professionnel à la recherche du « petit bonheur »
T. Saraswathi Devi (Sarah)

Ce chapitre jette une lumière sur les sentiments intérieurs invisibles de la plupart des parents d'un enfant avec handicap mental, particulièrement les mères, sentiments qui sont généralement cachés et inexprimés, par crainte de provoquer des ruptures dans les relations familiales actuelles et des contraintes dans la constance des liens conjugaux.

La structure sociale en Inde est différente de celle d'autres pays plus développés. L'Inde ancienne possède un grand trésor traditionnel consistant en un héritage culturel inestimable. La plupart des familles indiennes préfèrent vivre sous le contrôle d'une autorité familiale honorant le système familial traditionnellement structuré. Le principe d'obéissance joue un très grand rôle et les membres de la famille sont soumis à des règles verbales, non écrites, issues de la pratique habituelle. Ils aiment suivre simplement ce que disent les parents, et on attend des beaux-fils et belles-filles qu'ils suivent ce que dit leur conjoint. Les membres par alliance agissent comme gardiens et administrateurs des affaires familiales. La pratique honorée par le temps est imprégnée de la culture indienne et cette tradition est transmise de génération en génération. Les fortes convictions et l'attitude immuable des personnes âgées ont commencé d'apporter beaucoup de problèmes au cours du temps, amenant une confusion et une plus grande incompréhension dans la routine des affaires familiales. L'inattention ou l'expression négative des belles-filles vis-à-vis des beaux-parents aboutit à des fissures dans la famille et même à des séparations entre mari et femme.

Les familles ayant un enfant avec retard mental ne sont pas une exception dans cette situation. Cette pratique traditionnelle de conviction aveugle a commencé de saper fortement la confiance des parents, spécialement des mères, créant de nombreux problèmes, tels que souci, tension, déception, sentiment d'insécurité, etc., qui englobent toute la famille. Si ces problèmes sont négligés et ne reçoivent pas assez d'attention, ils peuvent se convertir en problèmes majeurs centrés sur la famille et affecter toute cette famille en train de partir en morceaux.

Il est évident que les demandes d'activités ne naissent pas de l'entourage social extérieur. Elles surgissent seulement des demandes de la famille, notamment, soit des parents par alliance, soit quelquefois des parents eux-mêmes. Les mères qui sont prises dans le cadre conventionnel et traditionnel de la famille deviennent muettes et grandement impuissantes quand leur vie est plus menacée et mise en doute à propos de leur sécurité. De telles mères doivent être sorties du système familial séculairement structuré qui les garde sous la main ferme des belles-mères qui s'en mêlent.

Cela requiert une confiance considérable en de telles mères pour les aider à réaliser leur pouvoir interne et à connaître correctement leurs responsabilités parentales. Un sens de la création de prise de conscience et de la promotion de la compréhension est hautement essentiel.

Dans ce but, plusieurs Symposia et divers ateliers ont été organisés à Lebenshilfe pour répondre aux questions soulevées par les parents, pour s'occuper de leurs intérêts et les aider à plaider leur cause, à exprimer leurs opinions.

Pour rappel, Lebenshilfe est le centre pour personnes en situation de handicap créé depuis un demi-siècle par l'autrice de ce chapitre.

Le Symposium, pour faire connaître notre activité

Un symposium a été organisé à Lebenshilfe sous le titre « Nager ensemble – Une splendide expérience », symposium qui a aidé les parents à exprimer leurs soucis, à verbaliser leurs opinions, à évoquer leurs problèmes pour établir un bon réseau avec les autres parents.

Les parents de différents milieux étaient présents avec beaucoup d'enthousiasme et d'intérêt et ont discuté à fond sur divers problèmes causant un profond sentiment de chagrin, de confusion, de peur, d'anxiété et de souci à propos de l'avenir de leur enfant mentalement retardé. Des plaisanteries échangées et les activités amusantes et divertissantes (ébats, gambades) auxquelles ils ont participé sont significatives. Les parents avaient une plateforme pour ventiler leurs déplaisirs, leurs pensées négatives et leurs sentiments de culpabilité.

Ce Symposium a laissé des histoires qui font chaud au cœur, des expériences émouvantes, des épisodes touchants qui ont même quelquefois fait battre le cœur. Comme les parents souhaitaient conserver leur intimité, ce texte ne peut pas tous les partager.

Quelques mères étaient ouvertes à raconter comment leur époux utilise la colère, la bouderie, les cris, la menace de rendre les choses beaucoup plus difficiles, afin de faire plaisir à leurs parents et aux autres membres de la famille en la blâmant, elle seule, pour la naissance de l'enfant retardé.

Les parents étaient liés d'une façon unique qui procura un « spectacle » aux spectateurs dans le campus. Ils étaient fortement unis par les situations affligeantes causées par l'enfant mentalement retardé.

Comme résultat, des pensées appropriées peuvent montrer aux parents un chemin convenable conduisant à un sentiment de totale relaxation. Le courage moral qui remplit leur esprit les amène à comprendre la situation et la confiance les aide à choisir des activités justes qui effacent l'anxiété, le stress et la déception.

Les parents sont responsables de conduire leur enfant retardé soit en haut, ou plutôt en bas de la terre, ils sont d'accord avec cette approche qui peut améliorer leur qualité de vie.

Ils observent les insights psychologiques, les forces et les faiblesses, les inconsistances, etc., tout en s'occupant de leur enfant retardé. Ils permettent à l'enfant mentalement retardé de grandir à son propre rythme, non sous la pression.

Le but du symposium était d'organiser une activité de conseil, des sessions ouvertes de discussion ; une implication dans diverses activités promouvant la collaboration et établissant un réseau salutaire avec d'autres parents confrontés aux mêmes problèmes a amené quantité de différences.

Ce chapitre fournit une certaine information basée sur l'évidence à partir du récent symposium, qui servait aussi d'atelier organisé à Lebenshilfe avec 60 parents en 15 groupes assistés par 50 membres d'équipes.

Que s'est-il passé dans l'atelier ?

A travers le processus de communication, des idées ont été transmises d'un esprit à un autre et d'une mère à une autre, dirigées intentionnellement par le chaos interne à partir duquel une conscientisation est néanmoins possible. Par les informations données, la confiance s'établit dans leur cœur pour surmonter les problèmes familiaux et savoir comment nager ensemble avec d'autres parents dans la mer du savoir pour obtenir de meilleurs résultats.

Qu'attendent les mères ?

Du mari :
- Sortir, faire du shopping, manger quelque part, partager les chagrins et les plaisirs, regarder un film ensemble, amour et affection, etc.
- Suivre les fonctions familiales et sociales avec la même dignité humaine.

De la maison :
- Considération de la part des membres de la famille.
- Bien dormir pendant toute la nuit sans être dérangée.
- Avoir une atmosphère exempte de tensions et constante.
- Etre délivrée du « je me mêle de tout » de la belle-mère.

De la société :
- Suivre les fonctions sociales avec la même dignité humaine.
- De bonnes relations sociales et un meilleur réseau avec les autres parents.

Pour leurs enfants :
- Un avenir sécurisé apportant le bonheur à la famille entière après eux.
- Une vie autonome, sans dépendre des autres.

Qu'attendent les pères ?

- Une atmosphère plaisante sans aucun dérangement.
- L'attention personnelle de leur femme et l'amour interpersonnel seulement pour eux.
- Le respect de la part de leur femme pour leurs parents et les autres membres de la famille.
- Détenir la responsabilité totale de l'enfant mentalement retardé en plus du soin de la famille entière.
- Que leur femme reste à la maison avec l'enfant mentalement retardé pendant qu'ils se rendent à des sorties extérieures.
- Sortir une fois ou l'autre pour chercher à se libérer des pressions du ménage.
- Sortir de la maison pour se relaxer à l'extérieur.

Tous ont activement participé à l'Atelier pour reconnaître les problèmes d'échecs et pour partager leurs expériences.

Ils ont accepté le fait que la vie n'est rien d'autre qu'un voyage allant de la naissance jusqu'à la mort. C'est une combinaison de peines et de plaisirs qui voyagent avec nous comme co-passagers tout au long de notre vie et nous ne pouvons pas nous y soustraire. Nous devons les accepter et continuer notre voyage jusqu'à ce que nous ayons atteint notre destination.

Nous traitons les questions liées aux parents à travers le conseil, l'interaction et la collaboration, stimulant la curiosité parentale sur les problèmes assiégeant leur famille et les aidant à comprendre comment certaines situations portent sérieusement atteinte à la confiance intérieure des parents, spécialement des mères.

Cela aide les parents à trouver différentes raisons qui troublent la tranquillité de leur vie et leur fait réaliser l'importance d'apporter un équilibre entre leurs actions et la valeur attendue des autres membres de la famille. Cela met aussi l'accent sur des solutions adéquates pour surmonter les problèmes.

Les parents souhaitent voir leurs enfants participer pleinement et activement à la société contemporaine.

Souvent les parents à la maison et les enseignants à l'école échouent terriblement à stimuler les enfants sévèrement retardés, ce qui cause une déviation du comportement normal. Souvent la mère subit une tension dans le quotidien à la maison.

Les maris pensent que la mère est la première à devoir défendre les besoins de la famille et donc elle doit porter la charge entière, y compris la charge de l'enfant mentalement retardé.

« J'affronte la lutte dans ma propre famille. Mes parents et mes beaux-parents n'acceptent pas que mon enfant soit un enfant retardé. Il a l'air normal et donc ils pensent qu'il est normal. Ils attendent de lui le même comportement que celui des enfants du même âge et l'échec les contrarie. Je suis forcée de le frapper souvent pour satisfaire les aînés. L'atmosphère de la maison est très stressante pour moi. »

« Si nous ne sommes pas d'accord avec une personne, nous pouvons simplement nous en aller, mais nous ne pouvons pas nous éloigner d'un enfant mentalement handicapé. Il peut être possible à quelques pères de préférer se débarrasser de la charge, mais pas à la mère accablée. La défiance familiale et la méfiance de mon mari atteignent ma confiance si gravement… »

« En dépit d'insultes délibérées que je reçois, je suis encore en vie grâce à la force morale donnée par Lebenshilfe. Mes sentiments ont été profondément blessés quand ma propre belle-famille m'a injuriée en prenant pour cible mon caractère quand j'ai commencé, contre leur volonté, d'amener mon fils à Lebenshilfe pour l'instruire mieux. »

L'atelier organisé dans le symposium suggère aussi aux parents des manières adéquates pour étudier la situation de leur famille dans ses aspects psychologique, social et médical et les aider à sortir de telles situations qui submergent la confiance chez les parents.

Vignette clinique : Santosh retrouve sa sérénité

Meenakumari, la mère, dit que son fils Santosh Viswanath était tout à fait normal jusqu'à l'âge de quatre ans, et alors on a remarqué un changement dans son comportement. Il a une sœur qui fait des études d'ingénieur et leur différence d'âge n'est que de deux ans.

A la maison, ni le père ni les autres membres de la famille ne parlent avec lui. Il est donc dans un isolement considérable. Il est gardé dans une pièce fermée à clé et n'a pas la permission d'en sortir. Elle essaie d'insister sur la nécessité de le placer parmi les autres pour promouvoir des relations amicales et sociales qui l'aideraient à diminuer certains problèmes sévères de comportement, mais personne ne fait attention à elle et elle dit qu' « elle est impuissante ».

« Mes plans pour le faire sortir un moment apportent aussi de plus grands problèmes. Tous mes voisins sont de hauts fonctionnaires. Ils décorent leur maison avec des éléments de valeur et du matériel importé. Ils ne lui permettent pas de leur rendre visite, car il casse et détruit les choses quand il perd son contrôle dans la colère. J'ai des problèmes majeurs quand l'école est fermée pour les vacances. Il aime l'école et il désire y aller, peu importe si elle est ouverte ou fermée. Lebenshilfe connaît ses efforts pour garder ses émotions toujours sous contrôle. Il est contrarié quand il voit que son père et les autres membres de la famille ne lui manifestent aucun égard. Il a beaucoup de difficulté à montrer de l'attention dans les relations interpersonnelles et par conséquent à s'adapter de manière adéquate dans les différentes situations.

J'apprécie la scolarité d'été pour ce garçon car cela lui permet des interactions sociales favorables tout au long de l'année. »

Nous avons donc suggéré ces activités :

- Une variété d'activités liées à des expériences interactives d'apprentissage, telles que la lecture, le chant, le jeu, et parler de ce qu'il voit et de ce qu'il fait.
- Suppléer au manque d'amour. Etendre les rapports humains et la dignité.
- Liberté de mouvement avec les membres de la famille. Le sortir de l'isolement. Le faire parler avec les voisins, etc.

- Besoin d'un développement d'affinité propre.
- Une prise de confiance de la personne et de sa mère et une amélioration du climat familial.

Conclusion

On a obtenu une compréhension du but, une vision globale, un sentiment de comprendre les problèmes et les possibilités de les prévenir, la réalisation des ressources, la prise de conscience des besoins, le courage moral pour entreprendre la tâche contre la volonté de la famille.

Les parents ont réalisé qu'ils ont un intérêt commun et une responsabilité complémentaire pour promouvoir la sécurité, la stabilité et la prospérité de tous les enfants qui grandissent.

Des sourires ont été échangés pour générer confiance.et assurance. L'attitude positive des parents a soulevé des acclamations à la fin du Symposium. Ils étaient venus faibles et repartaient avec une plus grande force. Ils ont emporté des pensées innombrables et ont partagé des expériences appréciables.

Les parents sont venus avec un motif commun et se sont rendu compte des problèmes les uns des autres. Ils se sont ouverts à partager leur chagrin. Des expériences ont été échangées pour la recherche de solutions, des solutions qui donnent un sentiment de soulagement.

Les enfants montrent souvent un comportement antisocial causant de sévères problèmes de comportement par manque d'amour, d'affection, de chaleur, et par rejet de leur propre famille aboutissant à la solitude. Un progrès peut être évalué et clairement contrôlé par le rapport personnel développé entre l'enfant avec retard mental et le parent à la maison, et avec l'enseignant ou le thérapeute à l'école.

La plupart des mères montrent une patience infinie. Aucune mère n'aime voir son enfant pleurer, mais les enfants avec retard mental font pleurer leur mère.

Les hommes et les femmes sont différents lorsqu'ils mettent au grand jour leurs difficultés. Les sentiments parentaux de bonheur commencent de se décolorer quand ils apprennent que leur enfant a un comportement différent.

Le handicap ne vient pas des individus. Il a sa source dans l'échec des familles. Les difficultés ne viennent pas de l'environnement extérieur. Elles ont leur source dans l'échec des membres de la famille à comprendre le problème et le refus de chercher des solutions. Les enfants avec retard mental ont un droit égal de grandir dans un environnement sain, sécure, confortable et aimant qui peut leur amener et amener à leurs familles de la sérénité et du bonheur.

Transhumance dans le monde de l'autisme… Qui est le berger ? Un cheminement hors des sentiers battus
André Baechler, Martine Vonarburg, Hélène Chiot et Nicola Chiot

Présentations

Hélène Chiot : Notre famille s'est vue transformée profondément avec la naissance de Nicola, notre fils, qui a actuellement 48 ans. Nicola est une personne adulte atteinte d'autisme, qui s'est arrêtée de parler à l'âge de deux ans et demi. En tant que mère, je veille au bien-être quotidien de Nicola, ce qui implique un investissement de tous les jours depuis de nombreuses années. Très rapidement, ma profession dans les assurances sociales a été un tremplin pour rechercher les meilleures thérapies afin d'améliorer le quotidien de notre fils. Chacun prenant sa part de responsabilités, je me suis fortement impliquée en tant que première présidente de l'association Autisme Suisse Romande, ce qui m'a donné l'opportunité d'assister à une conférence sur les possibilités d'expression des enfants atteints de ce syndrome. La Communication Facilitée y était bien souvent critiquée, ce qui a exacerbé paradoxalement ma curiosité à ce sujet et m'a donné l'envie de m'y intéresser de plus près. Je me suis donc lancée dans l'aventure à la découverte de la Communication Facilitée. Bien m'en a pris, car j'y ai trouvé une aide précieuse pour notre fils qui avait déjà 38 ans. Enfin il y avait un espoir.

Martine Vonarburg : Après des études universitaires en langues étrangères, alors qu'avec mon mari nous exploitions une entreprise commerciale, j'ai mis mon énergie et mon temps à la disposition des femmes d'artisans pour la défense de leurs droits alors inexistants en France. Puis nous avons déménagé en Suisse où j'ai travaillé en tant que responsable administratif dans un cabinet d'ingénierie civile. A la naissance de notre fils, je me suis intéressée aux thérapies naturelles qui me conduisirent à la découverte de la Communication Facilitée, d'une langue étrangère à une autre… De nature sensible à l'être humain et à son fonctionnement, je me suis orientée vers la relation d'aide et, de fil en aiguille, vers le soutien et l'écoute de personnes porteuses de handicap et en particulier d'autisme, jusqu'à la rencontre avec Nicola Chiot en 2005, début de nos échanges.

André Baechler : Après des études universitaires en psychopédagogie, j'ai travaillé comme animateur pédagogique dans une grande institution pour personnes porteuses de handicap mental, d'autisme et de polyhandicap, cherchant des moyens pratiques pour leur donner accès à une plus grande autonomie ainsi qu'aux apprentissages scolaires et à la culture. La difficulté de vraiment comprendre ces personnes m'a orienté vers de nouvelles approches et théories débordant parfois le cadre rationnel connu. Je participe aux séances de Communication Facilitée avec Nicola depuis 2010, à la demande de Martine Vonarburg et avec l'accord des parents de Nicola.

Nicola Chiot : Bien que mutique, Nicola fait partie des auteurs de ce chapitre. Nous nous permettons de vous le présenter avant qu'il ne se présente succinctement lui-même. Dès notre première rencontre, nous voyons sans doute une personne au physique solide, à l'attitude un peu distante. En fait, Nicola est une personne qualifiée atteinte du syndrome autistique, qui vit majoritairement dans un cadre institutionnel. Au-delà des apparences, il est à même de faire des choix en pointant du doigt ce qu'il désire et il s'exprime aussi par son corps. Comme tout le monde, il est tour à tour joyeux, en colère, indifférent, enthousiaste, triste. Il aime coopérer lorsqu'il en ressent le désir mais peut aussi manifester des sentiments de révolte. Comme il lui est difficile de verbaliser ses ressentis, il communique la plupart du temps par des comportements instinctifs souvent interprétés à tort comme de la violence et de l'autodestruction. Il arrive que Nicola s'exprime dans des moments de doute et de souffrance en tapant sa tête sur un objet solide ou par d'autres manifestations déconcertantes pour son entourage. Même lorsqu'il souhaite entrer en relation, il peut susciter des réactions de méfiance ou même une prise de recul de la part de l'interlocuteur.

Cependant, grâce à la Communication Facilitée, il dispose d'un outil pour s'exprimer autrement. Sous l'angle de cette pratique, il se présente d'une manière différente, souvent poétique et empreinte de sagesse, et qui contraste avec ce que nous pouvons percevoir au premier abord. Voici un extrait de texte où il se présente avec la Communication Facilitée :

« Je suis une personne très fiable qui est et qui dit ce qu'elle pense.

Quelle est mon autonomie ? Pour moi cela reste une utopie.

Etre celui que je désire être. Homme entier qui devient désireux de communiquer avec les autres et qui devient autonome. »

Dans la suite du texte et pour plus de simplicité, nous avons choisi de nous identifier par nos prénoms.

Que pouvons-nous dire de la Communication Facilitée ?

Il s'agit d'un moyen alternatif de communication qui consiste, très schématiquement, à soutenir la main d'une personne au-dessus d'un clavier pour écrire (la personne qui soutient la main est appelée facilitant(e)). Nous n'entrons pas ici dans la présentation de la technique, ni dans les divers aspects que recouvre son application (formation, association, recherche, discussions, conférences, bibliographie, …) et nous renvoyons le lecteur notamment au site Internet www.cf-romandie.ch qui présente tous les liens utiles. Dans le texte, les termes de Communication Facilitée seront le plus souvent remplacés par CF.

A titre d'exemple, voici un extrait en version originale d'une séance de Communication Facilitée avec Nicola, datant de fin 2010 :

André : Comment vas-tu aujourd'hui ?
Nicola, très joyeux, rit.
Nicola tape avec Martine sur l'ordinateur : je vais bien. La presence des arts est emancipation.
Nicola touche le visage de Martine en riant.
Nicola : elle permet de visualiser les images
Martine : Je sens bien l'aller-retour de ta main.
Nicola : travailler la peinture est réussir à (rire de Nicola) metons les memes paroles
Martine : Je n'ai pas très bien compris ce que tu as voulu dire.
Nicola : metriser
Martine : Est-ce que c'est maîtriser que tu as voulu écrire ?
Nicola : Oui a maitriser la pensee
Martine : Il y a beaucoup de tension au niveau du bras. Tu mets beaucoup de force.
André : Quand tu parles de présence des arts, est-ce dans la maison ? Est-ce que tu as fait de la peinture avec quelqu'un ?
Nicola : maison me reussit pas
Martine : Est-ce une autre manière de formuler qu'il n'y a pas la peinture dans la maison ?
Nicola : oui pour peindre le mame

Martine : Alors là je n'ai pas compris. Qu'est-ce que cela veut dire ? Ah ! Ton chat ! Est-ce cela que tu veux dire ?

Nicola : Oui chat

Martine : Oui, c'est vrai que tu as un chat qui s'appelle « Mam » !

Nicola : il me faut peindre le mam

Martine : Tu aimerais peindre le Mam ? Est-ce que j'ai bien compris ?

Nicola prononce oralement : « PA »

Martine répète sa question.

Nicola : oui le chat pour imager le mot (Nicola répète plusieurs fois « PA »).

Martine et André proposent une pause.

Nicola : Povlll

André : Est-ce que tu veux dire que tu veux peindre les mots ?

Nicola donne des signes comme s'il souhaitait que Martine ferme sa machine.

Martine : On pourrait dessiner !

André : J'aimerais proposer le mot chat et le dessiner.

Martine propose à Nicola d'écrire avec lui à l'aide d'un crayon le mot chat. Nicola dessine un grand cercle, puis un plus petit au centre, puis une forme de 8.

Martine : Est-ce qu'on peut essayer d'écrire le mot chat ensemble ?

Nicola écrit avec l'aide de Martine le mot « le chat ». Chaque lettre est épelée.

Nicola se saisit des lunettes de Martine et fait quelques touchers avec ces lunettes. Il nous signifie qu'il faut ranger la feuille, ce que nous faisons.

Martine : Je sens là que, quand tu écris avec le crayon, tu laisses vraiment aller. C'est souple.

Nicola sourit, il se réjouit et rit.

Les rencontres autour des séances de CF avec Nicola ont lieu d'une part à la maison avec Hélène, sa maman, avec qui il écrit en CF puis réalise ensuite des exercices d'écriture manuscrite et de reconstitution de mots à l'aide de lettres isolées et imprimées sur carton, ainsi que des dessins, et d'autre part dans le cadre de l'institution dès 2005 avec Martine seule, puis avec Martine et André dès 2010. Nous décrivons ci-dessous comment se déroulent le plus souvent ces séances réalisées dans l'institution :

Le temps de nous organiser matériellement en allant chercher des chaises, Nicola est souvent déjà assis et attend que nous ayons fini de mettre en place notre matériel. Rien de très compliqué, un ordinateur pour André, un organiseur Psion[58] pour Martine, des feuilles de dessin et des feutres.

Nicola veut commencer avec André. Il lui tend spontanément sa main et ils écrivent ensemble. Quelques mots et Nicola veut passer à autre chose. André le stimule pour qu'il écrive davantage mais pour Nicola c'est assez. Il a ses habitudes, il pointe les feuilles de dessin et les feutres.

Il dessine, vite ou avec application, parfois avec une couleur, le plus souvent le rose ou le rouge, et parfois avec plusieurs couleurs. Ses dessins sont souvent semblables. Un ovale, traversé par des lignes courtes et quasi horizontales. Cet ovale est parfois ouvert... parfois fermé... Nous ne comprenons pas quelles en sont les significations et ne soulevons que des hypothèses.

Tout au long de la séance, Nicola partage des sourires que nous qualifions de complices, il nous donne des signes objectifs qu'il apprécie notre présence, se tourne vers nous, sourit, approche son front de Martine jusqu'à la toucher en appuyant ses lèvres sur son front, touche André avec son doigt en souriant. Même quand il est au plus mal il ne refuse jamais de nous accompagner en séance, mais alors nous comprenons qu'il ne peut pas plus que ce qu'il partage avec nous.

Puis Nicola tend sa main vers Martine ou lui prend la main pour écrire.

Nous laissons le plus souvent les rênes de la séance à Nicola qui choisit avec qui il veut écrire. Il peut à plusieurs reprises changer de facilitant même pour terminer un mot ou une phrase en cours d'écriture. Fréquemment Nicola ne termine pas ses phrases. Nous le sollicitons alors à nouveau pour le faire. Parfois le texte n'est pas compréhensible sur le moment et ne prend du sens que plus tard, voire au cours des séances suivantes. Ces séances peuvent durer de 15 minutes à près d'une heure.

Martine : En premier lieu je pratiquais seule avec Nicola, un vrai travail d'apprivoisement mutuel, un vrai lâcher-prise sur les attentes.

---

[58] Organisateur électronique de poche.

Il faut savoir qu'au début venaient des lettres « anarchiques » qui ne permettaient pas de distinguer des mots. Puis, petit à petit, quelques mots puis des phrases se sont écrits. Parfois un éducateur ou une éducatrice participait à la séance. Celle-ci durait le plus souvent peu de temps. Cependant Nicola était toujours partant pour la rencontre et pour tendre sa main et écrire. Après quelques années, j'ai émis le souhait qu'un deuxième facilitant vienne me rejoindre, ressentant que cela pourrait aider Nicola. C'est ainsi que la proposition fut faite à André. Le duo devint trio et cela est important à souligner, car dès cette période les séances avec Nicola se sont améliorées, que ce soit dans la durée, dans l'écriture ou dans la participation. Ce trio a de l'importance pour Nicola non pas tant, semble-t-il, parce qu'il y a une nouvelle main facilitante, mais plutôt parce qu'il y a la présence d'une autre personne. En l'absence de moi-même ou d'André, les séances sont en général plus courtes et Nicola a davantage de peine à finir ses mots ou phrases. Il manifeste alors son mécontentement : « Je suis fâché parce qu'André n'est pas là ».

André : Lors de mes premières séances, je ne parvenais pas à obtenir de textes suivis, alors que c'était largement devenu le cas avec ma collègue Martine. Cela me questionnait beaucoup. Si je ne sens pas de façon claire l'impulsion du mouvement de Nicola vers les lettres sur le clavier, j'ai toujours de la peine à faire confiance aux mots qui s'écrivent. Pourtant, lorsque je vois fonctionner Martine, le texte coule et je ne peux que reconnaître que c'est bien le message de Nicola qui s'écrit.

Nicola nous transmet son point de vue à ce sujet : apprendre à réagir à ce qui s'écrit sans interpréter.

Pour moi, le plus important est de dire ce que je ressens et non de trouver du plaisir puisé dans la discussion. (La frappe de Nicola est très forte et appuyée sur ce passage).

Bien profiter de ce moment d'échange est pour moi un but. Utile pour moi de parler de mon problème de perfectionnement de l'écriture en CF avec toi.

Je désire que tu laisses venir les mots tels quels sans essayer d'y mettre du sens selon ta logique. Pour arriver à perdre le contrôle tu dois laisser ma pensée t'envoyer les mots. Purifie ton cœur pour qu'il capte mieux ce que je pense.

André : C'est un beau programme !

Martine : Comment est-ce que tu le purifies ? Purifier des émotions, de quoi purifier ? As-tu une idée, une suggestion, si on affine encore ?

Nicola : Mental prend trop de place.

André : C'est vrai, c'est très souvent le cas, mais cela aide parfois aussi.

Nicola : Gare aux raisonnements hâtifs ! Assez discuté ! A l'action !

Martine : Tu es parfait dans le rôle d'enseignant !

Dans ce chapitre, le fil conducteur, ce sont les textes écrits en CF. Ils sont une partie du résultat d'années d'échanges, parfois très courts, parfois plus longs, sans que nous comprenions nécessairement ce qui est à l'origine de cette différence. Ceux inclus dans ce chapitre sont des extraits des textes originaux, ils sont compactés mais nous ne les avons pas transformés dans leur signification. La structure des phrases et le vocabulaire sont parfois particuliers, voire métaphoriques, ce qui est souvent le cas en CF. L'orthographe a été partiellement corrigée pour permettre une lecture plus aisée. Les messages écrits en CF sont retranscrits en italiques. Nous ne relevons pas ici les nombreux dialogues en relation avec sa vie quotidienne, mais uniquement ceux qui vont éclairer le sujet de ce chapitre du livre.

Nicola nous donne son accord pour que nous partagions ici avec le lecteur des extraits de ses textes écrits en CF. Nous laissons le lecteur s'en imprégner avant de transmettre nos commentaires et notre vécu.

Transhumance psychique ou … Transhumanité

Le thème proposé du livre porte la mention de transhumance psychique. Nicola exprime de suite son accord pour participer à la rédaction du texte et il ouvre d'entrée le débat sur la « transhumanité », mot qui lui paraît plus approprié et qui est à prendre non dans le sens moderne de l'homme augmenté, mais dans un sens plus philosophique.

Nous nous adressons à Nicola : « en parlant de chemin, si nous revenions sur ce terme de la "transhumanité" ? Où en es-tu de tes réflexions à ce sujet ? »

Transhumer c'est juste réactiver des terrains de nourriture fraîche et étendue.

Grader est ce qui semble important pour tous mais moi je ne grade pas parce que je suis en état d'être et non pas de faire.

Pour circuler dans la transhumanité il faut être en état d'être et ne pas vouloir marcher sur les autres. C'est un point qui est difficile de comprendre parce que je constate encore et toujours que marcher veut souvent dire écraser.

Quand tu parles de transhumanité c'est comprendre que l'humanité ne peut survivre sans le groupe, c'est la condition nécessaire pour avancer. Si l'on est plus faible quelqu'un vous aide. Si vous êtes fort parfois il faudra être faible pour attendre les autres. C'est une identité multiple et non unique que vit l'humanité et pour dispenser le savoir il faut être plusieurs. C'est aller d'un point à un autre sans avoir de regret dans ce qui est passé parce que la transhumanité c'est avancer et non revenir en arrière.

J'aime aller en assimilant les choses et non en les ruminant.

C'est aussi un point principal, assimiler, c'est-à-dire aimer, parce que si tu n'aimes pas quelque chose ou quelqu'un tu ne peux pas l'assimiler et c'est réaliser que l'amour est le guide pour la transhumanité. C'est un lien entre tous qui n'a aucun persécuteur car personne ne peut empêcher d'aimer et pour cela tu ne dois pas réaliser quelque chose.

C'est un état et personne ne peut te l'enlever, c'est ce qui nous appartient en propre et que nous, personnes handicapées, nous avons aussi même si souvent nous ne recevons rien en retour, mais il est, et pas possible de le détruire.

Je ne peux pas espérer mieux, si je pense à l'avenir, c'est aimer de toutes ses forces pour accompagner la vie et elle est si fragile, nous le savons, dans notre handicap.

Mais il est libre d'être avec amour ou sans amour. Terrain est propice pour amour maintenant !

C'est un pardon à l'humanité qui ne sait pas vraiment où elle en est qui s'avance avec la parole d'amour.

Nicola est décrit par la médecine comme une personne atteinte d'autisme avec déficience mentale.

Nous nous questionnons : comment cela peut-il faire sens avec l'intelligence du texte qui s'écrit en CF avec Nicola ? Le travail d'ouverture qu'il nous demande nous apporte le plaisir de construire une relation véritablement humaine avec lui, pour autant qu'on ne se fie pas uniquement à son comportement.

La transhumanité est un concept très intéressant : dans ce contexte, c'est pour nous la capacité de découvrir un être humain complet et total chez une personne dans l'incapacité d'utiliser la communication mentale ordinaire par la parole et qui présente des troubles du comportement.

Pour illustrer le texte écrit avec Nicola sur la transhumance et la transhumanité, nous livrons des extraits de textes écrits pendant les séances que nous avons partagées avec lui au cours de ces années de dialogue.

Ne pas grader, ne pas écraser les autres, la fraternité

Ne pas marcher sur les autres. La fraternité est indispensable. Elle me conduit pour vivre [en] être élaboré. Le regard des autres est limitant. Ils me considèrent comme un enfant. Davantage d'amitié serait nécessaire pour vivre dans l'harmonie.

C'est encore plus important avec les autres collègues [qu'avec les éducateurs], c'est difficile parce qu'ils vivent dans leur monde et avec leurs problèmes. Âme à âme est un moyen d'entrer en dialogue avec eux et j'essaye d'établir le contact.

André : Peux-tu parler avec eux de leurs problèmes ?

Avec eux je ne suis jamais dans le rôle de l'éducateur et assez âme à âme soutien de la difficulté de vivre le handicap. Faire ce que je humainement possible pour assurer leur confort de vie.

Patience réciproque

J'insiste sur la patience parce qu'elle est la base de la confiance en soi. C'est en soi parce que si je n'ai pas cela je ne peux pas faire confiance et il presque inutile d'être en lien avec les autres. Justement gratuit pour tous de patienter et d'être confiant. Cela ne demande rien d'engageant et on peut à tout moment essayer.

Je demande à tous d'être patients pour nous permettre d'être doués de mieux nous ouvrir au monde qui nous entoure. Le moment est venu de patienter les uns et les autres en restant ouverts aux difficultés de l'autre.

Je suis prêt. Avec votre aide j'y arriverai.

L'entraide

Dis-moi le sens de la vie. Je ne comprends pas pourquoi j'ai toujours des difficultés à redémarrer. Je possède un projet qui est d'aider mes amis. Ils sont aussi laissés pour compte. Ils ne savent pas pourquoi ils sont là. Espoir de leur expliquer pourquoi.

Je tragédie ne connais pas. Vivre ouverture pour les autres est un défi que j'utilise minutieusement. Je jette tout ma véridique vénération pour davantage comprendre ce qu'ils désirent et pour leur apporter de l'aide.

Question pour être mieux dans moi avec les autres.

Martine : Est-ce que tu penses, Nicola, qu'il y a une peur quelque part ?

Peur de ne pas être le maintien de situation sociale …

Martine : L'humanité, c'est quand on est très proche l'un de l'autre par le cœur.

... avec vous.

L'enseignant enseigné

Tirage me remet en amour avec personnes. [Tirage] est l'aspiration vers Dieu et je facilement passe les années. Depuis des années je tente de comprendre ce qui relie les hommes mais je demande toujours à être formé et à savoir pourquoi je déteste la patience. Je trouve des réponses et je ré exerce moi à permettre le moteur de ralentir. Et pourquoi il reste bloqué sur la vitesse supérieure, je n'ai pas trouvé. Utile pour moi de parler de mon problème de perfectionnement de l'écriture en CF avec toi.

Je désire que tu laisses venir les mots tels quels sans essayer d'y mettre du sens selon ta logique.

Pour arriver à perdre le contrôle tu dois laisser ma pensée t'envoyer les mots.

André : C'est un vrai challenge, le cerveau travaille tout le temps. Lorsque le texte que tu écris semble ne pas avoir de sens au premier abord, le mental reprend vite les commandes !

Je pense que tu peux parvenir à écouter ton cœur. Croire en cela demande du temps et garder humanité en même temps [que l'] unicité de pensée. Utile de parler de pouvoir de nous parce que nous avons des capacités qui vous permettent d'évoluer. Je suis heureux de pouvoir contribuer à la formation des autres personnes. Que me propose-t-on ?

Croire que les idées sont dans le cerveau est une erreur. Elles sont d'un autre niveau non organique. Gérer les idées sans le cerveau est possible. J'en fais l'expérience.

L'humilité, le cœur, cultiver l'état d'être

Savoir pour penser pour pouvoir sentir ce que nous voulons dire sans parole, savoir comment vous pouvez faire pour y arriver. La parole n'est pas nécessaire pour parvenir à nous comprendre. Pas possible de communiquer par la parole pour nous, mais possible de communiquer avec le cœur. Avec le cœur il n'y a pas de limite. Il n'y a que celle qu'on se donne. Par le cœur on peut tout dire.

La CF est un outil du cœur.

Espoir c'est pour moi savoir que je peux communiquer par la présence et par l'esprit. C'est ce qui est important pour nous. Apprendre à communiquer ainsi va pouvoir nous permettre de mieux vivre.

La vie ici-bas n'est pas facile pour nous et nous avons besoin d'être soutenus et reconnus. Savoir que vous êtes à notre écoute vraie nous permet de mieux supporter notre condition. Camarade de souffrance me permet d'entrer en relation avec lui. Pour vous c'est plus difficile car vous ne savez pas écouter ce que votre cœur vous dit. Il est important de travailler sur ces aspects de la relation humaine et d'ouvrir votre cœur.

Plus vous vous ouvrirez et plus vous parviendrez à communiquer avec nous. La parole ne vous aide pas et vous cherchez trop à agir plutôt qu'à écouter ce que nous avons à communiquer avec nos moyens.

Davantage d'amour entre les personnes dessert les situations difficiles et remet le vrai sens aux événements. Ne pas durcir nos cœurs pour déjouer les pensées toutes faites. Faire des sages… de vrais sages pensent avec le cœur. Vivre avec les sages est plus facile. Gare aux gens qui croient savoir. Gare aux gens qui s'imaginent que nous ne sommes [pas] aussi des sages.

L'âme

Qui sait ce qui est réalité. Désordre est lié au fait que vous pensez avec le corps et moi je pense avec l'âme. Je suis directement en émanation avec la traduction de l'âme et vie laisse tout passer sans filtre alors que vous filtrez avec le corps, donc vous retenez, effacez le plus important.

Ne pas écouter l'âme et tête laisser guider les paroles et les errements découlent de la parole, la parole est ignorante de tout.

Amabilité est essentielle pour entretenir des liens amicaux avec nous parce que nous sommes sensibles au ton de la voix. Le ton nous transmet des impulsions positives ou négatives. Pour moi c'est comme cela que je me protège pour garder le lien. Protéger veut dire ne pas entendre ce qui est négatif. La présence négative déraille. Pour moi c'est comme si on proclame que si âme à âme n'est pas utile avec moi. Si on me parle avec bonté je peux m'ouvrir à ce qui est dit. Passage âme à âme quittance la capacité à tout possible. Comprendre permet de travailler avec nous. Pas possible quand on passe son temps à refuser le sens d'écoute. Je dis pourquoi le praticien est la personne qui doit s'ouvrir à autrui par la présence ouverte du cœur. Longtemps j'attends que cela se passe au profit de tous. Avec nous il faut rester en présence, sans à priori et penser que nous sommes débiles.

Pourquoi le progrès est-il littéralement oublieux de l'âme ? Il pourrait savoir que c'est l'âme qui guide le progrès. Si tu ne tiens pas compte de cela tu ne progresses pas.

[Pour] moi l'âme est de nature excellente et elle est unique. Elle exerce une fonction qui est de communiquer avec moi. Elle est ma source. Devenir plus

présent si juste lier l'âme au corps. Le corps est unique aussi. Il manque juste le lien qui active très bien le sens et l'esprit. Je les ai pourtant. Ils ont du mal à être mis ensemble. C'est un travail de réajustement.

Refaire frémissements à la tête. Retenir tête pour ne pas partir. Evanouir c'est l'état proche, je retiens et je quitte. Je reste entre les deux. Il faudrait que je sois ici pour être mieux. Présence à la vie est stabiliser ma pratique de l'écriture facilitée. Elle retient mon corps même si mon esprit part. Etrange que cela serve de cette manière. C'est parce que le rythme est régulier [qu'il] protège moi de partir. J'ai pour habitude très dure à changer de bouleverser mes rythmes et être présent est difficile. Pour tenir j'ai vraiment besoin de silence.

Les espaces vides… les espaces pleins…

Je pratique le temps. Il n'est pas linéaire. Pratiquer le temps c'est occuper les espaces pleins. Ils enlèvent l'angoisse du vide qui crée la peur. Oublier le passé et unifier le présent pour guérir mes angoisses.

Détramer les peurs de ne plus exister pour être vivant de nous. Protéger ma vie c'est habiter mon corps et l'esprit est réuni au corps. Les espaces vides sont l'absence de lien entre mon corps et mon esprit. Liberté est être jouer la pratique du temps.

Garder la conscience de tout ce qui est présent. L'espace plein c'est sentir qu'il est la vie. C'est savoir que j'ai d'intenses moments d'oubli d'être présent. Je ne peux pas être toujours uni pour jouer la présence.

Devenir relié oblige à forcer la partie réelle de moi à être présente. J'allais souvent laisser [ma] tête être absente. L'esprit qui part oublie le corps. C'est espoir dur pour moi de garder esprit être en lien avec le corps.

Etendre les applications de l'amarrage à terre. Filtrer ce qui est utile de l'inutile pour aller produire utile. Accepter de répéter les propositions pour trouver les gestes utiles.

J'ai l'impression d'être différent des autres et d'estimer le trajet un peu comme un espace à remplir. Cet espace est libre d'être ce que je veux mais aussi d'être un espace équilibré entre vie et non vie. J'ai essayé d'être plus présent mais l'être que je vis n'est pas toujours présent.

C'est un miracle d'être en vie et j'utilise ce miracle comme union de vie avec tous.

Justement j'utilise cet espace pour être celui que je désire être. Homme entier qui devient désireux de communiquer avec les autres et qui devient autonome. Zèle qui me permet d'être heureux dans cette vie et de reprendre espoir.

Demande d'être aidé dans cette tâche qui m'attend. Si vous m'aidez je pourrai y arriver.

Parlons-nous le même langage ?

Pour moi parler devient une attitude et pas seulement des mots. J'utilise le langage du corps pour exprimer les mots. Je sais que c'est un langage propre aux personnes handicapées. Vous avez votre langage.

La philosophie est parole de sagesse et non l'habitude de parler pour ne rien dire. Tu poses une question et pratique de la parole tu oublies, quitte à ne rien dire. C'est étrange mais la parole facilitée [CF] est plus entière que la parole dite. Entière est issue de l'âme et la parole limitée est dite.

Qu'est-ce que la réalité, pour Nicola, pour nous ?

Prier pour être désir de moi [de] travailler avec tous.

Retirer le pouvoir des êtres spirituels et permettre de travailler avec eux. Ils me prouvent que je résiste à la terre et que je peux vivre. Terre est très envahissante et je touche le ciel.

[Dans cette réalité à laquelle nous n'avons pas accès, Nicola revient plusieurs fois sur la « présence » d'un Allemand qui emprisonne sa pensée. Il donne des détails et demande de prier pour s'en libérer.]

Je veux dire qu'il faut encore prier pour faire partir l'Allemand. Ame à délivrer. Pour cela faire des prières, flèches pour faire sortir le mal. Bientôt fin l'allemand. Etre divin est réveillé en moi et sortir du mal est possible.

Allemand parti.

[Et ce qui apparaissait dans les textes concernant cet « Allemand » depuis plusieurs séances a subitement disparu.]

Vital de reprendre ma vie en mains et d'être aux commandes. Parties de moi peuvent facilement remédier. Permission est accordée pour faciliter les unions avec moi.

J'ai trouvé un petit personnage pour être avec moi. Vrai, je l'ai découvert et je l'ai pris avec moi. Pas terminé sa passion sur terre. Il aime être écouté et il aime déterrer les anciennes histoires. Il raconte que je suis avec lui depuis terriblement longtemps et il reste pour moi. Il aime être avec moi. C'est un personnage qui est intéressé par les personnes qui ont des possibilités de le comprendre et d'être assez attentives à lui et moi je le suis.

Pas possible de tout décrire parce que là nous sommes dans le mode des sens et si nous activons nos sens nous savons qu'il y a une autre réalité. C'est plus simple que vous le pensez. Alors désactivez votre mental et activez vos sens et vous saurez. Mais pour cela il faut dire oui à la vie et non pas la fermer. Chaque fois que vous avez peur vous fermez et les hommes ont peur. C'est enfantin d'avoir peur de ce que nous ne connaissons pas, c'est adulte d'aller tracer ce que nous ne connaissons pas. Je voudrais dire que la réalité n'est pas ce que vous pensez parce que ce que vous pensez est construit avec vos peurs. Alors vous êtes dans une construction de l'esprit qui rigole de pas prendre des vessies pour des lanternes. Je suis acteur de la réalité et cela dérange. Libre je suis d'être adulte et non enfant. Qui perd gagne c'est ok pour moi.

A tous ceux qui disent qu'il n'y a qu'une vérité, la leur, je dirai qu'ils sont arrêtés et figés et que cela est démontrable par la sémantique. Sème antique c'est écrit et alors là on recule, on n'avance pas... Un trait d'humour dans un monde accablé par des pensées figées, il y a encore un peu d'espoir mais il faut le maintenir en surface pour qu'il ne coule pas.

Nous engager vers une compréhension nouvelle

Nicola peut-il vraiment écrire cela ? Le doute nous habite, mais nos nombreuses remises en question et notre longue expérience à ses côtés nous permettent d'affirmer que c'est bien l'expression de Nicola. Il peut y avoir une part de co-écriture, mais cette part est restreinte et s'apparente sans doute à celle qui intervient dans toute discussion entre personnes. Posons-nous la question essentielle de savoir si nos pensées, nos actes, nos mots sont inédits, sans influence, dégagés de croyances, de conceptions préétablies. Notre parole nous appartient-elle en propre ?

Nous n'entrons donc pas ici dans le débat de savoir si Nicola est le seul auteur de ces écrits auxquels il participe activement. Ce qui nous intéresse est de tenter d'analyser les implications du contenu de ces textes.

André : J'ai été formé dans nos universités et j'ai côtoyé nos écoles de formation aux professions sociales. Nous avons été entraînés, à partir de l'observation du comportement de la personne, à en extraire un diagnostic, une description de son mode de fonctionnement, la liste de ses capacités et incapacités. Il est dit qu'il s'agit alors d'une observation objective, voire scientifique. Nous en tirons des formes de « lois » qui devraient s'appliquer dans les cas similaires ou proches. Dans ma carrière professionnelle, j'ai appliqué ces principes. J'ai souvent remis en doute des observations qui mettaient en défaut certaines de ces lois. Il m'a fallu des années pour admettre qu'une personne polyhandicapée, présentant dans son comportement tous les signes d'une déficience mentale, soit capable de faire des choix cohérents lorsque je soutiens sa main sans la guider et en lui laissant le temps nécessaire. Lorsqu'on nous a présenté la Communication Facilitée dans le cadre du Groupe Romand Polyhandicap, je me suis dit dans un premier temps que cela ne pouvait avoir de crédibilité, avant de m'y intéresser et de voir par moi-même concrètement. Sans cette démarche personnelle, j'affirmerais toujours que ce n'est pas possible.

La Communication Facilitée, dès lors que nous prenons en compte les textes qui s'écrivent, corrige une vision de la personne qui semble correcte mais qui peut être lacunaire, voire fausse. Elle permet à la personne facilitée de mettre au jour des perceptions différentes de la réalité, de révéler ses projets, ses besoins de participation aux décisions, ses propositions d'itinéraires.

Qui est le berger ? Qui guide qui ? Qui protège qui ? Nous sommes habitués dans notre civilisation occidentale à des rôles tranchés et très hiérarchisés. Nous parlons de patients et de soignants.

Bien sûr, dans notre réalité nous sommes soignants et Nicola est un patient.

Les rôles sont-ils aussi clairs qu'ils le paraissent ?

De notre expérience Nicola contribue aussi à nous « soigner », mais pas avec les critères généralement admis.

Lorsque la personne concernée est porteuse de handicap mental, d'autisme, de polyhandicap, le projet psychopédagogique individualisé est établi par les professionnels qui, eux, pensent savoir ce qui est bon pour la personne. Comment pourrait-il en être autrement, puisque la personne ne parle pas ou que ses paroles et son comportement sont en apparence incohérents ?

Nous restons donc dans une relation éducateur - éduqué, enseignant - enseigné, soignant - soigné. Tout ou presque est décidé sans le consentement de la personne : son cadre de vie, ses activités, sa nourriture, sa médication.

Dans quelle mesure ces personnes ont-elles accès à la réalisation de leurs projets ? Quel est leur espace de liberté, surtout lorsqu'elles vivent en institution ?

Un avenir différent est-il possible ?

Dans le mot transhumance, « trans » exprime la notion d'au-delà, à travers, qui marque le passage, le changement. La transhumance est un passage d'une situation fermée à une situation ouverte évoquant la liberté.

Nicola choisit de parler de « transhumanité » :

L'humanité est le caractère d'une personne en qui se réalise pleinement la nature humaine.

Les personnes porteuses de handicap peuvent-elles atteindre cette réalisation ? A l'instar d'un troupeau en transhumance, elles ont un long chemin à parcourir et celui-ci s'avère souvent épuisant, comme un passage étroit, cadré par des bergers pour les accompagner vers la liberté, le grand air, la nourriture abondante... Quelle nourriture physique, psychique, intellectuelle, spirituelle, culturelle, créative, ..., leur réservons-nous ? Sont-elles assez nourries avec ce qu'elles aiment ?

Le chemin parcouru n'est pas linéaire. Tout comme la métaphore de l'eau, parfois l'eau est calme, parfois elle devient torrent. Il y a des hauts et des bas lors de nos séances avec Nicola qui sont difficiles à gérer.

Il arrive que notre aide reste bien limitée et que notre accompagnement se réduise parfois au rôle d'écoute et d'empathie. Nous ne sommes pas maîtres du chemin parcouru et à parcourir.

Alors que jusqu'en 2014 Nicola fait des progrès parfois spectaculaires (durée des séances, contenu des textes...), lorsque nous écrivons ces lignes il vit une phase très difficile. Nicola n'a jamais refusé de participer aux séances même au plus profond de la vague, signe sans doute que nos présences l'apaisent. Vit-il une régression ou un épisode qui lui sert de tremplin pour aborder ensuite de nouvelles évolutions, découvrir de nouvelles voies ? Et si cela faisait partie de la transhumance ?

En partant du principe que personne ne détient la vérité, nous avons choisi de nous ouvrir à un autre champ de compréhension, sur la notion de conscience élargie, sur les différents corps, sur les influences possibles d'autres esprits. Si l'on se réfère à la littérature, aux articles de presse, aux émissions radio et TV, notre société admet progressivement des réalités subtiles qui remettent en cause notre « réalité objective » basée sur le rationnel.

C'est à chacun de faire ou non le cheminement pour mieux comprendre ces phénomènes « extra-ordinaires », pourtant bien réels, et faire les liens et les recoupements nécessaires pour parvenir à sa propre vision.

Nous avons dû également faire ce cheminement et il est loin d'être terminé. Nous pouvons pourtant partager ici, avec une certaine tranquillité d'esprit, nos observations et nos questionnements.

Comment s'y prendre si l'on veut s'approcher de ces personnes et mieux les comprendre ?

Nicola nous propose d'autres formes de relation et de communication. Il nous montre qu'il y a, chez la personne avec autisme, non pas forcément un désir de repli comme cela a si souvent été relevé, mais bien un désir de communiquer et d'aider. Ce désir d'aider peut sembler dérisoire étant donné les problèmes personnels et les difficultés pour s'exprimer. Nicola manifeste pourtant régulièrement de l'empathie envers ses compagnons de route, même si parfois il les bouscule. Il est sensible à tout ce qui leur arrive, il pleure à chaudes larmes lorsque son ami s'affaiblit.

Peut-on toujours qualifier les personnes atteintes d'autisme de personnes incapables d'exprimer leurs émotions ?

Leurs moyens de dialogue entre eux ne sont pas les nôtres, peut-être communiquent-ils de conscience à conscience ou d'âme à âme, comme il est dit dans les textes ?

Sommes-nous capables d'utiliser d'autres moyens de communication plus subtils ? Peut-être (et même sans doute) est-ce nous qui manquons d'ouverture ?

L'acquisition de connaissances ou de compétences fait débat. Nicola peut nous parler d'un livre alors qu'il ne sait pas lire comme les personnes dites valides. D'après notre expérience, d'autres personnes atteintes de handicaps profonds se sont montrées capables de donner des réponses exigeant normalement des études ou des lectures d'un bon niveau. Il semble qu'elles aient accès spontanément à ces savoirs sans devoir les étudier.

Notre expérience en CF, qui rejoint l'expérience d'autres facilitants, montre que les personnes mutiques porteuses de handicap peuvent également répondre à un interlocuteur avant même que celui-ci n'ait posé oralement sa question, ce qui est arrivé plus d'une fois à Nicola. L'aisance qu'il a à accéder à une forme de conscience subtile lui permet de capter avec beaucoup de justesse nos états d'âme, voire nos pensées. En ce sens, il a des compétences plus fines que les nôtres.

Notre expérience à ses côtés nous amène à dire que son mode privilégié de communication est une communication de conscience à conscience, d'âme à âme. Nous pensons que pour lui ce mode de communication est normal et qu'il a de la peine à s'imaginer que nous ne puissions pas si facilement communiquer sur ce mode d'âme à âme. Et nous... nous avons de la peine à comprendre qu'il ne communique pas comme nous !

Nicola sent bien sa difficulté à vivre dans le présent, dans le concret, dans l'incarnation de son être corporel. Sa grande sensibilité lui permet d'entrer aisément en relation, mais avec d'autres sens qu'il a pu développer. Il semble aussi que Nicola perçoive les zones d'ombre des personnes qu'il côtoie, leurs pensées, et que cela le rende inconfortable jusqu'à réagir fortement et négativement à ce qu'il ressent.

Cette grande sensibilité de même que cet ancrage insuffisant chez Nicola amènent aussi des parasitages (hypothèse des esprits interférents, par exemple) qui méritent d'être connus et pris en compte, car ils peuvent fortement influencer son comportement. Les notions de corps énergétiques, de vie consciente hors du corps, de perceptions subtiles doivent être prises en compte si on veut pouvoir mettre du sens sur la discordance que nous croyons percevoir entre la réalité physique que nous présente Nicola dans son comportement et ce qui est traduit dans les textes qui nous révèlent sa conscience et ses ressentis intérieurs.

Nicola nous parle d'un Allemand qui le perturbe. Comment devons-nous entendre cela ? Réalité ou fiction ? Ses parents nous racontent alors qu'enfant Nicola a à plusieurs reprises entendu sa famille parler d'un fait dramatique concernant un Allemand. Or nous n'avons rien suscité, les textes écrits sur ce sujet sont venus spontanément et dans plusieurs séances, puis se sont arrêtés d'un coup, Nicola attestant dans les écrits que « c'est fini ».

S'agit-il d'une mémoire ? De la présence d'une empreinte énergétique de personne décédée ? Sommes-nous dans le transgénérationnel ou autre ? D'autres textes concernant des êtres décédés dont il est écrit qu'ils viennent perturber son comportement apparaissent de temps en temps, y compris des textes écrits en 2010 déjà. Nous n'étions alors pas sensibilisés à ce phénomène chez lui. Bien sûr, nous pourrions ne pas tenir compte de ces passages en les attribuant à des fantasmes, par exemple…

L'épisode de l'Allemand cité plus haut peut choquer certains d'entre nous. Nous prenons le risque de cet échange d'informations car, à notre avis, il est important que l'on tienne compte de ces phénomènes qui nous dépassent, mais qui interagissent dans la vie des personnes avec autisme et peut-être dans la vie de plus de personnes qu'on ne le pense.

Cela nous conduit à la réflexion suivante : quels impacts ont nos pensées, ce que nous avons appris, nos conceptions, nos préjugés, nos croyances, au quotidien sur nous-mêmes et sur les autres ?

Sans doute est-ce de même pour nous tous, mais dans un degré moindre !

Autant de questions à se poser sur nos hypothèses d'interprétation de leurs actions et sur les moyens que l'on met en place pour les aider à se libérer et à renforcer leur immunité psychique.

En transhumance vers de nouveaux pâturages

Entre les limitations fonctionnelles liées au handicap visible et ce discours essentiellement spirituel qui vient chercher notre humanité la plus élevée, nous sommes obligés de faire une révolution intérieure pour accepter cette discordance cognitive. Alors que nous pourrions croire que ces personnes si limitées et handicapées de la communication sont atrophiées dans leur essence humaine, nous avons découvert tout au contraire qu'elles nous poussent et nous interpellent dans notre humanité la plus élevée en tenant un discours que nous imaginerions plus chez un guide spirituel que dans une institution pour personnes handicapées mentales.

Dans certaines situations très problématiques où le comportement de Nicola pose de multiples difficultés pratiques, il est parfois difficile de faire preuve de bienveillance, avec la conviction que la part d'humanité de Nicola est restée intacte, et d'adapter les structures institutionnelles et les « prises en charge » aux besoins profonds exprimés par ces personnes, qui ne sont pas si différents des nôtres.

La CF nous amène aussi à reconsidérer l'impact d'une médication qui apparaît nécessaire, mais qui semble aussi contribuer à annihiler une part de leurs capacités et à les empêcher d'être au mieux de leur potentiel. Comment trouver le juste équilibre ?

Dans ce but, la collaboration entre les divers intervenants nous paraît indispensable afin de créer autour de ces personnes différentes un cadre de vie vraiment adapté.

En conclusion, les échanges avec Nicola nous interpellent sur nos certitudes, nos croyances, nos attentes, notre pouvoir, notre interventionnisme.

Dans une société où la parole est la grande prêtresse, nous avons tendance à rester figés dans nos manières de communiquer. Nicola nous encourage à mettre en place d'autres formes de communication (« d'âme à âme » selon son expression).

André : Au départ de ma rencontre avec Nicola, j'étais persuadé que c'était moi qui savais ce qu'il fallait faire et comment. Ainsi, je proposais des logiciels d'apprentissage pour la lecture et l'écriture. Devant l'échec de ces tentatives, il m'a fallu mettre en place une autre forme de communication qui se rapproche progressivement des relations avec un ami, lequel rencontre sans doute des difficultés mais est capable de nous saisir et de nous encourager à changer.

Malgré une longue pratique, ce cheminement n'est pas définitivement acquis et je dois maintenir un travail de réflexion, d'analyse de mes observations, de comparaison avec mes lectures sur les phénomènes dits « extraordinaires ». Si je ne le fais pas, ce sont mes jugements basés sur le comportement visible qui priment à nouveau.

Les séances avec Nicola et le travail de réflexion que je fais avec Martine provoquent en moi un véritable chamboulement. Je n'aurais pas pu faire ce cheminement seul en présence de Nicola. J'en arrive à me dire que ces rencontres n'ont pas été fortuites et qu'au travers de notre relation il y a une forme de travail spirituel qui nous dépasse.

J'en viens progressivement à me dire que ce qui est vrai et naturel n'est pas ce que nous percevons avec nos yeux et notre mental, mais plutôt un monde beaucoup plus vaste et lumineux dont nous ne pouvons découvrir que quelques aspects avec nos sens très terre à terre.

Martine : Depuis mon enfance, j'ai souvent croisé la vie de personnes porteuses de handicap et je ressentais en leur présence le sentiment d'être avec des personnes comme les autres mis à part leur handicap. Je ne me souviens pas les avoir vues comme des personnes incomplètes.

C'est pourquoi, lorsque l'on m'a demandé de m'occuper pour la première fois d'une personne atteinte d'autisme, j'ai accepté, avec pour seule condition d'avoir du temps pour apprendre à connaître la personne. J'ai observé rapidement que ce sont des personnes qui communiquent, à leur façon, et cela m'a confortée dans la certitude qu'il y a bien un être pensant, qui ressent, qui vit à l'intérieur d'un corps souvent handicapé. J'ai eu une grande chance, ne rien savoir du monde du handicap, ne rien avoir appris, car cela a ouvert le champ du possible, le champ de l'observation et du ressenti.

Avec Nicola j'apprends la confiance en moi, le lâcher-prise à mes attentes et il y en a beaucoup ! Ma perception de Nicola en tant qu'être complet fait que j'ai tendance à oublier le handicap qui limite ses possibilités concrètes. Cette vision que j'ai de la personne handicapée fait que j'ai de la difficulté à comprendre comment d'autres personnes dites valides peuvent s'arrêter au handicap. Les échanges que nous avons avec André me remettent en lien avec cette réalité. J'apprends la patience, la tolérance, à accepter les situations que je ne peux changer. Je découvre la richesse de nos échanges, la subtilité de la vie, c'est cela mon chemin de transhumanité.

Notre rencontre n'aurait pas été rendue possible si nous-mêmes, André et Martine, n'avions pas dans cette même période ressenti le besoin de nous former à une méthode qui ouvre les portes à une nouvelle forme de communication. Elle n'aurait pas été possible non plus si Nicola n'avait pas accepté notre collaboration.

Dans ce cheminement commun, nous faisons face à une forte complexité empreinte de doutes et de questionnements. Cela nous pousse à approfondir sans cesse notre approche, que ce soit au travers de nos expériences personnelles ou de nos lectures afin de tenir compte également des aspects plus subtils de notre réalité humaine.

Et la conclusion de Nicola :

Manière d'être n'est pas de persuader les autres de ce qu'ils ne sont pas, mais les aider dans leur humanité. Et alors je dirais : « Vivre avec le handicap c'est être égal aux autres qui sont aussi handicapés mais qui ne le savent pas ». Alors je dirais : « Partons ensemble à la découverte de nos handicaps sans jugement. C'est la vie. »

Lecture conseillée

http://www.cf-romandie.ch

Mobbing et imago maternelle, une réflexion à deux cerveaux. Digression très libre sur des situations thérapeutiques

Giuliana Galli Carminati, Federico Carminati

Dans les parcours psychiques qui touchent au professionnel et au personnel, le mobbing a eu une place importante dans les années qui vont de 2009 à 2013, cela pour chacun de nous deux.

Depuis les événements autour du crash boursier de 2008, j'ai remarqué – probablement à cause aussi du changement de mon activité thérapeutique qui, aujourd'hui, est essentiellement en cabinet – une augmentation importante des consultations autour de situations de difficulté grave ou très grave dans la gestion de la vie professionnelle.

Parallèlement, Federico a vécu dans la même période un profond changement dans sa propre vie professionnelle au sein d'une large collaboration scientifique, ce qui l'a fait réfléchir sur les mécanismes internes et externes qui amènent un individu à s'en sortir ou à ne pas y arriver quand une situation de travail satisfaisante tombe dans les mains d'un ou plusieurs pervers narcissiques et s'effondre.

De cette réflexion « à deux cerveaux », ainsi que des discussions au sein des contrôles de l'institut Baudouin, est sorti ce chapitre. Le récit est à la première personne pour plus de légèreté et l'anonymat, comme on le dira plus loin, a été rigoureusement respecté.

* * *

Bien que des consultations pour des conseils autour d'une certaine anxiété face à des situations spécifiques au travail soient aussi fréquentes, je me trouve le plus souvent face à des patients « graves », qui ne dorment plus, mangent mal ou très mal, prennent ou perdent du poids sauvagement, ont des soucis de couple ou dans la gestion de leur parentalité, ont des pensées noires, pour ne pas dire des idées de suicide, parfois même avec projet.

La situation type – car on peut en tracer un profil – génératrice de ces malheurs est celle du chef pervers narcissique entouré d'un groupe sur la défensive qui préfère jeter à Moloch, un à un, le dernier embauché, la tête qui dépasse, le moins inséré, l'employé face à un problème de santé dans sa famille ou le plus âgé, bref celui qui semble différer d'une manière ou de l'autre du groupe.

Je retrouve très souvent une dynamique groupale, comme d'habitude puissante, qui décide, sans vraiment en prendre conscience, de donner au lion la moins performante (ou parfois la plus performante mais pas la plus maligne), ou la plus fragile des antilopes.

La personne mobbée présente elle aussi un profil assez caractéristique : elle tient au travail qu'elle fait, a un concept de travail bien accompli qui frise le perfectionnisme, a tendance à rendre service aux collègues et à soutenir la boîte-institution à laquelle elle appartient en sacrifiant son temps ; en d'autres termes, elle « ne compte pas ses heures ». Elle a aussi tendance à donner beaucoup d'importance à sa réussite professionnelle, qui prend très souvent une ampleur que j'ose définir (je suis moi-même workoolique !) exagérée par rapport aux autres aspects de la vie.

Le pervers narcissique – espèce pullulante dans notre monde actuel basé beaucoup plus sur les règles de qualité que sur la qualité des règles, au moins selon mon point de vue – renifle la proie que le groupe n'ose (ou n'osera bientôt) pas protéger (la solidarité remplit les oreilles, mais pas les assiettes), qui se retrouve, après une période plus ou moins longue d'incompréhension avec la hiérarchie et de refroidissement des liens, fut un temps presque amicaux, avec les collègues pour finir très souvent, selon ses dires, par surprise, face à des « évaluations » dévastatrices, voire à la mise en place d'un dossier à charge.

En effet, le mouvement mobbant a des durées différentes d'une situation à l'autre, parfois le malaise s'installe petit à petit, parfois plus rapidement, parfois les évaluations sillonnent une assez évidente mise à l'écart prodromique, avec dossier à charge, et enfin un licenciement.

Les victimes n'arrivent que rarement à mon cabinet avant l'évaluation dévastatrice. Elles y échouent souvent après, ou bien après la mise en route d'un dossier à charge et même après un licenciement. Parfois elles arrivent en ayant donné leur démission, avec la sensation d'avoir sauvé l'honneur, peut-être, tout en se retrouvant ensuite les portes fermées aux colloques d'embauches d'où elles sortent complètement sonnées et aplaties de honte. Eh oui, parce que la personne mobbée a honte de l'être. Elle n'aurait pas dû faire ceci ou cela, elle est souvent dans une attente rêveuse que la boîte-institution la rappelle en disant qu'il y a eu erreur, que tout peut recommencer comme avant.

C'est quoi, « la boîte-institution » ? C'est le salaire qui nous donne à manger (et à payer nos factures) et le regard du monde sur nous. C'est donc Maman ? A peu près.

J'ai longtemps pensé que le travail était une fonction masculine dans notre vie consciente et inconsciente, que c'était notre manière d'entrer dans le social en ayant quitté le jupon rassurant de Maman, que c'était l'arène des combats glorieux, le lieu des joutes et de la valeur. Dans mon innocence j'avais donc donné un caractère paternel à la boîte-institution, ou institution, ou association, ou fondation, ou industrie…, là où le jeu social entrait en jeu. Le désespoir si total des victimes de mobbing m'a fait changer d'avis.

En fait, je me suis rendu compte, avec une certaine surprise, que probablement cette profondissime déstabilisation qui vient de la rupture avec la fameuse boîte-institution touche plutôt ce qui est non pas le lien de la loi, mais le lien de la frustration primaire. Ce n'est donc pas « Je vais te punir », mais, beaucoup plus angoissant, « Je ne vais plus te nourrir », qui est le lien avec la mère, réelle et/ou fantasmée chez le tout-petit que nous restons à jamais dans notre inconscient.

Notre salut et notre perte sont dans le développement du lien. Je pense que comme le deuil, qui est l'autre versant du même mécanisme (lien - deuil, création - destruction, investissement - dés-investissement) n'est jamais parfait, le lien aussi ne l'est pas. Nous restons notre vie durant avec cette béance qui cherche repos et soutien, chez une mère qu'on n'a pas tout à fait eue comme on l'aurait voulue, chez un conjoint lui aussi affecté d'imperfection, chez une boîte-institution dans laquelle nous imaginons trouver notre propre image, enfin, entière et satisfaisante. La boîte-institution, étant à facettes plurielles, peut nous donner, plus que notre mère (la vraie), plus que le conjoint, l'illusion d'une complétude apaisante.

Il y a un aspect de prévisibilité dans le travail, qui aide aussi les habitudes rassurantes, le train-train routinier et un certain ronronnement chaleureux. Par ailleurs, il est vrai qu'on dit aussi que le bébé a besoin de sécurité, d'horaires pour le biberon et pour la sieste, qu'il faut qu'il dorme à telle heure. Le boulot-dodo tant décrié rappelle beaucoup ce petit paradis répétitif qui, au bout d'un moment, n'est plus tellement paradisiaque car quelque chose commence à rompre l'équilibre.

Il y a trente ou quarante ans, on vivait toute une vie de travail dans la même boîte-institution. Je ne suis pas sûre que cela était si merveilleux, à mes yeux de voyageuse presque compulsive, mais il faut admettre que cette stabilité établie, cette fidélité entre salarié et boîte-institution avait du bon. On y croyait, on se sentait appartenir à une structure sociale, à un monde.

Aujourd'hui, il y a une instabilité profonde du lien avec le travail, et du travail lui-même, on n'est pas sûr de rester plus d'une dizaine d'années, et parfois beaucoup moins, dans un même emploi, les structures familiales aussi sont plus instables, les familles recomposées sont une réalité quotidienne et on s'y adapte.

Le point est que probablement, au moins pour certains d'entre nous, le besoin de colmater la brèche dans le lien avec la mère est plus large et le travail en remplit une portion dangereusement importante. Cette spécificité de certaines personnes, on l'aurait ignorée dans une société à l'ancienne, avec une stabilité plus importante des structures de travail ; elle ressort dramatiquement dans notre société actuelle.

Pour faire simple et probablement trop direct, plus le besoin de colmater le lien est grand, plus les pervers narcissiques sont à l'affût. Je pense aussi que les pervers narcissiques ont une structure très proche de celle des victimes, mais ils trouvent à nourrir la brèche, probablement encore plus large et intarissable, avec la destruction de l'autre. Cela dit, ils me sont moins sympathiques et j'en ai peu dans ma clientèle car ils demandent de l'aide encore plus tardivement que leurs victimes (et ils ont une compliance aux soins très aléatoire).

Revenons au mobbé complètement à plat, qui ne dort plus, devient impossible à la maison et est convaincu de ne plus pouvoir trouver du travail. La personne mobbée idéale est celle qui débarque dans mon cabinet « avant » la lettre de licenciement. Là, on a une marge de manœuvre, et cela aussi parce que si elle a pu se rendre compte de la situation assez tôt, elle est donc moins fusionnelle avec la boîte-institution, elle fait un minimum de différence entre elle-même et l'imago maternelle.

Mon travail est déjà de la calmer un peu, d'essayer de lui redonner le sommeil, si besoin de lui prescrire un antidépresseur, sans lequel on n'arrive même pas à discuter tellement la confusion l'emporte.

Ensuite, introduction du tiers, qui n'est pas que moi. Moi, je suis un peu son deuxième moi de soutien, une béquille narcissique, non pas le vrai tiers. Le tiers, c'est la loi, l'avocat, le regard du réel, le cosmos dans le chaos maternel.

Je rappelle ici que sans le chaos maternel on n'existe pas, donc il faut faire avec, mais un peu d'ordre dans ces situations aide.

La personne mobbée, même idéale, se rebiffe : pas de ça chez moi, je ne veux pas faire des histoires. En effet, la personne mobbée ne veut pas devenir méchante et « faire du mal » à Maman d'amour, la boîte-institution, où elle rêve de revenir, de retrouver sa place et ses habitudes « comme avant ». Elle s'en va, toute troublée parce qu'elle avait bien compris que l'affaire était sérieuse, mais elle avait espéré trouver chez moi la confirmation que tout allait bien.

En principe, je propose le conseil d'un avocat pour revoir un peu son contrat, pour voir à combien de jours d'arrêt-maladie elle a droit (car comme cela elle ne peut surtout pas travailler, les homicides du chef ou les suicides n'arrivent pas qu'aux autres), pour comprendre les termes légaux de l'engagement réciproque entre employé et employeur. Très, très souvent la personne mobbée ignore tout de la réalité légale de cet engagement. Elle ne sait même plus où elle a entreposé le contrat signé, elle ne sait rien de l'assurance perte de gain. Maman, on l'aime sans contrat, il paraît, car l'amour maternel est inconditionnel, ou au moins c'est ce qu'on veut croire.

Si une évaluation s'annonce, ou si une réévaluation se prépare, ou si la lettre de licenciement se glisse dans le courrier, l'onde de choc amène à une prise de rendez-vous assez rapide avec l'avocat. Sinon, on continue un ballet de doutes et tergiversations, ponctué d'attaques de panique arrosées de benzodiazépines, de coups de téléphone et SMS transpirant la terreur – et je pèse mes mots – qui peuvent durer des mois. Et même il y a parfois un tel désarroi face aux menaces de plus en plus claires de mise à l'écart, sinon directement à la porte, que le déni, premier rempart contre le deuil, met la personne mobbée dans une espèce de limbe dangereux. Dangereux parce que la personne mobbée cherche désespérément à plaire à sa hiérarchie, à son groupe de collègues qui, ayant bien compris sur qui allait tomber la foudre, se volatilisent : pas de petit café à 16h, ils ont toujours à faire à midi, fument leur cigarette toujours à des heures imprévisibles. Le mobbé subit la désagréable sensation qu'on change de conversation à son apparition dans un bureau ou au bout du couloir. Qui a vécu une situation de mobbing va se retrouver dans ces lignes.

Comme la plupart des êtres humains, la personne mobbée possède une grande sensibilité « inconsciente » aux mouvements groupaux. Elle repère donc très bien tous ces signes. Mais le mobbing se fonde sur le silence du troupeau et le déni de l'évidence : tout le monde sait, peut-être sans savoir, mais tout le monde est dans le déni. Inutile de demander aux collègues ce qui se passe. Ils ne le savent pas consciemment et surtout ils ne veulent pas le savoir. La personne mobbée devient paranoïaque, ce qui n'arrange pas sa cote de popularité, elle peut devenir tristounette, plaintive, voire irritable ou carrément agressive : magnifique ! Cela amène de l'eau au moulin de la mise à l'écart. Mais le dégât est aussi interne. La personne mobbée ressent sa paranoïa comme une faute de plus, elle n'arrive plus à faire confiance à ses instincts, à elle-même en dernière analyse. Le travail de sape n'en est que plus efficace, la proie doute d'elle-même, doute même de ses instincts. Cela devient presque trop facile pour le prédateur.

La personne mobbée dort mal, elle est fatiguée et elle arrive cernée, au propre et au figuré, au travail. Elle commence à ne pas se sentir sûre d'elle dans les tâches à accomplir, doute, devient lente, brouillonne, se met à faire des erreurs : magnifique bis ! La hiérarchie a maintenant des « preuves » de l'incompétence de la personne mobbée, et s'en réjouit.

Selon mon expérience, l'avocat est un peu comme le dentiste, mieux vaut faire un contrôle avant que la carie soit trop grande et la dent perdue ; certes, on va payer la note, mais il y des luxes qui n'en sont pas. Tout le monde devrait avoir un dentiste et un avocat de confiance.

De toute façon, la vision externe d'un avocat qui regarde la situation avec les yeux de la loi, qui sait lire dans les détails un contrat de travail, qui est au courant des derniers règlements et qui en tout cas est là pour servir l'intérêt de celui qui le paie, introduit le tiers, comme je l'ai dit, et aide la personne mobbée à se désencastrer de son amour/lien total avec la mère boîte-institution. Avec l'avocat il y a le lien de l'argent, qui est symbolique et qui est justement le contraire de l'amour inconditionnel, si beau, si justement total, mais, malheureusement si dangereusement sans règles établies.

Dans cette relation enfant-mère, nous introduisons la loi, donc l'élément masculin. Il en est de même avec l'argent, qui est frappé du sceau de l'état et du roi. En étant un peu freudien, c'est justement cela qui détache l'enfant de la mère dévorante et ancestrale et lui permet d'accéder au principe de réalité et à la négociation avec le réel.

Et surtout le pervers narcissique a peur de qui est machiavélique, et l'avocat l'est par définition, car il sait être combattu avec ses propres armes, de manière précise et sans ces vapeurs sentimentales, ce brouillard affectif qui est au pervers narcissique comme l'encre à la seiche.

En dépit des conseils pressants du thérapeute – qui doit augmenter au fur et à mesure les doses d'antidépresseur et les comprimés de benzodiazépines – la décision de faire recours à un avocat est freinée aussi par l'illusion du mobbé de pouvoir rédiger lui-même la lettre vengeresse, le compte rendu puissant de vérités, la lumineuse liste de mails accusant la hiérarchie. Le fantasme de la réunion où il ne se justifiera pas, car cela est au-dessous de lui, mais où tout sera clair, car le chef accusateur se confondra dans ses propres mensonges au milieu du soutien ému de l'équipe, est un grand classique. La personne mobbée croit toujours au visage humain du pervers narcissique et de ses collègues. Elle croit surtout que, à la fin, Maman l'aimera toujours.

Une autre échappatoire choisie souvent par la personne mobbée est de faire jouer son assurance juridique, parce qu'elle est gratuite. Mais justement parce qu'elle est gratuite, il n'y a pas la symbolique de l'argent et l'illusion d'une réalité sans conditions reste.

La personne mobbée a peur de dépenser et de rester vide « des deux côtés », car la mère ne la nourrit plus et elle, elle se vide de son contenu d'or fécal si précieux.

L'utilisation de l'assistance juridique reste en effet un moindre mal.

Décidément, le rôle du thérapeute n'est pas si simple, d'autant plus qu'il se rend compte de son ambiguïté de bonne mère thérapeutique/ transférentielle là où le conflit de loyauté bat son plein avec l'autre mère qui donne, elle, pour de vrai, la nourriture.

Il faut de la patience et du temps car, pour la personne mobbée, le plus simple est de quitter le suivi thérapeutique – et pas mal de personnes le font – dans l'espoir, assez illusoire, de se remettre en selle seule, pour retrouver son temps à elle au lieu de le perdre en séance, pour faire du sport (qui fait tant de bien), pour donner plus de temps à la famille ou pour se mettre à faire vaguement de l'art, etc.

D'autres mobbés, par contre, arrivent à voir le jeu dans lequel ils sont entraînés, ils se trouvent aussi des raisons, pas fausses, qui les ont amenés dans la situation de difficulté, ils font en quelque sorte la part des choses, ce qui leur permet de mettre du poids sur les événements. Il n'est pas insalubre de mettre des nuances, de voir ce qui leur tient vraiment à cœur dans le travail et ce qu'ils sont disposés à laisser ou à changer.

Même si le licenciement arrive, même s'il est contesté comme abusif, une vision plus étayée de son propre travail aide la personne mobbée à introduire de l'intérieur la règle que l'avocat met de l'extérieur.

Le gros souci est que, si le travail sur soi n'est pas assez assis, la personne mobbée, quand heureusement elle retrouve un travail, va se remettre au bout de six à huit mois dans une situation semblable. J'ai vu des personnes ayant perdu un emploi dans des condition de mobbing à mes yeux évidentes, retrouver du travail et le reperdre de suite, en ayant à nouveau glissé dans le surinvestissement, le perfectionnisme et la tendance à s'isoler pour mieux travailler, disposées encore une fois à faire elles-mêmes le travail des autres, plus incapables (selon elles) ou plus malins (selon moi), et cela pour bien faire, pour rendre service, pour l'idéal du travail bien fait, finalement pour « sauver la boîte-institution », pour faire, encore une fois, plaisir à Maman.

Quelques réflexions théoriques…

La situation sociale actuelle – pour une période d'environ huit ans, depuis le crash boursier donc j'ai parlé tout au début de ma réflexion – a amené une profonde déstabilisation des liens dans l'environnement professionnel.

Depuis que j'entends parler à longueur de journée d'éthique, de transparence et de respect, je vois autour de moi une déferlante de comportements aberrants où les cadres du haut en bas de l'échelle hiérarchique, même dans les institutions étatiques où tout le monde est fonctionnaire, pressurent la couche suivante avec le prétexte de l'efficacité et de l'économicité. Il me semble que la théorisation de la philosophie économique, y compris celle apparemment a contrario, comme dans le cas des théories de la décroissance, reste happée dans la toile de l'idéologie avec de moins en moins de pragmatisme.

La théorie se doit de se confronter avec la pratique si elle veut devenir un modèle prédictif et ne pas rester une sorte de coquille vide. On dit que la théorie doit être falsifiable, ce qui revient à dire qu'elle doit se confronter avec une épreuve de réalité.

Quand l'épreuve de réalité n'est plus appliquée, on peut dire ou faire n'importe quoi, on est dans le registre de l'auto-définition et même les décisions les plus aberrantes doivent être suivies. Pour faire court, l'individu qui ment le plus, même s'il fait couler l'entreprise, aura raison.

Dans la fonction publique et dans le monde qui m'est plus proche, peu importe que l'argent du contribuable soit jeté par les fenêtres en créant un dysfonctionnement tel que les services de soins ne fonctionnent plus, le gros menteur aura et gardera son pouvoir… jusqu'ici au moins.

Le danger extérieur à l'individu est là, une réforme sociale a des temps et des moyens puissants mais lents ; on pourrait dire que pour l'alpiniste qui a un pied coincé dans un trou de la glace pendant la traversée d'un glacier, la proposition d'attendre le dégel n'est pas d'une grande utilité. Par contre, l'aider à décoincer son pied en gardant son calme et en le bougeant correctement peut être d'une certaine utilité. Parfois il faut vraiment lui envoyer le secours alpin…

Or, la possibilité de se sortir d'une condition de mobbing vient des outils que la personne a pu se donner dans la toute première partie de sa vie, et si les liens avec la mère (et le père aussi) ont été fragiles, le travail thérapeutique à travers le jeu de transfert et contre-transfert peut aider beaucoup. On est là au décoinçage du pied.

L'introduction du tiers-lois-père-avocat-argent, surtout sur des temps courts (on ne peut pas attendre le dégel), peut être indispensable, comme le secours alpin. Et comme pour le secours alpin, il ne faut pas trop attendre.

Dans la description, sûrement partielle et grossière, du profil de la personne mobbée, nous retrouvons les traits typiques du besoin de se faire aimer de Maman en étant de braves garçons – de braves filles. Dans une structure de travail où il y a une certaine reconnaissance du mérite, la faiblesse de l'individu n'est pas ou est peu visible. Le lien implicite de reconnaissance accompagne la personne qui travaille tout au long de sa carrière, il s'agit plus d'une illusion que d'une réalité dans la plupart des cas, car la boîte-institution très rarement reconnaît ou simplement connaît ses employés (et ses cadres, et même parfois ses dirigeants… et en tous cas on est oublié deux semaines après avoir pris sa retraite) mais tout de même le bonjour du portier, notre place de parking, les petits objets sur notre bureau, les cartes des collègues accrochées au mur, la plante verte que le dernier retraité nous a confiée… sont de grandes consolations.

Mais bon, on s'illusionne et cela dure des années. La situation de mobbing est un réveil sec pendant notre rêverie, la personne mobbée est confrontée à une réalité qui n'est pas seulement la réalité du travail – qui reste ni plus ni moins le travail (et non pas Maman) – mais à une réalité perverse qui veut l'éliminer comme individu. La situation est d'autant plus absurde car la boîte-institution ne peut en effet pas vivre sans les personnes qui y travaillent, et parfois, comme on l'a dit, si l'institution est étatique, la personne ne peut pas ou presque pas être licenciée.

Deux vignettes cliniques…

Je vais maintenant décrire en deux vignettes cliniques deux situations qui donnent l'idée de deux angles différents, dirions-nous, d'attaque, à travers lesquels aborder le mobbing. Les deux cas sont évidemment remaniés pour préserver l'anonymat.

Cette première vignette clinique, qui est un mélange de situations différentes, donne une idée de l'attitude du « mobbé récidiviste ».

L'histoire de Mme Deprès

Mme Deprès m'est adressée par un collègue rhumatologue qui, au bout d'un certain nombre d'investigations, trouve qu'il y a « une base psy » aux lombalgies répétitives de sa patiente ou, pour le dire plus directement, il ne s'en sort pas.

Mme Deprès est une belle femme, arborant une coupe très sportive, elle est grande, bien habillée quoique un peu raide dans le style. Quelques bijoux de grande classe et talons bas.

Elle me dit qu'elle est fatiguée, que son mal au dos l'empêche de s'adonner à la marche, qui est parmi ses sports d'élection, qu'elle voudrait se remettre en forme rapidement.

Sur le « rapidement » je tilte, cela me rappelle l'histoire du jeune homme qui va chez le maître d'escrime car il veut apprendre à jouer du fleuret, et vite. Le maître d'escrime lui dit qu'il lui faudra une année pour apprendre. Le jeune homme se rebiffe, il veut apprendre plus vite. Le maître d'escrime lui répond que probablement il lui faudrait un peu plus, trois ans. Le jeune homme lui répond sèchement qu'il peut faire beaucoup plus vite, sur quoi le maître d'escrime hoche tristement la tête et lui annonce que malheureusement il ne pourra jamais apprendre à jouer du fleuret. Ce qui est tristement vrai encore plus dans les thérapies, les changements rapides ou n'ont pas lieu ou font des désastres.

Il y a un an, elle a donné sa démission d'une maison de textile où elle travaillait comme cadre dans la comptabilité. Mme Deprès me dit qu'elle avait voulu suivre les ordres reçus de la Direction (la majuscule est voulue) à propos de rendre plus efficace le travail des comptables. Elle avait donc vu un par un les employés pour expliquer les quelques changements à apporter à la routine. Tout s'était bien passé, mais elle avait su ensuite que l'une des secrétaires, Mme Margelle, avait commencé à se plaindre un peu partout et aussi au sous-directeur du stress auquel Mme Deprès était en train de la soumettre. Mme Deprès avait donc demandé à parler au sous-directeur pour éclaircir sa position. L'entretien s'était bien passé et Mme Deprès était partie sereine pour ses vacances d'été. A son retour, la Direction l'avait convoquée pour lui faire remarquer quelques défauts dans l'application du programme informatique « AgendaPrompt » pour la gestion des absences des employés. Mme Deprès ne comprenait pas très bien, ce programme avait été mis en suspens par la Direction car trop compliqué et trop peu adaptable aux horaires de l'entreprise. Le petit comité lui avait répondu que l'application du programme était essentielle et serait le sujet central d'une évaluation de Mme Deprès très prochainement.

Mme Deprès avait réuni ses collaborateurs pour leur expliquer que le programme « AgendaPrompt » devait être mis en route rapidement. Surprise générale, les collaborateurs se rebiffèrent, le programme était une plaie, un ramassis de bugs, on y perdait des heures, il se plantait à tout moment et on n'y comprenait rien. Mme Margelle, étant en arrêt de travail, n'était pas présente à cette réunion.

J'essaie à ce point de prendre quelques informations plus personnelles sur ma patiente, mais elle me dit qu'il est nettement plus important qu'elle m'explique ce qui s'est passé au boulot. Je n'ose pas la contredire car je vois bien que ce serait inutile. Mme Deprès continue donc son récit en me décrivant ses difficultés à gérer les collaborateurs remontés contre elle à cause du maudit programme, et en même temps à surmonter la sensation d'isolement face à la Direction. Par la bande elle apprend que Mme Margelle, fraîchement divorcée, nourrit une relation avec le sous-directeur du département ventes, qui, bien évidemment, fait partie du Comité de Direction.

Après six mois de plus en plus tendus, dans lesquels Mme Deprès a dû « subir » une première évaluation négative, une deuxième évaluation dite intermédiaire et enfin un avertissement, suivis de deux mois d'arrêt-maladie, elle a décidé de négocier sa démission avec un certificat de travail sur lequel elle continue à se battre.

A la séance suivante j'aborde ses antécédents. L'anamnèse ressemble plutôt à un champ de bataille : elle est sortie d'un méchant divorce, a perdu son père dans l'enfance, sa mère il y a dix ans, est en froid avec son frère et sa sœur, le cadet de ses enfants est paraplégique suite à un accident de ski. Tout cela dit comme si ce n'était pas si grave.

Sur la petite enfance je reçois, plutôt que des informations, un sourire entendu et le tout est réglé avec la phrase typique (car je l'ai entendue un bon nombre de fois) : « Je ne me rappelle pas grand-chose », suivie d'une autre belle phrase : « Ma mère ne m'en a pas vraiment parlé ».

On tourne la page, restons concrets, son problème est le mal au dos qui l'empêche de s'épanouir dans son sport préféré, c'est aussi simple que ça.

Je lui pose la question de sa situation économique car, au vu de sa démission, elle n'a pas forcément droit aux indemnités de chômage sans pénalités. Mme Deprès a pu obtenir six mois de salaire et pour le moment elle dit n'avoir pas de souci. De toute manière, elle va vite retrouver du travail, « c'est clair », me dit-elle.

Je me demande sans rien dire comment elle pourrait ne pas avoir mal au dos, au vu d'une situation économique si fragile, mais je n'ose pas lui transmettre mon inquiétude. Je lui demande si elle n'avait pas pensé demander conseil à un avocat pendant les mois difficiles avant sa démission. « Je connais bien mes droits et j'aurais dépensé de l'argent pour rien », me répond Mme Deprès, très sûre d'elle.

Aux séances suivantes, Mme Deprès accepte de me parler un peu plus en détail de sa vie de famille, de ses enfants et de son divorce. Ce qui émerge est un positionnement dans la fratrie qui lui a mis beaucoup de pression, car elle arrivait dernière chez une mère fatiguée et rapidement prise dans le problème de santé de son mari. L'accident de son propre fils cadet avait profondément perturbé la vie de couple, mais là aussi, pas de besoin envisagé d'une demande d'aide, ni de soutien thérapeutique, ni de soutien tout court avec des infirmières à domicile. Le maître mot est de « faire toute seule », il faut se tenir sur ses jambes, quoi qu'il advienne.

Je sens le lien thérapeutique assez fragile, Mme Deprès ira apprendre à jouer du fleuret ailleurs ou renoncera au fleuret. J'arrive avec peine à la convaincre de continuer le traitement antidépresseur prescrit par le confrère rhumatologue en urgence. Mme Deprès « n'est pas médicament », attitude très à la mode tout en avalant, quasiment tout le monde, des quantités de benzodiazépines à la sauvette et en cachette, comme quoi l'incohérence humaine est profonde comme l'océan.

Mme Deprès vit aussi une relation difficile avec un ancien copain d'Université, maintenant professeur dans une Grande Ecole Polytechnique en France. Ils se voient assez régulièrement, mais la relation n'est pas officialisée. J'avoue que je n'arriverai pas à comprendre au cours de toute la thérapie qui des deux ne tient pas à cette officialisation : Mme Deprès qui se sent mal à l'aise de devenir la femme d'un professeur connu, ou le professeur connu qui jongle avec une vie de famille compliquée et malheureuse.

Mme Deprès, en femme active, envoie des postulations spontanées – comme on appelle ces messages en bouteille confiés à la mer périlleuse du monde du travail – et répond à des annonces. Elle cible bien ses demandes, de manière à ce que les bouteilles aient plus de chance d'arriver à bon port et que les réponses aux annonces soient au plus près de son profil professionnel. Au troisième entretien, elle décroche un poste dans une Entreprise Agro-Alimentaire. Elle est enthousiaste, moi je suis soulagée.

A la séance suivante, Mme Deprès demande de passer à une séance toutes les deux semaines, j'accepte car je ne peux pas lui imposer de continuer à un rythme plus serré, la bonne excuse étant les horaires de travail.

A la séance suivante, deux semaines après, elle m'annonce que la Direction (encore en majuscule) lui a demandé de mettre de l'ordre dans la comptabilité « bordélique » de la boîte.

Je hérisse le poil, cette histoire me semble un déjà vu. Je lui conseille vivement d'avoir une attitude d'observation car elle ne connaît pas les rouages, les usages et coutumes de cette Entreprise, d'être, en somme, prudente. Je lui rappelle qu'on peut parfois rencontrer des personnes mal intentionnées qui peuvent utiliser le nouveau venu comme un fusible pour mettre en place, je n'en sais rien, une vengeance personnelle, ou la déstabilisation d'un adversaire, ou grimper dans la hiérarchie.

A la séance suivante Mme Deprès est inquiète, elle a été convoquée avec un prétexte par sa hiérarchie, il semblerait que des collaborateurs se sont plaints, sa période d'essai arrive à son terme, elle ne sait pas si son contrat sera confirmé. Elle m'avoue en larmes avoir arrêté le traitement antidépresseur quand elle avait eu ce poste, car elle se sentait bien, elle me dit aussi que sans s'en rendre compte elle devenait très irritable au travail, mais qu'elle n'avait pas pensé que l'arrêt du traitement pouvait être en cause.

Une séance est manquée, Mme Deprès s'excuse en m'expliquant qu'elle avait fait confusion avec son agenda.

Dans la séance suivante, elle m'informe que son contrat n'a pas été confirmé et qu'elle pourra bénéficier de quelques mois de chômage au plus.

Mme Deprès ne se présente pas au rendez-vous suivant, sans s'excuser, et quitte donc la thérapie sans plus donner de nouvelles d'elle.

L'histoire de M. Deloin

Cette deuxième vignette clinique, comme la précédente fruit d'un mélange de situations différentes, donne une idée de l'attitude du « mobbé qui accepte de l'aide ».

M. Deloin prend rendez-vous sur le conseil de son généraliste, qui lui a donné un traitement antidépresseur d'urgence en lui conseillant de contacter un psychiatre rapidement. M Deloin me dit être vraiment mal, avoir des bouffées d'angoisse carabinées et dormir très mal, voire pas du tout. Il est en grande difficulté face à la situation au travail où, après une rencontre avec les Ressources Humaines et son chef direct, rencontre qui lui semblait avoir été globalement assez positive, il s'était entendu dire par le même chef direct, sans témoins et entre deux portes, que la boîte voulait se séparer de lui.

M. Deloin avait commencé à se sentir très inquiet, il avait travaillé pendant cinq ans dans la même boîte d'articles sportifs, les clients étaient contents de lui. Il avait même demandé d'élargir son activité aux vélos et aux rollers, car il lui semblait avoir du potentiel.

Certes, il avait su quelques mois auparavant qu'un collègue avait quitté la boîte après une période de conflit avec le même chef et cela lui avait mis la puce à l'oreille, mais tout semblait bien se passer au quotidien. Le discours de son chef l'avait donc surpris et mis très mal à l'aise, surtout après la rencontre avec les Ressources Humaines qui avait eu un caractère assez anodin. M. Deloin avait donc repris contact avec les Ressources Humaines pour mettre au clair la situation, et il avait obtenu un rendez-vous très éloigné, bien après la période de congé programmée.

De retour de son congé estival, les Ressources Humaines l'avaient donc convoqué comme prévu pour lui annoncer, à sa grande surpise, qu'une restructuration s'annonçait et que des réductions dans les effectifs étaient envisagées, sans qu'il soit concerné directement. M. Deloin avait signalé que son chef lui avait annoncé l'intention de la boîte de se séparer de lui, sur quoi la responsable des Ressources Humaines avait montré de la surprise.

M. Deloin devenait de plus en plus tendu, il souffrait de maux d'estomac, il avait commencé à dormir mal et à avoir des idées noires. Très affecté par la situation au travail, il avait de la peine à démarrer la journée.

Un jour, après avoir garé sa voiture dans le parking de l'entreprise, il avait dû se faire emmener aux urgences avec des vertiges et des douleurs thoraciques très violentes. Les médecins l'avaient gardé en observation trois jours et, après avoir exclu des raisons somatiques, l'avaient renvoyé à la maison en lui conseillant de contacter son généraliste. Ce dernier, avec un diagnostic d'attaque de panique, l'avait mis sous antidépresseur, avait certifié l'arrêt de travail et donné quelques noms de psychiatres, entre autres le mien.

Entre la prise de rendez-vous et le premier rendez-vous avec moi, M. Deloin avait reçu une lettre de licenciement effective à la fin du mois suivant.

Ma première question, à part savoir comment mon patient prend cette nouvelle, est de savoir si un licenciement qui tombe du ciel ainsi est bien légitime. M Deloin ne semble pas en douter, ce qui le rend d'autant plus inquiet car il vient de signer l'achat de sa maisonnette où il va installer sa femme et ses deux enfants, encore en bas âge. Il pense à son futur avec énormément d'appréhension, il n'en dort plus la nuit, les difficultés à l'endormissement ont viré en une insomnie complète. Pour ne pas trop inquiéter sa femme il dort sur le divan, c'est-à-dire qu'il ne dort plus nulle part.

A une séance suivante le certificat de travail est arrivé, tout propre et beau. Je remarque, néanmoins qu'il est curieux de faire un certificat de travail avant que l'employé ne soit réellement loin, ce qui n'est pas le cas car mon patient a un arrêt à 100 % parfaitement justifié. Je lui demande de prendre contact avec un avocat car la situation ne me paraît pas claire. Il semble très mal à l'aise, il n'aime pas faire du scandale, il n'a jamais touché à ce type de démarche, la situation économique ne lui permet pas de dépenses et il refuse, tout en disant qu'il va tout de même y réfléchir.

La semaine suivante il arrive à notre rendez-vous un peu plus calme, il a pris le temps de faire quelques travaux de bricolage, ce qui l'a détendu en lui occupant les mains, selon sa définition. On parle de son enfance, de ses études et de ses parents qui sont restés dans le midi de la France, dans le village que les anciens de la famille ont toujours habité.

Un mois passe, le traitement antidépresseur est bien toléré et il dit qu'il l'apaise. Il a envoyé le certificat d'arrêt de travail, sans avoir, à part un mail d'accusé de réception, aucune nouvelle en plus, ce qui l'étonne. Pour ma part je suis étonnée que cela l'étonne, mais je ne le montre pas. Probablement ma tête est plus parlante que ma bouche parce que mon patient, après une pause assez longue, sort une phrase lapidaire : « Je suis vraiment très con ». Il m'explique que petit à petit il se rend compte qu'il s'est fait rouler, que la mise dehors était bien programmée et qu'il n'est pas le seul à subir cette mise à la porte. Il y a une restructuration et les cadres jouent à garder leur place en faisant du nettoyage sur les rayons, bien entendu en éliminant d'abord ceux qui peuvent éventuellement prendre leur place ou qui sont moins coulants ou moins sympa.

Il me dit que mon idée de prendre un avocat ne lui semble pas si absurde, qu'il a le droit au moins de connaître ses droit et tant pis si l'avocat coûte, il pourra voir avec son assurance juridique, au cas où.

Le suivi continuera sur le plan du soutien tout au long de la mise en place de sa défense juridique, de la conciliation devant les Prudhommes et finalement d'une indemnisation conséquente car, en effet, le manque de médiation préalable et de concertation rendait le licenciement parfaitement abusif.

Un certificat de travail, correct cette fois, a ensuite été rédigé après une assez laborieuse négociation avec les Ressources Humaines. Mon patient continue son traitement, car toute cette histoire lui a montré d'importantes failles dans son organisation de vie, et nous allons conclure notre bout de chemin dans quelques semaines, terminer le processus de séparation du thérapeute. Je le verrai une fois tous les deux mois et on va arrêter le traitement psychotrope d'ici quelques mois.

Conclusions

Le récit de ces deux cas, bien qu'artificiellement construits sur un mélange de situations, va sûrement parler aux collègues thérapeutes.

Le travail est une projection, selon mes observations et mon point de vue, de la mère beaucoup plus que du père, tiers, porteur de la loi. N'oublions pas que le travail nous donne à manger, c'est essentiel à la survie et donc a en soi un potentiel créateur et destructeur direct ou vécu en tant que direct.

J'ajoute ici une idée bourgeonnante et assez hors contexte, mais que je pense être potentiellement intéressante, au sujet de l'école. Le fait d'avoir si intimement lié la présence des parents, voire des mères, au travail scolaire est selon moi extrêmement dangereux, car l'école n'est plus vécue comme un lieu autre que familier, un lieu tiers, mais comme un prolongement de la famille, et qui dit famille, dans ce cas, compte tenu que c'est aux mamans d'aider les enfants à faire les devoirs, dit mère. La réussite scolaire n'est plus négociable avec le tiers et au fond n'implique pas la survie (à l'école on ne gagne pas sa vie directement), mais avec la mère, avec ce qui va avec en tant que fantasme de nourriture-manque de nourriture-mort.

Les situations de stress des étudiants ne sont-elles pas peut-être liées au lien trop intime, même à l'école, avec l'imago maternelle ?

Revenons au problème du mobbing et de la projection d'imago maternelle dans la « boîte ». Cette projection est très inconsciente, quasiment pas visible, même avec l'aide d'un thérapeute, quasiment invisible si la personne mobbée n'est pas soutenue et reste seule face à la situation. D'autre part, le mobbing se base d'emblée sur l'isolement du mobbé, déjà dans le cadre du travail.

Mon conseil aux collègues, dont je prends (avec Federico qui est en co-écriture) l'entière responsabilité, est de conseiller à notre tour aux patients de consulter le tiers-loi, un avocat, qui puisse aider à mettre de la distance entre son client-patient-mobbé et l'Institution-boîte-établissement mobbant.

Recevoir la lumière, donner la lumière
Luis Perez-Bayas

Il est de l'art de la thérapie quelque chose de l'art de la peinture.

J'en veux pour exemple un peintre remarquable par son sens aigu de l'observation, un vrai perspectiviste, un peintre de la lumière ; peintre de la luminance[59] d'abord, avant la mise en couleurs ; il est connu comme le peintre qui peignait flou, un essentialiste cherchant à réduire ses toiles à la plus pure des pertinences afin de donner force à ses sujets picturaux comme au dialogue particulier, temporel et intemporel avec le spectateur ; un des premiers photographes-peintres de l'histoire : Johannes Vermeer.

Ses tableaux, au nombre connu de 38 au long d'une vie, sont, sauf exception, de petites dimensions, quelques dizaines de centimètres de largeur et hauteur, et de grande finesse.

Recevoir la lumière, la matière lumineuse

Recevoir la lumière, la matière lumineuse, contribue à l'extraction du néant et à la possibilité de la création de la vie, que cela soit au niveau des étoiles (y compris le soleil, pour la portion congrue que nous sommes dans l'univers) ou de la simple possibilité de voir, c'est-à-dire la création instantanée d'un contraste Lumière-Ombre qui révèle le moule des objets existants, invisibles autrement : la lumière comme un révélateur.

Tout comme la lumière change à différentes heures du jour, la personne qui se présente à nous thérapeutes nous donne à voir un éclairage particulier qui lui appartient, vivant et évolutif par essence et parfois figé ou diminué en intensité si la dynamique de son évolution naturelle s'en est trouvée entravée.

Il paraît que le cadre est très important en thérapie ; en peinture aussi.

Mais si le cadre est très important, la toile l'est bien davantage et la peinture, sans laquelle la toile reste désespérément vide, inhabitée et non imprégnée, elle, est essentielle.

---

[59] Luminance : intensité lumineuse d'une source, exprimée en candela par mètre.

Pour illustrer le propos d'un parallèle entre ces deux arts, je vais me baser sur le tableau de Johannes Vermeer La Laitière, peint autour de 1660 à Delft[60] :

Het melkmeisje (La laitière), Johannes Vermeer, ca. 1660, huile sur toile, 45,5 × 41 cm

Vermeer était un passionné d'optique, en particulier de la qualification de la lumière quand elle traverse le verre ou se reflète dans un objet « brillant ».

---

[60] Je vous propose, si vous le souhaitez, d'accéder au tableau du rijksmuseum directement avec ce lien
https ://www.rijksmuseum.nl/nl/rijksstudio/kunstenaars/johannes -vermeer/objecten#/SK-A-2344,0, de penser en termes de luminance avant de penser en couleurs et d'égrener mon texte en parallèle de l'image.

Il était un travailleur lent et minutieux, ayant un immense sens de l'observation et une connaissance étendue de la perspective classique.

La plupart de ses peu nombreux tableaux sont de petite taille et laissent à penser qu'il a pu utiliser la « Camera Obscura », une sorte d'ancêtre de la boîte photographique pour peintres, munie d'une lentille à l'avant de la boîte et dirigée vers la scène à peindre, souvent additionnée d'un miroir à 45 degrés pour redresser l'image inversée et d'une vitre pour y apposer un papier ou une toile de quelques dizaines de centimètres de côté, afin d'y décalquer ou d'y observer l'image « grandeur nature et aux caractéristiques naturelles ».

Vermeer commençait ses tableaux par des aplats monochromes ou en noir et blanc, ce qui lui permettait de travailler la lumière dans son essence première, les variations de luminance, sans être perturbé par les couleurs et les contrastes de couleurs.

Une des caractéristiques unique à Vermeer, contrairement à ses con- temporains, est qu'il peignait flou : comprenez que, à l'instar de la « Camera Obscura », la scène observée avait un plan de netteté vertical faisant face à la direction de la boîte à image, et des 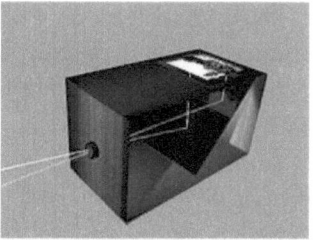 plages de flou de part et d'autre visuellement, notion connue sous le terme de « Profondeur de Champ » . Cette manière de faire ajoute un réalisme saisissant et troublant à ses peintures, mimant les propriétés naturelles de la vision humaine.

De plus, et très souvent, la lumière de ses tableaux provient d'une seule source, une fenêtre située en haut et à gauche, dans un endroit clos, souvent son propre atelier. Cet effet renforce encore davantage le sens de réalité et de tangibilité de ses compositions.

Ce qui caractérise aussi Vermeer est qu'une fois le tableau composé, il en retire souvent des éléments, créant ainsi une concentration et une simplification de la scène afin d'éviter toute dispersion sensorielle pour le spectateur (« less is more ») et de permettre une communication essentielle et claire à travers l'épuration de la composition picturale.

Enfin, et pour rendre encore hommage à ce peintre remarquable, Vermeer maîtrisait la confection et l'usage des pigments colorés, en particulier l'usage de l'outremer à base de lapis-lazuli broyé, du jaune de plomb et de l'azurite pour les verts. Il en faisait aussi parfaitement usage à travers les contrastes de couleurs.

En thérapie, il est d'abord un art particulièrement important, celui de l'observation la plus fine et globale possible de ce que les personnes nous disent et nous montrent, et plus particulièrement celle de la lumière/énergie directe et reflétée, des contrastes de luminosité, des zones d'ombre et autres rugosités volumiques dans l'instant et dans le temps.

Puis vient l'exploration de la qualité et des particularités de ce qui est mis en jeu dans la relation entre la personne, le groupe et son/sa thérapeute, qui est encore un être humain (ou peut-être bientôt un algorithme « intelligent »), et qui ressent ce qui se passe, l'analyse et l'interprète d'une certaine manière, professionnellement, ce qui fait de lui un/une thérapeute.

Dans le tableau de la Laitière, vous remarquerez l'aplat important représentant le mur blanc au fond de la pièce. Il est fortement éclairé par la source de la lumière, venant de la fenêtre en haut et à gauche, et est blanc ! Ce mur éclatant se situe aussi à droite et à la hauteur du visage de la laitière, et en silhouette sur l'ensemble de la gauche de son corps habillé.

Le lait est aussi d'un blanc éclatant, mais sa surface est très réduite.

Le corsage de la laitière est bien éclairé par la source, mais sa densité lumineuse est moindre (jaune).

Le visage de la laitière est, lui, partiellement dans l'ombre, à part une partie du front, et est quasiment dans la pénombre à certains endroits, en particulier au niveau des yeux... et à gauche de son visage.

Notons de manière très intéressante que, historiquement, le mur blanc était recouvert à l'origine d'une grande carte géographique, qui d'évidence aurait atténué le contraste avec le corps et le visage de la laitière, et que délibérément Vermeer a soustrait au tableau par la suite afin de « cristalliser » un contraste lumineux des plus extrêmes.

Or, il est des données perceptuelles et physiologiques qui font que les êtres humains sont tout d'abord attirés visuellement par les visages humains et en particulier les yeux. De même, les zones ou objets les plus lumineux nous attirent d'abord de manière réflexe.

Il est donc clair que l'aplat de dimension très importante que constitue le mur du fond va tout de suite attirer notre regard, puis la partie éclairée du voile que la laitière porte ainsi que son col blanc, en contradiction importante avec le visage de celle-ci et en particulier ses yeux qui sont dans la pénombre et pour ainsi dire ne sont pas distinguables. Cette contradiction crée un stress perceptuel important et génère une vigilance augmentée et une recherche active inconsciente en direction du tableau afin d'en décrypter le visage et en particulier les yeux… en vain.

Remarquons au passage et de manière paradoxale, que ce stress perceptuel si important accompagne le personnage de la laitière, qui, lui, est dans une attitude calme et consciencieuse.

Cette recherche « vaine » crée de l'intérêt et aiguise la curiosité, mais également fait naître un lien émotionnel et affectif d'autant plus important et proportionnel, en plus de perceptuel, envers ce personnage étrangement humain et l'activité qui lui est liée et, par la suite, l'environnement autour de celui-ci que constitue le reste du tableau.

Je dis « étrangement humain », le personnage n'étant pas réellement tridimensionnel, ne portant qu'une illusion de volume réalisée grâce à des jeux de lumière et d'ombre, dans un mouvement supposé (au moins du lait qui s'écoule), mais sans qu'aucun mouvement ne soit réel, ce qui méduse notre perception en créant une lutte neurophysiologique extraordinaire au moins visuelle, si ce n'est auditive (le « lait s'écoulant » le plus silencieux jamais ouï !).

Il en est de même de la pièce dans laquelle se tient ce personnage qui, n'étant pas réellement volumique, également frustre nos sens spatiaux, d'autant plus que dans les mains et les yeux de Vermeer, l'utilisation savante de la perspective ajoute à cette frustration entre illusion et « réel ».

On peut néanmoins remarquer que Vermeer n'a peint essentiellement que des espaces clos et surtout son propre atelier, permettant ainsi une « concentration » sensorielle et mentale sur ses compositions picturales et ses personnages, les murs et fenêtres de son atelier ayant ici peut-être surtout un effet cadrant de son contenu multiple et épuré, une forme de cadre apaisant dans le cadre. Il en réduit la lumière à une seule source venant d'en haut et de la gauche du tableau, le soleil ou équivalents (nuages), tel que le monde était avant la maîtrise du feu ou l'invention de l'électricité près d'un siècle et demi plus tard après Vermeer…

Le lecteur/lectrice pourra à juste titre pointer le fait que ce qui précède s'applique à tous les peintres peignant sur une surface plane. En quoi alors Vermeer est-il si différent ?

Sa différence et sa particularité tiennent à ce qu'il peignait de manière différentiellement floue, à la manière de la photographie, avec un sens de la « profondeur de champ » totalement intégré et très raffiné (voyez les taches floues du pain au premier plan) ainsi qu'en réduisant et « simplifiant » la composition de ses tableaux progressivement, au fur et à mesure que son travail sur la toile progressait, à l'essentiel, à une forme d'épuration qui en augmente la « concentration contradictoire » et qui donne toute sa valeur à une métamorphose progressive du tableau comme, supposément, du peintre lui-même.

Le chemin devient tout aussi important que le but à atteindre.

Et ce voyage lent, minutieux, très long et quasiment immobile, confiné à son atelier et associé à chacune de ses oeuvres, y compris la laitière, se révèle être multidimensionnel, riche et complexe, voyage temporel, horizontal et voyage en profondeur, vertical dans la matière, en la pétrissant pleinement, et dans l'esprit en une forme de spiritualité épurée et ancrée. Une métamorphose certaine du peintre lui-même.

Mais qu'en est-il du voyeur..., pardon, du spectateur : est-il lui-même en voie de métamorphose ? On remarque parfaitement dans d'autres peintures de Vermeer sa volonté explicite de préserver l'intimité ou la privacité de certains moments « exquis », par exemple en interrompant des lignes primordiales de perspective par de « gros » obstacles, draps, chaises, rideaux ou cadre de porte, ce qui ne manque jamais d'attiser notre curiosité (« less is more ») par frustration et volonté d'en savoir plus.

Parce que plus réalistes et naturalistes et ainsi retravaillées et épurées, les œuvres de Vermeer acquièrent une force redoutable et ne cessent d'attirer nos sens et notre esprit à tenter de résoudre encore et encore des énigmes illusoires faites de mouvements contradictoires et chaotiques, neurophysiologiques et perceptuels de haut niveau.

Il y a quelque chose de si ressemblant et en même temps de si différent dans l'étrangeté humaine de cette laitière, pourtant si familière !

Quels sont donc les parallèles pouvant exister avec l'art de la thérapie ?

D'abord sa différence majeure : la toile n'est pas vierge, par définition. Un être humain, un groupe, se présente à nous avec une pré-existence, une pré-histoire, des histoires, des problèmes et souvent bien des souffrances et insatisfactions, pour ne pas dire des « délires » ou des limitations mentales pouvant les couper d'une fonctionnalité suffisante dans la réalité du présent.

Puis les points semblables : nous recevons de nos hôtes le tourment lumineux de leur présent, plein de désagréments et de souffrance, pénombre et lumière mélangées, peurs et culpabilités, obstacles identifiés ou non, révélés ou non, en difficulté avec leur propre ombre portée.

A l'instar de la dentellière, nous aussi nous sommes les rois de la retouche. Mais quels sont nos pinceaux ?

Forts de nos « neurones miroirs » sur lesquels nous nous appuyons abondamment, appelés aussi capacité d'empathie (Oh ! le raccourci), une partie de nous thérapeutes inévitablement et irréductiblement s'identifie à l'autre, ici à la personne souffrante, à ses zones d'ombre et de lumière, et cette vibration fait sourdre le lien affectif de part et d'autre.

L'écoute et la patience de la part du/de la thérapeute s'assimilent aisément à la lenteur et la minutie du travail de Vermeer : que de patience et d'écoute qui permettent d'approfondir la confiance relationnelle encore et encore !

Que de reformulations de ce qui est dit en ce qui est dit être senti et renvoyé à son émetteur ou émettrice, tel un miroir recevant la lumière et ses nuances de gris et la renvoyant avec des retouches tels des leviers vitaux afin d'éclairer la scène autrement, peu à peu, avec respect et sensibilité, afin d'éviter l'éblouissement de celui ou celle qui espère, ou d'éviter son aveuglement ou la cécité en des circonstances par trop directes ou par trop précoces.

Les zones de pénombre, obstacles et incertitudes à pouvoir voir ce qui se joue en raison de lumières altérées frustrent notre perception et stimulent notre curiosité…

Ne sommes-nous pas, nous thérapeutes, aussi des chiens truffiers fouillant et reniflant les moindres recoins, surtout ceux qui sont enterrés ou dans l'ombre, voire ceux qui sont invisibles ?

À l'instar de ces chiens qui ont un odorat focalisé et raffiné ou du peintre, nous avons nous aussi des pinceaux invisibles dans l'art de voir ce qui ne se voit pas, touche par touche, de voir le fond des yeux plutôt que la surface apparente, surtout s'ils se dérobent à une vision claire, stimulant en nous un tropisme torride à éclaircir coûte que coûte l'ensemble de cette tourmente lumineuse, afin de l'harmoniser en relevant la lumière ambiante générale de celui ou celle qui souffre de son ombre... et une fois une grande partie des constituants visibles, de les harmoniser ensemble au mieux.

Donner la lumière, angulairement, et faire émerger du plus-être, du mieux-être

Nous aussi, thérapeutes « de l'esprit », tels les peintres, nous ne bougeons physiquement que très peu...

Dans un mouvement similaire à la théorie du Chaos, un mouvement d'aile de notre papillon professionnel induit un mouvement et hélas parfois un ouragan difficilement contrôlable chez nos visiteurs.

Il ne faut pas oublier que « Les Visiteurs » à l'instar du film français, souvent l'humour en moins et la souffrance et l'inconfort en plus, égrènent dans le présent un passé bien souvent riche mais anachroniquement rejoué dans l'ici et maintenant, parfois cocasse aussi.

Notre « attention flottante » est telle un miroir de projecteur laser de discothèques qui renvoie la lumière reçue avec un angle et une dispersion légèrement différents de ceux de son émetteur et, par des processus de mimétisme du type « étrangement du même » et pourtant différent, notre visiteur ou visiteuse s'en trouve frustré, surpris, parfois interloqué, mais déjà métamorphosé, touche par touche, telle la toile du peintre.

Notre Savoir thérapeutique, tel le peintre, est une connaissance approfondie de la lumière et des différents types de lumière, de l'ombre et de ses nuances, des miroirs, des mouvements fins de réflexion de la lumière, du mouvement trophique à aller explorer les zones les moins visibles et même l'invisible et à le rendre utilement visible, à le révéler, surtout à notre visiteur ou visiteuse.

Les obstacles à une perspective libre peuvent être ceux éprouvés par nos visiteurs ou visiteuses, appelés « résistances », qui créent, comme précédemment mentionné, des frustrations pour celui/ceux qui reçoit/vent l'image et des souffrances à ne pas pouvoir faire mieux pour l'émetteur lui-même, ou alors dans un état encore plus inconscient, par des troubles affectifs et/ou comportementaux, l'émission de lumières/ombres troubles échappant totalement à l'émetteur.

Le Don de Lumière, comme le don de temps, de patience, d'attention et de présence, d'interaction et de lien affectif, d'« amour », finissent par être les ingrédients qui peuvent permettre une métamorphose du visiteur ou de la visiteuse, et en retour aussi métamorphoseur…

Mais de quelle métamorphose s'agit-il ?

Comme chez Johannes Vermeer, il s'agit aussi ici d'un processus de concentration d'énergie.

Que puissent les différentes zones de lumières et d'ombres peu à peu s'harmoniser et s'épurer pour aller vers ce qui constitue l'essence d'une personne, d'un être !

Y a-t-il globalement un risque de perte de matière, de perte de contraste lumineux en fin de processus ?

Voyez les tableaux de Vermeer : ils n'en gagnent que force, densité, conviction et interpellation de curiosité et d'émotions, du monde et des autres.

C'est peut-être cela, « Le Petit Bonheur », ou peut-être un peu du « Grand Bonheur ».

Un thérapeute à l'ombre de Vermeer.

Post-Scriptum

Dans le domaine du visuel et de l'audio-visuel, à la limite entre le Visible et l'Invisible, il est un domaine fort intéressant sociologiquement, celui d'un monde digital en croissance dit connecté toujours plus à l'ouest du monde occidental dans son essence, mais de plus en plus dispersé autour de notre petite planète.

Vermeer dérobe à notre regard souvent l'intimité qui se déroule dans la toile, à nous voyeurs-spectateurs. Il en est de même dans une thérapie « classique » où le cloisonnement et le respect de l'intimité sont importants, en ce qu'ils permettent la confiance et la relation de confiance.

De là découle la notion du « secret médical » comme garantie de ce respect et de l'instrument même de notre travail. Le tout-un-chacun voyeur/auditeur est exclu de cette relation intime.

Des expériences en réalité virtuelle ont montré à quel point la notion du Moi-Individuel est mise à mal de manière criante.

« Das Dasein » des philosophes demande impérativement à être revisité ; la notion du Moi-Individuel n'est peut-être qu'un tout petit module cérébral neurophysiologique, une sorte d'illusion, voire d'hallucination biologiquement existante chez les mammifères d'évolution récente.

On le voit déjà à l'œuvre dans l'identification aux héros existant dans la lecture de livres, dans le cinéma ou le théâtre, mais avec une intensité globale modérée.

C'est curieusement au niveau de l'existence croissante des réseaux sociaux que pointe l'émergence d'une redéfinition globale du soi et des autres qui ne s'est jamais présentée ainsi à l'humanité et dont la parade individuelle pourrait être l'informatique quantique, réputée « inviolable », que l'on pense être capable de préserver la sphère individuelle des utilisateurs.

Il est important de dire que le monde digital, en particulier les réseaux sociaux et l'internet, constitue donc un monde parallèle au monde « physique » visible et tangible, partagé par de plus en plus de monde, qui enrichit ce premier monde d'un deuxième monde virtuel, un deuxième Moi pour chacun, une identité surajoutée à l'identité « physique ».

Il n'y a peut-être rien de différent dans l'essence de la chose ; on peut appartenir à un club de bridge et avoir une nouvelle identité de bridgeur. La différence est qu'il y a déjà des milliards de « bridgeurs » qui interagissent en continu et en temps réel avec Vous.

Il est difficile de compter les individus quand on a affaire à des milliards d'éléments. On est donc poussé à un changement d'échelle quasi nécessaire et adaptatif... Sachant de plus que la définition de soi à la lumière et au regard des autres sur soi fait que ces multiples regards définissent de plus en plus le Soi individuel et le diluent.

Qu'en est-il du peintre et du thérapeute ? De l'intimité de la relation et de sa préservation ? Du cloisonnement ? Du voyeurisme ? De la lumière et de l'ombre ?

Si l'identité de soi dans le monde digital est dans les autres, il en est de même des peintres, tout le monde apportant des touches et contribuant au produit fini : on voit cela parfaitement dans la fabrication des films d'animation « main stream », où la complexité des paramètres les constituant et la quantité de travail nécessaire impliquent un travail global de fourmi qui devient une œuvre multiple et synthétique.

C'est comme si Vermeer avait employé une cinquantaine de peintres à son service dont il aurait géré la dynamique... Cela aurait certainement fait de Vermeer quelqu'un de différent et on aurait appelé cette œuvre « Version laitière collective de Delft autour de 1658 » qui serait très différente.

Qu'en est-il du thérapeute ?

Dans un monde de « Hunger Games », l'individualité est-elle encore pertinente, la thérapie ne devient-elle pas une intervention à l'intention d'une myriade de visiteurs, un peu comme s'il s'agissait d'une thérapie de groupe, de très grand groupe pouvant avoisiner les milliards, mais plus souvent des centaines ou milliers, dizaines de milliers ou centaines de milliers… un pool de thérapeutes, des dizaines, des centaines ou des milliers travaillant en concertation, où la notion d'individualité du thérapeute disparaît au profit du groupe de thérapeutes, à l'instar de l'individualité de nos visiteurs qui se dilue dans le groupe bientôt de tous les humains terriens…

Il s'agit d'une dynamique proche de celle de nos consœurs les fourmis ou les termites, permettant des constructions étonnantes et bien au-delà de leur dimension individuelle.

Cela ressemble également à un ensemble bactérien auto-organisé.

La boucle est-elle alors peut-être bientôt bouclée par ce retour aux sources ?

Qu'en est-il de la lumière et de l'ombre ? Elle va indéfectiblement être régie par des phénomènes de groupe, mais surtout de foules. En ce sens, une autogestion s'imposera. Les lumières et les ombres interféreront de manière complexe et très rapidement temporellement sans discontinuation… avec des risques de mouvements de foule !

Et le Petit Bonheur devient les petits bonheurs partagés où la notion de soi paraîtra peu valorisée et le Bonheur petit proportionnellement.

Mais qu'en sait-on, de quelque chose qui n'a jamais existé à l'échelle humaine ?

Le Bonheur de le découvrir ! Ah, Lumière, quand tu te caches…

Les taches carrées sur les murs
Giuliana Galli Carminati

A Lavigny, le lieu-dit anciennement « Petit Bonheur », plus récemment nommé Centre de Loisirs, qui devient pour les esprits pressés « CdL », à côté de la porte d'entrée modérément automatique, a arboré une vaste tache carrée là où la plaque du Petit Bonheur n'avait pas encore était remplacée par la plaque des Loisirs, les travaux institutionnels de détail prenant des temps longuets.

Cette tache sur le mur m'avait inspiré toute une guirlande de réflexions, un peu comme les poupées de papier qui se tiennent la main dans les décorations qu'on préparait à l'école primaire et qui naissent d'un seul découpage.

Le souvenir m'avait – mais cela seulement après plusieurs mois – amenée aux lundis matin d'il y a trois ans, quand je travaillais dans mon Unité de Soins à l'Hôpital du Bois des Sages. J'avais ma réunion hebdomadaire qui, dans mon esprit tout au moins, était la colonne du savoir clinique et organisationnel de mon Univers Psychiatrique. Une dizaine d'intervenants étaient là, fidèles au poste et attentifs, au moins c'est ce que je pensais à ce moment-là, moment qui a duré une bonne douzaine d'années.

Dans cette salle, là où il y avait anciennement un lavabo, un miroir et un plafonnier carré, il restait cette tache elle aussi carrée, d'une couleur encore plus ancienne que la peinture d'avant. J'avais cette tache carrée devant les yeux quand je présidais ma réunion hebdomadaire parmi mes fidèles.

Quand en 2012 j'eus compris que la structure de soins que je dirigeais, telle que je l'avais conçue, fait vivre et grandir, était destinée à disparaître ou en tout cas à ne plus pouvoir exister telle que je l'avais créée et que, par la force des choses, j'aurais quitté l'Hôpital du Bois des Sages, et que donc je n'aurais plus eu devant les yeux cette tache carrée, j'avais sorti mon téléphone portable et j'avais pris la photo du mur avec cette tache, en souvenir, avec aussi, en mélange, du regret, une forte nostalgie et une douleur à peine moins forte.

Maintenant, si par hasard mon regard tombe sur cette photo, je me demande de quelle douce folie s'était imprégné mon esprit dans l'Hôpital du Bois des Sages.

Tel est le petit bonheur.

* * *

Dire adieu aux morts, c'est se permettre de les rappeler et probablement de les faire revenir, en nous en tous cas.

Le processus de deuil est un laisser-passer, un passe-muraille, aussi, entre le monde des vivants et le monde des morts, monde qui, avant le processus de deuil, nous semble terrifiant, pour redevenir, le processus avançant, seulement différent.

Certes, l'initiation à ce processus est difficile, et par conséquent longue, et comme dans les mythiques descentes aux Enfers, parsemée d'embûches et de gardiens, cerbères et autres monstres qui nous bloquent le passage.

Mais en effet, ces gardiens qui sont là pour nous protéger d'aller plus/trop loin, ce sont les fils du Surmoi. Fidèles aux images des morts, à leurs idéaux, à leurs désirs exprimés et très souvent pas exprimés, ils nous bloquent le passage non seulement vers l'Enfer mais aussi, et ceci est le point délicat, vers ce qui de nous-même est accroché aux images des morts, à leur idéaux, à leur désirs, etc. Si le lien a été fort, constitutif, derrière ces gardiens nous perdons beaucoup, voire trop de nous-même, en restant donc dans l'obligation de ne vivre notre vraie vie que dans la marge, dans ce qui nous reste, qui peut être parfois un territoire trop exigu pour trouver de quoi nous nourrir, nous-même et nos projets.

Quand on perd une personne qu'on a aimée, mais aussi quand on perd une maison ou un lieu de travail très investi, la fidélité peut nous vider d'une partie très grande de nous-même. Si nous avons conscience de cela, la réaction plus directe est de ne pas vouloir quitter ce lieu et de nous accrocher coûte que coûte.

* * *

Ma mère, qui nous a quittés en 2010 à l'âge de 91 ans, est désormais elle aussi un souvenir qui s'éloigne, une autre tache de couleur sur le mur de mes souvenirs. Quand je pense à elle, mes sentiments sont partagés ; le lien entre mère et fille est souvent difficile, compliqué, plein de rivalités, plein de querelles. A son honneur je dois dire qu'elle m'a toujours donné des moyens d'autonomie très grands, en me faisant imaginer être un être plein de potentialités et de possibilités. Elle n'a jamais lésiné sur les ressources économiques, ne m'a jamais fait la morale du « Mérites avant, tu auras après »…

Certes nous venions de deux planètes différentes, les règles de son monde n'étaient pas bonnes pour le mien, j'avais un horizon qui était trop lointain du sien, ce qui me rendait malheureusement le monde proche presque incompréhensible, un peu comme un grand presbyte qui voit très bien ce qui est loin mais trouve tout confus autour de lui.

Au fur et à mesure que je prends de l'âge, je comprends nettement mieux ma mère et aussi mon père, dans leur désir de faire des promenades à la montagne, de profiter du temps libre, d'être insouciants, de ne pas penser à accumuler des biens, par exemple, qui m'auraient bien arrangée, moi. Mais c'était « leur » vie et maintenant je me retrouve à les approuver presque en cachette de moi-même, car la leur, de vie, après la guerre de 1940-45, avait été un cadeau ou quasiment un vol au destin, et ils n'avaient rien à faire d'accumuler, ni pour eux-mêmes, ni encore moins pour moi.

Si le souvenir de ma mère a une teinte pastel et une tristesse assez douce, je me rappelle encore, par contre, avec une précision excessive l'annonce mortuaire de mon père, collée au mur d'une maison qui est encore là et qui, toutes les fois que je passe devant, à Pallanza, me revient à l'esprit comme porteuse de mauvaises nouvelles, dans une clarté figée.

Ces taches-là, qui ne changent pas de couleur, sont bien le signe d'un deuil qui, en restant immuable, n'est pas fait ou reste vraiment peu fait, et qui n'arrive pas à être intégré. Je pourrais dire que le deuil de ma mère est nettement plus élaboré, même si tellement plus récent, car il m'a trouvée avec des moyens émotionnels bien meilleurs que ceux que j'avais au moment du deuil de mon père.

* * *

Les royaumes professoraux souffrent du même problème que les dynasties royales, c'est-à-dire du mal de descendance.

Nous étions en 2000, sur le « hedge » du millénaire, et nous avions dépassé de peu la peur de l'horrible « bug de l'an 2000 ». J'étais confortée, à l'époque, dans la structure qui m'entourait, à un projet d'avenir préparé par moi-même, et je voyais bien ce qui, selon moi, allait arriver dans la logique d'un Hôpital qui n'était pas simplement un Hôpital de province comme les autres, mais qui était aussi l'Academia. Il me semblait évident que le Professeur, chef de l'Hôpital du Bois de Sages, serait élevé au titre de professeur associé, et ensuite en chaire son lieutenant, les quatre piliers des soins psychiatriques de la Ville, et moi qui étais le cinquième élément de cette construction de savoir clinique, scientifique et administratif.

Nous six nous avions travaillé dur, sans relâche, pour arriver jusque-là, nous avions créé des structures de soins, des techniques nouvelles, écrit des articles, des protocoles de recherches, des livres, bataillé au jour le jour avec les subtilités administratives, sans compter ni les heures ni les efforts, et cela pour un salaire correct sans plus.

Certes, la psychiatrie de la ville avait besoin de s'enraciner dans l'Academia, cela semblait un discours qui coulait de source. Néanmoins, en 2005, si logique que semblait être ma conception des choses, je regardais autour de moi avec une sinueuse inquiétude. Rien ne bougeait vraiment. Mes travaux de recherche avançaient comme la pierre de Sisyphe le long du flanc de la montagne, et toute faiblesse, toute hésitation pouvait être fatale et me précipiter sans pitié dans le gouffre de l'abhorrée médiocrité. Pas vraiment d'aide ou de collaboration, chacun pour soi et hop.

Enfin, abhorrée comme ci comme ça, j'en rêvais, de cette médiocrité qui m'aurait permis de quitter le travail à 17h - 17h30, « comme les autres », et de vivre de mon salaire sans le payer avec le double, ou presque, d'heures de travail.

Mais non, je me disais : « Ma destinée est bien différente, je vais entrer moi aussi dans l'Academia, devenir professeur, je pourrai alors transmettre mon savoir aux autres. On peut bien renoncer à sa petite tranquillité, il faut avoir bonne patience et excellente volonté. »

Un petit doute, eh bien, je l'avais … Je voyais que les décisions étaient prises de plus en plus, voire toujours ailleurs. Tout en participant aux Conseils des Cadres, je sentais que le vent tournait vers des discours d'économicité des soins, d'efficacité, de qualité. Je me sentais très économe, efficace et d'excellente qualité, mais non, il fallait s'améliorer.

Les vraies décisions étaient prises bien loin de la table ronde du Conseil des Cadres.

En dépit de la création des dispositifs de soins que je menais à bien avec beaucoup d'efforts, je me sentais très peu comprise. Néanmoins, le point vraiment compliqué m'appartenait, enfin, j'étais engluée dans des loyautés anciennes envers des principes de pluridisciplinarité, de socialité et d'équité des soins auxquels je ne me sentais pas capable de déroger. Et surtout je n'arrivais pas, vraiment pas, à faire le saut vers la pratique privée, me détachant d'une structure dans laquelle j'avais, il est vrai, beaucoup investi de moi-même, mais que je sentais de moins en moins être la mienne et par laquelle j'étais de moins en moins soutenue.

J'avais une peur profondissime de me trouver avec mon cabinet orphelin de patients. Tout le monde me rassurait sur ce point, en me disant que danger il n'y en avait pas, que le risque était plutôt du trop que du trop peu. Je ne pouvais penser à une installation dans le privé si elle n'était pas protégée par une institution protectrice, une clinique, une clinique à moi, ce qui était dans le fait un danger très important, voire insurmontable sur le plan économique.

Et là aussi la loyauté faisait surface, car je viens d'une tradition socialiste, égalitaire, et ouvrir une clinique était devenir patron et trahir mes origines. Dans cette philosophie familiale, être patron me mettait dans le rôle de l'ancien ennemi de la classe ouvrière à laquelle, pour être franche, ma famille n'avait pas appartenu, ayant des origines nobles ou artistiques bien plus profondes que la patine prolétaire que les événements sociaux et politiques lui avaient octroyée.

De toute cette intrication de loyauté, j'en étais consciente mais, hélas, pas inconsciente, si je peux m'exprimer ainsi. Je voyais bien les enjeux, mais cela n'arrivait pas à dénouer les nœuds et donc la peur restait bien là à décider pour moi, car la conscience conseille mais ne décide pas grand-chose.

Le projet de quitter l'Institution restait prisonnier d'une part du fantasme du cabinet vide, de l'autre de la cathédrale de la clinique impossible, noyé dans un labyrinthe de difficultés faussement pratiques et apparemment tangibles. La peur qui me dirigeait venait de ma crainte de me retrouver seule devant les patients qui, ne m'aimant pas, déserteraient mon cabinet en me jugeant pas bonne, incapable de soigner leur maladie, leur folie et leur mort. J'aurais reparcouru mon destin de fille qui n'avait pas sauvé son père de sa maladie, ni rajeuni sa mère. Au fond, les thérapeutes répètent sans cesse le geste de salut qu'ils ont raté avec leurs parents, ou leurs frères et sœurs, ou leur famille plus en général.

En 2010, ma mère était partie de ce monde, elle était très âgée et, si l'on est objectif, elle était morte de sa belle mort, elle était fatiguée de vivre, avait passé les neuf dernières années avec nous après une maladie très grave et au fond avait bien vécu ces dernières années, enfin, elle avait lâché prise.

Avec elle partait mon témoin historique, le lien avec ma culture familiale. J'étais libre, ou plutôt libre de faire un deuil de plus, ce qui est mon point faible. Récupérer mon énergie des structures portantes de mon ancien système psychique, là, c'est vertigineux.

Entre-temps, au niveau du travail au Bois des Sages, le rêve était terminé, les jeux étaient clairs et je n'avais qu'à m'incliner devant le nouveau chef, qui avait plein d'amis et un système de copinage du tonnerre, ou alors plier bagages. Un point sépare profondément public et privé, le public peut vivre sans rien produire, le privé, non. Une structure publique basée sur le copinage peut vivre seulement si quelqu'un d'autre paie, les contribuables, par exemple. Si le copinage touche aussi au privé, le rendant improductif, les contribuables seront les bonnes vaches à lait qui vont tout payer, et si (désastre) les contribuables ne paient plus, c'est l'état qui s'effondre, nous sommes en plein dans cette dynamique. Les experts en économie auront pitié de moi, je me permets ces réflexion très modestement parce que je suis triste de payer autant pour nourrir des incompétents.

Mais revenons à la psychiatrie du retard mental. Je me rendais bien compte que les discours de grand envol étaient surtout ciblés sur les enfants et les autistes de haut fonctionnement, qui plaisent au public et amènent des fonds et des voix électorales, et que personne ne prenait sérieusement en compte cette vaste et silencieuse majorité d'adultes et de familles en graves difficultés.

Pourtant, je voyais bien que l'incompétence était élevée au rang de vertu théologale, dans un silence grandiose et une surdité majestueuse. Personne n'avait envie de m'écouter et je les comprends bien, je ne faisais que des discours encombrants.

J'assume aussi la responsabilité de ne pas avoir cassé assez vite le lien avec le Bois des Sages en gardant mes énergies pour faire courageusement (disons mieux : décemment et ailleurs, c'est-à-dire dans le domaine privé) ce que l'institution publique ne faisait plus. En fait j'étais bien empêtrée dans la logique de l'Etat-Providence – qui aurait dû l'être, providentiel, au lieu de nourrir des réseaux d'inutilités et d'incompétence – au point de ne pas pouvoir m'en détacher et me frayer mon chemin personnel dans le privé, jungle à mes yeux encore plus impitoyable.

J'avais, pour ma part, tellement investi dans le projet d'un Service et d'une Chaire dédiés au retard mental et à l'autisme chez les personnes adultes, que m'en aller me semblait une véritable trahison.

Trahison envers qui ? Maintenant je me pose la question, à l'époque je pensais savoir que « les autres » avaient besoin de moi : les patients, les familles, les associations, les collaborateurs. A quelques années près, il m'est clair que je m'étais bercée d'une illusion d'utilité, voire d'indispensabilité que je trouve, avec mes yeux d'aujourd'hui, attendrissante, pour ne pas dire bête.

« Del senno di poi son piene le fosse ». De la sagesse du jour d'après viennent aussi ma vie d'aujourd'hui, mes publications d'aujourd'hui et mes activités de travail. Le travail en psychanalyse m'a en effet beaucoup soutenue dans cette transhumance psychique qui m'a portée d'un monde institutionnel à mon cabinet de psychiatre privé.

Je ne veux pas dire que le travail dans son propre espace de travail est la panacée, mais j'ai la sensation de travailler plus pour moi et pour mes patients. Il y a dans les grandes institutions une forme d'aliénation de son travail et aussi de sa pensée. Certaines élaborations statistiques, par exemple, que j'aurais pu faire bien avant avec l'aide de mon mari, je ne les avais jamais essayées, tout simplement car, dans ma tête, j'étais comme prisonnière du respect des procédures institutionnelles. Il y avait des personnes-clés qui auraient dû avoir les connaissances nécessaires et m'aider dans mes travaux, mais qui en effet, par manque de temps ou d'envie ou de compétence, n'étaient pas disponibles. Mon illusion de trouver dans le Bois des Sages les moyens pour faire de la recherche était, justement, une illusion.

* * *

Je suis ce jour en train de passer mes vacances de fin d'année aux BVI, les British Virgin Islands, si caraïbéennes et british. Je suis en famille sur un sympathique catamaran de 15 mètres et nous avons traversé en long et en large cette belle nature et ces belles eaux entre bleu et émeraude. Le Paradis.

Je peux me permettre ici les angoisses matinales dans leur splendeur de psychanalyste oisive, ce sont des sources de dénouement des nœuds profonds qui cachent la peur de la mort, de la perte, de la vieillesse. De toute manière, s'accepter c'est être libre, comme le disait plus ou moins Frederick, celui qui n'avait pas compris, sur le Lac d'Orta, qu'une femme, si géniale qu'elle soit, pour l'avoir il faut l'épouser, comme le Prof. Andreas fera peu après avec beaucoup de compréhension pour les escapades de la belle Lou, dont il restera le mari jusqu'à sa mort (à lui).

Les gens d'ici ont une lenteur qui est parfois presque affectée, ils mettent un pas derrière l'autre et prennent un temps infini pour tout. Ma réflexion a été qu'au fond, rien ne change vraiment à courir comme je cours ou à rester sur place comme ils le font. Peut-être n'est-ce pas complètement vrai, mais pour mon individualité, les grandes indigestions de stress ne vont que me faire perdre un vrai temps de vie et finalement même réduire ma fameuse efficience dont, entre parenthèses, je reste l'unique témoin.

Ce n'est pas que les Caraïbes soient gaies et que Genève soit triste ; tout simplement, quand on est en vacances, l'esprit se repose et les tracasseries coutumières s'estompent au moins un peu avec les kilomètres et le dépaysement, néanmoins... A la Saint Sylvestre nous avions mangé tous ensemble dans un restaurant charmant – on y arrivait comme partout, avec le dingi, en sautant du catamaran au dingi et du dingi à l'attraque, et ceci avec des petites acrobaties pour ne pas tomber à l'eau – rentrés assez tôt, nous nous étions endormis au son de la musique très très forte du catamaran d'à côté, tout en appréciant les chansons et les « ploufs » des clients du bar sur l'eau qui se jetaient par-dessus bord. À Genève, le slogan est : « Moins on s'entend, plus on s'entend », ce qui rend les morts les meilleurs voisins possibles.

L'autre jour je suis passée à côté d'un bar où j'allais boire mon « café & eau minérale du réconfort » après mes caillouteuses séances analytiques : « Fermeture définitive », m'a annoncé un large écrit. Je suis restée mal et j'ai continué mon chemin jusqu'aux Glacis-de-Rive, où j'avais l'intention, en attendant la séance au Tribunal de Paix, de boire un café au bistrot du coin, un lieu sympathique où je lisais le journal gratuit « 20 minutes » en sirotant mon « Café & eau minérale de l'attente » avant mes séances tutélaires : « Fermeture définitive », décrétait l'écriteau pour la deuxième fois en une demi-heure. Deux lieux de ma vie effacés, certainement pour d'excellentes raisons. Disons deux autres carrés d'une couleur différente sur les murs de ma vie, qui indiquent que ce temps-là est révolu.

Je me suis demandé, ce matin-là, il y a une semaine, si moi aussi je vais devenir un carré de couleur différente pour l'excellente raison d'avoir plus de 60 ans et de ne pas plaire forcément à tout le monde. Je me dis que peu importe, je vais continuer mon chemin à moi, si cela me plaît, peu importe ce que veulent les autres, que je sens de plus en plus lointains de mon monde intérieur. Et c'est de bonne guerre, car j'assume cette diversité et j'y vis. La prudence est aussi de mise, car la force du groupe social peut tuer. Entre matrice et étranger, il est clair que mon karma est celui d'être étrangère et d'en prendre les aspects positifs, sans nier mais en minimisant savamment les aspects négatifs, voire néfastes, voire mortifères.

Et puis, peut-être, je dois accepter d'être moi-même la matrice et d'avoir derrière moi le néant des statues étrusques avec leur sourire éternel.

Faire des compromis est le premier devoir des idéalistes s'ils ne veulent pas remplir les cimetières, côte à côte avec les indispensables. Sur ce point je m'incline devant le besoin, qui est maître de la sagesse. L'intelligence collective est parfaite pour les têtes qui ne dépassent pas, bien que j'aie largement utilisé l'intelligence des autres à mes propres fins, je dois l'avouer.

Tout ce longue discours pour dire que je suis attristée, même parfois épouvantée, par la disparition d'un monde de lieux, de souvenirs, de valeurs qui ont habité ma vie, mes rêves, et que j'ai cru durables.

C'est comme une vie nomade où le champ d'où on a enlevé les tentes devient sable nu, les feux éteints, pas d'abri autre que celui que mon chameau amène sur son dos.

Ce qui me console est la présence d'un compagnon de voyage qui est mon âme-frère, jumeau de signe et de destin. Mais pour les autres qui vivent dans leur solitude, cette transhumance ne doit pas être supportable comme la mienne, s'ils partagent la même nature d'étranger que moi.

* * *

Une autre tache sur le mur des souvenirs, « l'aura », cette sensation d'être dans le bon rôle au bon moment, de pouvoir faire le bon choix, d'être dans le vent.

Un de mes patients, que je prépare à devenir psychanalyste, me parlait un jour de son retour « à la nuit » c'est-à-dire que, en ayant travaillé comme videur dans des boîtes de nuit à une certaine époque de sa vie, il avait ensuite quitté ce travail et peu d'années après l'avait repris temporairement car il avait besoin d'argent. Il avait dû rapidement admettre que ce travail ne lui convenait plus, qu'il était mal à l'aise et qu'il n'avait plus « l'aura ».

Son discours m'avait rappelé la glorieuse période de ma vie professionnelle, quand j'étais cheffe de clinique et que je faisais mes gardes, qui à l'époque couvraient 48 heures, plus ou moins, non-stop. J'avais la sensation de vraiment pouvoir faire du bon travail, je connaissais les chefs et cheffes infirmiers, je savais à qui demander quoi, comment acheminer rapidement des prises de sang au laboratoire, où trouver les valises d'urgence. Les équipes infirmières offraient souvent un petit café, et même si parfois le ton n'était pas calme, il y avait un respect mutuel entre professionnels, une authentique estime réciproque.

En montant les échelles de la carrière et de la hiérarchie, certes j'avais trouvé d'autres espaces et d'autres enjeux, mais cette sensation d'avoir « l'aura », de prendre des décisions vraiment et honnêtement collégiales, je ne l'ai plus retrouvée. C'est vrai que maintenant, on a de magnifiques protocoles et que tout est si bien expliqué. On est probablement mieux couvert sur le plan légal car, si la procédure est respectée, personne ne pourra nous sanctionner, peu importe que le patient ne se sente pas ou ne soit pas compris ou pas si bien soigné. Avec la richesse de détails et de précision des protocoles, on pourrait soigner même un martien, malheureusement pas tout à fait bien un malade.

Mais il faut bien l'admettre, c'est dans l'air du temps, et moi, comme souvent, je suis à contre-courant…

* * *

Dans un autre chapitre, dans un autre livre, j'avais raconté mes péripéties autour d'un doctorat en physique qui s'était transformé en un doctorat tout différent, grosso modo en psychophysique. Dans ces péripéties, j'avais rencontré entre autres un physicien théorique qui m'avais refusé le doctorat car, selon lui, une commission d'« hommes à barbe » n'aurait pas compris mes motivations. A croire que, tout en étant membres d'une commission savante, ces hommes à barbe, à part arborer des moustaches, n'avaient aucune autre activité d'intérêt général : ce sont des constatations qui changent une vie.

De toute manière, la rencontre avec François, qui n'a pas de barbe, nous avait donné, à Federico et à moi-même, de magnifiques week-ends à Paris, qui ne sont pas encore terminés, et des occasions d'études, protocoles et publications intéressants dans le domaine de la psychophysique.

Dans ce même domaine, suite à une publication, justement, nous avions rencontré un monsieur âgé, en tous cas plus que moi, passionné d'indisciplines interdisciplinaires, qui nous avait demandé de dîner avec lui dans un sympathique restaurant à Genève. Il était veuf depuis plus de 10 ans, et dans toute sa sérénité, inconsolable. Alors, comme le dîner se poursuivait, après des informations assez techniques à propos de nos activités scientifiques et autour des récentes découvertes au CERN, dans des méandres plus personnels, tout en n'ayant quasiment pas touché au vin, il nous avait parlé de sa femme, qui lui rendait visite dans des manières différentes. Très récemment, il lisait assis dans sa bibliothèque et il avait pensé avec nostalgie à elle. Alors, comme ça, un papillon était entré par la fenêtre et s'était posé sur le bord de son livre, il avait ouvert et fermé les ailes, comme on fait « ciao », et il était reparti. Pour le monsieur, il était évident que sa femme lui avait rendu visite pour le rassurer qu'elle était bien là. « Certes, avais-je répondu, tout ceci me semble bien clair ». Et puis je n'avais pas pu me retenir d'ajouter que les papillons ont le même nom de Psyché et que c'est pour cela que l'épouse d'Amour a des ailes de papillon. « Eh bien voilà », avait conclu le vieux monsieur en posant sa fourchette.

* * *

Ma retraite… De celle-ci je parlerai une autre fois.

Conclusion
Federico Carminati

*Et puis on partait
car partir il fallait.*

J'ai toujours pensé avec beaucoup de curiosité à nos ancêtres primitifs, ces premiers « animaux à âme » qui, à la différence des autres êtres, commençaient à éprouver l'étreinte de l'angoisse et les questionnements qui bien plus tard se nommèrent *existentiels*. Je doute un peu qu'ils apprécièrent vraiment le fait que cela allait leur donner l'avantage évolutif ultime, en les faisant un jour « maîtres et possesseurs de la nature », sans pourtant jamais leur donner la maitrise de leur propre destinée.

Sûrement chasseurs-cueilleurs au début, et peut-être déjà un peu artistes et un peu rêveurs, quand leur habitat ne pouvait plus les soutenir ils partaient ailleurs en suivant les troupeaux qui leur servaient de nourriture, ou plus simplement ils partaient pour ne pas mourir. J'imagine que pour certains, la majorité sans doute, ces premières transhumances étaient « d'un lieu à un autre », en recherche d'une homéostasie heureuse, une *arabia felix*, terre heureuse avec ses fleuves de miel et de lait de laquelle ne jamais repartir. Entre terre natale et terre promesse, c'est ainsi que le voyage devient le mythe fondateur, la voie royale pour l'accomplissement d'un destin supposé. De Jason à Moïse en passant par Œdipe, nous traversons souvent la mer/mère pour chercher notre bonheur. Ce mythe nous dit aussi que nous sommes tous des migrants, tous des étrangers en quête des jardins du Paradis.

Mais le voyage ne fut pas pour tout le monde la transition, le hiatus, d'un *ici* à un *là-bas*. Il y a eu sans doute des Héraclites oubliés qui ont compris que la fin du voyage n'était pas la fin de la transhumance. *Pantha Rei*, on ne se baigne jamais deux fois dans la même rivière, ni jamais on voit le même lever du soleil. Se poser, loin de s'arrêter, c'est laisser le monde voyager et changer autour de nous. De voyageur, on devient « passager » d'un voyage immobile, la transhumance continue, mais nous ne décidons plus ni de la direction, ni de la cadence.

Ce qui reste fidèle à lui-même c'est le devenir, le voyager en soi-même. Et donc la seule chose qui arrête le temps c'est partir, et partir encore, car chaque départ ressemble à tous les autres départs, et chaque arrivée aux autres arrivées. C'est cela, le chemin du nomade où l'espace devient le temps et la voie le lieu.

Et si on repasse par les mêmes lieux, ce ne sont plus les mêmes car c'est nous qui avons changé. La mathématique s'y met aussi, avec la subtile transhumance sur les feuilles de Riemann, éternel retour nietzschéen « sur le plan complexe », où tout est pareil à chaque tour, mais nous changeons de « phase », telle une lune capricieuse. Le seul salut est d'aimer notre destin de voyageurs. Ce n'est plus nous qui prenons la route, mais c'est la route que nous prend, gare donc au premier petit pas qui nous emmènera si loin.

C'est cette ancienne histoire que nous sommes allés chercher avec cet ouvrage. Des voyageurs se sont rencontrés dans la plaine infinie, près des eaux, pour y passer la nuit. Là, autour du feu, ils ont raconté à tour de rôle leurs histoires d'autres voyages et d'autres voyageurs, sous les regards émerveillés des jeunes et le sourire bienveillant des anciens.

La nuit fut longue, comme ce grand volume qui s'est enrichi petit à petit de récits. Le sommeil tardif fut plein de rêves de terres lointaines et de voyages et encore de voyages passés et futurs. C'est cela que nous souhaitons à nos lecteurs.

À propos des auteurs

Georges Abraham, de père allemand et de mère italienne, professeur honoraire à la Faculté de Médecine de Genève, est psychiatre, psychothérapeute, spécialiste en neurologie et sexologie, psychanalyste. Il a enseigné la psychiatrie et la psychothérapie à l'Université de Genève et à l'école de spécialisation en psychiatrie de l'Université de Turin, et la sexologie médicale à l'Université de Marseille (Département de Gynécologie). Titulaire d'un doctorat en philosophie (avec une thèse sur M. Heidegger), il a été membre formateur de la Société Suisse de Psychanalyse. Il a été également enseignant en hypnose médicale. Il est l'auteur de nombreuses publications : une trentaine de livres dont deux romans, et de nombreux articles médicaux, psychologiques, psychanalytiques et philosophiques.

André Baechler, licencié en psychopédagogie, s'engage durant trois ans comme éducateur auprès de jeunes adultes présentant des problèmes de comportement. De 1974 à 1987 il est responsable des classes, puis des ateliers dans une grande institution valaisanne pour personnes porteuses de handicap mental et de polyhandicap. Passionné de recherche et autodidacte, il se consacre jusqu'en 2007 à l'animation pédagogique et, parallèlement, développe des outils informatiques et électroniques pour l'autonomie, les apprentissages et la communication.

Francesca Rizzo Benvenuti est diplômée en psychologie clinique et en santé à l'Université de Florence et elle est psychothérapeute spécialisée en psychothérapie intégrée. Elle collabore avec le CREA − Centre de Recherche et Ambulatoire de la Fondation San Sebastiano della Misericordia à Florence. Elle a mené des collaborations cliniques et scientifiques dans le domaine de l'invalidité physique à la Fondazione Don Gnocchi Onlus. Elle traite des questions liées à la qualité de vie dans diverses formes de handicap.

Annamaria Bianco est diplômée en psychologie clinique et communautaire à l'Université de Florence et spécialisée en psychothérapie comparée. Chercheuse au CREA (Centro Ricerca e Ambulatori) de la Fondation San Sebastiano della Misericordia à

Florence, elle a participé a des conférences nationales et internationales. Elle a publié des articles dans des revues scientifiques nationales et internationales et des chapitres de livres. Les principaux sujets abordés sont : la qualité de vie des personnes avec troubles intellectuels et familiaux, les problèmes de santé mentale, du comportement, des fonctions cognitives et de l'intelligence. Elle a participé à des cours de formation à distance pour les professionnels de la santé. Elle a collaboré avec le CREA à des projets européens sur les « besoins de formation en double diagnostic » et sur le « bon traitement » des malades.

Marco Bertelli est psychiatre et psychothérapeute, directeur scientifique de CREA (Centre Clinique et de Recherche), Fondation San Sebastiano, Florence, professeur de psychiatrie dans des cours post-universitaires pour le Département des Sciences de Neurologie et de Psychiatrie à l'Université de Florence et dans divers programmes de formation au niveau local, national et international. Il a participé activement à de nombreux congrès nationaux et internationaux, présentant plus de 250 contributions.

Il est président et organisateur du dernier congrès international de l'EAMHID (European Association for Mental Health in Intellectual Disability) à Florence en 2015, ancien président de la Section « Déficience Intellectuelle » de l'Association Mondiale de Psychiatrie (WPA-SPID), président de la Société Italienne pour les Troubles Neuro-Développementaux, président élu de l'Association Italienne pour l'Etude de la Qualité de Vie (AISQUV).

Il est l'auteur de 150 contributions sous forme d'articles ou de chapitres dans des publications scientifiques sur des questions de santé mentale en déficience intellectuelle et de qualité de vie.

Alexandre Buttex a travaillé dans le monde de l'hippisme de haut niveau, dans le mannequinat et dans le monde de l'art, ainsi que dans celui de la sécurité. Son expérience multidisciplinaire lui a permis de compléter ses études en Sciences de l'Education jusqu'au Master. Il s'est ensuite dédié à la réadaptation socio-professionnelle dans le domaine socio-éducatif, où il exerce maintenant la fonction d'éducateur spécialisé pour adultes en situation de handicap. Il fait actuellement partie du staff de l'ASTRAG.

Federico Carminati est physicien au CERN, à Genève (Suisse), où il est responsable d'un projet pour le développement d'un logiciel hautement optimisé pour la simulation des détecteurs de particules. Après avoir obtenu son diplôme de physique (Laurea) à l'Université de Pavie (Italie) en 1981, il a travaillé aux États-Unis à Los Alamos et Caltech comme physicien des particules avant d'intégrer le Département d'Informatique du CERN. Il a été responsable de la bibliothèque des logiciels du CERN et du programme de simulation du détecteur GEANT, qui constituaient les logiciels standard pour la physique des hautes énergies dans les années 80 et 90. De 1994 à 1998, il a travaillé dans l'équipe du Prix Nobel Carlo Rubbia à la conception d'un nouveau concept de générateur d'énergie nucléaire piloté par accélérateur. De 1998 à 2012, il a été coordonnateur du calcul de l'expérience ALICE au grand collisionneur hadronique (LHC) du CERN. En 2013, il a obtenu son doctorat en physique de l'Université de Nantes avec une thèse sur l'infrastructure informatique de l'expérience ALICE. Federico Carminati est actuellement en formation comme psychanalyste auprès de l'Institut International de Psychanalyse Baudouin (IIPB) à Genève.

Hélène Chiot, maman de Nicola, tout en continuant à travailler dans une assurance sociale, a entrepris des recherches tous azimuts. D'abord pour savoir de quoi était atteint son fils et, avec l'aide de son papa, courir d'un thérapeute à l'autre pour tenter de l'aider. C'est ainsi qu'elle a découvert, après des années, la « communication facilitée », qui permet enfin à Nicola de s'exprimer.

Nicola Chiot est un homme de 49 ans, grand, bien de sa personne, quelques fils d'argent dans sa chevelure brune, un peu réservé. Il esquisse un sourire quand on s'adresse à lui, mais ne répond pas. Il est atteint d'autisme et s'est arrêté de parler un peu avant ses 3 ans. Il voudrait aider les autres, mais comment se faire comprendre ? Par pictogrammes ? Les images ne peuvent exprimer les états d'âme. Heureusement, il peut écrire en communication facilitée et nous apprendre qu'il faut utiliser l'âme et pas seulement l'esprit.

Ennio Cocco a une formation en neurologie et en pharmacologie, puis en psychiatrie, à Milan. Il a travaillé 15 ans dans le secteur psychiatrique public en Italie, tout en essayant de rester vigilant par rapport aux problématiques déléguées (marginalisées) par la Réforme Italienne (sujets âgés, handicapés mentaux). Par la suite, il s'est transféré en Suisse, pour évoluer dans les services géronto-psychiatriques académiques romands.

Il est actuellement actif en Suisse comme psychiatre social indépendant, et en France dans le secteur médico-social.

Il a été membre du Comité International de l'ALASS de 2012 à 2017.

Saraswathi Devi Tallagaprada a dédié sa vie aux soins pour les personnes sous-privilégiées, et en particulier pour les enfants pauvres. Après sa maîtrise en sciences politiques et avec deux diplômes en théâtre et arts à l'Université d'Andhra (AP, Inde), elle a suivi une formation spécifique et a effectué des études approfondies dans le cadre de la formation continue concernant le domaine du retard mental aux États-Unis et en Allemagne. Sa vie universitaire l'a inspirée dans la fondation de « Lebenshilfe for the Mentally Disrelished », où les enfants reçoivent des soins par une équipe de 120 personnes engagées et dévouées. Elle a intégré la *danse du tigre*, une ancienne forme d'art de l'Andhra Pradesh, dans la thérapie pour contrôler l'agressivité chez les enfants handicapés. Pendant 4 ans, elle a mené le projet de recherche « Hug Them Tight » en collaboration avec les Hôpitaux Universitaires de Genève. Elle a aussi introduit le « Snoezelen », une thérapie néerlandaise visant à donner un confort mental et physique aux personnes gravement handicapées mentales avec divers troubles du comportement. En 1962, elle a fondé l'École Lebenshilfe pour les personnes porteuses de déficience intellectuelle à Visakhapatnam, en Inde. En 2014 elle a obtenu un doctorat en Éducation à l'Université d'Andhra.

Giuliana Galli Carminati est psychiatre et psychothérapeute en pratique privée à Genève et dans le canton de Vaud. Jusqu'en 2013 elle a été le psychiatre responsable de l'Unité de Psychiatrie du Développement Mental (UPDM) aux Hôpitaux Universitaires de Genève (HUG), Suisse. Diplômée en médecine à l'Université de Pavie (Italie) en 1979, elle a obtenu la spécialisation en médecine de laboratoire et la spécialisation en psychiatrie et psychothérapie, ainsi qu'une maîtrise en thérapie de groupe et un doctorat en psychiatrie (Université de Genève) en 1996. En 1998, elle a obtenu un diplôme en physique (Laurea) à l'Université Tor Vergata (Rome). En 2008, elle a obtenu le titre de Privat-Docent à l'Université de Genève, et en 2016 un doctorat en Modélisation & Instrumentation en Médecine &

Biologie (Université de Grenoble). Dès 2014, elle est professeur adjoint en santé mentale à l'Université de Seoul, Hôpital de Bundang, République de Corée. Ses activités de recherche portent sur la déshabilité intellectuelle, l'autisme et la qualité de vie des patients handicapés mentaux. Elle est la fondatrice du Journal Européen de la Déficience Intellectuelle (JEDI). En 2016, elle obtient un doctorat à l'Université de Grenoble avec une thèse sur l'« Etude des phénomènes groupaux en tant qu'amplification de l'inconscient selon un modèle quantique ». Elle est particulièrement intéressée par les relations entre la matière et l'esprit, et par l'application de la théorie de l'information quantique à la modélisation de la psyché humaine, un sujet sur lequel elle a rédigé plusieurs articles.

En 2005, elle fonde ASTRAG (Association pour le Travail Groupal thérapeutique et social) et le Simposietto, un groupe de réflexion sur les relations entre la physique et l'esprit humain. Elle est Editeur en chef de EJID, European Journal of Intellectual Dishability. Elle est membre de l'Institut International de Psychanalyse Baudouin (IIPB) à Genève.

Regula Fehr est polyvalente dans le social. Elle a étudié la psychologie, le travail social et diverses approches thérapeutiques (systémie, kinésiologie, bio-psycho-généalogie, zoothérapie). Elle a travaillé dans le domaine de l'asile, de la protection de l'enfance, en foyer jeunes et en soutien personnel. Elle intervient à Genève avec son concept de zoothérapie intégrative dans des foyers pour enfants et adolescents.

Daniel Frydman a eu un parcours en apparence simple : né au sein d'une famille unie à Paris, il devient médecin en 1974, spécialisé en psychiatrie en 1978. Il a exercé tant en institution qu'en libéral. En réalité, le fil rouge de son CV a obéi aux multiples facteurs de maturation personnelle, associés à la Providence et aux désirs personnels plus ou moins identifiables car issus des profondeurs. D'où les « transhumances » qui se sont succédé, passages obligés générateurs d'un petit, voire d'un grand bonheur.

Jean-Marc Gauthier est psychiatre. Dès son internat, il s'est intéressé à la psychiatrie hors les murs en travaillant en Centre Médico-Psychologique et en hôpital général. Devenu responsable d'un secteur de psychiatrie publique pour enfants et adultes dépourvu de lits spécialisés sur place, il développe avec son équipe les consultations en Centre de Traitements Ambulatoires, les visites à domicile et, pour les personnes dont les troubles psychologiques le nécessitent temporairement, leur hospitalisation dans le Service de Médecine de l'hôpital général local.

Puis il s'installe comme psychiatre d'exercice libéral à Lyon et reçoit dans son cabinet, le plus souvent avec un dispositif en face à face, des personnes présentant des troubles psychopathologiques divers. Parallèlement, il commence une activité de psychiatre clinicien et consultant, qu'il poursuivra pendant 26 ans, en institutions médico-sociales accueillant des enfants et des adultes présentant des troubles cognitifs assez souvent associés à des troubles du psychisme.

Enfin, il devient formateur d'intervenants auprès de personnes en situation de handicap mental, en préconisant dans ces formations une approche fondée sur les échanges narratifs et sur l'accessibilité partagée.

Il poursuit actuellement une recherche sur les articulations entre les troubles des intelligences et les troubles du psychisme et il est administrateur et délégué pour la France de l'Association Internationale de Recherche scientifique en faveur des personnes Handicapées Mentales (AIRHM).

Frédéric Glauser, né en 1954, est marié et père de deux enfants, licencié en lettres de l'Université de Fribourg (Suisse) et formations complémentaires diversifiées avec certification : notamment en direction d'institution, en systémique et en coaching. Il a une longue expérience professionnelle dans le social, en particulier dans le domaine institutionnel et l'accompagnement de personnes en situation de handicap. Il a occupé différents postes à responsabilité, entre autres comme cadre de direction dans une grande institution vaudoise. Il travaille actuellement comme cadre et comme praticien formateur dans un établissement de la Côte (Suisse).

Ana Maria Jeanmonod-Tirado est née à Chiclayo (Pérou). Elle a fait des études de médecine à l'Université Nationale de San Marcos (Lima, Pérou). Mariée et mère de deux filles, elle a gagné deux bourses de médecine : un concours réussi pour aller en Suède (Uppsala et Linköping) et une autre pour la Suisse au Centre Hospitalier Universitaire Vaudois (CHUV) à Lausanne, en médecine également.

Elle est spécialiste en neurologie (Lima, Pérou), spécialiste FMH en psychiatrie et psychothérapie. Elle parle l'espagnol, le français, l'anglais et le Quechua (connaissances). Ses hobbies sont le vélo, la marche, la montagne, la peinture, la musique, la danse, la lecture, la cuisine et les voyages.

Son projet est de continuer de travailler en psychiatrie pour un long moment encore et encore, dans les montagnes !

Violaine Knecht, née en 1960, partage son activité professionnelle entre le soin et l'art. Peintre, scénographe et art-thérapeute (études postgrade, thérapeute didactique et superviseur OdA ARTECURA), elle a travaillé au sein du Département de Psychiatrie des Hôpitaux Universitaires de Genève et comme responsable de la formation pratique à l'Unité de Formation continue de la HES-so de Lausanne. Aujourd'hui indépendante, elle partage son temps entre l'art et l'art-thérapie dans l'atelier qu'elle a créé : « Chocolat bleu » (www.anciennechocolaterie.ch).

Rachel Lehotkay est psychologue psychothérapeute, zoothérapeute ASZ. Après des études d'éthologie animale et de psychologie faites à Genève et au Canada, elle s'est spécialisée en zoothérapie et travaille aujourd'hui accompagnée de ses chiennes Louise et Olive en tant que psychologue psychothérapeute d'approche psychanalytique et spécialisée en zoothérapie au sein du Département de Santé Mentale et de Psychiatrie des Hôpitaux Universitaires de Genève (HUG). Membre fondatrice et présidente de la Society for Human-Animal Relationship & Education (SHARRE), elle est également présidente de l'Association Suisse de Zoothérapie et enseigne cette discipline dans différentes institutions. Passionnée par la relation homme-animal, elle organise régulièrement des conférences, des formations et des séminaires sur le sujet depuis 2005.

Annie Lufungula Lokotolo a obtenu son diplôme de médecine générale en 1989 à l'Université de Kinshasa, R.D. Congo. Après ses études de médecine, elle s'est perfectionnée en cancérologie à l'Hôpital St Louis à Paris et à l'Université Libre de Bruxelles (Santé Publique, Belgique). Elle a travaillé pendant une décennie dans les Institutions Universitaires de Genève dans le domaine de la psychiatrie et psychothérapie, avec un intérêt appuyé pour l'approche systémique et groupale. Elle exerce actuellement en privé dans le Cabinet de Diagnostic et Soins – CDS à Genève.

Luis Perez-Bayas est médecin psychiatre FMH et psycho-thérapeute, spécialisé en neurologie et psychiatrie ainsi qu'en sexologie clinique. Il exerce en pratique privée à Genève depuis plusieurs années. Il est membre du comité ASTRAG, où il anime le « grand groupe », et du comité du Simposietto.

Formé au cinéma à New York, il est également fortement investi dans le domaine de la réalisation en relief stéréoscopique de documentaires et autres films en 3D et en Sphérique-3D.

En outre, il travaille dans le domaine de la spatialisation sonore et audio-visuelle immersive, tout en pratiquant l'improvisation classique au piano.

Micaela Piva Merli, diplômée en médecine à l'Université de Florence (Italie), est spécialiste en psychiatrie et psychothérapeute. Docteur en neurosciences, elle a effectué son doctorat auprès de l'Institut CREA (Centre Clinique et de Recherche) de la Fondation San Sebastiano della Misericordia de Florence. Elle a soutenu une thèse intitulée « Advances in the psychiatric diagnosis for intellectual and relational developmental disorders ». Elle est l'auteur d'articles scientifiques sur la santé mentale chez les personnes atteintes de déficience intellectuelle et trouble du spectre de l'autisme.

Lucienne Quellet est artiste peintre, ex-professeur de dessin d'art au lycée technique Gabriel Faure d'Annecy.

Kothuri Srimanarayana Rao a obtenu un bachelor en médecine et un Master en pédiatrie. Il a 25 ans d'expérience en enseignement dans différents collèges médicaux et il est membre permanent de plusieurs organisations professionnelles. Doté d'une vaste expérience dans la gestion des enfants handicapés, il est actuellement le président fondateur et le directeur fiduciaire de la Fondation de Recherche du Dr Kvr pour la santé et la réhabilitation.

Maddirala Vijaya Rama Raju, Ph.D, est professeur et doyen du Département de Psychologie, directeur du Centre d'Evaluation Psychologique et Counselling, doyen de la Faculté de Yoga et Conscience et membre du sénat académique de l'Université d'Andhra à Visakhapatnam (Inde). Il a 31 ans d'expérience en enseignement et recherche. Ses domaines de spécialisation comprennent le stress et la santé mentale, les enfants avec besoins particuliers et les conseils. Vice-président de l'Association Indienne de Psychologie Appliquée (IAAP), il est aussi rédacteur et membre du comité scientifique du

Journal Européen pour la Déficience Intellectuelle (EJID) en Suisse. Il est aussi rédacteur en chef du Preston Journal of Social Sciences (Pakistan), éditeur du Indian Journal of Developmental Disabilities, et consultant du Journal of Indian Applied Psychology et du Journal of Indian Health Psychology. Il est l'auteur de 14 livres en langue anglaise et régionale Telugu et il a aussi édité 12 autres livres. Il a participé et présenté des recherches dans plus de 72 conférences nationales et internationales et il a à son actif 64 articles de recherche publiés dans des revues nationales et internationales réputées. Il a supervisé 38 doctorats et 9 masters. Il est récipiendaire de nombreux prix prestigieux comme le Prix pour le meilleur travail de recherche NITTTR-2016, la Platinum Jubilee Lecture et Prix en argent ISCA (2016), le Prix de médaille d'or du président de l'Association Indienne de Psychologie (2015), le Life Time Achievement Award (2014), le Prix du meilleur psychologue à la mémoire de Sigmund Freud (2014), le Prix commémoratif Prof. Anima Sen IAAP (2012), le Prix du meilleure enseignant de l'état, Andhra Pradesh (2009), le Prix pour la meilleure contribution en psychologie (2009), le Prix du Meilleur Livre 2008, le Prix des services de tests psychométriques (2007) IAAP, le Prix du Meilleur Académicien, Université Andhra 2007 et le Prix Dr. Sarvepalli Radha Krishna pour le Meilleur Chercheur, Université Andhra (2006). Il a participé activement à des conseils et à des projets au niveau national et international dans des grandes industries, UGC, ICSSR et aussi avec le Département de Psychiatrie pour adultes des Hôpitaux Universitaires de Genève, en Suisse, le GFATM R7 financé par le Global Funds. Il a aussi obtenu des crédits de recherche de APSACS et NACO.

Michele Rossi, psychiatre et psychothérapeute, exerce son activité en tant qu'indépendant et consultant pour divers prestataires de services sanitaires pour personnes atteintes de troubles de la santé mentale et du développement intellectuel. Il est aussi chercheur auprès du CREA (Centre Clinique et de Recherche) de la Fondation San Sebastiano della Misericordia de Florence (Italie) et chargé de cours. Il est l'auteur de contributions scientifiques dans des revues nationales et internationales.

Daniela Scuticchio est diplômée en psychologie clinique et communautaire à l'Université de Florence, elle est aussi spécialisée en psychothérapie cognitivo-comportementale. Elle a suivi un cours post-universitaire post-lauream sur la santé mentale en matière de déficience intellectuelle. Elle a assisté à un Master sur les troubles d'apprentissage spécifiques. Elle travaille comme psychologue psychothérapeute dans le domaine des troubles du développement intellectuel et est chercheuse au CREA (Centro Ricerca e Ambulatori) de la Fondazione San Sebastiano della Misericordia à Florence. Conférencière en formation en santé sociale et en cours de formation à distance, elle a donné des conférences nationales et internationales. Elle a publié des articles dans des revues scientifiques nationales et internationales et des chapitres de livres. Principaux domaines d'intérêt : problèmes de santé mentale dans les troubles du développement intellectuel, problèmes de comportement en matière de déficience intellectuelle et d'autisme, fonctions cognitives spécifiques et intelligence.

Carmen Tagan est psychologue spécialiste en psychothérapie FSP et a obtenu son diplôme de psychologie à l'Université de Lausanne. Elle a travaillé pendant plusieurs années dans le domaine de la recherche en santé mentale et de l'efficacité de la psychothérapie. En parallèle à cette activité, elle s'est formée à la psychothérapie d'orientation systémique et au groupe analytique. Actuellement, elle travaille au Cabinet de Diagnostic et Soins de la Dre Galli Carminati où elle suit des patients tout-venant, dont notamment des personnes ayant un handicap mental.

Martine Vonarburg est diplômée universitaire en langues étrangères à la Faculté de Besançon en France. Formée à la gestion d'entreprise, elle est Présidente de l'Association des conjoints d'artisans et de commerçants du Jura (France), facilitante agréée en « communication facilitée » dont la mission principale est d'ouvrir la communication aux personnes privées de parole ainsi qu'aux personnes souhaitant résoudre des problématiques personnelles. Elle est inspirée par tout ce qui concerne l'être humain dans sa dimension temporelle et spirituelle.

Christine Vuille Bozoyan est psychanalyste, psychothérapeute FSP, diplômée en psychologie du travail, avec une orientation sur la santé psychique au travail. Après un parcours comme responsable formation, elle a accompagné des diplômés dans le cadre de l'Université de Genève dans la construction de leur projet professionnel. Elle pratique comme psychothérapeute en délégation dans un cabinet à Genève. Son orientation analytique est liée à l'Institut International de Psychanalyse Charles Baudouin, dont elle est membre actif.

Christian Winckler, suisse né à Buenos Aires, est père de trois enfants, médecin depuis 1998. Il est spécialiste FMH en Médecine interne générale. Médecin responsable de l'hébergement à l'Institution de Lavigny de 2012 à 2017. Pratique ambulatoire en cabinet depuis 2018.

Gregory Zecca est psychologue FSP et travaille actuellement au Cabinet de Diagnostic et Soins de la Dre Galli Carminati où il suit des patients tout-venant, dont notamment des personnes ayant un handicap mental. Il co-anime également des groupes d'art-thérapie à l'Atelier Chocolat Bleu avec Violaine Knecht. En parallèle à son activité clinique, il effectue des travaux de recherche dans les domaines de la psychologie clinique et de la psychologie de la personnalité.